硬核风控

债权融资风控指南

张遂泉◎著

THE
PRINCIPLES
OF RISK
MANAGEMENT

中国人民大学出版社
·北京·

图书在版编目（CIP）数据

硬核风控：债权融资风控指南/张遂泉著．——
北京：中国人民大学出版社，2020.6
ISBN 978-7-300-28017-2

Ⅰ.①硬… Ⅱ.①张… Ⅲ.①金融企业—风险管理—
研究 Ⅳ.①F830.9

中国版本图书馆 CIP 数据核字（2020）第 057214 号

硬核风控

债权融资风控指南

张遂泉　著

Yinghe Fengkong

出版发行	中国人民大学出版社			
社　　址	北京中关村大街 31 号		**邮政编码**	100080
电　　话	010 - 62511242（总编室）		010 - 62511770（质管部）	
	010 - 82501766（邮购部）		010 - 62514148（门市部）	
	010 - 62515195（发行公司）		010 - 62515275（盗版举报）	
网　　址	http://www.crup.com.cn			
经　　销	新华书店			
印　　刷	北京宏伟双华印刷有限公司			
规　　格	170 mm×240 mm　16 开本		**版　次**	2020 年 6 月第 1 版
印　　张	25.5　插页 2		**印　次**	2020 年 6 月第 1 次印刷
字　　数	476 000		**定　价**	99.00 元

前　言

　　什么是风控？一种金融决策系统？一种识别风险、量化风险和管控风险的方式方法？一种解码融资人过去和现在，判断其信用习性，预测其未来趋势的技能？一种我们趋利避害，发现并定位业务方向，降低或避免风险的方案设计能力？……好像都有道理，其实都是从某一角度出发的观点。可以这么说，有什么样的定义，就一定会有什么样的风控。简单的一个定义，代表着人们对风控认知的高度。这些年来，我们看到太多金融老板没能实现自己的理想而黯然离场；太多金融企业为了业务自由而卸载风控，结果壮烈牺牲；太多金融企业把失败归咎于大环境、行业监管或者风控人员技术太烂；不少人或许也曾敬畏风险，悉心探索风控之道，可却经不住诱惑，不反省战略失位，反而相信"金融靠天吃饭""谈风控是扯蛋"之类的蠢话而自毁长城。

　　风控的使命是把公司业务引向正途，形成闭环风险管理和控制。如果公司没有以风控来定位业务方向，风控拦截风险业务就一定会变得无休无止，而这正是许多金融企业的通病。例如很多从事保理和融资租赁的企业从一开始就脱离了供应链服务体系裸奔，整个业务方向错了，风控根本难以改变大势，风险自然越积越多，直到今天积重难返，业务一片萧条和冷清！因此，要想推倒重来，打造保理和融资租赁的美好未来，先得在战略上重视风控的业务战略导向功能，通过风控逻辑识别业务开发方向，风控战略先行，回归供应链服务体系，利用其整合资源优势，在信用管理机制下规避风险，精准定位市场、行业和客户目标，最大限度降低和规避系统和非系统风险，设计合作型业务开发模式，与产业核心企业、3PL（第三方物流）企业等主体共担风险，共享资源和利益，系统打造标准金融产品，促进业务可持续发展。

　　我国国内生产总值（GDP）两位数增长时期，催生了地下金融业的畸形发展。由于国家经济繁荣，系统风险一度较低，风险管理无法彰显作用，金融风控功能被高速增长的经济掩盖了。伴随我国GDP规模增大，经济增速由两位数转向了一位数，整体经济增速逐步下行，企业违约风险越来越多，企业和个人杠杆不断攀升，多角债死灰复燃。我国投资、消费、外贸保持增速的同时，金融受全球经济的影响也越来越大。最早靠反担保发展起来的担保行业因缺乏信用信息支撑，且可担保能力普遍低于责任担保余额，曾引发大面积银行信贷风险，担保行业一度处于没落状态；典当业务因与小贷业务同质化而萎缩，已基本被边缘化。随后类金融逐步开放，原地下高利贷纷纷浮出水面，华丽转身为各种高大上的金融企业，其中有的风控套路与地下金融一脉相承；有的一味效仿银行，导致一单出险就关门的不在少数；有的根本不用风控，就是银行中介。近几年，金融机会主义一度粉墨登场，它们用心不纯，德不配位，各种伪金融产品对企业和个人信用造成严重破坏。每天都有企业和个人成为这些"创新金融企业"或"创新金融产品"的牺牲品而负债累累，信用沦丧！风控成为许多伪"科技金融企业"的狗皮膏药，被肆意玷污……

很多早期金融风控技术多为高利贷土方，没有系统理论支撑，也没有风控原理和法律精神。大数据、智能风控一边在消费金融领域失控滥用，一边又在供应链金融领域过于渲染放大，不明就里的企业主在盲目追随的过程中，付出了惨重代价！但是，金融与科技融合是大趋势，金融风控标准化、数字化也是大趋势。我国金融开放比较晚，风控起步更晚，市场上基本找不到系统的债权融资风控书籍，本书可以说在一定程度上弥补了市场空白。我保证，书中所述都是可以拿来用的，包括风控常识、思维理念、经验总结、逻辑原理、风控模型、技能方法，等等，相信能带给金融从业者职业技能的提升，风控思维和理念的提升，以及个人价值的提升。

风控属于"功能型"职业，有负责法律事务的法务岗、负责担保事务的担保岗、负责信用审核的信审岗、负责数据建模的数据分析师、负责项目后期监管的监管岗、负责项目逾期管理的催收岗，等等。风控学也是一门决策学，在金融公司，老板或股东是项目的最终决策人，也可以说，他们是公司最大的风控人，整个公司的风控体系都是围绕项目决策来展开的。

风控人员作为复合型人才，并非大专院校所能直接培养，需要掌握金融、企业财务和法律等跨学科基础知识，还要具备一定的金融和财务工作经验或法律工作经验，同时具有企业信用管理、统计学、信息管理、计算机、心理学等专业知识和技能。风控人员对风险的最大接受能力代表其综合风控水平的高低，反映其对风险的识别能力、分析能力，使用或创建模型工具实现识别、分析和设计方案控制管理风险的能力，以及参与公司风控战略设计和实施的能力。随着我国金融业的全面开放和深入发展，社会对风控的重视和需求必将与日俱增，专业要求也必将不断提高。

本书适用于所有金融从业人员，它以债权融资风控为中心，聚合了一名全能风控人员应具备的完整风控知识和技能，同时站在业务角度讲解了金融产品设计和最佳业务的开发路径，是业务人员按风控思维开发项目的最佳指南。本书分四个部分，共十二章，开篇第一部分为风控基础，为普适性内容；后面的三个部分皆为风控实操，讲述不同金融产品的风控逻辑和实操方法。

风控的发展其实是一个不断走向标准化的过程，银行一直热衷于标准化的信贷资产和标准化的产品设计。当前，供应链金融业务大部分是非标准化的，虽然银行也做供应链融资，但主要做被标准化了的仓单融资、票据融资、进出口押汇等。我们知道，供应链融资的还款人未必是融资人，风控融资人未必有用，所以，供应链金融需要进行风控的是整个供应链的商流、物流、资金流和信息流，要对"四流"进行标准化设计，才能实现供应链对价资产和融资产品的标准化，而标准化的目的是实现项目资金真正的自偿性闭环控制，并保证项目的可持续性。大部分供应链业务很难对接银行低成本资金的原因就是供应链金融企业、供应链公司、银行都不知道如何进行供应链金融资产和风控的标准化。当前，供应链金融监管使得供应链金融企业的风险管理被突然要求提高到一个前所未有的高度，大家终于开始思考这个关乎生存的重要问题。

供应链对价资产的标准化是对接银行或资本市场低成本资金的重要前提，标准化伴随着规范化、数字化、模型化和风控去经验化，预示着供应链金融的未来发展方向。那么，具体如何实现标准化？答案散落在这本书的每个章节中。

我深信，本书能够帮到每一位金融从业人员，让我们不至于在纷繁复杂的数据信息中和利益诱惑下感到迷茫，练就从容应对风险的底气，拥有容纳更多风险的胆魄，获得更高层次的开发项目的眼光和技能。

在此，特别感谢风险点全体群友以及我身边的事业好友，感谢自己曾经服务过的银行、实业企业、金融类金融企业以及正在服务中的顾问客户，同时感谢万联网和中国人民大学出版社为本书出版所做出的努力和贡献！

书中个别观点或有偏颇，行文或有纰漏，望读者海涵，且望不吝赐教，我必虚心接受，万分感谢！

张遂泉

目　录

第四部分　科技金融风控 /351

第十二章　互联网金融风控 /353

第一部分

风控基础

第一章　风控核心：回款控制

风控的核心是回款控制

金融赚的是风险收益，金融的核心是风险管理，风险管理的效果取决于融资本息能否完全收回，因此，风控的核心就是回款控制，其他工作都是围绕它来展开的。企业债权融资具有自偿性，借新还旧其实多是原债权人不再看好债务人以及债务风险转嫁的表现。

但是，我们发现，不管什么融资，资金方基本上都是站在融资人的"门口"被动地提供金融服务，被动地进行风险管理，而不是进入融资人内部，干预其经营行为，参与其运营决策，以控制自己的资金风险。资金方的风控只能在放款前，充分了解客户信用实力和风险状况，选择符合自己条件的客户提供融资，以达到控制或降低客户违约概率的目的。在这种靠选择优质信用客户提供融资的"选择型"风控机制下，若项目后期融资人不配合风控监管，或发生风险，或违约，资金方及其风控人员就很容易陷入被动。

"选择型"风控虽说有天生的局限性，但它却有着"管理型"和"合作型"风控不可替代的生命力，在大部分风控创新中，或多或少都有它的影子。在银行很多信贷产品，如车贷、房贷、信用贷、个人消费信贷等的风控中，"选择型"风控一直是主流。

在"选择型"风控中，放款前资金方有绝对话语权，资金方如果能充分利用好这个主动权，就能顺利实现项目回款控制，我们称这种强化放款前的风控为"主动风控"；相反，如果资金方放弃放款前的主动权，或没有利用好放款前的主动权，而是通过法律和催收等被动方式来实现回款控制，我们称之为"被动风控"。现实中，业务主导型的类金融企业或因为风控认知不清而属于"被动风控"，相反，具有精细风控的稳健型类金融企业则属于"主动风控"。前者风控成本高，坏账率高；后者风控成本低，坏账率低。

不管什么风控方式，只要能帮助我们实现回款控制，就可以采用，因为回款控制是所有融资风控的目的。风控要平衡好项目的成本收益关系，不能只考虑省钱或多开发业务就放弃风控，也不能因为考虑资金安全而无节制地增加风控成本，这就是小额融资应借助系统智能风控，而大额融资应考虑人工精细化风控的原因。

回款控制的思维逻辑

我们知道，供应链金融是建立在供应链综合服务基础上的金融服务，它通过供应链综合服务以代理的方式参与到企业的采购、物流、仓储、销售和结算当中去，使得金融服务获得掌控商品、信用和资金结算的主动权，或在控货前提下很好地实现对项目资金安全的控制，使得资金方的"门口"被动角色得以逆转。不得不说，供应链金融有着非常广阔的发展前景正是缘于这种风控模式的可塑性。

立足回款控制更是战略风控的目的。金融类金融企业（包含银行、小贷公司、保理公司、融资租赁公司、典当公司、消费金融公司等企业，以下统称"金融企业"）的业务市场定位、业务模式、金融产品设计、部门设置、人才招聘、流程控制、风险定价、授信额度和融资额度核定、资金配套、评审机制、后期监管、资产管理和客户维护等工作，都要保证围绕回款控制这个核心来发力。比如：假设某公司是融资租赁公司，业务市场定位为新能源汽车和医疗影像设备，新能源汽车业务与各城市的新能源汽车制造商合作，医疗影像设备业务与医疗影像设备制造商合作，即业务开发采用"合作型"模式，风控采用风险共担的"合作型"模式；业务和风控引入竞争机制，都分设 N 个部门，招聘有相关资源和风控经验的人员；为防止客户中途违约，与医疗影像设备制造商签订客户违约回购协议，控制医疗影像设备的后期处置风险，新能源汽车则通过成立出租公司，并与专业的新能源汽车维修点合作，对收回的违约车进行检查维修，出租给需要的出租公司、公交公司以及其他公司，以对冲新能源汽车后期客户违约风险……这是一种带有链式系统战略风控的回款控制机制，融资租赁公司以供应链资金方的角色参与厂商的供应链业务，作为闭环控制的有力后盾。

金融有三性：效益性、安全性和流动性，其中最重要的是安全性，只有项目安全可预期，业务收益才能实现，金融资产真实、收益安全，才可能在市场流通，换取资金流动性，借助杠杆，专做更多项目，实现更大收益。因此，金融企业未必业务做得多就活得长久，也未必有钱就效益好，手握大量风险项目的金融企业往往被安全性问题拖垮。供应链公司本质上是实业企业，如果为金融而服务，必然会导致供应链公司因过度负债而出现流动性风险，我们看到像 GE 那样的供应链标杆企业就是这样出问题的，这个教训太深刻了！国内不少一度辉煌的供应链公司也纷纷在重蹈覆辙，因此，供应链公司立足供应链服务，应为服务而金融，金融应量力而行，能力之外的应尽可能对接外部资金，以满足客户需求。

实现效益性是业务部门的使命，招聘有业务风控意识的业务人员担任部门总监，安全的业务多才可能有更好的收益；实现安全性是风控部门的使命，视公司规模，下设信审、法务、担保、资产管理（后期监管）、征信等，以确保公司项目回款得到有效控制；实现流动性是资金部门的使命，公司如果对接外部资金，基于资金方风控第一原则，首先要构建符合外部资金方的风控体系，提前导入资金方风控，按资金方风控标准开发项目。项目要能获取匹配的风险回报，应对接合适的资金成本，通过 ABS、银行、同行等操作再融资，借鸡生蛋，循环周转，控制财务杠杆，增强流动性，实现利润倍增。

如何做金融产品设计

金融产品设计的重要性在于很多风险并非客户带来的，而是金融产品设计上的缺陷所引发的。有缺陷的金融产品一旦推出，不良客户利用其 BUG 逃避风控，给公司直接带来风险；优质客户受制于产品缺陷而无奈违约，工作人员不知道如何开发和选择客户，股东可能误会整个公司团队。金融企业过于重视风控，重视项目安全，会不会导致公司无业务可做，或大家都不敢做业务呢？答案是，当然不可能。不是金融企业业务人员多项目就好，一定是专业团队设计符合市场兼顾风控的产品，才能开发出风险可控的项目。市场上客户鱼龙混杂，独具慧眼的人才能发现属于自己的安全客户，人多充其量不过是拿到的项目多而已。重视风控也并不等于拒绝风险，而是让我们能看清风险的数量和大小，增强控制管理风险的能力。

风控人员一定是根据自己对风险的把控力而接纳风险，而金融企业的股东则是结合其投资回报，视已损失承担能力而接纳风险。对于具备战略意图的金融企业来说，它会充分利用自己独特的资源优势，包括风控团队的风控技能，理性定位行业和客群，最大限度化解信息不对称风险和项目尾部风险，设计出符合股东自己风险偏好的标准化的金融产品，主动接纳可掌控的项目风险。

融资产品要吸引客户，设计上不仅要接地气，还应符合风控逻辑。比如，保理公司考虑到某行业企业普遍认同到期日所在月内付款即不算逾期，在保理融资期限设计上，就应该允许这类行业的债务人在应收账款到期日所在月内付款即不算逾期，这在一定程度上有助于促进债务人配合保理公司对应收账款的确权。水至清则无鱼，很多金融企业的产品把风控设计得高不可攀，成本高，担保增信多，实际操作时很难行得通，标准过于粗糙而出现前后混乱的情况。合格的融资产品在法律上要讲得通，同时兼备商业和金融逻辑，对应的客户或项目很容易开发。业务流程设计应随客户的信用质量而有所不同。

对后期再融资项目最经济最具效率的操作方式是让提供再融资的资金方提前介入风控。如果我们对接的是多个资金方，则数据结构要尽可能兼顾所有资金方的需求，在接入新资金方时架构出其所需要的风控方案，包括预备区块链功能、电子签章、在线发票查询、外部征信数据接入等风控功能。

如何理解授信额度和融资额度

授信额度和融资额度概念不同，金额上前者大于或等于后者。授信额度是对客户当前还款能力的量化，它是动态的，因时而变，不同金融企业授信政策不同，授信额度的计算方法也不同（计算方法在后面会有详细讲述）；在企业经营可持续的前提下，企业授信的上限不得大于其净资产。融资额度的大小取决于借款企业在融资期限内，以当前回款节奏，假定以对价担保资产估值净值放款在还款日所产生的净现值，以孰小原则确定。因为融资具有自偿性，所以要假定以融资人的对价资产估值净值作为融资额在预计到期日可实现的净现值，担保则是融资到期日自偿性现金流失算时，融资人以资产变现净值代偿。像银行直接以房产估值净值的折扣测算融资额度，并没有考虑到融资自偿的风险性，把第二还款来源代替现金流第一还款来源，这是舍本逐末的做法，类金融企业不可盲目效仿。

由于企业的资金用途被控制住了，相当于一定程度上我们也控制了企业的未来现金流。比如当前有些供应链融资就属于这种，其融资额度的大小直接以商品货值的一定比例来测算。在融资后期风控过程中，我们不断采集客户动态质押货物信息测算已变化了的授信额度，当新授信额度小于融资额度时，应引起关注，可要求客户增加保证金或担保物，以保证实际保证金比例不变。

关注杠杆陷阱

大部分企业主不知道如何正确使用财务杠杆，往往无节制滥用而陷企业于危难，最终无回天之力。企业使用财务杠杆实质上是企业净资产的套现行为，它不包括未来未形成的净利润。在债权融资业务中，企业借款成本支出越大，财务杠杆越大，税前利润越小，借新还旧能力趋弱，风险越来越大。企业借款成本低可接受更大负债，如果成本高则因融资成本可能吞噬利润而导致违约，所以高成本借款额度不可过大。当企业因过度负债导致资产负债率越来越高，融资空间必然越来越小，最后负债超过资产，使得净资产为负数，最终无杠杆可用，在没有股权注入的情况下，企业破产就只是迟早的事。因此，理想的债务融资要让企业始终保持尽可能大的负债弹性，即使企业即将违约，由于持续经营能力正常，其债务的借新还旧能力很强，债务可延展性也会很强。企业负债保持弹性也是为了应对经济下行周期，社会总需求下降，企业收入和利润双降带来的债务偿还压力。

根据表 1.1 我们可以看出，企业（包括类金融企业）为什么要把财务杠杆控制在 10 倍以内，银行如果不是因为有源源不断的存款作为资金来源，其负债率也是不能超过 90％的。净资产债务杠杆从 9 倍到 99 倍是一个飞跃，杠杆增长 10 倍，这在负债率不超过 90％之前是没有陡增现象，因此，我们视 91％负债率或 10 倍杠杆为分水岭。不难理解，超过 10 倍杠杆就等于跌入"杠杆陷阱"了！此时，企业通常不能自主，容易受困于债权人，如果企业盈利能力丧失，破产便不可避免。负债率超过 100％意味着企业已没有净资产用于授信，即没有杠杆可用，此为企业破产之象！银行断贷、债券到期违约、供应链融资成本推高、融资期限拉长导致债务高度集中化。

表 1.1　财务杠杆测算举例

项　目	结构一	结构二	结构三	结构四	结构五	结构六	结构七	结构八
总负债	30	40	50	60	70	80	90	99
净资产	70	60	50	40	30	20	10	1
总资产	100	100	100	100	100	100	100	100
负债率（总负债/总资产）	30.00％	40.00％	50.00％	60.00％	70.00％	80.00％	90.00％	99.00％
杠杆倍数（总负债/净资产）	0.43	0.67	1.00	1.50	2.33	4.00	9.00	99.00
杠杆增长率		55.56％	50.00％	50.00％	55.56％	71.43％	125.00％	1 000.00％

金融企业的两大风险

常有人问我："在融资活动中什么风险最大？"这个问题的终极答案当然是客户的违约风险或破产风险，但这显然不是提问者想要的，所以，我的答案是股东的决策风险最大，因为决策后钱出去了，风险进来了！而最大的决策权掌握在公司股东手里，特别是类金融企业。在类金融企业，老板其实是公司最大的风控人，因为最后的决策都出自其手。这也是很多类金融企业风控很牛，但还是出坏账的关键原因，因为有的老板根本没有真正意识到这点，还打心底不相信自己的风控，或对风控持怀疑态度，或因为风控人员太年轻，或因为他们经验阅历不如自己，更多的老板不愿意购买第三方风控数据，或聘用专业风控顾问，以弥补其风控决策能力的不足，降低其决策风险。所以，类金融企业仅靠评审会还是不够的。

另一大回款控制风险是融资企业的经营可持续性风险，这个风险在消费金融中就是个人持续获取现金收入能力的风险，在企业反映为业务稳定性（发展能力分析）、盈利能力稳定性（盈利能力分析）、借新还旧能力（现金流和偿还能力分析）三个方面。但凡企业的可持续性还在，即便出现逾期，也通常不会构成重大违约风险。

要想减少决策风险，在放款前应采集足够的数据资料，准确分析判断企业的经营可持续性风险。个人的经营可持续性风险实际上是指创收可持续性风险。

一个项目能不能做并不取决于风控部门或某个风控人员，风控人员的使命无非是在项目评审会上将发现的风险、项目问题、风控方案和建议措施进行客观陈述，项目风控人员原则上没有决策权，且理应回避项目决策。评审会是金融企业项目集体决策模式，它理应由具备风险管理经验的公司高管组成。很多金融企业评审委员素质参差不齐，甚至有的股东根本没有起码的金融和风控常识。这种情况下，股东授权职业经理人决策，但相关风险仍由股东自行承担。

闭环控制和信用控制

从控制方式来看，债权融资回款控制方式有闭环控制和信用控制两种。

简单地说，闭环控制是指所有能控制还款人资金的回款控制方式，有足额资产担保或转让、共管账户、虚拟子账户、协议账户、资产置换、供应链管理风控等方式。

1. 足额资产担保或转让方式下，融资人以流通性好且估值大于融资额的资产作为担保。在保理业务中，融资人通过转让自有应收账款向保理商获取融资，应收账款的估值取决于其付款人的信用实力，或依据付款人历史回款率，由于它直接反映为一种可期的未来现金流，所以其估值与融资额度可以是相同的。其他实物资产担保虽然可转变为现金流，但它与融资人经营无关，所以其估值不能与融资额度相同。当客户违约时，债权人可以处置担保资产优先受偿，从而实现资金闭环控制。

2. 共管账户。类金融企业与借款企业开立共管账户，在共管账户的印鉴卡上加自己的出纳章，以防借款企业在银行柜台把融资经营后的回款取走，同时管理一个U盾和密钥，以防借款企业通过网银把钱取走，实时监控账户上的资金进出。如果控制的是借款企业已有的结算账户，则借款企业的这个结算账户中可能存在很多客户的回款，其流水规模必然超过债权人给予的融资本息，这相当于超额管控了借款企业未来的资金流量，必然增加风控工作量和风控成本，这种情况下，建议新设结算账户共管一个或几个借款企业客户的回款，使得管控的规模预计大于融资本息，所管控客户的销售合同或订单应指定此共管账户为唯一回款账户。

但是，共管账户容易被借款企业挂失，或被司法冻结，借款企业也可能与其下游客户重新约定回款账户，使共管账户无效，因此，在使用这种方法时，我们应与借款企业及其下游客户签订三方协议，确保回款账户的唯一性，但这需要融资人强力配合，毕竟涉及融资人与其下游客户业务关系的敏感性问题。

3. 虚拟子账户。虚拟子账户又叫集团公司归集账户，是在类金融企业的银行账户下开设的子账户，但账户名称为融资人名称，账号还是类金融企业的，融资人下游客户回款时一般不知道这个账户是虚拟账户，因为它的这个虚拟性特征，消除了融资人及其客户业务关系的敏感性；虚拟子账户不受融资人管控，当融资人下游客户回款时，账户系统可即时将资金转入类金融企业账户，对法院来说它有一定的隐蔽性，不容易被查找冻结，从而弥补了共管账户容易被司法冻结的风险。但由于银行设计虚拟子账户的目的是方便企业归集集团公司下级子公司或分公司的资金，集团公司与子公司或分公司在逻辑上应存在直接或间接的股权关系，当类金融企业利用虚拟子账户进行闭环风险控制时，无疑破坏了这项服务的设计目的，但这确实有利于类金融企业的风险控制。

4. 协议账户。它是资金方、融资人与银行签订三方协议开设的结算账户，当融资人的下游货款回到此账户时，银行将到账资金按设定的时间和频率划转至资金方账户。协议账户虽然克服了虚拟子账户的不合规风险，但它又暴露在法院的视线范围内。

以上第 2、3、4 种方法均为账户控制型，其适用范围广，有一定控制力，但都存在一定的瑕疵，即不能算是完全回款闭环控制方式，资金方在使用时应根据项目风险大小酌情选用。特别是这几种回款控制力存在过强问题，融资人财务丧失自由本身就是一个风险征兆，它们通过再次变更账户等办法逃避控制，使我们的账户控制落空，实践中，这些情况屡见不鲜。

5. 对价资产置换法。在融资人存在众多对价资产的前提下，融资只受让了部分可用资产，当融资人出现逾期时，类金融企业将其他未做融资的可用资产置换逾期的对价资产，如保理中的应收账款，通过不断地置换新资产，最后跳出风险期，化解出现的风险，实现闭环控制。这适用于有充足未融资且质量符合要求的对价资产的情况。

6. 在供应链金融中，以控货的方式来控制回款，即收多少货款放多少货，银行的四方仓、仓单质押，供应链公司的货押贸易融资均属于此种。融资人的货物通过物流公司、仓储公司和供应链公司供应链服务，实时把控货物流通风险，实现贸易自偿性的闭环控制方式。

以上方法适用于各种客户，特别是新客户和信用存在一定瑕疵的客户，对于信用较好的长期客户，我们则会采用信用控制方式。信用控制方式又叫授信控制方式，即在把握客户信用规律和信用实力的基础上，跟随融资人整体授信变动调整融资额度，实现回款控制的方式。在这种情况下，客户开放所需的信用数据，类金融企业通过调整客户授信额度，动态实现回款控制。信用控制需要符合：（1）还款人具备明显的财务实力，历史上未出现过违约；（2）融资人能开放财务数据或业务数据信息；（3）融资人或还款人具有显著的经营可持续性能力。

类金融企业的信用控制方式包括商业承兑汇票、银行承兑汇票、信用证等这些基于有价单证的回款控制方式。

采用闭环控制型还是信用控制型，取决于客户的配合程度和信用实力。如果客户或还款人实力强大，则采用信用控制型；如果客户财务不开放或信用实力一般，则应采用闭环控制型。这里没有非此即彼的逻辑，可以取其一，也可以二者兼具。信用控制相对账户控制更为复杂，对融资人要求更高，对风控专业能力要求也更高。

现实中，金融企业更倾向于兼顾两种控制方式，这给风控管理带来极大挑战，而这恰恰又体现了金融企业对风险的恐惧和风控管理上的不成熟，是风控战略严重缺失或缺乏信心的表现。对于融资人来说，即便能配合如此复杂的风控要求，也往往暗示着融资人实力不足和履约风险的存在。

然而，所有债权融资都应以闭环完成其使命，才堪称完美结局，即便是信用控制或某些可持续的债务延续，那也只是融资人从债权人处所得到的某种信任特权，其最终必然也以闭环收官。因此，闭环控制是目的，其他控制只是闭环控制过程中的一个个小插曲。如果风控设计或最终结局没有实现闭环，即形成实质风险。

风控客户还是风控项目

最新数据显示，小企业平均生命期为2.7年，产品尚不完整，财务大多不健全，不可能有完整的财报数据。这种情况下，我们就不能围绕客户主体，而要围绕企业的业务来展开风控，比如在为融资人提供商品的代购、代销、物流仓储、结算等综合服务的同时，提供类金融服务，采集融资人业务项目的工商、税务、司法、历史回款流水、盈利状况，以及当前贸易商品市场、采购、销售、物流和结算等信息资料，着重分析项目风险。对大中企业，由于企业相对成熟，有稳定的市场和业务，财务健全，基本上可以通过企业的财报、流水来准确分析企业信用实力，可通过授信来进行风险控制，这些企业通常为核心企业，风控重点是分析资产质量、负债规模、盈利能力和现金流能力，把握对价资产的流通性，动态测算客户授信额度，保证授信总额大于融资额度。

所以，在供应链金融业务中，融资人多为核心企业上下游的中小微企业，它们不可能有理想的实力，但并不意味着我们不能为它们提供融资，我们不能风控融资人，而应风控其贸易或货物，通过供应链公司综合服务闭环控制融资人的生产能力、货物贸易和资金风险。相反，如果我们风控融资人信用，就肯定容易出风险。

担保增信

在金融活动中，担保有实物担保和主体保证担保两大类，其中，实物或权益资产担保包括质押和抵押，其作用在于对冲风险敞口；主体保证担保有自然人保证担保和企业保证担保，自然人和企业担保的能力取决于自然人和企业所拥有的可供担保的可变现净资产（即可变现总资产减去总负债的差额），其作用在于风险转嫁。

在债权融资活动中，对价担保物成为不同贷款或融资产品风控的核心，房贷离不开房产抵押，车贷离不开汽车抵（质）押，融资租赁离不开设备抵押，保理的对价资产和第一还款来源是应收账款，等等，就算信用贷款也有对价资产，即借款人的未来现金流。所以，现实中并不存在真正意义上的纯信用贷款。由于信用信息的不充分性，客观上需要实物担保增信来预防风险敞口，或通过信用担保来转嫁风险。

债权融资的第一还款来源是融资人的应收账款回款和未来现金收入。担保物的处置变现是第二还款来源，而第二还款来源对融资人具有一定伤害性，不可滥用。担保措施增加融资人违约成本，一定程度上可抑制融资人违约。

担保增信在回款控制中起着非常重要的作用。作为对价资产的担保方式，如应收账款质押、存货质押、股权质押、房地产抵押、汽车抵押或质押、设备抵押、有价证券质押等，还有在风控方案中设计第三方保证担保、关联公司保证担保、公司实际控制人或股东保证担保、有实力自然人保证担保，这些本质上是为了增加客户的违约成本而设置的增信措施，担保的背后支撑力源自担保人的净资产，对于融资人、还款人、担保人和资金方来说都不是真正想要使用的还款来源，它们仅仅是风险控制方式。

融资用途控制的必要性

融资用途非常重要，大致可分两种：一种是消费型用途；另一种是投资型用途。消费型用途的融资不会产生回报，有也是间接的或不确定的，其中，信用贷按融资人月均收入授信，按授信余额与当前存款余额的差额放款；担保贷按融资人固定收入扣除融资人的正常固定开支成本后的余额折现放款；收入如分期实现，需要设置与收入或收益回报节奏相同的还款方式。投资型用途的融资在未来能收回投资，会带来利润回报，利润回报应能覆盖融资利息且企业还有利可图（融资前应进行必要的投入产出分析），融资期限和还款方式要参考投资回报方式：如果投资和回报是一次性收回，则融资也应设置为一次性还款方式；如果投资和回报是一期一期收回，则还款也应设置为分期回款。长期融资应用于购买长期资产，如采购设备、不动产等，而短期融资则用于购买流动资产，如采购原材料、商品等。短期融资挪用于长期用途，则势必导致短期融资到期时因长投回笼不足而失约。因此，融资用途决定了融资的风险、性质、还款期限、还款方式，了解和控制融资人的融资资金用途也是风控的重要内容之一。银行对挪用信贷资金非常忌讳，一旦发现往往会处以停贷、提前收回贷款、取消授信、加收罚息和违约金等。

在类金融服务中，企业融资常见挪用于偿还旧债、支付个人消费、短借长投、投资资本市场、投资新项目等，甚至我们风控人员明知会挪用，还是放款给客户，其风险极大。如果回款完全可控，或还款人不是融资人的，或挪用于约定范围的，或融资人信用实力足够强的，这些挪用或可被允许；如果还款人是融资人，则要充分考虑融资挪用的后果，未来企业现金流如不能保证覆盖到期债务，则应在融资额度和期限上进行适度调整，以适应风险控制要求。对那些可预见的挪用风险，我们宁可更改融资用途，也不可怂恿挪用行为，以保证回款控制。

认准还款来源

我们知道，所有企业债权融资的第一还款来源就是销售收款，由现销收入和赊销回款两部分组成（注意：预收款为暂收款，还未形成企业收入），担保处置、借入新债、收回借款或投资款等现金流入都属于第二还款来源；个人债权融资第一还款来源是未来个人结余收入部分。再多的担保增信都不可能取代第一还款来源，各种担保措施其实只是一种假设，即假设出现违约时，我们能顺利处理担保品以抵偿债务，挽回或减少损失。我们授信的依据可以是担保资产，也可以是企业的信用能力甚至是未来现金流，但是释放授信的融资额一定是融资人未来的销售回款或现金收入。还款意愿取决于融资主体的道德观念和信用观念，同时也受制于融资主体的还款能力，还款能力的减弱必然会破坏还款意愿，从而产生违约。

担保资产和我们说的对价资产多数指向同一个资产，除了作为未来现金流的应收账款在保理业务中充当对价资产外，其他情况下，对价资产就是担保资产，如抵押中的房产、土地、汽车、设备等动产和不动产，质押中的有价证券、股权、存货等动产。具体的债权融资产品都有具体的对价资产，可以依据对价资产估值授信，也可以依据企业或个人的信用实力、净流动资产、盈利能力和现金流来授信，担保资产和保证等是第二还款来源，是回款控制的最后保障。

回款控制模式要在业务经理与客户首次沟通中确认，如果双方不能达成一致，则意味着还款来源、还款方式、还款时间等融资条件都无法落地，后面的工作做得再好也有可能白忙一场，因为还款来源决定着风控的重点。

理解金融双赢原则

一个成功的融资项目一定是双赢甚至是多赢的，不可能是融资方亏了而金融企业赚了，或者是金融企业亏了而融资方赚了，任何一方的亏损都会给它自身带来严重伤害，这种融资丧失了金融的本意，极易引发违约事件，P2P、现金贷、校园贷就是因为违背了金融双赢原则，所以注定成为金融过客。

如果融资不能给企业带来利润，那么就失去了融资存在的意义。金融企业的项目风险定价大于或等于项目所能创造的毛利时，我们就应主动放弃这个项目，除非我们降低资金成本，否则不值当，极易引发风险。

失败的项目会给金融企业平添一笔坏账，影响其现金流，新增追款费用；同时，也给融资人增加一笔多余的负债、一场无谓的官司和一条本不该有的征信负面记录。所以，金融企业不能乱放款，乱普惠，而应认清目标，给那些有融资能力的人授信，给有授信且需要融资的人提供融资。风控人员的使命就是利用自己的风控技能去发现这些人，避免为没有融资能力的人提供授信和融资。

到期前风险管理

很多金融企业在监管过程中拿不到监管资料，一是放款前对客户，特别是对其还款意愿了解不够，或没有将有关后期监管事项给客户讲清楚，将需要配合的方式和资料内容写入协议，明确不配合的后果。二是"选择型"风控固有的后期监管被动，我们对此缺乏足够重视。无论是在前期项目尽调，还是在后期监管，我们要认真分析企业的种种异常征兆，对诸如表1.2中的情形加以警觉，如项目放款前发现这些征兆，则应考虑是否中止项目进程。

表1.2 应加以警觉的异常征兆

序号	还款人异常征兆预警
1	出现了风控硬伤中的风险
2	发现大量裁员，或连续两个月未发工资，或靠贷款发工资

序号	还款人异常征兆预警
3	发现其大客户出现破产迹象，或大客户跑路，或大客户因大案被起诉
4	发现在清仓倾销，或变卖不动产
5	陷入高利贷债务，被追讨
6	应收账款大幅增加，超过收入增速，或其他应收或其他应付异常增加
7	传闻不能承兑小额汇票
8	应收账款的合同、订单、印章等关键权属资料为伪造，或传闻造假
9	出现银行贷款不良，或个人信用逾期记录暴增
10	企业资产出现流失
11	企业连续多期亏损，或大规模投资失败，或被骗惨
12	公司大股东更换或公司减少实缴资本
13	企业产品宣传虚假，或产品存在严重安全问题
14	发现公司为壳公司或虚假注资，无实际真实业务
15	产品不合格率突然超同行水平，或客户突然大量退货
16	存货出现严重积压
17	公司人心涣散，出现高层纷纷离职
18	经营者常在海外，已取得国外居留权，并在海外置产
19	听闻客户大股东家庭发生纠纷或变故
20	公司中层不务正业，出卖公司利益，索要业务回扣
21	发现严重偷税漏税行为
22	企业规模小，但银行结算账户突然越来越多
23	贸易对手国增加严重影响其业务的进出口新规或限制
24	请求延迟付款达三次以上
25	以大股东健康欠佳或病情恶化为借口而延期付款
26	连续多日失联，或一年两次更换联系号码
27	主要市场所在地发生重大灾害
28	货款支付过度依赖贷款
29	股东或合伙人发生矛盾或争议
30	多个大客户流失，只留下一个
31	快速扩张兼并企业，传闻现金流经常出现中断
32	客户大订单突然被取消，产品明显出现积压
33	客户与同行打价格战
34	客户关联公司或分公司发生重大亏损或重大事故

序号	还款人异常征兆预警
35	银行突然减少授信，收回贷款
36	下游大客户回款突然连续放缓
37	客户高价值产品大规模亏本降价销售
38	应收账款在中登网被模糊登记融资
39	报税收入占总收入比重开始小于50%
40	财报被发现严重造假，或人为操控

　　风险征兆预警同样指导风控人员在融资后的风险监控，以上预警只是抛砖引玉，现实中还有很多。我们可根据公司的风险偏好确定预警色，预警色可设置红色为一级风险，黄色为二级风险，蓝色为三级风险。还可以对应设计不同的风险处置预案和原则，并将重要风险处置预案和原则写入服务协议，当风险出现时我们可以有条不紊地从容应对。

　　通常，我们需要客户按一定频率提供月度财报、新的借款明细、纳税申报表、银行流水等，以便跟踪客户变化后的授信额度与融资额度是否匹配，分析客户现金流变化趋势、经营可持续性能力和项目资金的安全性，根据不同的风险征兆，启动相应的风险处置预案。

客户违约情境下的回款控制逻辑

　　项目到期出现违约或未到期却已发生可能导致损失的风险时，不能急着启动司法程序，而应先尽快弄清楚客户违约的具体原因，重新评估客户的经营可持续性能力，判断违约是良性的、中性的还是恶性的。良性反映为业务和利润双增，资金受客观突发因素影响，半年内有望缓解；中性反映为企业负债率小于等于行业均值，有利润，逾期由客户习惯性拖欠、小额诉讼支出等所致，不会影响企业正常经营；恶性反映为经营不善，已现亏损，企业负债大于行业均值，信用难以为继，企业已现经营不正常。

　　面对金额大，债务人还款意愿好，可持续经营为良性或中性的，则可酌情延期，实行跨周期资产管理，中性应处以一定罚息，提升风险回报率，或通过担保资产盘活流动性，发挥债权资产最大价值。

　　恶性原因中，有钱不付，如债务证据简单明确，则可向法院申请支付令；老板有还款意愿并能提供有效履约担保的则签订还款计划；其他情况应加速催收节奏，或直接发律师函，选择委外催收、调解、启动司法诉讼或仲裁程序。不打没有胜算的官司，宁可保持诉讼时效，等待时机。

对于债务人破产或失踪，无法追索、得不到清偿的债权，且债务人无还款意愿，经审批进行坏账核销处理。前提是类金融公司按坏账率（如1‰）乘以融资总额计提了坏账准备金，坏账率每季度或每年调整一次，但以坏账率计算的金额肯定不得超过公司当期净利润规模，核销时，如准备金不足则直接计入当期损益。

第二章 企业信用实力判断、授信额度和融资额度测算

风控对象是实质第一还款人

有些贷款融资的还款人未必是融资人，如保理融资、第三方担保贷款、商业汇票融资、动态货押融资等，根据回款控制原则，我们先要确定债权融资的实质第一还款人。原则上，我们应把实力最强且最有可能成为融资还款人的当事人作为实质第一还款人，并视其为项目风控对象，风控方案应以它为核心来展开设计。例如，在保理融资特别是买断保理中，应收账款的债务人（即买方）才是融资还款人；在商业汇票融资中，持票人是融资人，而还款人则是商业汇票中的承兑人或担保人。

如果融资人和还款人为同一人且无担保人，则我们风控的对象只能是融资人，我们采集融资人的相关财务数据，包括财务报表、业务数据、税务数据和银行流水等等。如果融资人与还款人不是同一人且无担保人，则信用实力强的那个是我们的实质第一还款人，另一个则是我们的第二还款人，应重点采集实质第一还款人的信用信息，另一个的信用信息则酌情采集。还款人与融资人不同的情况下，还款人实力强，且能配合提供信用信息，则融资人信用信息的采集要求就可以放低一些，甚至不采集融资人的信用信息。在融资人信用实力较弱的情况下，有信用且担保实力强的担保人提供担保，则应重点采集担保人的信用信息，同时也要采集融资人的信用信息。实际操作中，很多金融企业的风控对象和资料采集轻重颠倒了，回款控制定位弄错了，出风险也就不奇怪了。回款控制原则告诉我们，项目风控对象一定是有还款信用能力的人，即谁有信用实力，谁就是融资的风控对象，我们开发项目时应重点采集风控对象的信用信息资料。

数据分析技术与大数据建模

在定量分析技术方面，我们风控人员应掌握基本的统计学常识、逻辑推断统计方法。掌握如何运用 Excel 以及 Excel 家族的 Power Pivot（或 Power BI）、Power Query、Power View 和 Power Map 等数据分析工具，在逻辑分析中，灵活运用函数，提高数据分析的效率和效果，如果能学习 Python、Mysql 以及机器学习算法，则可

以让我们上升到智能数据分析层面,获得更自由更强大的分析能力。

绝大部分风险,包括系统和非系统风险都源于种种相关联的诱因,使其发生具有一定的必然性,这是风险可以被分析识别和控制管理的前提,即便是我们无法知悉的不确定性风险,其发生也必有成因,只是我们受制于自己的认知水平。毫无疑问,我们根本不可能采集到所有企业的数据,就算能获得六千多家上市公司的数据,但相对于中国几千万家企业来说,也只是1%都不到的小样本,我们不能仅以有限上市公司的统计数据所呈现的风险特征来推断分析几千万家企业的风险,而是主要根据企业各种数据形成的原理和逻辑来分析所有企业的风险,预测企业趋势,这需要我们掌握企业各项数据的形成原理和逻辑,以及风险特征阈值及其变化规律。

从同一行业来看,企业在不同时期各项数据所呈现的变化规律有助于我们进行理性风险分析,通过行业各项数据的均值(包括算术平均值、几何平均值、均方根平均值、调和平均值、加权平均值等)、中位数、众数、四分位数、方差、标准差、标准分、异常值、正态分布、置信度、概率密度、相关系数、协方差等进行统计分析,发现和量化企业潜在风险,提示风险趋势。比如我们采集某行业50家上市公司数据,使用四分位数统计分析或生成箱线图即很容易找到那些表现异常的企业,进一步分析其数据是否存在造假或者风险;再比如计算上述企业某项数据或指标的标准差,假如此行业某企业该项数据或指标值与行业平均值的偏差超过标准差的两倍则可视为异常,如与平均值的偏差超过标准差的三倍则判断为高度异常,即完全不可采信。相关系数在定量分析中应用非常广泛,行业某两组指标数据之间普遍反映为高度相关的(即相关系数非常接近±1),如果一个企业近几年此两组指标数据之间相关系数远离±1,则说明这个企业这两个数据存在异常,应进一步分析原因;相反,两组指标数据普遍反映为不相关的,而某企业一直以来却反映为相关,则同样值得怀疑。一个企业异常值越多意味着数据可信度越差,暗示企业的风险也越大。通过这些分析方法,可以帮助我们识别数据的真实性和可靠性。

古典概率又叫事前概率,指随机事件中各种可能发生的结果及其出现的次数都可以由演绎或外推法得知,不需经过任何统计试验即可计算各种可能发生结果的概率。如抛硬币,出现正面和反面的概率都是二分之一。古典概率具有可知性、无须试验、无误差性、有限性和等可能性的特点。在全部可能的范围内导致事件 A 发生的情况有 a 个,导致 A 不发生的情况有 b 个,则 A 发生的概率为:$P(A) = a/(a + b)$,这就是古典概率的公式。

以古典概率来看,企业到期违约和不违约的概率均为二分之一。导致企业是否违约的因素有还款能力和还款意愿,还款能力的核心是企业现金流,影响企业现金流的因素有运营能力、盈利能力、客户信用实力、偿债能力、持续发展能力等等。通过条件概率测算，企业违约概率可能是10%或者其他任何比率，违约概率越大意味着股东需要承担更大的风险，风控部门需要有更强的风险控制力，或者公司从战略层面一次性从行业和客户定位、产品设计、商业模式等方面把公司面临的整体违约率控制到最低区间。

条件概率是指事件A在事件B发生的条件下发生的概率，表示为$P(A \mid B)$。如果只有两个事件A和B，那么$P(A \mid B) = P(AB)/P(B)$；如两个事件共同发生则为联合概率，表示为$P(AB)$或$P(A,B)$或$P(A \bigcap B)$，即事件A与B同时发生的概率；某事件发生的概率与其他事件无关，如两个事件A和B互不相关，A的边缘概率就表示为$P(A)$，B的边缘概率就表示为$P(B)$。在这些定义中，事件A与B之间不一定有时间顺序或者因果关系：事件A可能先于B发生，也可能相反，也可能同时发生；事件A可能会导致B的发生，也可能相反，也可能二者间根本就没有因果关系。

推断统计中有一个重要的贝叶斯定理，它是关于随机事件A和B的条件概率（或边缘概率）的一则定理。其中$P(A \mid B)$是在事件B发生的情况下A发生的可能性。风控人员可以使用贝叶斯定理分析客户的违约概率，也可以检验分析风控模型的有效性。贝叶斯定理的公式为：

$$P(B_i \mid A) = \frac{P(B_i)P(A \mid B_i)}{\sum_{j=1}^{n} P(B_j)P(A \mid B_j)}$$

例如：在某行业中有200家企业，已知其中40%发生了违约，风控人员采用风控模型进行分析预测，但分析结果有对有错，那么，如何计算出使用风控模型分析后真实的违约概率（见图2.1）？

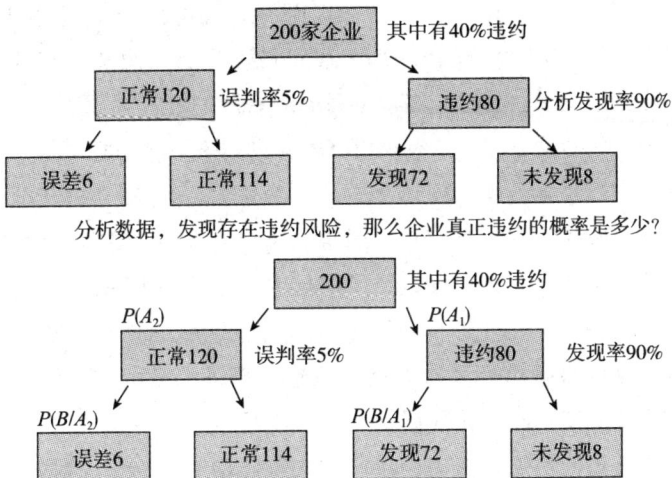

图 2.1 某行业企业真实的违约概率

$P(A_1)$ 代表违约概率，即 40%。$P(A_2)$ 代表正常概率，即 60%。$P(B)$ 代表风控人员分析数据查出的违约概率：$P(B \mid A_1)$ 为违约条件下被分析发现的概率，即 90%；$P(B \mid A_2)$ 为正常企业中有误判为正常的概率（或者说发现有违约风险的），即 5%。$P(A_1 \mid B)$ 即风控人员运用数据分析模型发现企业存在违约风险时真实的违约概率为：

$$P(A_1 \mid B) = \frac{P(A_1)P(B \mid A_1)}{P(A_1)P(B \mid A_1) + P(A_2)P(B \mid A_2)}$$

即 $P(A_1 \mid B) = 40\% \times 90\% / (40\% \times 90\% + 60\% \times 5\%) = 92.31\%$。可见此模型分析效果比较理想。

通常，我们把发生概率小于 0.01 或 0.05 的事件称为小概率事件，不管什么风险，但凡是小概率就意味着风险小。但我们如何才能知道某一风险属于小概率事件呢？这里可以使用统计推断的假设检验方法来分析。在我们定位的客户群中，不违约的人占比越大，违约的风险才越小，收益才越有保障，不然，客户定位就需要重新调整，直到目标客户信用结构呈现理想的正态分布。

当前，大数据风控建模技术主要应用在个人消费金融领域，企业金融有待在无监督机器学习领域突破。个人信息中，非格式化信息多而杂，分析判断个人信用实力，要从个人海量数据中选出持续有效的个人信用特性数据，须借助大数据技术来实现。由于个人信息隐私保护问题，很容易触犯法律红线，我们应通过合法途径，采集个人行为数据、司法信息、第三方征信信息、企业业务和信用数据，开展金融业务。个人身份、通信、家庭、网银流水、网购和借贷等个人敏感信用信息，一般由融资人主动提供或由其书面委托授权准许我们在线采集。数据分析师借助风控建模技术，建立个人信用评分卡，实现对借款人的贷前准入决策、贷中风险跟踪和贷后风险控制。

相对企业信用，个人信用具有一定的稳定性，变化较慢。个人信用特性的动态数据和定性数据非常多，并非所有个人维度数据都要用，关键在于是否与目标客户群的信用高度相关、数据是否能持续获取，建模的目的是降低风控成本，提高运作效率。

在企业债权融资活动中，企业有现成格式化的财务数据信息，但可能存在虚假。企业面临变化无常的市场环境，信用实力动态变化大，行业和客户变化快，企业每一笔交易和决策都蕴含许多不确定性。通常，我们持有的企业客户量有限，历史可比对的样本数据非常有限，此为大数据风控技术应用的一大障碍。企业动态信用数据控制在中国人民银行、商业银行、税务、海关、司法、企业及其上下游客户等手里，这些企业数据的聚合难度大，而企业风险分析讲究数据完整性。企业的大小、所处的行业和生命周期不同，其数据结构和风险特性也各不相同。各种各样和大大小小的企业风险，我们不能将它们简单相加来判断信用实力。当前，综合判断企业信用实力的最好办法还是评分卡。由于企业样本数据不足，我们不能像个人建模那样全程使用大数据技术。风险指标体系是企业风控建模的基础，按照企业风控逻辑和经验，借用数据分析方法，从标准统一的动态数据和定性数据指标中筛选出符合企业信用特征的指标变量体系。但是，也并非一定要用评分模型才能识别企业信用实力，信用模型是对某类客户群的信用识别方法，它可以是单一的财务函数模型，历史上的巴萨利模型、艾特曼模型等就是判断企业破产风险的函数模型，尽管是集中于对象某一方面的分析。在综合风险分析方面，评分卡一直是最为经典的信用分析模型。

定量分析和定性分析

判断企业信用实力，我们通常采用定量和定性两种分析方法，同时兼顾静态和动态分析，以获得客观的判断结果。

从定量来看，我们强调动态趋势分析，如以当前企业客户结构变化和业务订单增减状况推测未来企业现金流状况和财务状况。以企业历史和当前的动态数据推测企业未来的信用，判断企业到期违约概率的大小。风险分析一方面要对当前做判断，确定准入客户；另一方面对客户未来做预测，以历史和当前数据的发展趋势预测未来。如以企业已有应收账款推测企业未来可实现的现金流，以企业客户当前的回款率、订单量和行业状况预测企业贷款融资在未来一定期限内所产生现金流的规模，确定担保条件和相对安全的贷款融资规模。定量指标多测算企业的还款能力风险，而定性指标多测算企业的还款意愿风险。

很多风险是无法量化的，如还款意愿、流程、行为、领导管理能力、企业资质、资产质量、发展前景、行业状况等等都暗藏着风险，企业之间、企业与行业之间都会相互影响，从而导致风险，我们很难就这些进行数字描述，但却可以以逻辑值或代码数值的方式进行统计分析。静态定性风险是可规避的风险，我们主要关注动态的定性风险变量。如企业的高管频繁变动或实际控制人闹离婚，暗示企业管理风险加大。通过了解企业和老板个人当前和历史的信用行为记录等信用信息，判断企业和老板未来的信用习性和违约倾向。

如何采集真实数据

在采集客户信用信息方面，我们要注意一个问题，就是很多小微企业并没有完整可信的财务报表，它们的财报大部分是财务咨询公司或会计师事务所做的，目的为满足报税需要，加之企业尚不成熟，它们拿不出完整财报，即便有财报也满足不了我们的要求。我们重点不是采集它们的财报，而是采集它们的购销业务数据、进销存数据、银行流水、征信数据（即负债数据）、企业固定资产统计表、三表数据、对价资产数据（如订单或合同、收货单、发票等）、纳税申报表、客户应收账款统计表或台账等数据信息，还有老板财产统计表、个人银行征信报告、第三方信用报告等资料。小微企业对应小额融资，其融资收益不可能支持过高的风控成本，通过第三方平台方式采集数据信息，对客户提供的信用信息，通过交叉分析、逻辑分析判断数据真假，以最低风控成本开发融资项目，按分类客户设计信用评级模型，判断客户信用价值。

上市公司、国企、央企和龙头民营企业，它们都有强大的股东，成熟的财务，是中小微企业生存的业务来源。它们在发展过程中，根据市场周期和产品供求的变化，形成不同的风险。为了名利，它们在税务、银行、金融类金融企业、投资人面前戴着不一样的面具，提供不一样的财报。正是这些失实的数据信息，为金融企业带来了大量风险，也为风控人员准确分析企业信用实力带来了难度。

为了获得真实数据信息，我们应主动放弃向成熟企业索取动态数据的做法，而在尽职调查前与它们达成采集这些动态数据的具体内容、数据源和采集方法，在征得企业决策人同意后，安排现场尽调。因为我们发现，客户主动提供的动态数据大多数会进行粉饰，包括财报（含审计报告）、银行流水、纳税申报表等，并且前期一旦客户提供了这些资料，会给我们后面的现场尽调，直接获取 ERP 等财务系统数据造成巨大阻碍，客户往往会为了避免数据造假露馅而拒绝现场数据采集，导致尽调无功而返。所以，风控人员要获得真实财报数据，最好的办法就是在现场尽职调查时，直接在企业系统中采集，顺便还可以在现场抽查凭证核实账套的真实性和关键数据的真实性。

与其分析真假，不如直接采集真实数据。实践中，有的风控人员发现客户数据部分有假，就按照财务逻辑对客户报表进行所谓的数据还原，以为这样调整后的报表可以采用了，显然这是错误的，如果我们不能确定造假数据的大小，这种调整有害无益，反而造成有时我们可能对客户财报进行了意外美化！所以，最好的方法还是直接从客户那里获取真实可靠的数据。为了成功拿到客户数据，我们除了具备专业技术外，还应掌握一点心理学常识，发现客户弱点，识别谎言，建立正确与客户沟通的方式，顺利采集真实数据信息。比如客户一开始不愿配合我们看系统，就直接说：老板要我们过来就是看系统数据，如果你们不同意，我们就只能离场了！施压法越早用越好，对融资迫切的客户非常管用。

有真实可靠的数据，才能对客户信用实力做量化分析。我国信用评级公司的企业信用评级都是建立在假设会计师事务所出具的审计报告是真实的基础上，这也是它们的评级与企业真实信用会出现偏差的关键原因之一。所以，风控人员对企业征信报告，不可过于迷信。

"三净"分析法

分析企业信用实力最好的方法是综合分析法，模型分析法是对综合分析法的最典型应用，它克服了单一财务指标的片面性，如我们不可能仅根据企业利润率一项数据来判断企业信用实力，还应结合企业现金流净额来分析利润是否还在应收账款中，尚未兑现。信用评分卡作为模型综合分析法，在下一章中有进一步详述，在此，我重点讲两种实用易懂的综合分析法："三净"模型综合分析法和全面综合分析法。

"三净"分析法是我个人独创的一种简易模型方法，我们使用它可以在一分钟以内对上市公司等有真实三张财报的企业信用实力做出判断，并确定授信政策，核定授信额度。

所谓"三净"，是指依据资产负债表计算出来的"净流动资产"（＝流动资产－流动负债，又叫运营资本）、利润表中的"净利润"和现金流量表中的"经营性现金流净额"（也称经营性净现金流）三项"净"指标。

这里，我设置了一般标准和高标准两套分析标准。其中，一般标准情况下，净利润、净流动资产和经营性现金流三项指标，如果均为正值，则我们对客户可采用宽松型授信政策；如果净利润和净流动资产均为正值，但经营性净现金流为负值，则我们对客户采用适中型授信政策；如果净利润和经营性净现金流均为正值，净流动资产为负值，则我们对客户可采用谨慎型授信政策；其他情况下均不能提供授信。

显然，一般标准过于笼统，比如一家企业三项都为正，但数值都很小，客户也很可能有违约风险，但是，一般标准对不可授信企业的识别力非常高。

为了弥补一般标准可能高估个别企业信用实力的缺陷，我们推出"三净"高标准组合，这个方案要求企业不仅有利润，而且企业息税前利润率远大于融资利率，即按计划融资期限和综合利率（成本率）计算融资所创造的息前净利润要远大于融资利息费用支出，远大于的意思是企业自己也要有一定的利润留成，这样，企业和资金方才可能双赢；净流动资产的标准就是流动资产要大于等于2倍的流动负债（即标准流动比率大于等于2）；经营性净现金流的标准则是当期经营性现金流净额要大于等于企业当期净利润和非现金支付（折旧费、摊销费）之和。如果同时满足以上三个条件，可采用宽松型授信政策；只满足净利润和净流动资产两个条件的，则可采用适中型授信政策；只满足净利润和经营性现金流净额两项条件的，则可采用谨慎型授信政策；其他情况均为不可授信。

如果高标准和一般标准结果完全一致，说明企业授信能力强（即当前偿债能力强），客户报表数据能满足高标准就肯定能满足一般标准。仅一般标准达到可授信状态，说明企业可以授信，但要谨慎，即使结果是可宽松授信也要做授信额度的谨慎性调整和控制，如控制单笔融资金额或控制期限。数据模型表2.1中内含函数公式，可关联三张财报数据自动计算结果。"三净"指标数据完全可从资产负债表、利润表和现金流量表中获取，方法简单易学好用，实践证明，准确性也非常高。

表 2.1　"三净"分析

项目	测试	净利润	净流动资产	经营性净现金流	信用实力判断	是否可授信
标准	标准	1. 融资期间的息前净利润>融资成本。2. 当年净利润大于零	流动资产≥2×流动负债	1. 经营性净现金流大于当期现折旧、摊销等非现付成本＋净利润。2. 经营性净现金流大于零	综合两强为强，其他为差	综合两强为可授信、其他不可
20180630	高标准	+	−	—	弱	不可授信
	一般标准	+	+	—	较强	可谨慎授信
数据	自定义					
	自定义					

项目	数据
融资期限（天数）	
年化融资综合成本率	
息前净利润率	20.76%
流动资产	114 479 129.18
流动负债	96 976 172.08
净流动资产	17 502 957.10
经营性净现金流	−425 509.29
应收账款周转天数	2.73
净利润总额	1 352 260.66
经营性净现金流	−425 509.29
当期累计折旧	93 408.08
当期累计摊销	33 868.10

下面详细解析这三项指标判断企业信用实力的模型原理。

企业净利润是否为正，是判断企业能否进行债权融资的第一重要依据。

我们知道，企业融资成本的偿付来自融资本金所创造的利润的一部分，而融资本金的偿还来自融资本金投入经营后回笼的本金，净利润只有盈利才能保证融资项目不会因亏损而违约。净利润为正，说明企业的营业规模已越过盈亏平衡点，收入规模越大，利润也必然越大；企业规模未达盈亏平衡点，但企业处于高速成长期，利润有望扭亏为盈，如果我们这时提供融资，融资额度必须大于实现盈亏平衡点规模所需的资金规模，否则形成"夹生饭"，客户丧失融资意义，或引发风险。

有意思的是，在企业亏损的情况下，大部分企业的经营性现金流净额和净流动资产极易出现负值。我曾统计了2016年一季度的A股上市公司的"三净"数据，在553个净利润为负的企业中，同时有370个经营性净现金流为负，占了67%；同时有183个净流动资产为负，占了33%；而经营性净现金流和净流动资产中至少一项为负的有452个，占了82%，由此可见，利润亏损引发企业流动性风险的概率有多高。

但是，也并非企业净利润为正，企业信用实力就一定强，因为有些企业赚的利润还在应收账款中挂账，有的可能逾期了或成了永远的坏账，进而永久影响企业正常流动性。所以，我们认为，企业能否做债权融资，除净利润为正之外，还要看经营性现金流净额和净流动资产，经营性现金流净额反映的是企业对抗亏损失血保证支付到期负债的能力，净流动资产反映的是哪怕企业亏损或客户信用欠佳仍有"库存弹药"扛的实力，其中至少要有一项，且它们越靠近高标准值，企业信用实力就越强，就越有融资资格。这里我们分三种情形：

第一种情形是经营性现金流净额为正。这个指标特别容易藏水分，很多企业故意拖欠货款或员工工资，经营性现金流净额很容易被控制为正值。负值时也有这种情况，我们看到企业的应付账款周转率长期低于正常值，基本可以判断为这种情况。经营性现金流净额是企业当期现金流入在支付正常采购和费用开支后还有结余，就算当前净流动资产为负，只要经营性现金流净额不出现负值，企业就有持续经营的希望。

第二种情形是净流动资产为正。如果企业流动资金总量能一直满足企业日常开支，即便是经营性现金流净额一段时期为负值，企业正常经营所需的资金就没有问题。当企业下游客户的信用变差，应收账款周转率持续下降，导致净流动资产增大，而应收账款又没有计提足够的准备金，这种净流动资产就带有极大的欺骗性了。

现实中，无论是净流动资产为负还是经营性现金流净额为负，都是企业缺少资金的表现，其中净流动资产为负是最差的缺钱表现，其融资必须通过借新还旧、赎回投资或出卖资产的方式偿还旧债，或者吸收股权投资来解决流动性问题。相反，如果以上两项指标都为正，特别是达到甚至远远大于高标准值，则为企业不差钱的征兆，如这时企业需要融资，须分析其动机是否合理，如大订单或设备投资，否则财务报表可能造假。

第三种情形是净利润为正，而经营性净现金流和净流动资产两项指标为负，则不适合提供债权融资。两项指标如果长时间为负，则企业可能长期过度负债经营，流动枯竭，是极度危险的信号，有担保也不建议提供债权融资。

净利润为负，不适合提供债权融资的情形有三种：（1）三项指标为负；（2）净利润和经营性净现金流皆为负；（3）净利润和净流动资产皆为负。

净流动资产为负，说明企业已然没有属于自己的流动资金，即其所有流动资产都来自借来的资金，一旦流动借款到期，对它来说无疑是痛苦的，如没有新的资金来源，企业经营就会变得艰难。

净流动资产为负的企业能否进行债权融资，除了要看企业的净利润和经营性净现金流两项指标是否皆为正，还得看净流动资产为负的原因，企业如果流动资产小非流动资产大，而流动负债大非流动负债小，或赊账采购额度大，而销售为预收款或现金模式，应付账款远比应收账款大，或企业库存极少而赊购较大……这些或许是企业所属行业的正常现象，只要净利润和经营性净现金流两项指标皆为正就可以授信融资，但融资用途禁止期限错配；如因企业短借长用或过度短期负债导致的净流动资产为负，则应谨慎授信融资。

经营性现金流净额为负，即企业当期收到的货币资金不足以应对企业开支，是企业缺少货币资金的明确信号，解决这一矛盾的办法，要么减小日常开支规模，要么收回投资，要么融资。但此时净流动资产和净利润必须为正才适合提供债权融资。一方面净利润为正，另一方面净流动资产为正，说明企业仍具备自有流动资金，不需要借新还旧，可以通过资金周转满足到期债务清偿。这时净流动资产为正，须防止以下几种情形：

一是企业流动资产并不流动，当前流动资产中的货币资金不能供企业正常开支，如保证金等被冻结的存款；二是存货占比太大，且大多为滞销商品或过期未核销材料；三是其他应收账款超过应收账款，主要为关联企业借款或老板借款，借钱的关联企业已现财务危机；四是企业应收账款占比大，但客户拖欠严重，企业利润只是"纸面利润"。这需要分析企业客户整体信用能力，避开坏账率超过净利润率或坏账大于净利润的项目，以及存货滞销和废料挂账等流动资产损失大于企业净利润的项目。经营性现金流净额为负，通常是企业客户回款不及时或企业赊销信用政策过于宽松所致。

有些项目类的公司，如大型设备制造行业、房地产建筑行业、PPP等行业项目，由于前期投入大，而投入期或回收期特别长，则现金流量有可能暂时出现每期回款小于日常支出的现象，就是说这类企业天生需要金融企业的资金支持，以帮助它们做大做强，或保证它们度过整个项目期。

风控人员不难发现，其实存在经营性现金流净额为负、净利润和净流动资产为正情形的行业企业与存在净流动资产为负、净利润和经营性现金流净额为正情形的行业企业大同小异，这是因为经营性净现金流为负的情况下企业容易过度负债，银行、金融公司和供应商普遍存在对上市公司授信过度，公司短借长用，形成流动负债超过流动资产。面对过度负债且净流动资产为负的项目要十分小心，企业要积极利用好自己的上市公司地位，通过增发减少或平衡债权融资，解决自有流动资金不足的矛盾。

"三净"分析法必须建立在真实财务数据基础上，错误的财务数据会带来错误的判断，因此，我们要对客户财报进行数据核实。

全面综合分析法

我们分别对资产负债结构、利润结构、企业运营能力、偿债能力、盈利能力、现金流量、发展能力和企业信用等方面展开定量分析，对企业基本面、企业所在行业、企业资源和竞争力等方面展开定性分析，达到全面分析企业信用实力的目的。这就是全面综合分析法，它其实就是风评报告中最通用的分析法。

定量分析

1. 资产负债结构分析。在资产负债表中，我们先关注金额最大或占总资产比重最大的资产项目和负债项目，其次是第二大、第三大……越大代表越重要，对于本来越小越好却很大的，或本来越大越好却很小的，或本应有数据而数据却为零的，或本应为零而出现较大数据的也应加以关注，分析其形成原因是否为良性（见图2.2）。从信用实力来看，当然是资产大、负债小、净资产（即所有者权益）大的结构好，但也并不是绝对的，如果资产中非流动资产占大头，则说明企业可能是重资产企业，需关注其是否存在非流动闲置资产或存在大量非盈利性资产，设备净值一定程度上代表企业的生产能力，加速折旧的设备可能导致成新率不真实，设备真实的成新率反映设备担保融资能力大小。

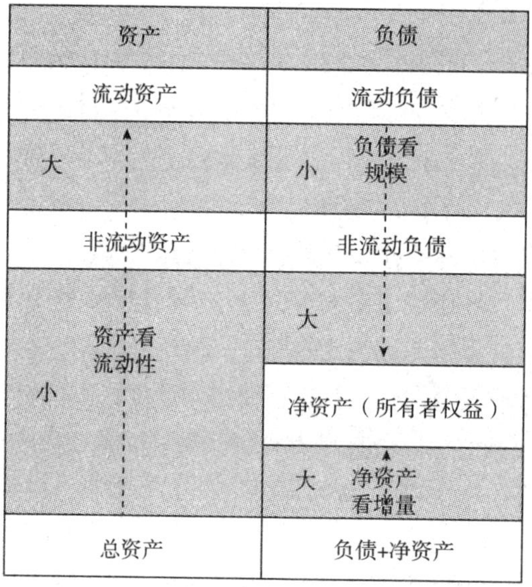

资产		负债	
流动资产		流动负债	
大		小	负债看规模
非流动资产		非流动负债	
资产看流动性 小		大	
		净资产（所有者权益）	
		大	净资产看增量
总资产		负债+净资产	

图 2.2　一般良性资产负债结构理解

　　如果流动资产占大头，存货、应收账款、其他应收账款这几个项目未必越大越好，存货量大，存货周转率可能会小于同行，或存在滞销商品或劣质作废未清理存货；如果应收账款周转率远小于同行，企业对下游的信用政策可能过于宽松，即信用额度过大，或账期过长，应防范逾期未回的应收账款规模占比过大（防止新增坏账总额超过当期企业利润）。货币资金＋应收账款＋应收票据应大于短期借款＋应付账款＋应付票据，否则说明企业流动资产已不足以应对短期负债，企业拖欠货款、借款的内因即形成；如果其他应收账款过大，则说明存在大量的外部资金占用，关联企业往来或股东借款过大或有抽资风险，这时应捆绑关联企业和老板为融资提供担保。如果短期借款或即将到期的短期借款大于应收账款和货币资金之和，则是违约信号，企业过去可能存在短借长用，导致没有足够收入。其他应付账款过大，要关注里面是否存在类金融融资（如保理、回租融资、小贷、民间借款）。货币资金长期大于短期借款和长期借款等有息负债之和暗示货币资金存在被冻结或大多锁定为保证金或金额数据造假的情况。重资产企业虽然资产巨大，大多还有国资背景，但由于非流动资产大于流动资产，银行为了控制风险，多倾向于提供短期贷款，企业负债管理控制不当，很容易导致其短期负债大于长期负债，且大于流动资产，最后陷入流动性恶性循环：越缺钱越借钱，越借钱越缺钱，抵押掉所有资产，净资产和利润被借款及其利息逐渐耗尽，企业完全失控。因此，对于重资产企业，我们应特别关注其速动资产，因为速动比率一旦小于1，就开始要借新还旧，不再可能以货款回款还融资本金和利息了。

企业净资产中，如果资本公积金额占比较大，则应查其历史明细，如有必要则应查询原始凭证。盈余公积由法定盈余公积和任意盈余公积组成，其中法定盈余公积一般提取比例为净利润的10%，当法定盈余公积累计金额超过企业注册资本的50%时，可以不再提取；任意盈余公积可以弥补以前年度亏损和转增资本。未分配利润＝上年度未分配利润＋本年利润－本年利润分配，如果未分配利润不符合这个等式关系，若无历史利润调整，则一般说明财报存在虚假，香港财报中的"储备"项目中包括未分配利润、盈余公积和其他收益在内，故不能使用内地财报逻辑分析。

根据复式记账法，资产负债表只要有一个数据不实，则还有一个甚至更多数据不实。净资产为负则是企业资不抵债的表现，如果企业股本未完全缴足，则是不可融资之象。资产负债表流动资产充足，说明企业融资动力不大，如果不足，则应结合以上"三净"分析法判断企业信用实力。

2. 企业利润表分析。企业的主营业务收入决定了企业的负债还本能力，企业营业利润决定了企业的负债还息能力。如果企业净利润是正值，但主要利润来自营业外收入、政府补贴收入、其他业务收入、投资收益等非主营业务收入，那么按企业的主营业务收入、主营业务成本、营业税及附加、三项期间费用和所得税费计算出来的净利润很可能就是亏损，因此，需要分析主营业务的盈利能力，即营业利润，它才具有可持续性。企业债权融资，其融资成本只对企业的息前净利润率敏感，对其他财务指标数据不敏感，因此，净利润率要能覆盖金融企业的综合融资成本率。企业主营业务收入要与企业的纳税申报表的纳税销售收入进行比较，并计算纳税占比，如果占比太低，则说明企业有很多资金存在体外循环，金融企业注定无法控制资金回款。企业当年的应收账款增长额不可能超过当年的全年累计收入，否则可能存在财报造假。

3. 企业运营能力分析。一个企业的运营能力通过各项资金在一年内的周转次数综合体现出来，周转次数越多，意味着周转一次所花费的天数越少。企业的应收账款资金周转得越快，产生的总利润也必然越大，应收账款周转率反映的是企业对客户信用管理的结果；相反，应付账款周转率则反映的是企业对自身信用管理的结果，应付账款周转次数越少，则说明企业对供应商越趋于强势，企业占用较多供应商流动资金，从信用层面来说未必是好事，也许是对供应商的一种压榨或拖欠行为，但如果企业付款正常进行，则应付账款周转快说明企业信用实力强或供应商过于强势。流动资金周转率、存货周转率和总资产周转率反映的是相应的资产周转次数，与同行业龙头企业相比较，能判断企业运营能力的强弱。

4. 偿债能力分析。分短期偿债能力分析和长期偿债能力分析，其中短期偿债能力反映在流动比率、速动比率、有效速动比率、利息偿还倍数和现金比率，我们认为流动比率要大于等于 2，速动比率要大于等于 1，利息偿还倍数要大于等于 3，简称为"流动一二三分析"。现金的结余大于等于将到期的短期负债会比较安全，利息偿还倍数反映的是企业偿还利息的安全性。长期偿债能力主要反映在资产负债率，一般 50％ 是安全线，70％ 是预警线，90％ 是警报线，越高风险越大，也意味着企业可融资空间逐渐收缩，超过 100％ 时意味着企业陷入完全失控状态。有些企业长期负债，或无息负债占总负债超过 50％，或长期负债有自循环机制（如保险、银行），这是企业在超高负债情况下，还能正常保持流动性的原因。

5. 盈利能力分析。利润表只反映企业理论上的盈利能力，其真实盈利能力必须通过资产负债表和现金流量表综合来分析。企业盈利能力的强弱也决定其融资空间的大小，企业净利润率大，说明企业有以利润换融资的资本，否则过多债务的利息支出会蚕食企业利润，从而导致企业过度无效融资，即融得多亏得大。判断企业信用实力，要看剔除非正常损益的净利润率的大小，如果企业毛利润率过低，则其剔除非正常损益的净利润率就会更低。融资成本高必然会稀释企业净利润率，融资成本的高低决定了企业可用财务杠杆的大小，即成本越高，可用财务杠杆越小，反之亦然。净资产收益率又叫股东回报率，等于企业净利润除以平均净资产，反映企业为股东创造利润的能力，是企业投资人最为关注的财务指标，净资产收益率的大小意味着股东投资这家企业的动力、信心和耐力，如果企业长期损失，股东难免看不到希望，则可能引发一系列股权变更风险，如合伙人退股、转移资产、融资失败、股东和员工失控等等，最终是股东退股撤资，企业失去活力。总资产回报率等于息税前利润除以总资产，反映企业总资产创利能力，即企业为国家、股东和债权人创造价值的综合能力，反映企业总体盈利能力的高低，如果该指标大于平均市场利率，则表明企业可创造的利润大于融资成本，企业可以充分利用财务杠杆，进行负债经营，获取尽可能多的收益。企业盈利能力反映企业经营的可持续性。

杜邦分析法可为我们解构企业是如何为股东创造利润的，通过净资产收益率的形成机理，帮助我们深入解构企业盈利来源，发现企业的底层优势和劣势，有利于金融企业依据风险偏好，趋利避害，做出决策。我们看到，企业负债受制于利润率，也受制于总资产周转率、企业有效净资产；而利润率受制于贷款融资成本、企业税费和经营利润，资产周转率受制于所有资产的使用率和创收能力。所以，企业股东回报率与财务杠杆一样，都受制于企业创收的速度和规模。图 2.3 为某上市公司杜邦分析的结构图，其中各因子影响强弱一目了然，黑色数字为本期的，灰色数字为上期的。

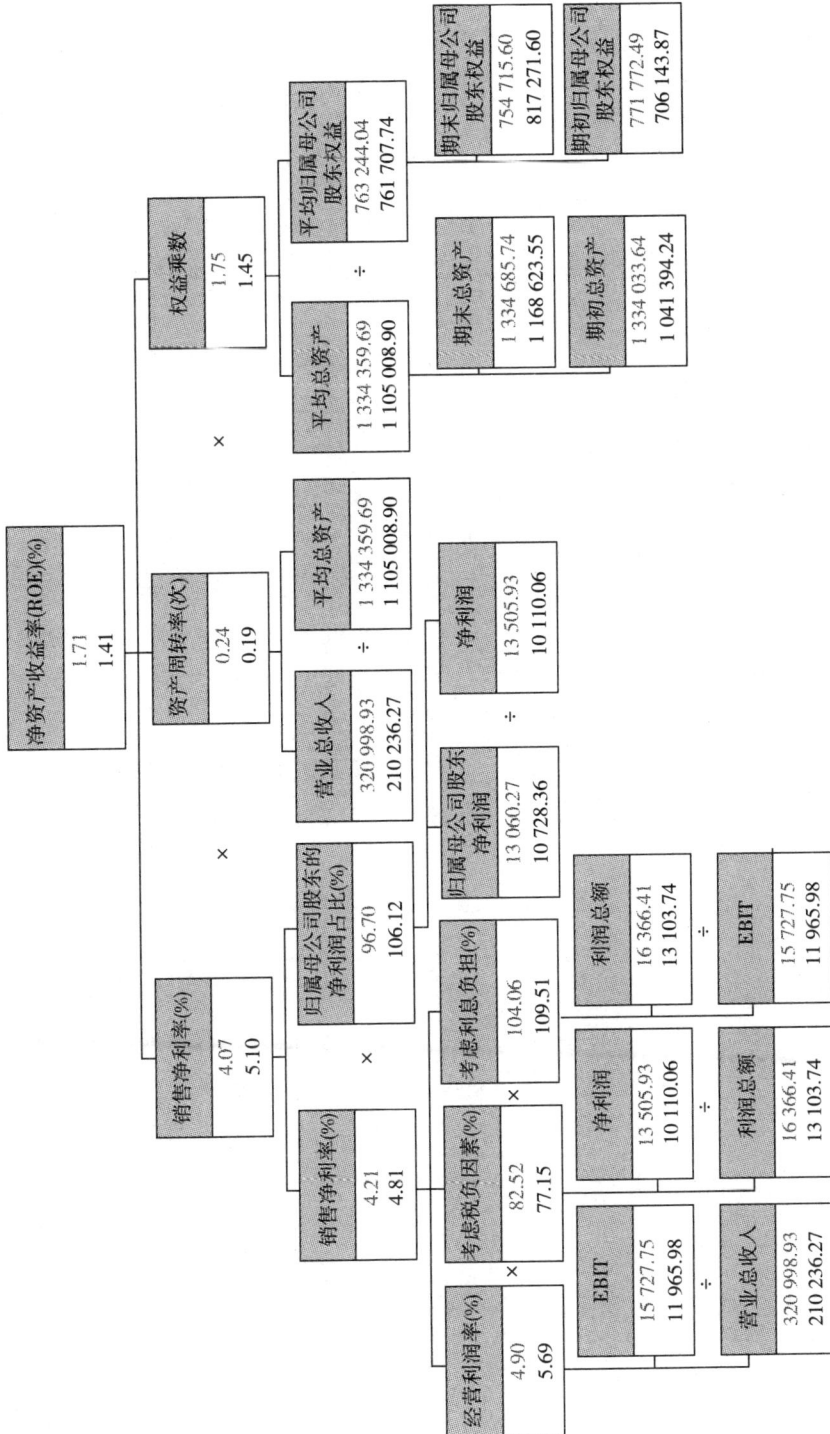

图 2.3 某上市公司杜邦分析的结构图

资料来源：万得。

6.现金流量分析。经营性现金流净额是否为正,反映了企业经营性现金流入能否维系企业正常经营性支出。经营性现金流净额和投资性现金流净额之和相当于企业的自由现金流,它反映企业自身可自由支配现金的大小,如果经营性现金流净额为负值,说明企业缺少资金,需要通过收回货款或投资、吸纳投资、出售资产、增加债权融资等方式来弥补这部分缺口。

企业经营性现金流是否正常,可根据以下具体情况分析:(1)当经营性现金流净额为负值,投资活动现金净流量为负值,筹资活动现金净流量为正值时,暗示企业处于产品初创期,这个阶段企业以股权筹资为主。(2)当经营性现金流净额为负数,投资活动现金净流量为正数,筹资活动现金净流量为负数时,可以判断企业可能已处于衰退期。这个时期市场萎缩,产品市场占有率下降,经营活动现金流入小于流出,为应对到期债务不得不收回投资还债。(3)当经营性现金流净额为正数,投资活动现金净流量为负数,筹资活动现金净流量为正数时,可以判断企业处于高速发展期,销售快速上升,大量货币资金回笼,为扩大市场份额,企业大量追加投资,因其经营性现金流净额可能无法满足投资所需,必须筹集外部资金作为补充。(4)当经营性现金流净额为正数,投资活动现金净流量为正数,筹资活动现金净流量为负数时,暗示企业进入产品成熟期,销售市场稳定,已步入投资回收期,企业偿还外部资金,保持企业良好信用。

企业现金流的"三金一水"分析:(1)营业收入的吸金量=销售和提供劳务收到的现金/营业收入。吸金量越高,表示企业实现营业收入时收到的现金比率越高,应收账款占比越少,所以不可能出现经营性现金流入与应收账款都增长的情况。(2)营业收入的含金量=经营活动产生的现金流量净额/营业收入。营业收入含金量越高,企业利润越高,表示企业通过销售收入创造现金净流入的能力越强,企业客户信用实力强。(3)经营活动净收益的含金量=经营活动产生的现金流量净额/经营活动净收益。经营活动净收益即毛利,是营业总收入减去营业总成本的差额,其含金量越高,表示企业经营活动的收益转化为现金净流入的能力越强。(4)经营活动产生的现金流量的含水量=折旧和摊销/经营性现金流净额。折旧和摊销是非现金性成本支出,非现金性成本支出包括:计提的资产减值准备、固定资产折旧、无形资产和长期待摊费用摊销、固定资产报废损失。理想的经营活动产生的现金流净额应大于等于净利润、折旧和摊销之和。这里我们须知道,经营性现金流净额大于零,表明现金流入大于现金流出,但是这部分差额现金中应包括这几部分,即一部分差额要弥补企业的非现金性成本支出,也就是折旧费用和摊销费用,同时收回已获得的企业利润,这样,企业才算真正实现了业务收入的全部回笼。因此,我们把折旧、摊销费用称为企业经营性现金流净额中的"水分"。

7. 企业发展能力分析。在动态趋势分析中，发展能力第一重要，也是企业经营可持续性能力的集中表现。主营业务增长率、应收账款增长率、净利润增长率、固定资产增长率、总资产增长率和净资产增长率等，可以反映企业的发展能力，其中最重要的是主营业务增长率和净利润增长率。主营业务增长率为正数，要么是企业订单在增长，要么是企业产品价格在增长，当然订单增长可持续性好。但是，主营业务增长率如一直为负，则意味着企业利润下降、产能过剩、产品滞销、价格下降、竞争加剧。净利润增长率可能因主营业务增长率变化而变化，也可能因成本变化而变化。企业增长的快慢取决于企业的主营业务增长率。企业并购可能会带来总资产和净资产的增长，反过来也可能促进企业主营业务的增长。企业主营业务增长加快的同时，客户回款率保持较好的发展态势，意味着企业有资本获得更多外部资金支持，这是我们给企业释放融资的最佳时机。

8. 企业信用分析。第一，统计企业的银行流水，分析企业银行流水和企业收入与纳税收入的匹配性及企业销售现金流入量的合理性，以判断企业流动资金规模。分析企业有息负债结构，包括隐性负债，查询中登网、其他各种网站上抵押和质押登记记录，避免负债撞车，资产重复担保融资。第二，分析企业和企业实际控制人的银行征信报告，看是否存在历史不良信用记录，对非关联方担保记录等相关信息，担保额不得超过净资产的一定比例（如20％）。第三，网上查询企业和企业实际控制人历史诉讼记录及其标的，以及案情性质，警惕在诉大额案件标的超过净资产一定比例（如20％）的企业。第四，对提供担保的企业实际控制人采集数据，确定其净资产，或评估担保资产，避免在押或非法资产担保。第五，其他信用分析，如网上负面新闻、网上发票查询、资质查询、招投标查询、证照查询、专业机构的信用评级分析报告等等（风险点导航网：www.riskdot.com）。

定性分析

1. 企业基本面分析。企业基本面包括企业的成立时间、注册资本和实缴资本、股东背景、股权结构、法定代表人、企业高管、关联企业和关联交易、企业资质、企业发展沿革、经营范围等。大部分定性分析信息可通过政府相关平台和社会综合信息服务平台获得，包括工商、税务、司法、知识产权、企业关联族谱、资产担保公示等。

在分析企业工商信息时，应重点分析企业股东背景、关联企业族谱及其持股关系，如果发现存在循环持股关系，则极有可能为虚假注册，甚至可能为壳公司。如遇法人股东，应层层穿透查询，直到自然人或国资委股东为止。查询企业当前状态、企业人数等关键信息，确定企业当前所从事的业务是否在其注册范围之内。税务关注企业是小规模纳税人还是一般纳税人，与企业业务规模是否相称，当前是否被列入纳税信用黑名单。企业诉讼要同时查询企业和企业主，包括黑名单查询，重点关注企业被告案件的判决或裁定结果、案件有无欺诈行为、标的金额、未结案数量和最新案件等。

我们可以购买企查查、天眼查、百融、同盾等定制报告一次性获得企业基本面的全面分析数据，大大节省时间和精力，还能有效防止重要信息的遗漏。

2. 行业分析。我们把行业产品需求、利润等容易受宏观经济影响的行业叫周期性行业（或叫强周期行业），包括消费类周期性行业和工业类周期性行业。消费类周期性行业包括房地产、银行、证券、保险、汽车、航空、旅游等等；工业类周期性行业包括有色金属、钢铁、化工、水泥、电力、煤炭、石化、工程机械、航运、装备制造等等。周期性行业与宏观经济相关度很高，宏观经济复杂多变，很难预测，产品价格波动巨大、下跌迅猛（例如2017年初短短两三个月航运价格急跌90%，有色金属也跌幅巨大），需求变化迅速而且周期长，有时投资者根本没有反应的时间。有一些重资产企业，投入产出周期长，高峰期大量的资本支出带来庞大的折旧和摊销，利润对产量的变化极为敏感，行业低谷时规模调整弹性小，影响盈利的不可测因素众多，所以盈利呈现高度的波动性，判断周期拐点的难度也较高。石化、电力、石油等受政府价格管制的行业存在盈利意外下滑的可能性。我们国家典型的周期性行业包括钢铁、有色金属、化工等基础大宗原材料行业，水泥等建筑材料行业，工程机械、机床、重型卡车、装备制造等资本集约型领域，当经济高速增长时，市场对这些行业的产品需求也高涨，公司的业绩改善就会非常明显；而当经济低迷时，固定资产投资下降，对其产品的需求减弱，业绩就会迅速回落。

一些非必需的消费品行业具有鲜明的周期性特征，如轿车、高档白酒、高档服装、奢侈品、航空、酒店等，一旦人们收入增长放缓和预期收入不确定性增强，都会直接减少对这类非必需品的消费需求。金融服务业（保险除外）由于与工商业和居民消费密切相关，也有显著的周期性特征。

非周期性行业指那些不受宏观经济影响的行业，也叫弱周期行业。简单地说，提供生活必需品的行业就是弱周期性行业，提供非生活必需品的行业就是周期性行业。

对周期性行业企业的债权融资期限不宜过长，而对非周期性行业企业则可适当提供长期战略合作和长约融资。

行业分析还要分析行业的生命周期。行业生命周期是指行业从出现到退出市场活动所经历的时间。行业生命周期主要包括四个发展阶段：幼稚期，成长期，成熟期，衰退期。根据不同阶段的特点，我们可以大致判断该行业所在的阶段：幼稚期的行业企业规模一般很小，行业产品类型、性能和市场不断变好，市场上出现各种新产品新服务，产品设计不太成熟，但市场需求增长快，企业很容易进入这个行业。行业企业处于这个阶段不适合提供债权融资。成长期的行业已经形成并快速发展，大多数企业因快速增长，为扩大产量以占领目标市场，需要大量资金支持。企业进入这个行业会越来越难，行业壁垒会越来越高。金融企业从这个阶段开始可以提供债权融资支持。行业到了成熟期，企业增长率降到较正常水平，相对稳定，每年销售量变动和利润增长幅度较小，竞争激烈，逐步有企业因对投资回报率不满意而退出，有些企业主导行业，控制成本，寻找兼并机会、探索新市场、研发新技术、开发具有不同特色功能的新产品，赢得新的发展机会，这个阶段金融企业可选择龙头企业提供融资支持。到了衰退期，行业生产力过剩，技术被模仿后出现的替代品充斥市场，市场增长率严重下降，产品品种减少，行业活力度下降，企业纷纷退出，行业可能不复存在或并入另一行业。衰退期的企业，金融企业不宜提供任何融资。

金融企业的行业分析要立足于当前的市场状况，关注行业系统风险，包括国际环境、外汇汇率、货币政策、财政政策、行业潜规则、市场价格等外部影响因素的变化，以及影响行业未来变化趋势的原理和逻辑。

企业资源和竞争力分析。真正有一定信用实力的企业都会有优秀的人才资源、较大的产品市场占有率、优质的客户资源、品牌资源、业绩利润、不动产、上市公司资质、国企背景、关联公司、政府资源等等，其中最重要的资源是企业人才团队、产品品质、信用客户资源，这些都是企业赖以持续稳定发展的基础。

在没有数据或数据无法推测的未来，定性分析非常重要。我们预测企业未来趋势，要找到影响未来的主要风险因素，然后通过逻辑分析判断其对项目的影响大小，特别要关注那些重要的具有一定规律性或周期性的风险因子，这需要我们练就足够的风险洞察力。

授信额度测算

对企业主体授信必须要有财务数据支持，我们不可能通过定性分析得出授信额度。不同的金融企业因为实力不同、风险偏好不同、风控素质与战略定位等的差异，它们对同一融资主体或还款人的授信额度未必相同。但是，任何企业在未来一段时间内，客观上都一定存在一个违约概率最低的融资授信额度区间，理论最小值为零，最大值即融资到期日企业可履约的还款额。授信额度是融资人当前的还款能力，并非未来某一段时间或某一天的还款能力，它是动态的，随融资人财务数据及其风险因素的增减而变动。

如图2.4所示，风控人员不难理解授信额度和融资额度的测算与资产、负债和净资产之间的关系。新增授信永远要控制在可变现净资产范围内，但它又包含在可变现流动资产和可变现非流动资产中，任何时候，融资人最大总授信＝总资产－不可变现资产＝总资产的公允价值，最大新增授信或融资额度＝总资产－不可变现资产－总负债＝总资产－不可变现资产－货币资金－可变现流动资产－可变现非流动资产，不可变现资产中存在一些隐藏于总资产中的"水分"，因为总资产中的优质资产大多担保了有息负债，使得那些隐藏的"水分"必然被挤到了净资产中。所以账面上的净资产只是理论上的授信基础，我们按净资产的10％授信正是出于这么一种保守思路来做的，如果加上企业对外担保，这个比例就应该更小。

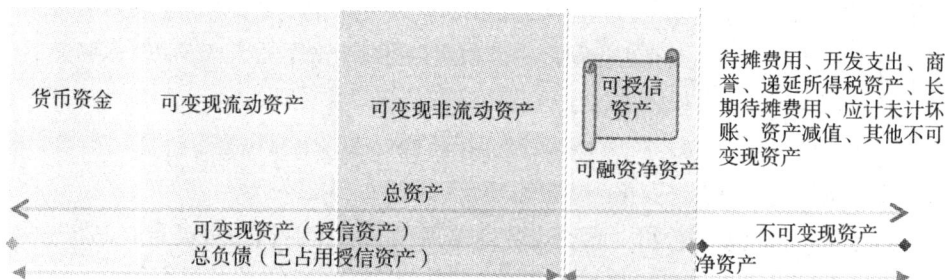

图2.4　授信额度、融资额度的测算与资产、负债和净资产之间的关系

我们可以通过"三净"分析法或其他综合分析法来识别客户风险，确定采用宽松授信法、适中授信法还是保守（谨慎）授信法政策。

我们常说的授信是指企业整体授信，它是基于企业资产而提供的授信；个别授信是针对企业个别项目或客户，基于项目投入或客户净资产提供的授信；企业信用贷的授信是基于企业主营业务收入平均水平的授信；担保授信则是针对融资人担保品估值净额或第三方担保人担保能力评估提供的授信，比如在企业的业务旺季等特殊时期基于可预期订单量提供的授信；循环授信是指授信额度在约定的期限内可以循环使用，偿还释放，再使用再偿还释放的，基于融资人资产或平均业务收入而提供的授信，信用授信也属于循环授信。

授信测算方法有：

（1）按净利润授信。净利润实际为净资产未分配利润的一部分，适用于企业下游客户整体信用良好的情形，可以上一年度企业净利润为授信额度，属于保守授信法。

（2）按经营性现金流净额授信。适用于经营性现金流净额较大，且为正值的企业，属于保守授信法。

（3）按历史平均主营业务收入现金流授信。主营业务收入现金流反映为货币资金，为最理想的授信资产。近一段时间企业应收账款回款额＝最近月回款额×6＋…×5＋…×4＋…×3＋…×2＋半年最远月回款额×1）／（6＋5＋4＋3＋2＋1）×融资总月数。此方法适用于现金流比较稳定的企业，建立在历史会重演的基础上。它是一种适中授信法。

（4）按有效流动资产的20％授信。有效流动资产即现实货币资金和容易变现的资产＝货币资金＋应收票据＋应收账款净额＋预付账款＋存货净额，属于适中授信法。

（5）按净流动资产的20％授信，即（流动资产－流动负债）×20％，属于保守授信法。流动资产规模巨大时，采用第4种方法授信可能会超过可变现净资产。

（6）按净资产的10％或有效净资产的10％授信。有效净资产＝净资产－（递延所得税资产＋长期待摊费用＋待摊费用＋商誉＋其他无法变现的资产），假如有效净资产为负数，说明该授信方案无效，即授信额度为零。按净资产的10％授信为适中授信法，按有效净资产的10％授信为保守授信法。

（7）资产估值授信法。以当前担保资产估值净额授信，属于适中授信法。

（8）可接受负债率法。可接受负债率＝［最高可接受资产负债率／（1－最高可接受资产负债率）－当前资产负债率／（1－当前资产负债率）］×有效净资产×有息负债占总负债比重。其中，1－当前资产负债率就是净资产占有率；最高可接受资产负债率根据公司风险偏好原则，房地产强烈建议不超过90％；有息负债占总负债比重＝有息负债／总负债，有息负债＝短期借款＋短期债券＋一年内到期的非流动负债＋长期借款＋应付债券＋长期应付款＋专项应付款＋其他流动负债＋其他长期负债。假如计算的值出现负数，说明核心企业的资产负债率超过最高可接受资产负债率，表示该授信方案无效，即授信额度为零。此方法不可乱用，很容易超过可变现净资产。

（9）流动资金需求缺口预测法。授信额度＝预计运营资金量－运营资本－现有银行贷款－其他运营资金。其中，预计运营资金量＝上年度营业收入×（1－上年度毛利率）×（1＋最近三年销售收入平均增长率）／运营资金周转次数；运营资金周转次数＝360／（存货周转天数＋应收账款周转天数－应付账款周转天数＋预付账款周转天数－预收账款周转天数）；运营资本＝流动资产－流动负债；现有银行贷款＝短期借款＋一年内到期非流动负债＋长期借款；其他运营资金＝短期债券＋应付债券＋长期应付款＋专项应付款＋其他长期负债。假如出现负数，表明企业依靠内部自有资金可以满足企业运营需求，没有融资的必要性。预测资金需求缺口需要企业提供准确的预算数据，这种方法极少使用。这是银行才会用的方法，可作为参考，不建议直接采用，因为增长率这东西太虚了。

以上常用的是第 3 至第 7 种方法。对根本没有信用实力，没有还款意愿，或不能提供以上相关信用数据的企业，不能提供授信。

融资额度测算

融资额度理论上是融资人还款日现金流的净现值，它实际上是一个预测值。授信额度是指融资人当前的还款能力，这就是为什么金融企业未必直接以授信额度提供融资。根据企业业务发展趋势和客户信用质量，按还款方式测算客户未来可支配现金流净现值，可以理解为一种到期日可实现的授信额度。企业融资本身具有自偿性，即以融资使用后的回款偿还到期融资本息，但是，融资会分割企业利润，减缓净资产增速；同时，作为一项负债将在融资期内对某项担保对价资产（即激活授信的资产）保有排他性。例如：房贷以房产估值打折激活授信额度，融资额度像是房产估值打折后的金额，其实未必是，因为我们还要评估企业使用这笔授信额度在到期时能否产生足以偿还融资的现金流，融资额度以此现金流净现值和房产估值打折后哪个小来核定；保理可以直接以"应收账款×客户回款率－到期利息费用"核定保理融资额度；按揭车贷是以融资人未来可支配的现金流净现值核定融资人授信额度。

可见，现金流原则是融资额度测算的铁律，担保资产只是第二还款来源。

企业融资使用后的现金流回流方式是分期的，则还款方式应该为分期还款；如果现金流回流方式是一次性回流，则还款方式应该为一次性还本付息。如果测算出来的现金流大于激活授信的对价资产评估值，则应以对价资产评估值为准，否则以现金流测算值为准，即孰小原则来确定。融资额度一旦确定，在一段时间内是不会变的，但由于企业的授信额度是变化的，因此，在后期监管时重点关注融资额度超过企业授信额度的征兆，一旦出现这种情况，可要求融资人增加担保物，或要求提前偿还部分融资本息，使得融资余额小于等于企业当前授信额度。融资额度测算方法有：

（1）现值测算法，本法是最根本的融资额度测算法。现金流入指融资人预期会发生的现金收入，现金流出指融资人预期会发生的总体现金支出，收入减支出就是净现金流，我们将每期净现金流全部折现到当前，可用折现函数"PV（折现率，期数，净现金流）"计算折现额（现值），折现率为当前融资利率。如表 2.2 所示：各月折现率为 1%，折现现值总和即为融资额度，为 367.33。如果它大于对价资产估值打折金额，则以对价资产估值打折金额为融资额度；相反，则以此为融资额度。这种情况下，为分期还款方式。

表 2.2　融资额度测算

年月	基数	现金收入	现金支出	净现金流	折现率	现值
201806	12	120.00	80.00	40.00	1％	35.50
201807	11	130.00	85.00	45.00	1％	40.33
201808	10	115.00	85.00	30.00	1％	27.16
201809	9	150.00	90.00	60.00	1％	54.86
201810	8	140.00	95.00	45.00	1％	41.56
201811	7	120.00	100.00	20.00	1％	18.65
201812	6	166.00	130.00	36.00	1％	33.91
201901	5	143.00	120.00	23.00	1％	21.88
201902	4	90.00	100.00	−10.00	1％	−9.61
201903	3	125.00	100.00	25.00	1％	24.26
201904	2	140.00	100.00	40.00	1％	39.21
201905	1	130.00	90.00	40.00	1％	39.60
合计		1 569.00	1 175.00	394.00	年化 12％	367.33

融资租赁的融资额度为预测的设备保守产能所创月利润额（含折旧）折现值，个人消费融资可按工资收入减去正常生活开支的净额逐期折现来核定融资额度，均为分期还款方式。

（2）应收账款质押或保理融资额＝受让应收账款×应收账款债权人历史回款率−保理成本费用，这里也可采用 DSO 倒算法，即按债务人应收账款发生额，在约定期限内拟合 DSO 的应收账款余额，反算逻辑回款额，扣除成本费用后的差额即为融资额。此法在保理风控中有详细讲述，故在此略过。

（3）对价资产测算法，是银行采用的主要方法，客户要激活银行授信需要提供担保资产，银行以担保资产估值打折核定融资额度，供应链公司则以货物估值打折测定融资额度。银行这种融资额度测算法未考虑融资人未来现金流。不建议类金融企业效仿银行强调担保资产，没有现金流原则，以担保资产测算融资额度的做法。因为银行客户违约会上银行征信，长期影响其授信和贷款融资，其客户违约概率在一定程度上可以有效控制。

　　企业融资额度受制于以下因素：第一，它要符合回款控制的要求；第二，应小于等于还款人当前的授信额度；第三，应小于等于对价资产的评估净值；第四，应小于等于未来现金流净现值；第五，应小于等于出资方所能控制的融资人的那部分现金流。此外，还要对融资额度做适当调整，如房产已抵押给银行，则以融资期内总租金减去银行的到期贷款本息折现值测算融资额度，再考虑企业融资到期日是否处于企业客户的回款高峰期，避开安排在低谷期，也不能刚好在其他资金方的融资还款日之后。

第三章　信用信息

信用信息概述

　　风控是金融的核心，风控的核心又是什么呢？**风控的核心就是信用信息！**它也是我们进行风控的依据。信用信息可以理解为所有与融资人信用相关的信息和数据集合，即狭义上的融资信息资料。按信息主体，可以分为企业信用信息和个人信用信息。企业行为受会计准则、法规和企业管理等影响，企业信用信息基本上是现成的，并且大同小异，信息源也比较透明；个人信用信息，点多面广，维度非常丰富，获取和使用受个人隐私保护限制，存在大量非格式化、断点、冗余和噪音数据信息，需要整理清洗，才能形成格式化的建模样本数据。按信用信息来源，可分为融资人信息、担保人信息、关联公司信息、第三方信息和整理加工信息。按信用信息的获取阶段，可分为基本信用信息、融资信息、签约信息、放款信息、监管信息和诉讼追索信息等。按风险表现形式，可分为显性信用信息和隐性信用信息，或分为可知信用信息和不可知信用信息。信用信息的分类有助我们更好地理解信息的特征，精准定位信息源，持续采集到符合我们风控要求的信用信息，圆满完成风控使命。

　　在信息数量以几何级数递增的今天，我们更应学会高效获取真实信用信息的方法，学会使用模型分析工具，拓展信用信息边界，尽可能缩小隐性和未知风险边界，最大限度减少信息不对称风险。系统风险数据不断变化，非系统风险因子存在不确定性，加之我们对风险的预知力受个人素质以及趋势分析时长的局限，因此单纯的风控技术无法完全驾驭系统风险，也难以预见未来非系统风险的发生。我们应该转变风控观念，拓宽可知风险信息面，发挥金融科技风控的力量，架构战略金融风控体系。

信用信息特性

　　信用信息具有真实性、相关性、完整性和时效性等特性，真实性是指信息与客观实际相符，不是被粉饰过、伪造和计算错误的信息；相关性指的是我们所采集的信用信息要与客户及项目风险密切相关；完整性指所有与项目相关的风险信息都不能错漏，特别是重大可知的风险信息；时效性是针对动态的信用信息而言的，时点上要正好是我们项目风险分析所需要的，我们对这些动态信息能及时跟踪获取，对风险的判断才能及时、准确、有效。

采集信用信息要达到以上"四性"并不容易，风控人员在采集信息过程中确实存在不少问题。由于方法不当，我们所得到的信用信息可能是错误的、不完整的、过时的、无效的，或很多是与我们风险判断不相关的。信用信息的采集能力反映出一个风控人员的专业水平，直接关系着项目风险管理能否成功。

三类信用信息的采集

怎么采集合格的信用信息呢？首先，风控人员要知道完整信用信息的组成结构如何，具体信用信息的最佳源头在哪，用什么方式方法采集，谁来采集，企业如何配合。简单地说，风险在哪，信用信息便在哪，我们需要把握与项目相关的信用信息，不必纠结于融资期间出险概率不大的信息，比如明保理融资，我们对融资人的信用实力就不必过于敏感。

我们把信用信息分三大类：第一类是第三方信用信息，包括工商信用信息、诉讼司法信息、税务信息、资质信息、银行流水、银行征信、水电缴费信息、来自融资人的供应商和融资人的客户的信用信息、网搜信息等非融资人持有的信用信息。这类信息的质量非常高，其中政府公共信息最易获得，其他这类信息需要融资人配合提供或授权网上获取。第二类是融资人持有的信用信息，主要是财务数据，包括财报、科目余额表、分户账、借款明细表、仓库进销存登记簿、合同订单、融资人前五大客户应收账款分户账、收货单等。这类信息必须由融资人提供，需验证数据资料的真假，预防信息造假。风控人员必须具备专业经验和数据分析技术。可信度最高的采集方式是融资人现场数据源头采集，如果在尽调前由融资人或融资人渠道方提供，通常难免虚假。第三类是债权类信用信息，即融资人的授权书、支付融资的付款凭证、融资人与其客户签订的各种合同协议、法律文书、担保资产的权属证明文件原件或复印件等等。法务独立保管这些信息资料，在项目出现风险时才可能会使用到。前两类信息是金融企业给融资人、担保人或还款人分析信用实力、量化风险、测算授信而使用的。

根据回款控制原则，融资人、担保人、票据承兑人和还款人中谁的信用实力强，我们就风控谁，重点采集其信用信息资料，其他人的信用信息资料视在还款中的作用和实力酌情采集，采集什么、怎么采集要看风险分析程度。

第一类的第三方信用信息，大部分可以通过网上平台或向第三方数据公司购买来获得，大多企业公共信息是我国政府主导的，如工商、税务、司法、知识产权等等，基本都可以免费查到，也可以购买数据公司专业综合加工而成的企业信用信息。在业务风控前置时，查询或购买这类信用信息非常必要，有助于初步过滤显性风险，排除公司禁止类项目。在风险点导航（www.riskdot.com）中，存在各种信用信息查询平台和网站，特别推荐给大家收藏使用。其中的工商信息，我们可以购买企查查、天眼查、启信宝等平台上的综合信用报告，也可以直接登录官方的全国企业信用信息网，免费查询。第三方综合信用信息平台更新频率自然没有官网及时，所以查询官网不可忽略。第三方综合信用信息平台同时整合了工商、司法、税务、政府行政处罚、知识产权保护等官方数据，可以查询关联企业，了解企业全貌。Open Law、汇法网等则是司法专业类的第三方信用信息服务平台，其信息来源于法院裁判文书、失信被执行人和全国法院被执行人等政府司法数据库。这里须注意，刚事发、尚未诉讼、刚起诉和待起诉的融资人违约或风险事件在这些平台是查不到的，我们得关注日常新闻资讯，通过社交群友分享，或融资人上下游客户或其亲朋好友圈获悉；"全国增值税发票查验平台"提供增值税发票真伪全国在线查询，现在企业"克隆"发票、PS发票、发票作废等老大难问题基本销声匿迹了，随着电子发票的普及，企业纳税收支分析的第三方企税查询平台也已出现，但要得到企业的授权和配合才可查到。在税务机关"纳税信用查询"（不同地方设置不同）可以查企业或个人纳税的黑名单、纳税诚信等级。

　　一些数据公司提供信用信息报告，如百行征信、同盾征信、百融金服等提供个性化定制企业信用信息报告。在信用中国、地方信用网站可查企业的地方信用信息；邓白氏商业报告属于定制性服务，其企业行业等级分析非常有参考价值。我国行业信息可以在中国行业研究、中国产业洞察、中国产经信息等网站购买或查询，也可以搜索免费的行业分析；中证登、中债登分别是股票质押融资和债券质押融资办理担保登记公示的地方，应收账款转让或质押、租赁、存货/仓单质押、保证金质押、动产信托、所有权保留、农业设施和林木所有权抵押都在中登网办理融资公示，防止资产重复超值担保融资。融资公示和资产担保登记的作用是不同的，在办理资产担保时，如担保品是房产则在房产所在地的房管所（局）办理抵押登记，土地则在土管局办理抵押登记，车辆则在车管所办理抵（质）押登记，飞机则在航管局办理抵（质）押登记，大部分其他动产则在全国抵押登记系统在线办理查询和抵押登记，动产和股权质押在工商办理登记，版权、著作权、专利之类的知识产权等无形资产则在中国产权中心登记……一般来说，以上登记查询要到相应的登记地查询，除非政府已开放线上查询窗口，但也要融资人的授权和配合。此外，中国政府采购招标网可以查询政府采购招标信息，中国采招网可查询企业采购招标信息……这些网站在风险点导航门户网都有。

企业网银流水、企业开票系统数据、原始凭证、商业合同等因为涉及企业机密，在项目支持尽职调查的情况下风控人员可在现场亲自采集，否则应设计能确保信用信息真实的采集方案，如在线截屏等。凡是企业自行复印或扫描提供的信用信息，我都不建议大家直接采信，需要分析或交叉检核后使用。由核心企业的供应商提供的关于核心企业的回款信用信息，由核心企业的客户提供的关于核心企业供货质量和订单执行信用信息，这类信息为核心企业的间接信息，不太容易获得，但对我们分析核心企业的信用实力很有说服力。第三方信用信息基本能满足我们对企业基本信用的初步判断，但是，更具价值的风险分析必须要有融资人的财务数据支持才行。

项目风险评估报告是风控人员对项目相关信用信息的综合整理，对项目风险进行全面分析和度量，并有针对性地提出相关的风控措施。

无论是纸质的资料，还是电子资料（包括文本文件、照片、视频和音频文件）都要符合"四性"要求。如果是纸质的，我们应注意所有复印件都要通过第三方官方网站查询求证或是核对过原件，我们应有能力准确识别原件真假，企业工商信息、资质信息可以网上查询验证，以复印件加盖企业公章提供也可以，但像身份证、房产证、银行征信报告、银行流水等我们不能独自查询的信息资料不能以复印件提供，必须是以原件提供，我们以原件复印，企业盖章确认；银行征信报告最好提供原件，不能接收可编辑的 Word 文件，可以原件拍照或原件彩色扫描提供，但应核对过原件。信息采集应充分考虑法律证据采信要求，以应对不时之需，风控人员应对法律证据采信要求有充分的了解和掌握。

现场尽调时，如企业强势，不让现场采集系统数据，则要抽查会计凭证，并要求企业提供最新原版审计报告。一些国企央企等大型企业，财务管理制度严密，提供数据有复杂的审批流程，财务人员又怕担责，通常不容易看到它们的系统数据；有的公司为垂直管理模式，领导多，审批时间长，需要我们提前安排和沟通，让客户有充分准备。我们就尽调具体事项双方达成一致才能上门尽调，到了现场即按约定的流程和采集内容走，如发现需要新增资料则应在采集时及时提出，视情况采集更多高价值的信用信息资料。反保理业务中还款人不是融资人，还款人以此为由不予配合也是常有的事，企业越大，这些情况越严重，给类金融企业业务风控带来困扰和风险。最佳方法是我们在尽调前做足功课，对于通过第三方平台可采集的数据，上门尽调时以核实为主，关键数据在客户现场与其财务管理人员口头求证，尽最大可能采集客户最近财报、业务报表、结算流水、纳税申报表、征信报告等关键真实信用信息，宁可简化、打散和聚焦最近的重要数据，也不能放弃采集。眼见为实是现场尽调存在的价值，客户是融资受益人，它们提供的信息未必真实，我们应追根究底，见证核实，对企业负面信息当面直接求证，切不可后面胡思乱猜或电话求证，没有求证结果的信息不可轻易写入分析报告，误导分析结果。

风控人员做好现场尽调相当于完成了项目的一大半，现场尽调看上去不复杂，但考验我们每一位风控人的专业素质。懂企业财务只能说具备了获取项目风控所需数据的基础，我们与企业财务人员的沟通方式、尽调策略、言谈举止和人格魅力都会在一定程度上影响尽调效果。

业务风控前置

业务风控前置就是业务人员在项目尽调前，先对项目进行风险过滤，对存在硬伤的项目及时直接退单，对符合风控要求的项目或客户确认对价资产要求、融资用途、操作流程、担保增信、还款方式、资金成本、融资期限、回款控制方式等，得到风控部门项目主管的通过，才能与客户沟通尽调内容清单，安排现场尽调。业务风控前置是基于传统"选择型"风控机制，强化放款前公司对客户的选择主动权，从而弱化融资后期监管，把风险尽可能化解在放款前的客户选择上。同时，业务风控前置可以有效控制沉没成本（即没有收益对冲的成本支出），防止因沉没成本增大倒逼项目"不得不做"的窘境。特别是在短期融资项目中，业务风控前置有助于提升业务人员的风控意识，提高业务过件率，减少盲目接单导致的沉没成本增加，节省时间精力和财务资源，实现精准业务开发。

另外，业务风控前置还有一个功能，就是可以有效防止"认知陷阱"干扰。所谓"认知陷阱"，简单地说，就是吃人家的嘴软，拿人家的手短，由此产生的项目风险盲区。尽调前，业务人员和风控人员没有对项目进行风险排查过滤，贸然进场尽调，此时尽调人员脑子里的项目信息基本是空白的，客户的甜言蜜语、豪车接送、酒席佳宴、星级招待等等这些便会乘虚而入，尽调人员便一步一步地陷入客户设计好的"认知陷阱"。表现在现场采集信息时，风控人员明明看到的是复印资料却当成了原件资料采集，主动放弃原件核实；发现数据不一致时，不是当面询问核实，而是主动为客户寻找理由，或不加思索地接受客户解释，尽调人员就像集体被洗脑了一样。试想，如果老板也参与这种尽调，会有多可怕！其结论性的项目观点可能直接主宰项目决策方向，风控人员即便发现风险，也极容易被忽略。

那么，如何进行业务风控前置呢？先是风控部门必须对业务部门和公司高管进行这方面的培训，并在业务流程中设计工作环节，让他们知道金融产品设计中的风控标准是什么。通过风险点导航网站查询客户的工商信息、税务信息、诉讼司法信息、资产担保登记信息、资质信息、社会征信信息等等，或直接购买企业综合信用报告，判断企业风险信息是否列在"负面清单"中，果断过滤风险项目；对通过风控初审的项目，确认尽调内容清单、操作流程和项目初步方案。

"负面清单"又叫项目硬伤，即金融企业股东不能接纳的风险，它是股东风险偏好的一部分。实践中，大部分类金融企业股东从来不告诉自己的业务人员和风控人员公司不能承担哪些风险，能接受多少坏账率，坏账率如何定义，单笔业务不能超过多少，期限最长是多长等等这些有关股东风险偏好的问题，导致一些类金融企业发展方向不明，业务方向不清，员工权利不清义务不明，最后做死自己。"负面清单"是股东风险偏好最重要的表达，凡遇此项目风险，业务人员和风控人员均应直接中止进程。这里我把风控硬伤分为共性风控硬伤和个性风控硬伤两大类，共性风控硬伤就是所有债权融资产品普遍适用的"负面清单"；个性风控硬伤就是保理、融资租赁、供应链金融、车贷、房贷等不同产品才具有的"负面清单"，在后面的个性风控内容中会逐一讲到。

一般共性风控硬伤有：（1）上市公司实际资产负债率大于90%，非上市公司大于70%（当前形势下）；（2）大企业提供不了真实财务资料，中小企业提供不了业务资料；（3）属于淘汰行业；（4）企业历史无报税记录；（5）有重大诉讼或仲裁未决案，标的超过净资产20%；（6）近两年有不良贷款，或个人有"连三累六"信用记录；（7）融资客户对外担保（关联企业除外）超过净资产的20%；（8）当前有未还高利贷；（9）公司实际控制人或法定代表人被刑拘或有赌博、吸毒等不良嗜好；（10）融资方或还款方已经资不抵债；（11）融资方的净利润为亏损或剔除非正常损益的净利润率不能支撑金融公司最低融资成本；（12）融资方净利润为正，但净流动资产和经营性净现金流两项为负。

实践证明，业务风控前置非常有利于金融企业降低项目开发成本和风险标准化，预防项目风险发生，保证项目后续工作顺利有效推进。

对融资资料的几个误解

现场尽调时，要把握好信用信息资料的"四性"，防止走过场。风控人员进行现场尽调就是要眼见为实，要看到数据资料的真相才能保证资料的真实性，根据风控要求采集数据信息才能保证信息的真实性、相关性、完整性和时效性。

实践中，我们比较容易有以下误解：（1）资料越多越好，而忽略了财务信息的作用是判断风险，判断风险需要真实的财务报表和交易数据，未必是越多越好，比如供应链融资因为是围绕业务开展融资，在货权和回款都掌握的前提下，融资人的财报可以忽略，重点了解其历史业务数据。事实告诉我们，风控越不专业的公司通常要的资料越多，且反复无常，而风控越专业的公司要的资料通常都很精简，让客户感觉合作很舒服。（2）希望企业主动提供财务资料，而不是在我们的控制下采集财务资料。因为客户是融资利益的直接受益者，为了能获取融资，它们不希望暴露自己的劣势面，所以当客户提供资料时，极易粉饰财务数据，掩盖瑕疵，这样的教训很多。因此，所有客户提供的资料，除有第三方平台查证的以外，其他数据都必须现场核实，交叉验证，先确实后采集。（3）对客户不配合提供的资料放弃采集。重要的信用信息基本上都有很多数据源，可以灵活变通采集其他可替代资料，只要真实可信，或分拆采集，或采集含有相关重要内容要素的其他资料，或通过第三方进行采集。比如客户应收账款明细账，也可以采集银行流水（里面有客户回款数据）、客户纳税信息（里面有客户每期应收账款发生额）、客户的对账单（里面有客户应收账款余额），当然风控人员的财务基础要非常扎实才知道这些细节的东西。（4）我们作为类金融企业，根本收不到真实财务数据。持这个观点的风控人员大多是"晕数"的，他们对企业财务一知半解，自然不知道从哪采集，怎么采集了；还有就是很多风控人员没有策略，不知道如何在尽调时用好自己资金方的主动优势，甚至放弃现场财务数据采集主动权，让客户或渠道方递交融资资料，其结果可想而知。因此，风控人员加强财务基础学习，掌握风控财务数据的要求，熟悉关键财务数据源和采集方法非常重要。

识别真假企业信用信息

假财务数据是风控老生常谈的话题，企业首先为"税"而做假账假财报，未必是为了融资而做假。企业所有收入或支出都是要申报纳税的，否则就涉及偷税或逃税问题，除非国家给予了减免优惠特权。随着国家税制改革，企业税负确实比以前大大降低了，小微企业都有较大税收减免政策支持，基本不需要做假账假报表，国企央企一般不敢做假账假报表，上市公司监管制度越来越严，做假账假报表风险越来越大，很多大中型民营企业有两套账多套账，报税财报自然难免存在虚假。但是，企业股东为了解自己实际的经营情况，都会做一套内账，这套内账财报通常真实完整可信，正是我们风控所需要的。随着我国资本市场企业注册上市的开放，只做一套账的企业必然越来越多，还有国家税控技术的升级完善，智能财务的出现，我们很乐观地预言未来假账假财报肯定会越来越少。

报税虚假账套财报

企业外账账套的收入和开支都要有正规发票，这些有正规发票的凭证会装订得整齐规范，因为税务局有时会抽查，会计师事务所做企业所得税汇算清缴时要税审。企业所得税通常按企业应纳税所得额（即应纳税利润）计缴，应纳税利润大于零的企业为了少交企业所得税，通过多开费用发票，做大费用开支，现金销售时不开销售发票或少开销售发票，做小收入，这样，少交增值税的同时，还少交甚至不交企业所得税。

但是，如果企业有很多没开发票的收入、无发票的采购和费用支付，怎么做账呢？国税原则上允许企业存在少量无发票收入或费用入账，但是要合规报税并补缴税款。为了少交税，一些企业就把收入、采购和费用发票全部抽出来，做成标准的报税账套，这就是外账；同时，老板为了全面掌握企业真实经营情况，不管有没有发票，所有业务一律如实做成一套账，只给企业内部人看，所以叫作内账。类金融企业当然想了解企业真实的经营情况，所以，我们风控人员一般采集企业内账数据和财报。

但是，电子账套可以轻易复制，客户的会计在我们入场尽调前拷贝一套真实的内账，反结账后调整每个月的会计分录，虚增收入、利润和资产，减少成本费用开支，少计负债。在一些企业，老板和员工自制白票是常见的事情，只要老板审核通过，会计都可以用来做账，所以假账配假白票，风控人员要识别其真伪，须抽查会计收支凭证。通常，大企业可能是长期性、连贯性、有组织、有计划和证账表整套地造假，而中小型企业造假则多是临时行为，我们离场后会计就会把假白票撤掉。一般情况下，造假者不愿填制太多笔凭证，流程也不会搞得太复杂，根据这个逻辑，我们风控人员现场抽查最近几个月凭证中金额较大的白票收入和支出凭证，不难发现这些凭证的制单、审核、出纳、会计、审批等人的笔迹可能是一两个人在同一时间留下的，上面的印章明显是同一时间加盖的，制式凭证号码还是连号的，数量、单价或金额该有零头的却是整数，凭证好像没有被传递过的痕迹，新得太突兀，白票原始凭证后面应有附件却没有。从会计账套来看，业务收入和采购支出变化没有规律，应收应付账款只增不减，大额现金收支有凭证，但在出纳现金流水账中却没有记账，企业应收账款和应付账款周转率波动太大，或通过预付款项、其他应收款、在建工程、存货等科目先套出资金，然后以销售回款收回虚增的应收账款，等等。

根据规定，符合以下情况之一的企业都必须过税审：（1）当年企业亏损 10 万元以上；（2）连续三年亏损；（3）企业当年销售收入超过 3 000 万元；（4）房地产企业。无须税审的企业做一套账可能性较大，税政风险较大。小微企业由财务服务公司或会计师事务所代做账报税，一般只做一套税务账，不做内账，出现白票时老板自行解决。

企业为了融资，或申请政府补贴，或争取来自供应商的更多信用额度，其会计根据账套用途对历史记账数据美化粉饰，向银行、政策机关、供应商提供虚假数据。有些企业将做好的假报表直接交给会计师事务所出具审计报告，个别会计师事务所做完税审报告，同时为企业出具所谓"融资性审计报告"，以增加其审计收入。现绝大多数中小企业年审已不需要提交审计报告，国税也无此要求，因而中小企业的审计报告是值得怀疑的。

增值税和企业所得税是我国企业都会涉及的两个主要税种，为了方便我们风控人员理解，我在此简单科普一下：

增值税是在企业流通环节征收的一种流转税，我国营改增之后，已成为每个企业必须申报的主税种，它是国税对买卖增值的差额（即毛利）部分计征的税，如没有增值则不用交。比如：我们购进商品 45 万元，如果销售额为 50 万元，中间有 5 万元增值，所以要交 $5 \times 13\% = 0.65$ 万元增值税。或用公式：应交增值税＝销项税－进项税＝$50 \times 13\% - 45 \times 13\% = 6.5 - 5.85 = 0.65$ 万元。其中企业采购商品进来时支付给供应商 5.85 万元（$45 \times 13\%$）的增值税叫进项税，销售商品出去时从客户手里收到的 6.5 万元（$50 \times 13\%$）的增值税叫销项税。因为一般企业按月对账，对账后卖家开发票给买家（注意不是买家开发票给卖家），企业买进的原材料要生产出成品才能卖出去，采购的商品也未必能当月卖出，这就使得企业当月的进项税可能大于销项税，当月的应交增值税就出现负数了，就是说企业不用交税，且这部分多余的进项税还可加入下期的进项税一起抵扣下期销项税，即下期应交增值税＝下期销项税－（当期进项税余额＋下期进项税）；如果企业当期进项税小于当期销项税，且上期进项税余额为零，那么销项税－进项税的差额就是当期应缴纳的增值税。

我们需要注意的是，进项税和销项税都是价外税，它包含在售价中，因此在计税时我们要把税从售价中剥离出来，使售价＝不含税价＋税价，不含税价＝售价/（1＋增值税率），税价＝售价－不含税价，因此，增值税＝货款/（1＋增值税率）×增值税率＝不含税货款×增值税率＝货款－不含税货款，因而客户付给我们的货款里是包含了销项税的。

国税将企业分为两种增值税纳税人，一种叫小规模纳税人，因为规模小，不使用差额征收方式，而一律简化为按企业不含税销售收入×3%计税缴纳。企业的主营业务收入是不含税的，采购发票里的进项税不得抵扣销项税，即采购金额含税全额计入原材料或商品采购成本中去。小规模纳税人开普通增值税发票，按季报税。当前小微企业、个体工商户和其他小规模纳税人的起征点为每月 10 万元。另一种就是一般纳税人，企业财务管理规范，且营业收入超过小规模纳税人上限，或按规定成为一般纳税人。一般纳税人实行差额纳税，即应纳增值税＝本期销项税－（上期进项税余额＋本期进项税），其主营业务收入、采购的原材料和商品价值都以不含增值税金额计算，每月初集中申报增值税。一般纳税人开增值税专用发票，2019 年 5 月起增值税标准税率为 13％。

一般纳税人为了尽可能少交税，未必是卖多少就开多少发票，而是看当月自己进项税总额多大，然后依据自己行业正常赋税率反算开多少销项税和多少销售专用发票。当前发票查询非常便捷，地下套印发票已无生存机会，全面普及电子发票已经开始，未来发票欺诈风险也将逐步消失。

企业所得税是税务局向我国境内的内资企业和其他组织就其利润所得征收的一种税，简单理解就是国家依法参与企业利润分配。应纳所得税＝应纳税所得额×适用税率，应纳税所得额＝纳税年度的收入总额－不征税收入－免税收入－各项费用成本扣除－允许弥补以前年度亏损额。纳税人包括：国有企业、集体企业、私营企业、联营企业、股份制企业、有生产经营所得和其他所得的其他组织，个人独资企业和合伙企业征收个人所得税，不征收企业所得税。财税〔2019〕13 号文件规定，自 2019 年 1 月 1 日至 2021 年 12 月 31 日，对小型微利企业年应纳税所得额不超过 100 万元的部分，减按 25％计入应纳税所得额，按 20％的税率缴纳企业所得税（即按 25％×20％＝5％计）；对年应纳税所得额超过 100 万元但不超过 300 万元的部分，减按 50％计入应纳税所得额，按 20％的税率缴纳企业所得税（即按 50％×20％＝10％计）。小型微利企业是指从事国家非限制和禁止行业，且同时符合年度应纳税所得额不超过 300 万元、从业人数不超过 300 人、资产总额不超过 5 000 万元等三个条件的企业。

融资账套和财报的风险点

企业包装上市后，为了不断提升市值，获得更多融资，填平上市前的隐性债务，很难停止造假，随着时间的推移，造假的难度必然越来越大，收入、成本支出、货币资金、现金流入流出、应收应付、存货、固定资产、未分配利润等项目之间的数据矛盾最终难以为继，最后水落石出。

企业以虚假财报骗取融资后，又如期偿还，这种情况对我们来说反而更加危险，很多类金融企业出险就因踩中了这种"雷"，广州承兴案、深圳中天信案等很多债券违约和保理违约即是如此。

企业报税用的外账中，主营业务收入可能是真的，但利润未必是真的。企业做外账的目的就是想做小利润少交企业所得税，其方法无非是少做收入，虚增成本费用，利润少或亏损就可以免交或不交企业所得税，如果企业收入小于应收账款发生额，或企业利润率比行业利润率低很多，则可以判断当前账套为外账。仔细分析外账，最难造假的收入也有可能因为代开发票或虚假贸易而虚假；实收资本可能因为虚假注资而虚假；长短期借款可能因为是生意贷或记入其他应付款科目而虚假……所以，外账数据可参考，不可轻信。

企业内账也不见得是真账，需要核实验证。做内账不一定需要正规发票，白票也可以，企业开白票不像虚开发票，它没有成本！而这正是企业做假内账的便利之处，也是我们看内账的重要风险点。判断方法：抽查原始凭证，重点查客户回款凭证，对照银行流水，验证账实是否一致。

现在，上市公司做假账虽然不断升级，但逻辑基本没变。比如银行流水，一家壳公司的流水发生笔数少，日余额基本没什么变化，且还很小，其造假后，我们计算存款利息，可能会发现其与实际相差太大，企业每月应有的工资、房租、水电费、采购开支、税项支出、银行结算手续费等支出在基本账户中却都看不到，这就很容易判断为假账。面对假账假财报，风控人员要知道银行如何计算存款利息、转账手续费标准如何、增值税的核算、个人所得税计税规则等等。数据最怕对比，比如，毛利高于同行很多、采购价与销售价太接近就要怀疑；如果企业为假收入纳税，做假成本太高，不可能持续太久，最终牺牲利润，很容易露出马脚，同时引发财务危机。外账凭证都有发票、合同订单、发货单收货单、对账单、收据等成套附件，内账中这些都是复印件，内账中发票后面的附件可能会省略，但白票后面该有的附件还是要有，不然应进一步核实是否虚假。

我们如果发现财报虚假，有必要抽查原始凭证，确认账套的真实性；我们如果没有发现财报有问题，就应确定财报来源是内账还是外账，最后确定数据的可信度。企业外账难做，一是因为企业销项税大于进项税，采购发票难获得，导致企业多交税；二是外账要严格遵循会计法和会计制度，包括新会计准则、费用税前抵扣制度、成本核算标准、费用计提标准、递延所得税核算、坏账计提制度、资产减值准备计量等。相反，内账没有严格约束，只要让老板准确了解自己当前盈亏、资产和负债即可。

企业信用实力需要验证，在彼此没有接触之前，信息是不对称的，流程上我们握有主动权，方案设置上只要掌握好度，不过分又能满足风控需求即可，对不配合的客户，我们应果断中止进程。实践中，我们发现经营正常且盈利的企业往往乐意配合，很多亏损或负债太高的企业不太愿意配合。

魔鬼在细节中处处隐现。从假账细节看，应收账款余额与以其平均回款账期计算出来的余额相差太远，与企业含税收入与现金流量表中的出售商品、服务现金流入的差额不一致；应付账款余额与以其平均付款账期计算出来的余额也相差太远；存货与目测仓库中的实物存量估价相差太远；在建工程与实际工程规模明显不符；商誉是企业在并购外部企业时企业估值大于并购支付成本的差额，因为估值很容易虚高，导致商誉水分大，这项资产很容易因被并购企业后续经营下滑和估值下降而减值，直接影响企业利润而形成风险，为控制商誉减值风险，其占企业净资产比重不能过大，否则对债权人极为不利；企业主要固定资产、设备原值虚高，或折旧率太低，或拆旧期太长，也是企业虚增资产和利润的方式；企业长期投资有金额，其年度利润表中就应有投资收益，如多年无投资收益，此长期投资可能虚构；如果企业无核心技术，则其无形资产可能是土地使用权，否则不可能有太大的无形资产；资本公积在所有者权益中最容易造假，它有三大来源，一是记入资产增值的那部分价值，注意其公允价值的真实性，同时看递延所得税是否增加，因为要计提递延所得税，二是公司接收的外部捐赠，三是股东投入的超过注册资本的那部分资本金，即股权溢价，注意是否如实入了银行账，如果不是这里面的一种则为虚假；国企央企和上市公司财务资料提供缺乏与其身份相称的内部流程控制；等等。

融资项目尽职调查与会计师审企业财报不同，不少风控人员像会计师做审计一样尽调客户，因为很少有企业能够配合，所以结果都做得不好。尽调是尽调，审计是审计，会计师主要是对企业过去某段时期的全部财务数据进行详细审核；而融资尽调是为了分析掌握企业近一段时期和当前经营情况、财务状况、风险和信用状况等，现场采集与项目风险相关的数据信息，如财务报表、账龄分析表、上下游的合同或订单、三表、前五大客户应收和应付账款明细账、征信报告、纳税申报表、开票月度统计表、网银流水和现金流水等。风控人员在现场仅对采集的数据信息的真实性做必要审核，尽调内容有明显针对性，不可能像会计师那样从头到尾审查统计企业全年会计凭证和账本。

低级假财报没有假账支持，完全杜撰瞎编，这类假财报做起来非常简单，其货币资金、实收资本、短期借款和长期借款数据可通过工商信息、网银流水和银行征信报告第三方信息直接查证，很容易发现。

如融资企业曾存在上市被否，这种企业大概率存在财报和账套造假，所以，对这类企业要多加小心。有的企业如果只是财报有问题，而账套是真的，则要求生成账套财报；一般不可能出现财报是真的而账套是假的这种情形。当我们判断财报有假时，在入场尽调前则应力争说服企业提供真实数据，并要求现场尽调时配合提供真实账套财务数据资料，否则中止此项目。

从行为逻辑来看，企业越大越不愿意让我们看内账，大客户如特别爽快答应配合我们，须注意很有可能是客户长期精心为贷款融资而做的假账套，或者就是为应对税务而做的外账，所以，让大客户提供内账数据时，伴随各种流程、限制和要求反而是合乎常理的。银行等金融企业实力强，其获得大客户内账相对会更容易；相反，实力弱的类金融企业，其生存场景一般是小客户群体，它们面对大企业时会比较被动，业务和风控推动难度也大。

对小微企业客户，我们主要采集业务数据、银行征信、银行流水、借款余额、纳税收入等数据，同时采集老板及其配偶的个人信用信息，包括其芝麻信用分、银行个人征信报告、个人主要账户流水、个人资产清单和合法数据公司提供的个人信用信息报告。小微企业项目风控对象是其贸易，不是企业，风控重点关注小微企业的核心企业信用实力。

现在，手工做账的企业极少，绝大多数有财务软件或 ERP。软件做账又有两种，一种是单机版财务软件，软件安装在一台电脑上，只有财务功能；另一种是网络版 ERP 软件，软件分总账模块、成本核算模块、固定资产模块、采购管理模块、销售管理模块、生产模块、金融模块等多模块功能，SAP 也是这种，所有数据都被放在服务器中，操作员各有自己的操作权限，可以实现多用户跨地域协同操作，公司业务数字化，大大提高了企业整体运作效率。一般来说，单机版比网络版更容易做假账。ERP 也有做假的，特别是企业规模还不大，拷贝一个 ERP 套账，由系统管理员全程操作。大企业 ERP 功能模块越做越多，数据相互牵制，牵一发而动全身，所以大企业的 ERP 做假需要团队协同操作，成本较大，因此，大企业 ERP 财务端导出的财务报表和数据基本上是靠谱的。当然，也不能排除有 ERP 的企业设置简单的外账系统，国税虽然要求企业在税审时提供 ERP 拷盘备案，但实际上它更依赖会计师事务所的审计报告。

企业三个关键风险数据的风险点

货币资金

企业经营过程中所有的资金进出都会通过会计的库存现金和银行存款两个科目反映出来，或通过出纳的现金日记账和银行存款日记账两个流水账反映出来。一般会计和出纳的这些账大多是实账，因为它们是流水账，有时间先后顺序，做假账非常不方便，工作量也太大，做假的耐心很难持续，极易漏洞百出。出纳的现金日记账余额要与会计现金账的余额一致，银行存款日记账与银行存款对账单或银行流水存在金额上的对应关系，相同规模金额的虚假划转在银行存款日记账中很容易露出破绽，从而可判断其是否配合财务造假。如果企业规模小，且无电子商业汇票业务，通过企业的现金日记账和银行存款日记账数据，就完全可以统计出企业不同时期的现金流入和现金流出，并按经营活动、筹资活动和投资活动分类，编制出标准的现金流量表。如果我们风控人员能采集企业近两年的现金日记账和银行存款日记账数据，则一般足以完整了解企业真实的业务情况、现金流情况、盈利能力、发展潜力、资产负债等企业财务全貌，分析企业的信用实力。

企业纳税申报表中的纳税销售额与企业当期内账利润表中的主营业务收入之比就是企业的纳税销售占比，它代表着企业诚实纳税的量化。主营业务收入减去纳税销售额就是非纳税销售额，由丁合同流、物流、资金流和发票流"四流"要求合一，企业纳税销售的回款会存入公司的银行账户，非纳税销售收入则进入老板或出纳的私人银行账户，企业对现金销售收入不开发票就意味着逃税，意味着少交增值税，这也是不开发票销售价更低的原因。很多企业把偷的税让利给客户，以扩大产品销售市场，如果现在让它开始全额纳税，销售价格就一定会上涨，原有的客户都可能离它而去，如不涨价，其利润必然大跌，甚至亏损，这就是我们说的税政风险，企业纳税销售占比越小，税政风险越大，这个风险一旦发生，我们的融资就有违约风险。

很多农业企业，长期以现金采购生产资料，无法获得发票，这些大额采购不能做进报税外账，导致外账的银行存款余额长期只增不减，企业实际货币资金与之相差巨大。在上市公司中就有很多这种情况，我们以为它们很有实力，结果给我们带来惨痛教训。

以银行承兑汇票结算货款的企业必然有票款10%～50%的保证金会被冻结在银行存款里，这些被冻资金并非真正意义上的可随时取用的流动资金，用途被银行锁定了，有的被冻保证金是用于内保外借，面对这种情况下的货币资金，我们应注意，过小是风险，过大也可能暗藏风险。

企业白条抵库，使得现金余额不真实，货币资金也不真实。如老板或高管向公司借款，为了管理上简单，报表好看，会计不入账，这样就使得财报中的货币资金比实际货币资金大。

按库存现金管理规定，公司出纳预备3～5天的备用现金，不可能很多，一般公司发工资、日常小额费用开支才使用现金，像资金往来、采购和大额费用一般极少使用现金。企业银行存款余额一般不能过大，因为利息回报太少，理论上应流动周转使用出去，创造利润；通常情况下，银行存款应保持未来5～30天用于还借款本息、采购款、发工资和各项费用开支，被冻资金和保证金除外。根据央行现金管理条例，企业大额资金收支都必须通过转账办理，不可采用现金收付，现金仅局限于小额零星开支领域。随着我国电子支付工具的普及，现金使用量正在大幅萎缩，中国正在进入一个无现金时代，它必将推动我国企业智能记账、智能税控和智能风控的进程。

有些企业与客户的结算方式是银行承兑汇票或商业承兑汇票，分两种情况：一种是企业将收到的银承到银行贴现转入银行存款账户；另一种是企业将收到的银承支付货款背书转让给供应商，这就不会在企业的银行存款账户和现金账户中留下任何痕迹，因而我们需要核实原始做账的银承复印件及收款人的背书内容。承兑人信用实力强且得到银行授信的商承也可以在授信银行贴现，但很多情况下，商承被贴现的可能性不大，作为支付供应商货款的可能性也同样较小。2018 年 100 万元以上必须使用电子汇票，电子汇票包括银承和商承，在中国人民银行的 ECDS 系统中在线办理开票、出票、承兑、保证、背书转让、贴现、托收、退票等业务，电子票票号全国唯一，一般不太可能伪造，因此也不存在套票、PS、虚假印章等现象，其风险仍然在于票后面的贸易真实性和承兑人或担保人的到期兑付或担保实力。电子商业承兑汇票的真假，持票人在 ECDS 系统即可查证。

风控人员要核查企业应收票据的发生额与应收账款的此长彼短关系，对应的应付票据则与应付账款此长彼短，商业承兑汇票的本质是承兑人的信用背书，是基于企业应付账款开出的信用凭证，到期才能兑现，且兑现仍有跳票、被拒付、无钱可付等风险，与银行承兑汇票不同，因为有银行信用背书，通常广为接受，容易变现，被企业视为货款对价结算方式，极少存在跳票拒付风险。

当前，供应链金融中的金单克服了电子商业承兑汇票的不足，可以无限拆分、流通转让结算、只追索核心企业不追索中间持票人，重要的是它借助区块链技术的资产信息可封装、不可篡改，增加了流通能力，且资金方可穿透贸易底层资产，了解金单背后的贸易背景和来龙去脉，有效增强金单的信任度，对接低成本外部资金。由于以上票据形式打破了现金结算规则，风控人员应采集票据流水（即应收票据和应付票据的明细账），统计补充企业银行流水中缺失的那块流水。我们注意到，新的《票据法》可能会跟随创新，如建立企业票据账、票据资产去信贷化、推行票据信用评级、票据"等分化"等，这样，金单优势可能被替代，这可大大增强票据流动性，规范企业信用管理，抑制金融风险。

主营业务收入和利润

与逃税做假刚好相反，企业通过内账做假，即虚增主营业务收入，做小主营业务成本和费用，做大利润，以骗取资金方信任，获得授信和融资。

金融企业进入客户网上报税系统，打印采集客户历史报税财报，这里应注意，很多企业财务每月根本赶不上在10号前出财报,企业会计根据自己当月真实的发票开具情况和采购发票情况,简单调整上期财报中的主营业务收入、成本费用支出、未分配利润等数据,要到年底所得税清缴时才上传会计师事务所做的完整纳税财报或审计财报,因此,1—11月的报表数据未必靠谱。

企业内账做假,做大主营业务收入只是第一步,还要依据企业所属行业合理的毛利率,反算成本金额,对超过实际金额的成本费用开具白票,或将费用计入无形资产、在建工程、待摊费用等科目虚假账户中,即费用资本化,成本费用率保持正常的水平,这样做出来的内账只是看上去很逼真。我们采集老板的个人流水,虚增的主营业务收入在其流水中肯定是查不到的,并且这部分收入不可能有真实的合同订单、运单、收货单和对账单,这可以通过抽查凭证发现。

企业收入费用基本全额纳税申报(小额收入费用未纳税申报除外,因为国税允许)才可能只做一套账,有的企业收入费用较大比例没有纳税申报,但确实只做了一套账,我们认为其本质仍属于两套账,只是其内账没做而已。按内账数据做的利润表,其所得税费除以利润总额不可能刚好等于税务局核定的所得税率,因为这是外账利润表的特征。若为一套账,企业利润表中的主营业务收入与纳税申报表中的全年累计纳税销售额(包括出口收入)基本相等,所得税费全额计提如实缴纳。

如果企业毛利率远远大于行业毛利率,而企业产品并无明显市场竞争优势,说明企业利润存在造假。毛利率造假比较容易发现,因为经不起行业毛利率对比,净利润率可能因三项期间费用(即销售费用、管理费用和财务费用)和营业外利润不同而区别于行业水平,企业管理得越好,三项期间费用占收入比重就可能越小,这正是费用好造假的逻辑所在。企业通过虚增营业外收入来增加净利润不是好办法,因为新增营业外收入的当期应该有相应的现金流入,营业外收入很少以信用方式结算,如果没有现金流入,这个假就很容易被拆穿。企业增大营业利润率的方法还是增加主营业务收入,同时增加相应规模的主营业务成本支出,配合合同订单、收货单、验货单、运单、发票、对账单等配套证据链,做得很粗糙则容易被发现,要做得很真实必然会牵涉很多责任人,在凭证传递过程中留下很多人的字迹,所以看凭证字迹很容易看出问题。这就是企业干脆不做假账,直接做假财报的原因。当然,在单纯假财报的情况下,客户没有账套,也就肯定不会配合现场尽调了。

有的上市公司通过贸易空转,牺牲净利润率单纯做大主营业务收入以提升上市公司估值,通过股权或股票质押融资套利,企业毛利率低于行业标准,很容易让人怀疑。这类贸易空转欺骗案在钢铁、煤炭、铜等大宗贸易供应链业务中非常典型,曾一度让很多国内大型银行损失惨重。

隐性负债

在第一章中我们对企业负债风控逻辑有非常详细的讲述，我们面临企业高利贷、多头负债、借新还旧和隐性负债诸多风险。这里我们重点讲述如何查询分析隐性负债。

按负债是否可查，企业负债可以分显性负债和隐性负债两种（见表3.1）：

表3.1 企业负债的分类及其特征

是否可查	企业融资模式	一般适用企业
显性负债	银行借款（含银承）	成熟企业
	股票	上市公司
	发债	大中企业
	保理	大中小企业
	信托基金	大中企业
	老板借款	中小企业
	ABS	大中企业
	融资租赁	大中小企业
隐性负债	小额贷	中小微企业
	供应链金融	中小企业
	典当	小微企业
	后期新增负债	融资企业
	可转债	上市及拟上市公司
	民间高利贷	中小微企业
	亲朋好友借款	中小微企业
	融资性商业承兑汇票	大中企业

显性负债指反映在企业账套或资产负债表中的负债，是可量化的负债。要想弄清楚企业的负债，重点要现场采集一些关键数据，比如网银流水、征信报告、利息支出明细账、应付债券、短期债券、长短期借款、其他应付款等等。其实，在企业利息支出明细账的摘要中，我们就可以查出企业可能有哪些负债，哪怕企业把供应链融资、保理融资、融资租赁融资、民间借贷等债务隐藏在应付账款或其他应付款

中，或故意不记账少记账。对未记入企业账但其还款来源且借款用途为企业的，则属于企业隐性负债。应现场向客户法定代表人或财务高管核实隐性负债具体余额和还款日期，与显性负债一起要求客户提供有出借人、出借金额、当前余额、出借日期、到期日、担保方式、保证金、还款方式等内容的借款明细表。

企业隐性负债可以归纳总结为以下几类：（1）资产负债表中未反映的负债；（2）企业暂时未做账，财报中也未反映的负债；（3）或有负债，包括对外担保、互保、被诉讼、败诉赔款等；（4）未结账的工程款；（5）未来新增负债，如果企业流动资产减去流动负债为负数或利润亏损，则企业未来大概率有新增负债，为了控制这个风险，我们应权衡好还款人的持续经营能力，在授信时，对于风险客户，给它们保留未来新增负债的弹性空间；（6）记在其他应付款、应付票据或应付账款的隐性负债，如个别企业供应链融资、民间借款等的记账。

未记账的企业隐性负债，也可通过以下方法查询分析：（1）查网银流水。根据流水中的收款人和付款人名称，查摘要内容中是否存在如"＊资产管理""＊保理""＊融资租赁""＊投资""＊担保"等非银行金融企业的利息支付或贷款融资收支，负债是否反映在企业内账或财报中，如果没有则为隐性负债。银行流水配合银行征信、抵押信息查询，可以交叉核实企业隐性负债。（2）分析详细版企业银行征信报告，逐笔查对企业借款明细与银行征信报告中的各银行借款明细。如果征信报告中有但企业借款明细中没有，则企业存在未记账银行借款，当月发生的属正常，如果是上个月或以前发生的，则企业可能故意虚构了财报；相反，如企业负债大于银行征信中的负债余额，多为企业存在非银行贷款所致。因为银行征信中的贷款皆为银行借款，如果企业借款明细中有非银行借款，且银行征信贷款余额比企业报表短期借款、长期借款、其他应付款中的融资借款之和大，那么企业肯定还有隐性银行负债。最终，银行贷款明细与企业银行借款明细一致，企业其他非银行负债都有相应的明细。（3）老板个人借款给企业使用，企业打借条给老板，会计不做账，等企业有钱时就给还上，收回借条。如企业库存现金较大但仍然要增加贷款、发行债券的，不排除这个原因。

或有负债的查询分析方法有：（1）企业对外贷款担保、互保很容易从征信报告中查询到。非银行金融企业的担保除了通过第三方信用报告可能获知部分外，重点还是要从企业老板那里获悉。就企业自身来说，其有多少有息负债，就一定有多少自融担保。我们认为，企业对关联公司的担保总额占公司净资产的比重不得超过100%，对外担保总额不得超过净流动资产，无净流动资产的企业不得对外提供担保。（2）企业诉讼可能会给企业带来潜在支出。已判决的诉讼案可在汇法网、全国法院被执行人网等网上查询，或购买第三方信用报告获得，未结案标的未反映在财报"预计负债"科目中的，即为企业隐性负债。注意，刚起诉、未开庭和准备起诉的案件在这些公示网站上暂时是查不到的，只能从企业的上游供应商或企业老板的朋友圈或新闻资讯中获知。（3）企业因产品质量、生产安全、环保等原因遭受的行政罚款，尚未完成支付的，即为隐性负债。（4）企业开出的融资性商业承兑汇票所获得的票据融资也属于隐性负债。因为融资性商承没有真实的贸易背景，没有应付账款，企业会计不可能做进内账，只能作为表外管理，资金体外循环，当前很多房地产公司、建筑公司存在这种票据融资。这些融资的用途债权人无法控制，很容易形成风险。

虽然借贷记账法非常完美，但它同样存在 BUG，有的还是致命的，比如它有一个被我称为"财务自治"的 BUG（见图3.1），我们特别要注意！有一些企业，特别是某些集团型企业、关联公司较多的上市公司，它们有可能会利用自己的关联公司（也有的借用像广州承兴这样的外部第三方公司），它们之间通过相互虚假买卖，实现资产与负债、流动资产与非流动资产、流动负债与非流动负债、净资产与资产和负债资金的任意转换，做大收入和总资产，骗取银行等金融机构的融资，并使参与交易的企业顺利利用虚假注册资金逐步实现由虚转实，在此过程中，虽然牺牲了一些利润，用以支付税费、融资利息和运营成本，但只要行业有利润，它们就很容易借用规模交易攫取市场议价，赚回利润，上市公司大股东则通过做大市值套取更大回报！

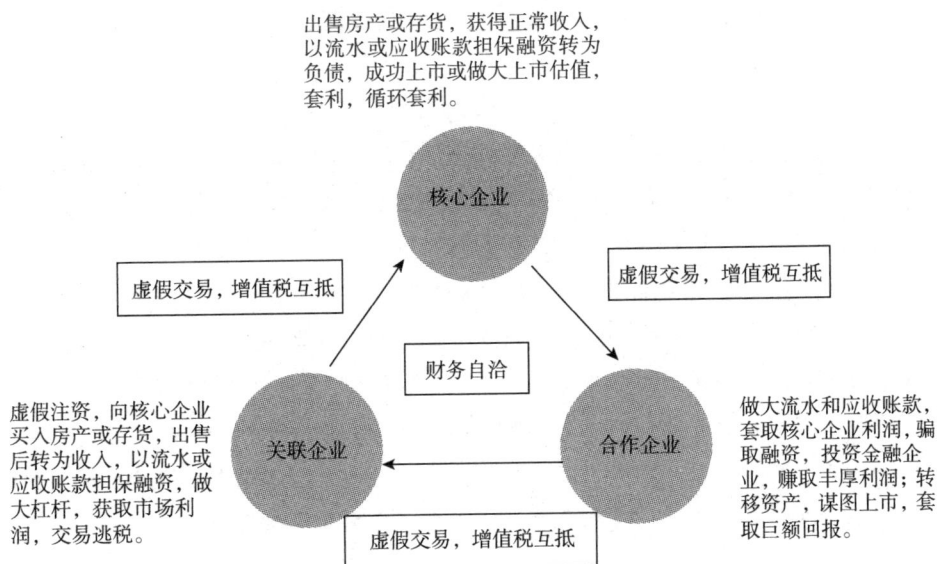

图 3.1　财务自治操作

逻辑上看，这种操作似乎有绝妙的结果，但其实这些公司大股东通常贪得无厌，不可能合法合规经营，为了躲避监管，避免亏空，往往不计成本进行资本运作。它们必然与越来越多的关联企业或第三方合作企业展开合作，虚实穿插交易，使得金融企业极易被蒙蔽。当然，凡是 BUG 必有破绽，比如它们的毛利率远低于行业均值，或波动过大或长期不变，主要客户均有关联性，交易订单和金额所呈现的规律性与市场节奏不符，负债率走高或长期很高，等等。

财报全面造假的逻辑分析

利润虚增导致未分配利润虚增，按照借贷记账法规则，有借必有贷，借贷必相等，接下来资产负债表调整的逻辑有：

（1）同时增加应收账款，或存货，或预付账款，或其他应收款等流动资产科目。其结果肯定会拉升流动比率和速动比率，这是有利的，流动资金增加额等于未分配利润增加额。识别方法：应收账款周转率、存货周转率突然异常下降，其他应收款和预付账款异常增加。

（2）减少应付账款。前提是应付账款有足够余额可减，这种调整能改良应付账款周转率，更符合金融企业的理想指标，但总资产增加不了，其减少额等于未分配利润增加额。识别方法：减少应付账款必然带来经营性现金流流出的增加。

（3）在增加固定资产、在建工程、长期投资、无形资产的同时，也虚增资本公积和盈余公积。为了使资产负债率更低，不适合增加应付账款（通常还要减少），更不可能增加应付票据、短期借款和长期借款（容易通过征信报告发现）。但如此一来，流动资产占比过低，与企业收入规模会不相称（如出现一元流动资产带来几十元收入，与同行业相比太假）。识别方法：总资产收益率异常变化。

（4）从三表综合来看，审计报告中的资产负债表、利润表和现金流量表，有的是会计师事务所为企业贷款融资专门编造的。要识别其真实性，需要丰富的财务经验，精通报表数据间的勾稽关系和变化逻辑。但是，越高明的造假，越是需要其他数据的交叉辅助，毕竟三张财报都是统计数据，统计过程中存在多种变量。

风控人员不妨使用 Office 2016 版本的电子表格，学会使用其中的数据分析统计功能和函数，比如相关性函数、方差函数及方差分析模型、线性回归模型等，根据自己对数据的逻辑理解，建构有关企业数据真实性判断和风险分析的分析模型，提高工作效率，让工作变得轻松起来。

表 3.2 是我做的一个财报真实性分析表：

表 3.2　财报真实性分析

项目 1	逻辑	项目 2	逻辑判断	例外及说明
货币资金	大于等于	短期借款＋应付短期债券＋一年内到期负债＋长期借款＋应付债券	货币资金虚假	1. 如企业保证金等被冻结的存款占货币资金过大，导致企业可用货币资金很少，则有可能出现货币资金大于有息负债的情况，这就要分析导致企业保证金规模过大的合理性 2. 如果企业借款期未到，出现一期货币资金大于有息负债的情况是有可能的，但连续多期如此就一定不合逻辑
应收账款＋应收票据（期末－期初）	不等于	期末含税主营业务收入－期末销售商品、提供劳务收到的现金＋预收账款（期末－期初）	应收账款和应收票据虚假	1. 应收票据贴现形成的现金流入实际上相当于企业提前收回货款，但并未反映在现金流量表中的"销售商品、提供劳务收到的现金"中，因此应在项目 2 中如实减记，可统计银行流水中的票据贴现流水数据 2. 企业如果以应收账款或应收票据抵偿债务，此应收减少实际上为收回货款，但未反映在现金流量表中的"销售商品、提供劳务收到的现金"中，因此也应在项目 2 中如实减记，可通过应收票据和应收账款明细获知数据。总之，项目 2 还应减"票据贴现总额＋以应收账款和应收票据抵偿债务的总额"
未分配利润	不等于	上期未分配利润＋利润表中的净利润总额	未分配利润虚假	如果企业当期进行了利润分配或调整了上年损益或利润，则应查利润分配公告和附表说明，并对项目 2 逻辑值进行相应调整后再比对是否相等
商誉	大于等于	净资产	商誉虚假	这种情况，一般没有例外。商誉是记录企业在并购外部企业时所支付对价超过被并购企业净资产公允价值的那部分金额，不排除有的上市公司可能故意虚估并购企业，虚增净资产，并为日后随时操控企业利润创造条件。企业的商誉不可能大于其自身的净资产

　　我们知道，股市经常暴露很多财报造假案，其中"两康"（康美药业和康得新）造假影响最为恶劣。现在我们用上述方法，以"两康"为例分析它们的数据造假（见表 3.3）：

表 3.3 "两康"的数据造假

案例/数据期	项目 1	逻辑	项目 2	逻辑判断	说明
康美药业 20180930（广东中正珠江会计师事务所）	3 778 846.28	大于	2 722 600.15	货币资金虚假	康美药业当期应付票据 3 103.19 万元，不存在保证金影响例外问题，且这种情况已连续出现三年以上了
	177 939.41	不等于	334 591.90	应收账款和应收票据虚假	2018 年年报中确认的银行承兑汇票 6.23 亿元，不存在因非现金清偿债务而减少的应收账款和应收票据总额，逻辑应收账款和应收票据总差 9.43 亿元（注意 2018 年 5 月 1 日执行增值税率 16%），可断定其应收账款和应收票据存在造假
	1 343 869.73	不等于	1 481 584.97	未分配利润虚假	4 月有利润分配 13.94 亿元，项目 2 减利润后为 134.22 亿元，仍与账面相差 1 670.51 万元，原因未见披露
	56 392.05	小于	3 462 005.10	不确定	采用其他方法分析
					2018 年 12 月 28 日康美药业被证监会立案调查，2019 年 4 月 29 日披露自查结果，解释货币资金 299.44 亿元失踪是因 14 项做账差错所致，包括少计应收账款 6.41 亿元，少计存货 195.46 亿元，少计在建工程 76.62 亿元，多计营业收入 88.98 亿元，多计营业成本 6.32 亿元等，少计财务费用 4.97 亿元，少计销售费用 2.28 亿元等
康得新 20180930（瑞华会计师事务所）	1 501 353.15	大于等于	1 100 484.99	货币资金虚假	康得新当期应付票据为 8.61 亿元，即便全为银承，其保证金按 40%计为 3.44 亿元，也无法改变货币资金大于有息负债的事实，且这种情况连续三年以上了
	241 808.30	不等于	374 093.81	应收账款和应收票据虚假	2018 年年报披露现银行兑汇票为 2.44 亿元，调整后逻辑应收账款和应收票据总据为 34.97 亿元，且未发现因非现金清偿债务而减少的应收账款和应收票据期初变化与期末相差 10.79 亿元。可见，逻辑应收账款和应收票据期末初变化与期末相差 10.79 亿元
	860 821.60	不等于	922 177.46	未分配利润虚假	康得新当期有利润分配 4.39 亿元，调整后逻辑未分配利润相差 8.78 亿元，与账面值相差 1.75 亿元
	4 688.32	小于	2 000 599.87	不确定	采用其他方法分析
					康得新 2016 年有货币资金 153.89 亿元，有息借贷 150.14 亿元；2017 年有货币资金 185.04 亿元，有息借贷 116.35 亿元；2018 年 3 季度有货币资金 66.33 亿元，有息借贷 110.6 亿元；2019 年 1 月 15 日，有货币资金 150 亿元，居然还不上到期的 10 亿元债券，由此财务造假被发现。2019 年 7 月 5 日，证监会披露康得新 2015 年至 2018 年连续 4 年净利润总额达 119 亿元，却虚增利润总额达 119 亿元

2019 年以来，股市上暴露了不少财报造假案，康美药业、康得新、辅仁药业、神农科技、中钰科技、利源精制、獐子岛、千山药机、长生生物等均确认财报造假，其中康美药业和康得新"两康"最具代表性。识别财报造假，需要我们练就一双专业的火眼金睛。

（5）长期财务账套或财报造假。我曾经遇到过一个有过两次上市失败经历的客户，当我的风控人员告诉我这个信息时，直觉就警示过我，但我却没有在意，结果老板为之付出了惨重代价！正是那个项目，我意识到，在上市公司和网红债权融资企业中隐藏着大量长期财务账套、财报造假专业户！其实，只要我们够细心，它们很容易识别。现场我们采集企业所有银行的网银流水，可以统计得知其货币资金是否造假，货币资金有假，基本可以判断它是一个长期财务账套、财报造假专业户；财报数据不管如何呈现，如果不符合基本的会计逻辑和实际状况，长期造假的结果一定是越做露馅越多，越做越荒唐，越做越难做！长年数据造假，早期多保持一定规律性变化，慢慢则会出现非正常不变或太多不协调性变化，最后，数据之间固有的会计准则逻辑就必然会被撕裂，直到所有数据成为谎言。我们看到企业财务主管频繁离职，CFO 频繁更换，就是其中的一个典型表现。

企业越是全面造假越容易被发现，实践证明，大部分企业财报造假手段并不高明，内账造假发生额明显过大，没有逻辑关联和支撑。"融资性财报"里的资产、收入、利润都是往大造，而负债、成本、费用都是往小造，其数据与行业、市场和企业实际相背离。造假技术再高，维持假账假财报的能力也终究有限，因为它们经不起考验。

企业债权融资资料分类

企业债权融资资料大同小异，可分为以下几类：

（1）企业基础类。包括企业营业执照、特许经营执照或资质证明、公司章程、银行开户许可证、企业概况（内含历史沿革、团队、产品、技术、上下游情况、盈利模式、企业行业情况、企业资源和竞争力、关联公司情况、行业和企业前景）、企业组织结构、集团公司持股结构或关联公司持股结构、法定代表人身份证及其签字样本、企业主要管理人员介绍、企业场地租赁合同（如有）、环评报告、企业印鉴卡或印章证明（现场须核实印模）等。

（2）企业财务类。包括近 2～3 年的企业真实年报（上市公司和国企央企提供审计报告），最近一期或三期的企业真实财报（现场抽查验证应收应付、存货等金额大的科目余额），本次融资担保资产权属资料，现场导出至少近一年网银流水，查询并打印近 2～3 个年度和最近 1～3 期的纳税申报表，查询并打印开票系统中近半年的增值税月度统计表，采集近 1～3 个月的水电费、房租费和员工工资表支付原始凭证复印件，抽查 1～3 个月原始凭证检验账套真实性。

（3）企业业务类。收 1～3 份主要客户和供应商的合同订单、送货单、收货单、运单、对账单、发票、历史结算商票真实样本资料，企业近一年订单总额统计表（现场验证），前五大客户和供应商名称和当前余额及最近一期订单总额等。

（4）企业信用类。最近的企业银行征信报告和企业实际控制人的个人银行征信报告（尽调前要求准备好，现场要查验原件）、企业近一年纳税证明、最新企业借款明细表、企业主要客户（收入占总收入 80% 以上）应收账款账龄分析表、实际控制人财产清单（应明示财产证明、主要要素内容、价值、状况和担保情况）、担保增信资料（如企业担保则应安排尽调）等。

（5）其他类。融资申请书、融资事项股东会决议或董事会决议、企业征信查询授权书、各种资质证书、信用评级及报告等等。

这些信用信息资料可以在放款前签约时现场盖章存档，在企业未同意现场信息源采集以上资料之前，我们类金融企业不能贸然进场尽调，否则尽调容易陷入被动。以上资料获取的速度和效率一方面取决于企业的配合，另一方面也取决于我们的专业性和沟通能力。

个贷信用信息采集

在个贷和消费金融中，个人信用信息的采集方式有三种：

第一种是个人按资金方的资料清单提供。主要是个人的身份证明、文化素质、工作单位、身体状况、家庭住址及房屋产权、个人可控财产、收入、租金与分红等资产收入、家庭关系和家庭可支配储蓄收入、个人负债明细、个人社会关系、担保人担保能力（即担保资产和代偿能力）等。由于由融资人提供，收入、资产、负债证明都难免有水分，需要设计验证方案。这种方式在传统个人消费贷中广泛使用。

第二种是大数据采集方式。通常是消费金融公司、网贷公司等大平台的数据公司或征信公司按个人信用画像，使用网络技术采集自有平台的个人历史消费数据、社交数据、历史信用数据等内部数据；通过合作方式从其他征信机构获取征信数据；从税务、司法等平台获取个人数据；通过个人授权获得个人身份、联系方式、职场信息、社保数据、公积金数据、水电消费，以及个人通话行为、社交行为、电商平台的消费行为、信用卡使用行为等行为数据；个人在网上申请融资过程中，数据公司通过网络技术采集反欺诈数据。大数据采集的信息维度非常丰富，采集的原始数据由于存在大量噪音、冗余信息，先要进行预处理，使用 KNN、决策树、随机森林等机器学习算法、模型进行特征选择，进行降维，筛选出所需要的数据变量集，最后设计出高效的信用评分卡。数据和特征决定了机器学习的上限，而模型和算法只是在逼近这个上限而已。

第三种是直接采集征信公司的个人征信数据或报告。个人信息的采集涉及行业壁垒，其经营资质审批严格，国家一向非常谨慎，曾经有望获得个人征信牌照的芝麻信用、腾讯征信、前海征信、考拉征信、鹏元征信、中诚信征信、中智诚征信、华道征信等 8 家公司最终在中国人民银行监管指导下，与中国互联网金融协会一起在共商、共建、共享、共赢原则基础上共同发起组建了百行征信，意味着未来数据公司的发展方向必然走向法治化、正规化和专业化，非正规数据公司和地下数据交易必然面临清理。

消费信贷因为业务金额小、笔数多、发生频繁，成本控制变得非常艰难，当前信息获取成本和获客流量成本走高，导致个人融资成本普遍踩红线，高利贷、金融机会主义横行，民间消费金融坏账攀升和暴力催收。要解决这些矛盾，大数据智能风控是必然趋势。

企业信用评级

银行对企业进行信用评级并不是在风控人员尽调后，而是在客户提出融资申请时，这时很多信用信息资料并没有得到验证，特别是企业财务数据资料真假未卜，由于银行有硬资产担保，使得银行信用评级机制并没有暴露出其潜在问题。在非银行金融企业中，我们要发挥信用评级的项目过滤作用，就必须有真实可靠的信用信息数据支持，因此，我认为，这一步应放在尽调后做才能发挥信用评级的真正作用。

风控能力强的金融企业一般会有自己的内部信用评级模型，对自己的客户通过信用评级方式进行准入和跟踪管理，区别对待。那么如何建立企业信用评级模型呢？

我们知道，影响企业信用的变量（维度）很多，有定量的，也有定性的，有的影响大，有的影响小，我们如能采集足够训练集和测试集样本数据，则使用 Python 编程设计一个评分卡模型非常容易。但是，企业真实的样本数据很难获取，完全采用机器学习算法设计评分卡不太可能实现。好在企业有现成格式化的财务数据，且这些数据受复式记账法、会计准则、税法等方面的规制，与企业信用相关的特征变量很容易识别，这使得企业信用建模不需像个贷评分卡那样，在上千个维度、上万条样本数据中探索选择特性变量，训练模型。

一般，我们假设企业评分卡模型是一个线性回归方程，如果把违约概率设为因

变量 Y，那么导致违约的特征变量可设为 X，它肯定由 X_1，X_2，X_3，...，X_n 多维组成，标准多元一次方程是这样的：$y＝\beta_0＋\beta_1 X_1＋\beta_2 X_2＋\beta_3 X_3＋...＋\beta_n X_n$，其中 β_0 就是截距，β_1，β_2，β_3，...，β_n 分别是变量 X_1，X_2，X_3，...，X_n 的影响参数，在有足够数据支持下，理论上可使用最小二乘法求出。我们知道，影响企业还款能力的变量包括三张财报里的诸多报表数据、财务指标、业务统计数据等定量数据，以及企业历史信用记录、企业客户质量等定性数据，其中非此即彼的定性数据可转变为"0"和"1"的二维变量，有多种结果的则分类出多维变量，如企业信贷五级信用记录，按对信用的影响从小到大分为 1、2、3、4、5，按出现的总数量来量化风险大小。

我们选择的每一个变量都必须与违约概率 Y 是密切相关的，为了保证模型的公正，X_1，X_2，X_3，...，X_n 之间相互独立，相关性越弱越好，以防出现变量多重共线性，模型评分显失公正，因此，我们提取同类上市公司的相关数据分析因变量 Y 与各 X 之间的相关性和非相关性。比如 X_1 为流动比率、X_2 为流动资产周转率、X_3 为净利润率……从逻辑上来看，资产负债率、速动比率与流动比率高度相关，应收账款周转率、总资产周转率与流动资产周转率高度相关，主营业务收入、成本率、股东回报率与净利润率高度相关，我们只能在其中取一个入模，即避开相关自变量同时入模。进入 Excel 的数据功能→数据分析→相关系数，选定原始数据所有列即可一次显示所有列数据的相关系数（如表 3.4 所示），系数大于 0.6 或小于－0.6，为强相关或较强相关，有的变量与多个变量较强相关；相反，系数越靠近 0 的变量之间越不相关，完全等于 0 是不可能的。

企业主体信用评级通用的变量指标有：（1）企业履约能力（通常根据企业历史征信资料看本金偿还、利息偿还来设计）；（2）企业偿债能力（长短期指标设计）；（3）企业运营、发展能力（企业资产周转率指标只能选一个、销售收入增长率、净利润增长率、净资产增长率）；（4）企业盈利能力分析（主要包括总资产报酬率、净资产收益率和净利润率）；（5）企业定性综合分析（企业管理团队素质、产品生命周期、行业发展前景、企业主管理能力、客户风险分散性等等）。

其实在做相关性分析前后，还要评估入模变量指标。入模变量指标要具有普适性，即所有目标企业均有此数据；具有连续性，贷前贷中贷后数据最好能跟进，不中断；必须比较容易采集，能保证置信度；数据信息相对完整，入模指标定性和定量的都要有；还不能遗漏重要的数据变量。企业入模变量一定要针对金融企业目标客户群而设计，以定量指标为主，一个指标代表一个风险维度。尽可能选择与违约概率强相关的动态指标，删除弱相关和不相关的指标，指标体系里的指标未必越多越好，也不是越少越好。指标维度多少没有标准，取决于模型的使用效果。

表 3.4　所有列数据的相关系数

各指标间相关系数分析	每股净资产	每股息税前利润	流动比率	所有者权益	未分配利润	销售商品、提供劳务收到的现金	营业收入	经营活动现金流量净额	投资活动现金流量净额	流动负债	利润总额
每股净资产	1										
每股息税前利润	0.739 514 102	1									
流动比率	0.040 655 678	0.023 161 026	1								
所有者权益	0.144 543 361	0.158 588 451	0.060 145 56	1							
未分配利润	0.186 829 182	0.202 365 494	-0.039 593 029	0.958 232 106	1						
销售商品、提供劳务收到的现金	0.087 861 389	0.105 694 238	-0.054 386 962	0.907 995 175	0.843 181 726	1					
营业收入	0.089 048 576	0.105 102 104	-0.055 253 479	0.898 667 978	0.827 752 494	0.996 501 796	1				
经营活动现金流量净额	0.085 724 766	0.117 892 62	-0.018 172 69	0.500 141 85	0.535 549 333	0.325 265 836	0.296 496 36	1			
投资活动现金流量净额	-0.038 987 213	0.056 053 668	0.055 610 83	-0.790 402 459	-0.772 994 39	-0.743 120 981	-0.731 852 18	-0.482 849 466	1		
流动负债	0.120 970 295	0.176 688 381	-0.081 647 728	0.675 092 61	0.590 101 705	0.666 503 667	0.659 130 548	-0.036 051 796	-0.457 317 602	1	
利润总额	0.277 054 723	0.399 032 722	-0.048 761 198	0.887 897 365	0.878 278 661	0.813 644 161	0.808 569 38	0.375 423 647	-0.598 536 429	0.727 912 073	1
年化总资产报酬率	0.268 048 156	0.481 917 356	0.086 128 727	0.026 927 63	0.067 879 401	0.008 859 843	0.010 727 446	0.049 172 284	-0.003 162 072	-0.020 971 783	0.195 527 15

但是，企业与个人评分卡最大的不同是，我们很难系统获取企业好与坏的样本数据，测出不同变量的 WOE 值，使用违约概率公式 $p = Odds/(1+Odds)$ 和评分公式 $Score = A - B\log(Odds)$ 方程，求出 $\beta_0, \beta_1, \beta_2, \beta_3, \ldots, \beta_n$ 参数，得出每个变量的计分权重，并确定不同分值下的违约概率（具体见第十二章内容）。

确定企业入模变量后，需要确定各指标变量的权重（即标准分）、满分与零分阈值和计分方法，如表 3.5 所示（仅作学习参考）：

表 3.5 指标测算

序号	测评指标	指标计算	标准分	满分值	零分值	取值	分值
一		信用表现					
1	对关联企业担保余额占净资产比重	对关联企业担保余额/净资产，计分公式：[（1—实际值）/（1—满分值）]×标准分	10	0.2	0.8	0.00	10.00
2	近一年内诉讼涉案金额占净资产比重	近一年内诉讼涉案金额/净资产，计分公式：[（1—实际值）/（1—满分值）]×标准分	10	0	0.2	0.00	10.00
二		偿债能力					
1	资产负债率	（负债总额—预收账款）/有效资产总额×100%，计分公式：[（1—实际值）/（1—满分值）]×标准分	10	0.5	0.9	0.85	3.00
2	主营业务收入吸金量	销售商品、提供劳务产生的现金流入/主营业务收入×100%，计分公式：（实际值/满分值）×标准分	15	1	0.3	0.85	12.75
三		盈利能力					
1	总资产报酬率	（税前利润＋利息支出）/总资产平均余额×100%，计分公式：（实际值/满分值）×标准分	10	0.04	0	0.03	7.50
2	营业利润率	营业利润/主营业务收入×100%，计分公式：（实际值/满分值）×标准分	15	0.06	0	0.03	7.50
四		经营及发展能力					
1	流动资产周转率	主营业务收入/平均流动资产，计分公式：（实际值/满分值）×标准分	20	2	0.5	2.20	20.00
2	相比上年月均销售收入增长率	（本年月均销售收入—上年月均销售收入）/上年月均销售收入，计分公式：（实际值/满分值）×标准分	10	0.1	0	0.10	10.00
		标准总分	100				80.75

我们采用专家意见法（即德尔菲法）以专家经验来确定总分、满分值和零分值标准。一般指标总分值为 100 分（权重为 100%），再对各指标设置计分标准、计量公式或方法。如有最小满分值或最大零分值（即指标值越小越好）的指标（变量），使用公式 [（1－实际值）/（1－满分值）]×标准分计算中间值得分。比如：资产负债率，大于 90% 得零分，等于小于 50% 为满分，50%～90% 之间的使用公式计算中间得分；如有最大满分值或最小零分值（即指标值越大越好）的指标，则使用公式（实际值/满分值）×标准分计算中间值得分。比如：利息保障倍数大于等于 3 得满分，小于 1 得零分，1～3 之间的按公式计算分数，等等。定性打分根据不同的指标各自在不同标准下设置不同的分值。企业账面数据反映企业已实现的财务价值和能力，企业的未来价值受多重因素的影响，包括企业的管理、决策、产品，以及市场、行业前景、经济周期等，我们对企业未来信用实力的预测，逻辑回归要能综合反映这个趋势。因此，我们要将定量指标与定性指标结合起来，一般定量指标匹配得多一些，因为大部分定性指标最终会通过定量指标数据逐步呈现出来。

依据评分表测算被评级企业的信用总分，对不同总分区间设置不同的信用等级，比如 90～100 分的为 AAA 级，为最高级信用客户，这里也使用德尔菲法。应注意的是，对信用等级高的客户还要增设指标限制值，如 AAA 级信用客户的履约能力必须为满分、资产负债率必须为满分，否则降级至满足条件的信用等级，以排除那些关键指标已暴露风险的企业。

最后是简单描述等级风险，反映不同级别客户的风险特征和信用状况，让我们更好地理解不同等级客户信用，指导我们对客户制定差别授信政策，进行合理的风险定价。

整个信用评分表就是企业的评分模型，在客户逾期时，我们应跟踪测评，分析违约是哪个变量变动所导致的，是否在数据上已反映；如果未反映出来，分析具体原因，不断积累模型的评分数据，跟踪计算客户违约概率，当超过一定违约概率时，应考虑重新调整权重分布、最高分和最低分以及信用评分等级。

融资后期信用信息

在项目评审会上，评委出于各自观点可能提出资料补充要求、增信措施或了解更多客户信息，需要企业配合补充资料、解答评委疑问和回复增信意见。考虑项目进程，对重要补充资料可能需要重新尽调，而对一般性补充资料，为了便于识别资料的真实性，可让客户拍照或扫描提供。

签约相关的法务资料整体属于债权资料，重点融资合同、对价资产担保合同或转让协议、其他主体担保合同、保证金合同、授信书、委托书等等，所有放款前流程和相关信用信息资料都必须通过风控合规部审核，特别是协议性资料和对价资产权属资料，内容是否还存在风险漏洞，签字盖章是否齐全有效，形式上和流程上是否存在操作风险。

融资后期监管一直是困扰风控人员的难题，后期收集什么资料、监管哪些内容和要怎么监控，很多风控人员心里没谱。后期信用信息资料的采集其实是放款前信用信息采集的延续，静态资料基本都可以实现网上查询，个贷风控（特别是消费金融、小额贷和网贷）动态信用信息在授权前提下，基本可以通过 API 数据接口实现网上查询。企业财务数据、业务数据、流水数据等授信动态数据有系统 API 接口的可直接采集分析，没有系统 API 接口的则需要企业主动配合提供，为了保证真实，可要求数据源拍照上传、在线视频采集或 GPS 在线监控，企业资料包括但不限于企业系统自定义财务报表、对价资产现状、网银流水、纳税系统中的纳税申报表、主要客户回款凭证、借款明细表等等。在后期监管过程中，我们应根据变化的数据信息重新测算企业信用评分，跟踪企业信用授信额度变化，监测融资风险，对融资额度超过动态授信额度的部分，按预案进行风险处置；根据风险预警清单，我们应适时跟踪企业风险征兆，对企业股权变更或股东变更、企业合同纠纷等诉讼、法定代表人身体状况、企业增加新投资项目、资产或债务重组、产品安全事故、财务危机等所有会直接影响到融资偿还的事件或变化都应分析其性质，评估违约概率，集体决策应对措施。

当企业发生或可能发生违约事件时，风控人员应配合法务人员和合规人员在诉前核查涉诉证明资料的完整性和有效性，尽可能在诉前完善相关诉讼证据，采集遗漏资料。

第四章　风控法眼

理解金融法律法规

金融涉及诸多法律法规，我国金融已有相对完整的法规体系，其中《商业银行法》《票据法》《担保法》《物权法》《公司法》《民法总则》《民事诉讼法》《合同法》《刑法》等最为基础，是我们金融从业人员必须要学习掌握的。

从风控演变来看，最原始的金融风控，我们可以概括为制度风控，而制度风控的上层基础就是法务风控。计划经济时期，人们几乎没有负债意识，通过制度风控即可应对操作风险、道德风险。随着市场经济的发展，市场风险、财务风险、经营风险、金融风险等越来越多，而且错综复杂，人们发现过去还款意愿一贯良好的人也开始违约，数据风控便因此出现。开始时，数据风控主要识别人们的还款能力，以便选择好客户提供贷款融资，控制违约风险。数据风控发展到现在，派生出模型风控、大数据风控，正朝着管理风控方向发展，即通过数据分析技术，发现数据变化规律，选择市场，定位客户，指导人们合理管理信用行为。具体来讲，法务风控着力于还款意愿，数据风控着力于还款能力，各自发挥作用。

从法理上来说，法律有强制性、确定性、概括性、程序性、公开性、平等性、不溯及既往性等特性，是对社会公平正义、公序良俗和社会公德的维护；它尊重人的生命权、名誉权、财产权和人身自由，尊重法人、非法人经济组织的经营权、财产权、名誉权、契约权等权利，尊重科学、规律；主张立法与司法分离，有法可依，有法必依，执法必严，违法必究，法律面前人人平等，以事实为依据、以法律为准绳……可以说，我们深刻理解了这些基本的法理常识和原则，才能领会法律的来龙去脉，做到融会贯通。

隐藏在金融项目中的法律风险犹如大大小小的不定时炸弹，有的容易识别，有的似是而非，有的非常隐秘，取决于我们对金融相关法律法规了解的广度和深度。

法律的作用在于事前规避，事后维权。法律有如空气，重视它就如影随形，不重视它就形同虚设，最终又必为之所困。法律风险是我们风控重要的控制对象，金融企业在经营范围、产品设计、信息资料采集、尽职调查、风控方案、担保增信、业务流程、合同起草签订、催收方式、资产处置、信息保密等各环节都一定会涉及，金融风控一定要前置，最忌项目出险时临时抱佛脚。

金融合法经营常识

要做好金融风控，我们还不得不思考这些法律问题：第一，我们能为客户提供哪些合法的融资产品？第二，我们的产品存在或可能存在哪些法律风险？第三，我们怎么做业务做风控才是合法的？第四，我们要签订什么协议，约定哪些权利与义务，才能规避法律风险？第五，哪些风险是法律无法解决的？第六，什么情况下，我们才能借助法律的力量，维护自身权益？为了成功维权，我们平时必须预备哪些证据？……

银行可以从事所有表内贷款业务、供应链融资和表外融资业务；类金融的保理公司、融资租赁公司、典当公司和担保公司禁止吸收存款、发放或受托发放贷款、受托投资，以及银行所从事的贷款业务；小额贷款公司禁止吸纳存款，可以从事小额信贷业务，保理公司可以操作应收账款保理融资、订单保理融资、预付款保理融资和收益权的保理融资。

只有当被担保人违约时，担保公司才有表内记账，即发生担保代偿金支付，而担保发生时，担保公司只做表外账。这样，担保公司表内负债与真实负债就必然发生分离，即可能出现担保总存量规模超过担保公司担保能力的风险。而担保公司的账面净资产就是其可供担保的余额，它代表着公司现有的担保能力。为了控制担保公司风险，《融资担保公司监督管理条例》明确了责任担保余额，净资产应大于责任担保余额，担保公司以责任担保余额为标准在损益中计提担保赔偿准备，形成担保公司的真实表内负债。担保赔偿准备的计提会直接影响到担保公司的净资产规模（即可供担保余额），有些担保公司利用这点人为少计提担保赔偿准备，从而容易引发担保风险。为了抑制担保公司这一杠杆风险，2019 年 10 月，银保监会又发布《关于印发融资担保公司监督管理补充规定的通知》，对《融资担保公司监督管理条例》进行了补充修改，要求所有融资担保公司必须持有融资担保业务经营许可证，担保公司名称中应当标明融资担保字样，汽车经销商、汽车销售服务商等机构要持牌经营汽车消费贷款担保业务，原已开展的存量业务应当妥善结清，并对条例配套制度中《融资担保责任余额计量办法》第十一条进行了修改，即借款类担保责任余额＝单户在保余额 500 万元人民币以下的小微企业借款类担保在保余额×75％＋单户在保余额 200 万元人民币以下的农户借款类担保在保余额×75％＋住房置业担保在保余额×30％＋其他借款类担保在保余额×100％。

供应链公司依托核心企业信用向其上下游企业提供供应链综合服务，其中也包括贸易融资服务。供应链服务本质上属于特殊商业服务行业，其贸易融资通过商品信用买卖方式提供，即融物融资直融方式，不是纯货币型金融服务，贸易融资和代理贸易融资本身都是货款信用支付方式，不存在金融风险，不会给国家金融秩序带来混乱；相反，它为企业缓解资金压力、带动产品销售、实现降本增效提供强大助力。所以，供应链公司的贸易金融服务不需归属地方金融办监管，也无须前置审批，与普通贸易公司一样进行工商注册即可。保理公司和融资租赁公司当前划入地方金融监管范畴的原因是，它们存在大量业务资产通过转给银行、资管和ABS操作再融资的情况，因而存在金融风险。供应链公司典型的三大贸易融资服务是：垫资代采（采购执行）、回购式销售（货押）、预付代销（销售执行）等。

各金融企业的成立前置条件、业务范围、禁业项目和法规办法，如表4.1所示。

法律与风控有许多共同的理念，它们在逻辑上有着天然的一致性，法律所禁止的往往也是风控逻辑所不容的，所以，我们可以用风控逻辑来理解法律，或将法律当作风控逻辑来理解。

《担保法》

《担保法》的用意是为了企业在资金融通和商品流通过程中，拓展债权的实现方式。我们在债权融资中基本上都少不了担保增信，特别是保证、抵押和质押担保方式，留置仅适合于运输、加工承揽、仓储保管和建筑安装等服务业务领域，保证金从属于定金担保的范畴，主要功能是当债务人违约时可抵付融资本息，缓冲风险，但没有定金的违约惩罚特征。担保中的定金主要存在于企业业务活动中，与金融基本没有关系。

担保公司作为专业第三方公司向债权人提供担保，一般会要求被担保人提供反担保物。担保合同是企业债权融资主合同的从合同，主合同无效，担保合同无效，担保合同被确认无效后，债务人、担保人、债权人有过错的，根据其过错各自承担相应的民事责任。因此，主合同发生修改或补充条款时，应得到担保人的确认，除非担保人为主合同当事人。

这里，风控人员要注意《担保法》没有具体提到的浮动担保，即浮动抵押和浮动质押。概念上很容易理解，浮动抵押指抵押人在其现在和将来所有的全部财产或者部分财产上设定的担保，在行使抵押权之前，抵押人对抵押财产保留在正常经营过程中的处分权；浮动质押则是担保品由质押权人代为保管，质押人丧失占有使用权。浮动质押也叫流动质押，一般我们不太支持使用浮动质押担保，主要是它无相应的法律规定。如果法院不承认你实际管控的货物是你的质物，即使你向法院上诉也不一定

表 4.1 各金融企业的成立前置条件、业务范围、禁止项目和法规办法

主体	成立前置条件	业务范围	禁止项目	法规办法
银行	设立商业银行，应当经国务院银行业监督管理机构（银保监会）审查批准，凭其颁发的许可证向工商行政管理部门办理登记，领取营业执照	发放短期、中期和长期贷款，办理票据承兑与贴现，发行金融债券，代理发行、承销政府债券，买卖政府债券、金融债券，从事同业拆借，买卖、代理买卖外汇，从事银行卡业务，提供信用证服务及担保，银行业要新增担任何业务都需经国务院经营业银行业监督管理机构批准	资本充足率不得低于8%；对同一借款人的贷款的比例不得超过10%；向关系人发放信用贷款，不得优于其他借款人同类贷款的条件；在不得从事信托投资和证券经营业务、不得投资于非自用不动产或者向非银行金融机构和企业投资，但国家另有规定的除外	《商业银行法》
小额贷款公司	申请设立小额贷款公司，应向省级政府主管部门提出正式申请，经批准后，到当地工商行政管理部门申请办理注册登记并领取营业执照。此外，还应在五个工作日内向当地公安机关、银保监会派出支机构和中国人民银行分支机构报送相关资料	坚持"小额、分散"原则，向农户和微型企业提供信贷服务。同一借款人的贷款余额不得超过小额贷款公司资本净额的5%。含网络小贷、消费贷等	不得进行任何形式的非法集资、主要资金来源为股东缴纳的资本金、捐赠资金，以及来自不超过两个银行业金融机构的融入资金。从银行业金融机构获得融入资金的余额不得超过资本净额的50%，利率以同期银行同业拆放利率为基准加点确定	中国人民银行关于小额贷款公司试点的指导意见
融资性担保公司	所有融资性担保公司必须持牌经营，设立应符合《公司法》规定，最近3年无重大违法违规记录；股东信誉良好，具有相应的出资能力；注册资本不低于人民币2 000万元，且为实缴货币资本；拟任董事高管熟悉相关法律法规，具有相应的经营管理能力；有健全的业务经营规范和风险管理制度等内部管理制度，省、自治区、直辖市自行提高注册资本最低限额	除经营借款类担保业务外，发行债券担保等融资性担保，经营稳健、财务状况良好的融资性担保公司还可以经营投标担保、工程履约担保、诉讼保全担保等非融资担保业务以及与担保业务有关的咨询等服务业务。公司应按规定提取相应风险准备金。融资担保责任余额不得超过其净资产的10倍。对单个被担保人及其关联方提供的融资担保责任余额不得超过净资产的15%。单户在保余额500万元人民币以下的小微企业借款类担保在保余额×75%＋单户在保余额200万元人民币以下的农户借款类担保在保余额×75%＋住房贷款类担保在保余额×30%＋其他借款类担保在保余额×100%	吸收或者变相吸收存款；自营贷款或者受托贷款；受托投资。对同一融资担保责任人之比不得超过10%，对同一被担保人及其关联方的净资产之比不得超过15%。为其控股股东、实际控制人提供融资性担保，为其关联方提供融资担保的条件不得优于为非关联方提供融资担保的条件。为关联方提供担保之日起30日内向监督管理部门报告	《融资担保公司监督管理条例》、国务院令第683号文件，2017年10月1日执行。2019年银保监会发布《关于融资担保公司监督管理补充规定的通知》

续表

主体	成立前置条件	业务范围	禁止项目	法规办法
非融资性担保公司	无	诉讼保全担保、财产保全担保、工程履约担保、工程支付担保、投标担保、预付款担保、未付款如约偿付担保、原材料赊购担保、设备分期付款担保、融资租赁合同担保、其他分期付款担保、联合担保、仓储监管担保、财政支付担保以及与担保业务有关的投融资咨询和财务顾问等中介服务	吸收存款、集资收款、受托贷款、发行票据、发放贷款等国家金融监管及财政信用业务	全国非融资性担保机构规范管理指导意见
典当公司	典当行房屋建筑和经营设施应当符合国家有关安全标准和消防管理规定、具备安全防范设施；商务部批准并颁领《典当经营许可证》，向所在地县级人民政府公安机关申请典当行《特种行业许可证》	当户将其动产、财产权利作为当物质押或者将其房地产作为当物抵押给典当行，交付一定比例费用，取得当金，并在约定期限内支付当金利息、偿还当金、赎回当物	不得进行任何形式的非法集资，不得从事与典当无关的融资业务	典当管理办法
融资租赁公司	公司成立应有自营业场所、一次性实缴注册资本不低于规定规模、配备金融、贸易、法律、监事、会计等专业人才、董事、高级管理人员需要有相适应的从业年限和管理能力。公司股东应为企业法人、入股资金须为真实、合法的自有资金，不得以债务资金或委托资金等非自有资金入股，须申请注册和填报全国融资租赁企业管理信息系统、按时填报快报数据数据	融资租赁公司应以融资租赁为主营业务，包括：融资租赁和经营租赁业务、经营租赁和融资租赁相关的租赁业务、租赁交易咨询、购买、残值保证处理与维修、转让与受让融资租赁资产、固定收益类资产证券化业务和其他合法业务。以权属清晰、真实且有效使用价值的租赁物为载体，不得接受已被司法机关查封、抵押、权属存有争议、已被司法机关查封、扣押的财产，或所有权存有瑕疵的财产作为租赁物	集资、吸收或变相吸收存款；发放或变相发放贷款；与其他融资租赁公司拆借或变相拆借资金；通过网络借贷信息中介机构、私募投资基金等渠道融资或转让资产；法律法规的其他融资业务。禁止开展的其他业务。融资租赁和其他租赁业务比重不低于总资产的60%；风险资产不得超过净资产的8倍；租赁公司开展固定收益类证券投资业务不得超过净资产的20%	2020年1月银保监会《融资租赁监督管理暂行办法（征求意见稿）》，监管过渡期不晚于2021年12月31日

75

主体	成立前置条件	业务范围	禁止项目	法规办法
商业保理公司	公司成立应有营业场所、实缴注册资本不低于规定规模、配备金融、贸易、法律、会计等专业人才、董事、监事、高级管理人员要有相应的从业年限和管理能力。公司股东可以是自然人、入股资金须为真实、合法、自有资金，不得以债务资金、委托资金等非自有资金入股，商业保理公司须及时申请注册和地方金融监管信息系统，并须按时填报全国商业保理数据快报系统，填报经营数据	主要经营商业保理业务，包括保理融资、销售分户（分类）账管理、应收账款催收、应收账款环账担保，还可经营客户资信调查与评估、与商业保理相关的资信服务。受让以同一债务人的应收账款，不得超过风险资产总额的50%；受让以其关联企业为债务人的应收账款，不得超过风险资产总额的40%；将逾期90天未收回或未实现的保理融资计提相应的风险准备金，不得低于风险资产期末余额的1%；风险资产不得超过净资产的10倍	吸收或变相吸收公众存款；通过网络借贷信息中介机构，地方各类交易场所，资产管理机构以及私募投资基金等融入资金；与其他商业保理企业拆借或变相拆借资金；发放贷款或受托发放贷款；专门从事或受托开展与商业保理无关的催收业务，讨债业务；基于不合法基础交易合同，寄售合同，以及因票据等其他不具有价证券而产生的付款请求权等开展保理融资业务；国家规定不得从事的其他活动	2019年银保监办发205号文件
供应链公司	无	围绕核心企业上下游开展供应链综合服务和贸易金融服务	贷款，非法集资等	无

76

能得到支持，因为你难以证明你现在的货物就是你设立质押时的质押货物；如能证明，说明质物并无流动，即还是正常理解的质押。因此，浮动质押存在法律风险。

如果质权人一定要保管质物，同时又允许质押人出售质物还债，建议安全的方案是：贸易商每次进货和出货，仓储商置换新的质押仓单，所有质押仓单均作为质押合同附件，这样操作虽手续比较麻烦，但法院来查封债务人的货物时，我们手里有最新的仓单和质物清单。不过，实际操作要注意几点：一是对货物的品质要抽查，保证质物的合理市场价值，防止以少押多，以劣充优；二是质押的货物与其他未质押的货物要分库管理，以保证质物是特定的，并且是可控制和有标识的，防止质物与非质物混同；三是质押仓单要及时交给质权人，同时质权人对仓储商要有管控能力，以符合质权的转移占有要求；四是货物要有相应的购货凭证（权属凭证、单货齐全并相符），以保证出质人是真实的货主。

为了方便整体理解《担保法》，我们将保证、抵押和质押的主要内容进行了归纳，形成表4.2，可以帮助大家一目了然地熟悉金融风控方案中最为重要也最为常见的三种担保增信方式。

最高额抵（质）押登记是因为法律允许一项资产根据其价值为多笔债权提供担保，为了简化登记手续，法律允许我们一次性为抵（质）押权人办理最高额担保登记。

《物权法》

《物权法》中的担保物权与《担保法》中的抵押、质押和留置在内容上存在重叠，在两法冲突的情况下，以《物权法》为准。《担保法》告诉我们如何使用担保方式对风险融资项目有效增信，《物权法》中的物权分担保物权和非担保物权，下面我们对非担保物权进行重点讲述。

不动产是指移动后会影响其用途和经济价值的实物。《物权法》第九条明确了房产、土地、森林等不动产物权应依法登记发生效力，登记的范围包括产权的设立、变更、转让和消灭。未经登记，不发生效力，依法属于国家所有的自然资源除外。因此，房产、土地、森林等不动产在办理担保时，应在相应的房管局、土管局、林管局及其分支机构办理登记方能发生法律效力。

为了规范登记机构的登记行为，防止权力滥用，第十三条禁止登记机构要求登记主体对不动产进行评估，或以年检等名义进行重复登记，或有超出登记职责范围的其他行为，以保护人们的不动产物权登记权。

表 4.2 保证、抵押和质押的比较

担保方式	保证	抵押	质押
定义和担保范围	保证人和债权人约定，当债务人不履行债务时，保证人按照约定担保的行为。保证责任的范围包括主债权及利息、违约金、损害赔偿金和实现债权的费用	债务人或者第三人不转移抵押财产，将该财产作为债权的担保。当债务人不履行债务时，债权人有权依照本法规定以该财产折价或者以拍卖、变卖该财产所得的价款优先受偿。协商不成的，抵押权人可以向人民法院提起诉讼。抵押担保的范围包括主债权及利息、违约金、损害赔偿金和实现抵押权的费用	债务人或者第三人将其动产移交债权人占有（非真正占有），将该动产作为债权的担保。债务人不履行债务时，债权人有权依照本法规定以该动产折价或者变卖该动产的价款优先受偿。质押担保的范围包括主债权及利息、违约金、损害赔偿金、质物保管费用和实现质权的费用
主体或客体要求	具有代偿能力的法人、其他组织或者公民，可以作为保证人。国家机关、学校、幼儿园、医院等以公益为目的的事业单位、社会团体。企业法人的分支机构、职能部门不得作为保证人。企业法人的分支机构有法人书面授权的，可以在授权范围内提供保证	抵押人所担保的债权不得超出其抵押物的价值。如抵押财产价值大于所担保债权，则可再设次抵押，但不得超出其余额部分。可抵押的物品有：1.抵押人所有的房屋和其他地上定着物；2.抵押人所有的机器、交通运输工具和其他财产；3.抵押人依法有权处分的国有土地使用权、房屋和其他地上定着物；4.抵押人依法有权处分的国有机器、交通运输工具和其他财产；5.抵押人依法承包并经发包方同意抵押的荒山、荒沟、荒丘、荒滩等荒地的土地使用权等。处理偏重依法拍卖	下列权利可质押：1.汇票、支票、本票、债券、存款单、仓单、提单；2.依法可以转让的商标专用权、专利权、著作权中的财产权；3.依法可以出质的股份、股票；4.依法可以质押的其他权利。通用机器设备及生产工具、办公用品、库存商品及库存材料等；5.金属、交通运输工具、6.依法可以质押的其他财产。质权因质物灭失而消灭。因质物灭失所得的赔偿金，应当作为出质财产。处理偏重非经法律途径的变卖

续表

担保方式	保证	抵押	质押
担保责任问题	1. 同一债务有两个及以上保证人的,保证人应当按照保证合同约定的保证份额,承担保证责任。没有约定保证份额的,债权人可以要求任何一个保证人都负有担保全部债权实现的义务。2. 已经承担保证责任的保证人,有权向债务人追偿,或者在承担保证责任的范围内向其他保证人请求清偿其应当承担的份额。3. 是一般保证还是连带责任保证约定不明确的,按照连带责任保证承担保证责任	1. 以依法取得的国有土地上的房屋抵押的,该房屋占用范围内的国有土地使用权同时抵押。2. 以出让方式取得的国有土地使用权抵押的,应当将抵押时该国有土地上的房屋等建筑物不得单独抵押。3. 乡(镇)、村企业的土地使用权不得单独抵押。以乡(镇)、村企业的土地使用权抵押的,其占用范围内的土地使用权使用权同时抵押。4. 抵押人将已出租的财产抵押的,应当书面告知承租人,原租赁合同继续有效。5. 债务人不履行债务被人民法院依法扣押的,自扣押之日起抵押权人有权收取由抵押物分离出的天然孳息以及抵押权人就扣押抵押物可以收取的法定孳息。但抵押权人未将扣押抵押物的事实通知应当清偿法定孳息的义务人的,抵押权的效力不及于该孳息	1. 质权人负有妥善保管质物的义务。因保管不善致使质物灭失或者受损的,质权人应当承担民事责任。2. 质权人不能妥善保管质物可能致使其灭失或者毁损的,出质人有权要求质权人将质物提存,或者要求提前清偿债权而返还质物。3. 质权人有权收取质物所生的孳息。质押合同另有约定的,按照约定。4. 债务履行期届满债务人履行债务的,或者出质人提前清偿所担保的债权的,质权人应当返还质物。债务履行期届满质权人未受清偿的,可以与出质人协议以质物折价,也可以依法拍卖、变卖质物。其折价或者拍卖、变卖后,质物的价值超过债权数额的部分归出质人所有,不足部分由债务人清偿
合同形式主要内容	保证合同内容:1. 主债权种类、数额;2. 债务人履行债务的期限;3. 保证的范围;4. 保证的期间;5. 一般保证还是连带责任保证	办理抵押物登记,抵押合同自登记之日起生效。抵押合同内容:1. 被担保的主债权种类、数额;2. 债务人履行债务的期限;3. 抵押物的名称、数量、质量、状况、所在地,所有权权属或者使用权权属;4. 抵押担保的范围;5. 当事人约定的其他事项	质押合同自质物移交于质权人占有时生效。质押合同内容:1. 被担保的主债权种类、数额;2. 债务人履行债务的期限;3. 质押物的名称、数量、质量、状况;4. 质押担保的范围;5. 质物移交的时间;6. 当事人约定的其他事项
担保主体禁止条款	一般保证的保证人在主合同纠纷未经审判或者仲裁,并就债务人财产依法强制执行仍不能履行债务前,对债权人可以拒绝承担保证责任。有下列情形之一的,保证人不得行使前款规定的权利:1. 债务人住所发生重大困难的;2. 人民法院受理债务人破产案件,中止执行程序的;3. 保证人以书面形式放弃前款规定的权利的。当事人在保证合同中约定保证人与债务人对债务承担连带责任的,为连带责任保证	下列财产不得抵押:1. 土地所有权;2. 耕地、宅基地、自留地、自留山等集体所有的土地使用权,但本法第三十四条第(五)项、第三十六条第三款规定的除外;3. 学校、幼儿园、医院等以公益为目的的事业单位、社会团体的教育设施、医疗卫生设施和其他社会公益设施;4. 所有权、使用权不明或者有争议的财产;5. 依法被查封、扣押、监管的财产;6. 依法不得抵押的其他财产。抵押期间,抵押人转让已办理登记的抵押物的,应当通知抵押权人并告知受让人转让物已经抵押的情况;抵押人未通知抵押权人或者未告知受让人的,转让行为无效。抵押权不得单独转让或者作为其他债权的担保	1. 股票出质后,不得转让,但经出质人与质权人协商同意的可以转让。出质人转让股票所得的价款应当向质权人提前清偿所担保的债权或者向与质权人约定的第三人提存。2. 权利出质后,出质人不得转让或者许可他人使用,但经出质人与质权人协商同意的可以转让或者许可他人使用。出质人所得的转让费、许可费应当向质权人提前清偿所担保的债权或者与质权人约定的第三人提存

续表

担保方式	保证	抵押	质押
担保免除条款	1.企业法人的分支机构未经法人书面授权或者超出授权范围与债权人订立保证合同的，该合同无效或者超出授权范围的部分无效。2.主合同当事人双方串通，骗取保证人提供保证的，保证人不承担民事责任。3.主合同债权人采取欺诈、胁迫等手段，使保证人在违背真实意思的情况下提供保证的，保证人不承担民事责任	1.当事人未办理抵押物登记的，不得对抗第三人。当事人办理抵押物登记的，登记部门为抵押人所在地的公证部门。2.城市房地产抵押合同签订后，土地上新增的房屋不属于抵押物。需要拍卖该抵押的房地产时，可以依法将该土地上新增的房屋与抵押物一同拍卖，但对拍卖新增房屋所得，抵押权人无权优先受偿。3.依照本法规定以承包的荒地的土地使用权抵押的，或者以乡（镇）、村企业的厂房等建筑物占用范围内的土地使用权抵押的，在实现抵押权后，未经法定程序不得改变土地集体所有性质和土地用途。4.拍卖划拨的国有土地使用权所得的价款，在依法缴纳相当于应缴纳的土地使用权出让金的款额后，抵押权人有优先受偿权。5.抵押人的行为足以使抵押物价值减少的，抵押权人有权要求抵押人停止其行为。抵押物价值减少时，抵押权人有权要求抵押人恢复抵押物的价值，或者提供与减少的价值相当的担保。抵押人对抵押物价值减少无过错的，抵押权人只能在抵押人因损害而得到的赔偿范围内要求提供担保。抵押物价值未减少的部分，仍作为债权的担保。6.抵押物折价或者拍卖、变卖后，其价款超过债权数额的部分归抵押人所有，不足部分由债务人清偿。7.在债务人不履行债务时抵押财产归债权人所有	1.质物有损坏或者价值明显减少的可能，足以危害质权人权利的，质权人可以要求出质人提供相应的担保。出质人不提供的，质权人可以拍卖或者变卖质物，并与出质人协商将拍卖或者变卖所得的价款用于提前清偿所担保的债权或者向与出质人约定的第三人提存。2.债权人不得与出质人约定，在债务履行期届满质权人未受清偿时，质物的所有权转移为债权人所有。如果违反该规定，则约定的"流质条款"无效，但不影响质押合同其他部分的效力

续表

担保方式	保证	抵押	质押
登记公示	不存在登记问题	1. 以无地上定着物的土地使用权抵押的，为核发土地使用权证书的土地管理部门；2. 以城市房地产或者乡（镇）、村企业的厂房等建筑物抵押的，为县级以上地方人民政府规定的部门；3. 以林木抵押的，为县级以上林木主管的登记部门；4. 以航空器、船舶、车辆抵押的，为运输工具的登记部门；5. 以企业的设备和其他动产抵押的，为财产所在地的工商行政管理部门。当事人以其他财产抵押的，可以自愿办理抵押物登记，抵押合同自签订之日起生效	1. 以依法可以转让的股票出质的，出质人与质权人应当订立书面合同，并向证券登记机构办理出质登记。质押合同自登记之日起生效。2. 以依法可以转让的商标专用权、专利权、著作权中的财产权出质的，出质人与质权人应当订立书面合同，并向其管理部门办理出质登记。质押合同自登记之日起生效。3. 动产质押：金属、通用机器设备及生产工具、交通运输工具、办公用品、库存商品及库存材料，依法可质押的其他财产，不需办理登记
清偿顺序	1. 同一债权既有保证又有物的担保的，保证人对物的担保以外的债权承担保证责任。2. 债权人放弃物的担保的，保证人在债权人放弃权利的范围内免除保证责任	同一财产向两个以上债权人抵押的，拍卖、变卖抵押物所得的价款按照以下规定清偿：1. 抵押合同已登记生效的，按照抵押物登记的先后顺序清偿，顺序相同的，按照债权比例清偿。2. 抵押合同自签订之日起生效的，该抵押物已登记的，按照本条前项规定清偿，未登记的，按照合同生效时间的先后顺序清偿，顺序相同的，按照债权比例清偿。抵押物已登记的先于未登记的受偿	为债务人质押担保的第三人，在质权人实现质权后，有权向债务人追偿
融资中的作用	增信担保和增加违约成本	1. 贷款融资担保，如房产抵押贷款、固定资产抵押融资等等。2. 增信担保和增加违约成本	1. 贷款融资担保，如股票质押贷款、存货质押贷款、仓单质押贷款等等。2. 增信担保和增加违约成本。

不动产物权登记内容的法定载体为不动产登记簿，登记内容自记载于不动产登记簿时发生效力，即记录于非不动产登记簿的内容不发生效力。

当事人之间因不动产物权的设立、变更、转让和消灭签订的合同，自合同成立时生效，没有办理不动产物权登记的，不影响合同效力。就是说，房产抵押合同的法律效力受《合同法》保护，与是否办理不动产物权登记无关。融资时，与客户签订的房产担保合同作为从合同，在没有办理房产担保登记的情况下同样受法律保护，只是不动产产权在客户违约处置方面不能对抗善意第三人，受偿顺序上处于不利的法律地位。

在给融资人办理不动产担保融资时，为防止担保不动产出现超估值融资风险，应先到相应的登记机构申请查询、复制登记资料，了解不动产担保登记状况。第十八条规定不动产物权权利人、利害关系人（抵押权人）可以申请查询、复制登记资料，登记机构应配合提供。

权利人、利害关系人对不动产登记簿记载的错误事项，可以申请更正登记。不动产登记簿记载的权利人书面同意更正或者有证据证明登记确有错误的，登记机构应当予以更正。如果不动产登记簿记载的权利人不同意更正的，利害关系人可以申请异议登记。登记机构予以异议登记的，若申请人在异议登记之日起十五日内不起诉，异议登记失效。异议登记不当，造成权利人损害的，权利人可以向申请人请求损害赔偿。

我们知道，房屋预售机制下，房屋产权尚处于形成过程中，当事人签订买卖房屋或者其他不动产物权的协议，为保障将来实现物权，按照合同约定可以向登记机构申请预告登记。预告登记后，房产公司未经预告登记的权利人（即购房人）同意，处分该不动产的，不发生物权效力（第二十条）。预告登记后，债权消灭或者自能够正式办理不动产登记之日起三个月内未申请登记的，预告登记失效。这里的预告登记就是我们说的电签，预告登记时效为三个月，过期自动失效（可以续期），有的金融企业通过办理电签来规避无法办理房产抵押登记的情形，以控制房产产权风险。

提供虚假不动产登记资料办理登记的，不发生法律效力，由此给他人造成损害的，应当承担赔偿责任（第二十一条）。同时，登记机构因登记错误，给他人造成损害的，登记机构应当承担赔偿责任。登记机构赔偿后，可以向造成登记错误的人追偿。

动产物权以动产交付生效，不以登记生效（第二十三条）。与不动产相反，动产是指可以移动，且不影响其用途和经济价值的实物，如设备、商品、原材料、各种交通工具等等。但是，船舶、航空器和机动车等物权必须办理登记才能对抗善意第三人（第二十四条），在担保融资中债权人能获取优先处置受偿权。

物权受到侵害的，权利人可以通过和解、调解、仲裁、诉讼等途径解决（第三十二条）。即物权遭到侵害时，权利人可通过法律途径来主张自己的权利。如果因物权的归属、内容发生争议的，利害关系人可以请求确认权利。在融资担保中，利害关系人就是银行、保理公司、融资租赁公司等金融企业。

侵害物权，造成权利人损害的，权利人可以请求损害赔偿，也可以请求承担其他民事责任（第三十七条）。在质押担保融资中，如正常车贷业务，质权人未经车主同意，变卖处置车主质押车辆，车主据此有权请求损害赔偿，或提起诉讼。

所有权人依法享有四项基本权利：占有权、使用权、收益权和处分权。所有权人对自己的不动产或者动产，依法享有占有、使用、收益和处分的权利（第三十九条）。所有权人有权在自己的不动产或者动产上设立用益物权和担保物权。用益物权人、担保物权人行使权利，不得损害所有权人的权益（第四十条）。用益物权人对动产和不动产有占有权、使用权和收益权，但没有处分权；担保物权人对动产和不动产只有处分权，没有使用权和收益权。在融资租赁业务中，承租人拥有用益物权；在担保融资中，债权人拥有担保物权。

法律规定专属于国家所有的不动产和动产，任何单位和个人不能取得所有权（第四十一条），但可以依法获得用益物权。比如，农民可以使用土地耕种，从事种植业；渔民可以在海里捕鱼，从事水产养殖业；人们可以在公路上开车，运输货物；等等。因此，任何单位和个人无权私自买卖国家所有的不动产和动产。

国家所有或者国家所有由集体使用以及法律规定属于集体所有的自然资源，单位、个人依法可以获得用益物权。国家实行自然资源有偿使用制度，法律另有规定的除外，如矿山开采、石油开采、森林开采、水电建设等等。依法取得的探矿权、采矿权、取水权和使用水域、滩涂从事养殖、捕捞的权利受法律保护，但这些都要获得政府相关部门颁发的许可证。

为了公共利益的需要，国家依照法律规定的权限和程序可以征收集体所有的土地和单位、个人的房屋及其他不动产（第四十二条）。国家征收集体、单位、个人的动产或不动产要符合法律规定的权限和程序，征收土地、房屋应支付使用权人相应的经济赔偿和拆迁补偿，并保障个人居住条件，不得贪污、挪用、私分、截留、拖欠征收补偿费等费用。

矿藏、水流、海域，城市的土地、法律规定属于国家所有的农村和城市郊区的土地，森林、山岭、草原、荒地、滩涂等自然资源（法律规定属于集体所有的除外），所有的野生动植物资源，无线电频谱资源，法律规定属于国家所有的文物，国防资产，铁路、公路、电力设施、电信设施和油气管道等基础设施，国家或政府出资的企业等等，依法规定为国家所有的动产、不动产，属于国家所有，受法律保护，禁止任何单位和个人侵占、哄抢、私分、截留、破坏。涉及国有资产、国企央企的金融活动，均不得侵犯国有资产，与《物权法》相抵触。

私人对其合法的收入、房屋、生活用品、生产工具、原材料等不动产和动产享有所有权（第六十四条）。私人合法的储蓄、投资及其收益受法律保护。国家依照法律规定保护私人的继承权及其他合法权益，禁止任何单位和个人侵占、哄抢、破坏。私人非法取得的不动产和动产不受法律保护，因此，基于个人财产为对价的金融活动首先应确认其合法性。

国家、集体和私人依法可以出资设立有限责任公司、股份有限公司或者其他企业。国家、集体和私人所有的不动产或者动产，投到企业的，由出资人按照约定或者出资比例享有资产收益、重大决策以及选择经营管理者等权利并履行义务（第六十七条）。企业法人对其不动产和动产依照法律、行政法规以及章程享有占有、使用、收益和处分的权利。

建造建筑物，不得违反国家有关工程建设标准，妨碍相邻建筑物的通风、采光和日照（第八十九条）。这类建筑存在法律风险，不适合提供贷款融资。

不动产权利人不得违反国家规定弃置固体废物，排放大气污染物、水污染物、噪声、光、电磁波辐射等有害物质。企业非法生产存在法律风险，也不适合提供贷款融资。

无处分权人将不动产或者动产转让给受让人的，所有权人有权追回（第一百零六条）；但是，受让人受让该不动产或者动产时是善意的，或以合理的价格转让，或转让的不动产或者动产依照法律规定应当登记的已经登记，不需要登记的已经交付给受让人，原所有权人有权向无处分权人请求赔偿损失。对善意取得物权的情形，原所有权人只能对无处分权人主张赔偿损失，不能向受让人追回，除非可以证明受让人受让不动产或动产是非善意的。在担保或买卖中会存在这种纠纷，如：儿子把老爸的车以合理的价格卖掉了。

土地承包经营权人依照农村土地承包法的规定，有权将土地承包经营权采取转包、互换、转让等方式流转。流转的期限不得超过承包期的剩余期限。未经依法批准，不得将承包地用于非农建设（第一百二十八条）。通过招标、拍卖、公开协商等方式承包荒地等农村土地，依照农村土地承包法等法律和国务院的有关规定，其土地承包经营权可以转让、入股、抵押或者以其他方式流转（第一百三十三条）。可见土地承包经营权可以办理抵押贷款。

建设用地使用权人依法对国家所有的土地享有占有、使用和收益的权利，有权利用该土地建造建筑物、构筑物及其附属设施。建设用地使用权可以在土地的地表、地上或者地下分别设立。新设立的建设用地使用权，不得损害已设立的用益物权。地下商场、停车场属于地下建设用地使用权，人工湖、游泳池、景观花园等构筑物属于地表建设用地使用权。

我国设立建设用地使用权，采取出让或者划拨等方式（第一百三十七条）。工业、商业、旅游、娱乐和商品住宅等经营性用地以及同一土地有两个以上意向用地者的，应当采取招标、拍卖等公开竞价的方式出让。政府严格限制以划拨方式设立建设用地使用权。采取划拨方式的，应当遵守法律、行政法规关于土地用途的规定。

采取招标、拍卖、协议等出让方式设立建设用地使用权的，当事人应当采取书面形式订立建设用地使用权出让合同。出让合同条款一般包括：当事人的名称和住所；土地界址、面积等；建筑物、构筑物及其附属设施占用的空间；土地用途；使用期限；出让金等费用及其支付方式；解决争议的方法。

建设用地使用权人应当合理利用土地，不得改变土地用途；需要改变土地用途的，应当依法经有关行政主管部门批准。建设用地使用权人建造的建筑物、构筑物及其附属设施的所有权属于建设用地使用权人，但有相反证据证明的除外。

建设用地使用权人有权将建设用地使用权转让、互换、出资、赠与或者抵押，当事人应当采取书面形式订立相应的合同。使用期限由当事人约定，但不得超过建设用地使用权的剩余期限，并向登记机构申请变更登记，以登记生效。

建设用地使用权、建筑物、构筑物及其附属设施转让、互换、出资或者赠与的，该建筑物、构筑物及其附属设施占用范围内的建设用地使用权一并处分，因为土地不离房子，房子不离土地。

建设用地使用权期间届满前，因公共利益需要提前收回该土地的，应当依照本法第四十二条的规定对该土地上的房屋及其他不动产给予补偿，并退还相应的出让金。

住宅建设用地使用权期间届满的，自动续期。非住宅建设用地使用权期间届满后的续期，依照法律规定办理。该土地上的房屋及其他不动产的归属，有约定的，按照约定；没有约定或者约定不明确的，依照法律、行政法规的规定办理。我国实行土地国有制，住宅建设用地使用权期间届满自动续期不可理解为免费续期，土地出让金还是要交的，不然就与土地私有制无异。

宅基地使用权人依法对集体所有的土地享有占有和使用的权利，有权依法利用该土地建造住宅及其附属设施。宅基地因自然灾害等原因灭失的，宅基地使用权消灭。对失去宅基地的村民，应当重新分配宅基地。注意，城市商品房用地叫住宅建设用地，农村集体土地建房用地叫宅基地。

占有人因使用占有的不动产或者动产，致使该不动产或者动产受到损害的，恶意占有人应当承担赔偿责任。不动产或者动产被占有人占有的，权利人可以请求返还原物及其孳息，但应当支付善意占有人因维护该不动产或者动产支出的必要费用。孳息包括法定孳息和天然孳息，前者为协议形成的资产收益，如房租、存款利息、股利等；后者为自然产生的收益，如母牛产小牛、产牛奶形成的收益等。

占有的不动产或者动产毁损、灭失，该不动产或者动产的权利人请求赔偿的，占有人应当将因毁损、灭失取得的保险金、赔偿金或者补偿金等返还给权利人；权利人的损害未得到足够弥补的，恶意占有人还应当赔偿损失，即赔偿损失以实际损失为限。

《票据法》

随着电子票据的出现和推广，人们不再需要到银行柜台而在网上就可以办理票据流转、质押、贴现、托收和资金结算，免去了验章验票之类的麻烦。

《票据法》中涉及汇票、本票和支票，随着电子结算的便捷和普及，纸质的本票、纸质的支票和纸质的汇票完全退出只差一个文件，支票、本票事实上越来越少被人们采用了。《票据法》虽然没有"远期支票"说法，但因为它也有到期见票即付的特征，相比于商业承兑汇票，在企业中非常多见，本质上就是支票和商业承兑汇票的结合。

票据具有无因性，即持票人的票据权利与其取得票据的原因相分离，或说在票据流通过程中，受票人不用知道上手票据获取的原因，这使得票据具有一种类似现金的流通功能。票据无因性包括三种情形：（1）即使我们知道上手票据的形成原因无效或存在瑕疵，也不会影响到持票人行使票据权利，而票据债务人也不得以此抗辩。不过，这里有三个例外，称为原因牵连：一是直接当事人之间的抗辩。本法第十三条规定，票据债务人可以对不履行约定义务的与自己有直接债权债务关系的持票人，进行抗辩。即第一手票据持有人未履行与债务人约定的合同义务，债务人有权拒绝支付到期票款，如是第一手已背书转让给了第二手，按本法，债务人应向第二手履行票据义务，然后与第一手解决纠纷，但现实中，作为融资方的第二手有必要知道第一手是否存在合同纠纷，否则很容易导致债务人到期账上无款可付或以一个正常原因拒付。二是无对价合法取得的，后手的权利不得优于前手。本法第十一条规定，因税收、继承、赠与可以依法无偿取得票据的，不受给付对价的限制。但是，所享有的票据权利不得优于其前手的权利。这里指票据应给付对价而合法取得，但国家征税、继承人继承财产、人们接受赠与而取得的票据例外。这里需注意，如果甲通过诈骗取得票据，则甲不能享有票据权利；甲如果通过赠与将票据转让给了乙，则乙享有的票据权利由于不能优于其前手甲，也就是乙也不能享有此票据权利。但如果乙将票据背书转让给了丙，丙给付了乙对价，尽管乙不享有票据权利，但丙仍然可享有票据权利。如果丙明知乙的票据来路不正，则丙也不能取得票据权利。三是明知抗辩。本法第十三条规定，票据债务人不得以自己与出票人或者与持票人的前手之间的抗辩事由，对抗持票人。但是，持票人明知存在抗辩事由而取得票据的除外。大部分情况下债务人是出票人，极少情况下商业承兑汇票的出票人是债权人。这里强调的是，票据在第一手形成时，债务人不得借与债权人存在的纠纷事由去对抗第二手（含）之后的持票人，除非他们知道第一手有抗辩事由。（2）持票人行使票据权利不需证明取得票据的原因。即持票人只需在票据议付期或到期日，将票据提交给票据上的付款人或承兑人开户银行即可收款，不需要附加任何对价取得的相关凭证。（3）原因关系中的约定、抗辩等事项，若没有显现在票面上，则不享有票据抗辩权。比如票据上注明不得转让，则债务人或承兑人可对抗拒付第二手持票人。

本法第十条规定，票据的签发、取得和转让，应当遵循诚实信用的原则，具有真实的交易关系和债权债务关系。票据的取得，必须给付对价，即应当给付票据双方当事人认可的相对应的代价。这充分表明我国票据无因性是相对的，主要体现在第一手后的票据流通环节。

为了方便学习，我们不妨把《票据法》当成票据产品说明书来理解，重点掌握票据的种类、票据行为等相关内容，如表4.3所示。

《民法总则》

《民法总则》是用来处理平等主体公民（自然人）、法人以及非法人组织的人身关系和财产关系的，明确公民和法人的民事行为能力、民事法律行为和民事责任，其中涉及金融企业关系的内容不多，主要是民事法律行为和代理、民事权利、民事责任和诉讼时效等。消费金融、个人信贷关注公民（自然人）相关内容。

公民、法人和非法人组织构成民事主体，民事主体的人身权利、财产权利以及其他合法权益受法律保护，任何组织或者个人不得侵犯。民事主体在民事活动中的法律地位一律平等。但是，民事主体从事民事活动，不得违反法律，不得违背公序良俗，应当有利于节约资源、保护生态环境。因为暴力催收、校园贷、裸贷、套路贷、现金贷、高利贷等金融活动违背了公序良俗，侵犯了民事主体的人身权利、财产权利，法律据此禁止。

表 4.3　票据产品说明书

票据种类 项目	汇票	本票	支票
票据通性	1. 无民事行为能力人或者限制民事行为能力人在票据上签章的，其签章无效，但是不影响其他签章的效力。2. 票据金额以中文大写和数码同时记载，二者必须一致，二者不一致的，票据无效。3. 票据的取得，必须给付对价，即应当给付票据双方当事人认可的相对应的代价。4. 票据的取得，不受给付对价的限制。但是，所享有的票据权利不得优于其前手的权利。5. 以欺诈、偷盗或者胁迫等手段取得票据的，或者明知有前列情形，出于恶意取得票据的，不得享有票据权利。6. 票据债务人不得以自己与出票人或者与持票人的前手之间的抗辩事由，对抗持票人。但是，持票人明知存在抗辩事由而取得票据的除外。票据债务人可以对不履行约定义务的与自己有直接债权债务关系的持票人，进行抗辩。7. 票据上有伪造、变造的签章的，不影响票据上其他真实签章的效力。票据上其他记载事项被变造的，在变造之前签章的人，对原记载事项负责；在变造之后签章的人，对变造之后的记载事项负责；不能辨别是在票据被变造之前或者之后签章的，视同在变造之前签章。8. 票据丧失，失票人可以及时通知票据的付款人挂失止付，但是，未记载付款人或者无法确定付款人及其代理付款人的票据除外。收到挂失止付通知的付款人，应当暂停支付。9. 持票人对票据的出票人和承兑人的权利，自票据到期日起2年；见票即付的汇票、本票，自出票日起2年；持票人对支票出票人的权利，自出票日起6个月。10. 持票人对前手的追索权，自被拒绝承兑或者被拒绝付款之日起6个月；持票人对前手的再追索权，自清偿日或者被提起诉讼之日起3个月。失票人应当在通知挂失止付后3日内，也可以在票据丧失后，依法向人民法院申请公示催告，或者向人民法院提起诉讼。失票人因超过票据权利时效或者因票据记载事项欠缺而丧失票据权利时仍享有的票据权利，可以请求出票人或者承兑人返还其与未支付的票据金额相当的利益		
定义	出票人签发的，委托付款人在见票时或者在指定日期无条件支付确定的金额给收款人或者持票人的票据。汇票分为银行汇票和商业汇票。商业汇票分为商业承兑汇票和银行承兑汇票	出票人签发的，承诺自己在见票时无条件支付确定的金额给收款人或者持票人的票据，即银行本票	出票人签发的，委托办理支票存款业务的银行或者其他金融机构在见票时无条件支付确定的金额给收款人或者持票人的票据。支票可用于支取现金，也可转账，用于转账的支票正面注明，现金支票只能用于支取现金。转账支票只能用于转账支票只能支取现金，不得支取现金

续表

票据种类 / 项目	汇票	本票	支票
出票	出票人签发票据并支付给收款人的票据行为		
	汇票出票人必须与付款人具有真实的委托付款关系,并且有支付汇票金额的可靠资金来源。不得签发无对价的汇票用以骗取银行或者其他票据当事人的资金	出票人的资格由中国人民银行审定。本票出票人必须具有支付本票金额的可靠资金来源,并保证支付	1. 开立支票存款账户,申请人必须使用其本名,并提交证明其身份的合法证件。开立支票存款账户,并存入一定的资金。2. 用支票支付的,应当有可靠的资金。出票人签发的支票金额超过其本名在付款人处实有存款金额的,为空头支票。禁止签发空头支票。3. 支票的出票人预留在付款人处的签名式样和印鉴,为其本人的签名式样和本人的印鉴。4. 支票的出票人签发支票时所使用的签名式样或者印鉴不符的支票无效
	汇票必须记载下列事项:表明"汇票"的字样;无条件支付的委托;确定的金额;付款人名称;收款人名称;出票日期;出票人签章。汇票上未记载前款规定事项之一的,汇票无效。汇票上可以记载本法规定事项以外的其他出票事项,但是该记载事项不具有汇票上的效力	本票必须记载下列事项:表明"本票"的字样;无条件支付的承诺;确定的金额;收款人名称;出票日期;出票人签章。本票上未记载前款规定事项之一的,本票无效	支票必须记载事项:表明"支票"的字样(名称);无条件支付的委托;确定的金额;付款人名称;出票日期;出票人签章。支票上未记载前款规定事项之一的,支票无效
	付款日期可以按照下列形式之一记载:见票即付;定日付款;出票后定期付款;见票后定期付款	本票出票人在持票人提示见票时,必须承担付款的责任。本票自出票日起,付款期限最长不得超过2个月。本票的持票人未按照规定期限提示见票的,丧失对出票人以外的前手的追索权	1. 支票限于见票即付,不得另行记载付款日期,另行记载的该记载无效。2. 支票出票人可以由出票人授权补记,未补记的支票,不得使用。出票人可以在支票上记载自己为收款人。3. 支票的持票人应当自出票日起10日内提示付款;异地使用的支票,其提示付款的期限由中国人民银行另行规定。超过提示付款期限的,付款人可以不予付款;付款人不予付款的,出票人仍对持票人承担票据责任
	1. 出票人签发票据后,即承担保证该票据承兑和付款的责任。在票据不获承兑或者不获付款时,持票人行使追索权,可以请求被追索人支付下列金额和费用:a. 被拒绝付款的票据金额;b. 票据金额自到期日或者提示付款日起至清偿日止,按照中国人民银行规定的利率计算的利息;c. 取得有关拒绝证明和发出通知书的费用。被追索人应当交出票据和有关拒绝证明,请求其他票据债务人支付下列金额:a. 已清偿的全部金额;b. 前项金额自清偿日起至再追索清偿日止,按照中国人民银行规定的利率计算的利息;c. 发出通知书的费用。行使再追索权的被追索人获得清偿时,应当交出票据和有关拒绝证明,并出具所收到利息和费用的收据		

续表

票据种类＼项目	汇票	本票	支票
背书	1. 持票人可以将票据权利转让给他人或者将一定的票据权利授予他人行使，应行使票据背书权利。背书是指背书转让行为。票据流通遵循文义性原则，即委托代理、禁止转让、质押、转让等行为不得背书转让。票据背面或者粘单上记载者在票据背面或者粘单上记载的，应当在票据、粘单上的第一记载人。2. 以背书转让票据权利的，证明其合法取得票据权利。背书连续，是指在票据转让中，转让的背书人与受让票据的被背书人在票据上的签章依次前后衔接。3. 以背书转让，而背书未记载背书日期的，视为在汇票到期日前背书。4. 以背书转让的票据，后手应当对其直接前手背书的真实性负责。将票据权利转让给他人时，转让票据权利的背书人对其后手承担票据责任。5. 背书不得附有条件。背书时附有条件的，所附条件不具有票据上的效力。6. 背书人在票据上记载"不得转让"字样，其后手再背书转让的，原背书人对后手的被背书人不承担保证责任。7. 背书记载"委托收款"字样的，被背书人有权代背书人行使委托的票据权利，但是，被背书人不得再以背书转让票据权利。8. 票据被拒绝承兑、被拒绝付款或者超过提示付款期限的，不得背书转让；背书转让的，背书人应当承担票据责任。9. 背书人以背书转让和背书质押。质押时应以背书记载"质押"字样。背书时未记载"质押"字样而以票据出质的，不得对抗善意第三人。10. 有现金字样的本票金额不能转让和背书		
承兑	1. 承兑是指汇票付款人承诺在汇票到期日支付汇票金额的票据行为。2. 定日付款或者出票后定期付款的汇票，持票人应当在汇票到期日前向付款人提示承兑。提示承兑是指持票人向付款人出示汇票，并要求付款人承诺付款的行为。3. 见票后定期付款的汇票（银行汇票、商业汇票），持票人应当自出票日起1个月内向付款人提示承兑。汇票未按照规定期限提示承兑的，持票人丧失对其前手的追索权。4. 付款人对向其提示承兑的汇票，应当自收到提示承兑的汇票之日起3日内承兑或者拒绝承兑。5. 付款人承兑汇票的，应当在汇票正面记载"承兑"字样和承兑日期并签章；见票即付的汇票无须提示承兑。6. 付款人承兑汇票后，应当承担到期付款的责任。付款人承兑汇票时，不得附有条件；承兑附有条件的，视为拒绝承兑的责任	见票即付	见票即付

续表

票据 种类 项目	汇票	本票	支票
保证	1. 汇票的债务可以由保证人承担保证责任。保证人由汇票债务人以外的他人担当。2. 保证人在汇票粘单上记载下列事项：表明"保证"的字样；保证人的名称和住所；被保证人的名称。3. 保证人为被保证人。保证人应当在汇票或者粘单上签章。4. 未承兑的汇票，出票日期未记载保证日期的，出票日期为保证日期。保证人为被保证人保证后，被保证人的保证后得不到保证的，保证人对持票人承担责任。5. 被保证的汇票，保证人有权向被保证人请求付款。被保证人到期不付款的，由保证人在到期日前付款后，保证人对持票人及其前手承担保证责任。6. 保证人为二人以上的，保证人之间承担连带责任。7. 保证人清偿汇票债务后，可以行使持票人对被保证人及其前手的追索权。	本票的保证同汇票	无保证
付款	1. 持票人应当按照下列期限提示付款：a. 见票即付的汇票，自出票日起1个月内向付款人提示付款；b. 定日付款、出票后定期付款或者见票后定期付款的汇票，自到期日起10日内向承兑人提示付款。持票人未按照前款规定期限提示付款的，在做出说明后，承兑人或者付款人仍应当对持票人承担付款责任。2. 通过委托收款银行或者通过票据交换系统向付款人提示付款的，视同持票人提示付款。3. 付款人委托的银行将应收的票据款项从付款人账户支付给持票人。限于按照票据上记载事项将票据金额转让持票人账户。承兑人或者付款人在到期日前付款的，由承兑人或者付款人自行承担所产生的责任。4. 对见票即付或者到期的汇票，承兑人或者付款人足额付款的，全体票据债务人的责任解除。	1. 票据到期日前，持票人也可以行使追索权。2. 持票人因承兑人或者付款人死亡、逃匿的，或者出具拒绝证明，可以依法取得其他有关证明，有关行政主管部门的处罚决定具有拒绝证明的效力。承兑人或者付款人被人民法院依法宣告破产的，人民法院的有关司法文书具有拒绝证明的效力。3. 持票人不能出示拒绝证明、退票理由书或者未按照规定期限提供其他合法证明的，丧失对其前手的追索权。但是，承兑人或者付款人仍应当对持票人承担责任。	a. 承兑人或者付款人死亡、逃匿的；c. 承兑人或者付款人被依法宣告破产的，在做出说明后，承兑人或者付款人仍应当对持票人承担付款责任。2. 承兑人因承兑票据产生的民事责任、逃匿或者其他证明，应当承担此种理由书的，应当承兑票据文书具有拒绝证明的效力。3. 持票人未能出示拒绝证明的。4. 持票人书面通知其前手或者其前手书面通知后，将被追索人应当自收到该追索通知之日起3日内书面通知其再前手。5. 被拒绝付款的出票人、背书人、承兑人和保证人对持票人承担连带责任。持票人为出票人的一人或者数人行使追索权，被追索人清偿后，可以向其他票据债务人行使追索权。
追索权	1. 票据到期日前，有下列情形之一的，持票人也可以行使追索权：a. 汇票被拒绝承兑的；b. 承兑人或者付款人死亡、逃匿的；c. 承兑人或者付款人被依法宣告破产的，或者因违法被责令终止业务活动的。2. 持票人因承兑人或者付款人死亡、逃匿，或者出具拒绝证明，可以依法取得其他有关证明。被拒绝承兑或者被拒绝付款的，承兑人或者付款人必须出具拒绝证明，或者出具退票理由书。3. 承兑人或者付款人被人民法院依法宣告破产的，有关司法文书、行政处罚决定，与被拒绝承兑或者被拒绝付款具有同等法律效力。持票人不能出示拒绝证明、退票理由书或者未按照规定期限提供其他合法证明的，丧失对其前手的追索权。但是，承兑人或者付款人仍应当对持票人承担责任。4. 票据被拒绝承兑或者被拒绝付款的，持票人应当自收到被拒绝承兑或者被拒绝付款的有关证明之日起3日内，将被拒绝事由书面通知其前手；其前手应当自收到通知之日起3日内书面通知其再前手。持票人也可以同时向各票据债务人发出书面通知。未按照规定期限通知的，持票人仍可以行使追索权。因延期通知给其前手或者出票人造成损失的，由没有按照规定期限通知的汇票当事人承担对该损失的赔偿责任，但是所赔偿的金额以汇票金额为限。5. 持票人行使追索权，可以请求被追索人支付票据金额、利息和费用；6. 被追索人清偿后，其他票据债务人对持票人享有的一切权利。7. 持票人对追索权，请求其他票据债务人支付票据金额、利息和费用		

自然人从出生时起到死亡时止，具有民事权利能力，依法享有民事权利，承担民事义务。自然人的民事权利能力一律平等（第十三条）。这与西方国家的天赋人权思维一样，公民生来就有获得生命、财产和自由的权利（即洛克文明底线）。但是人的行为能力取决于法律规定，需要达到一定年龄和行为意识能力才行，否则就要由他人代为执行行为能力。

《民法总则》规定，十八周岁以上的自然人为成年人。不满十八周岁的自然人为未成年人。成年人为完全民事行为能力人，可以独立实施民事法律行为。十六周岁以上的未成年人，以自己的劳动收入为主要生活来源的，可视为完全民事行为能力人。八周岁以上的未成年人为限制民事行为能力人，实施民事法律行为由其法定代理人代理或者经其法定代理人同意、追认，但是可以独立实施纯获利益的民事法律行为或者与其年龄、智力相适应的民事法律行为。不满八周岁的未成年人为无民事行为能力人，由其法定代理人代理实施民事法律行为。那些不能辨认自己行为的成年人和八周岁以上不能辨认自己行为的未成年人为无民事行为能力人，均由其法定代理人代理实施民事法律行为。金融作为一种民事法律行为，并非适用于所有自然人，具有民事行为能力的人才能参与金融活动。消费金融企业应选择为完全民事行为能力人提供融资服务，否则不能受到法律保护。

自然人以户籍登记或者其他有效身份登记记载的居所为住所；经常居所与住所不一致的，经常居所视为住所。这个应是居住证的形成逻辑，因为经常居所与身份登记的住所常不相同。自然人的人身自由、人格尊严受法律保护，享有生命权、身体权、健康权、姓名权、肖像权、名誉权、荣誉权、隐私权、婚姻自主权等权利。在科技金融背景下，互联网金融产品设计不当很容易触犯个人相关权利。

与自然人不同，法人成立自始至终享有民事权利能力和民事行为能力，依法独立享有民事权利和承担民事义务。法人不是自然人，而是组织，应依法设立，依法终止。法人分营利法人和非营利法人，营利法人是以取得利润并分配给股东等出资人为目的的有限责任公司、股份有限公司和其他营利企业。因公益目的或者其他非营利目的成立，不向出资人、设立人或者会员分配所取得利润的法人，为非营利法人。非营利法人包括事业单位、社会团体、基金会、社会服务机构等。机关法人、农村集体经济组织法人、城镇农村的合作经济组织法人、基层群众性自治组织法人为特别法人，从事为履行集体管理职能所需要的民事活动。

这里我们要注意，个人独资企业、合伙企业、不具有法人资格的专业服务机构为非法人组织，非法人组织可以确定一人或者数人代表该组织从事民事活动，其财产不足以清偿债务的，其出资人或者设立人承担无限责任。所以，当金融服务于个人独资企业、合伙企业时，企业不仅以其全部财产承担民事责任，出资人或设立人还要承担无限责任。

　　每个法人应当有自己的名称、组织机构、住所、财产或者经费。法人成立的具体条件和程序，依从法律、行政法规的规定。法人以其全部财产独立承担民事责任。依照法律或者法人章程的规定，代表法人从事民事活动的负责人，为法人的法定代表人。企业在破产时以其全部财产独立承担民事责任，包括清偿债务、安置员工、支付赔偿等等，法定代表人是企业的负责人，未必是企业的大股东或股东，也可能是职业经理人，主导企业民事活动。

　　企业发生股东、股份、住所、公司章程变更，或分立、合并、注销都应办理工商变更登记，合并和分立则应依法处理相关债务事务。法人合并的，其权利和义务由合并后的法人享有和承担。法人分立的，其权利和义务由分立后的法人享有连带债权，承担连带债务，但是债权人和债务人另有约定的除外。

　　法人解散，或法人被宣告破产，或法律规定的其他原因，依法完成清算、注销登记的，法人终止。

　　法人、非法人组织享有名称权、名誉权、荣誉权等权利。自然人的个人信息受法律保护。任何组织和个人需要获取他人个人信息的，应当依法取得并确保信息安全，不得非法收集、使用、加工、传输他人个人信息，不得非法买卖、提供或者公开他人个人信息。

　　依法取得个人信息的途径是要先获得信息主体的同意或直接向信息主体索取。《征信管理条例（征求意见稿）》第十六条规定，除下列信息外，征信机构收集、保存、加工个人信息应当直接取得信息主体的同意：（1）行政机关、司法机关以及法律、法规授权的具有管理公共事务职能的组织已经依法公开的信息；（2）其他已经依法公开的个人信息。第二十条规定，征信机构、金融机构基于模型开发、系统测试等目的使用或对外提供个人、法人及其他组织信息的，可以不经信息主体的同意，但所使用或提供的信息不得包含个人姓名、公民身份证号码、手机号码、住宅电话、企业名称、住址及其他可以识别信息主体身份的信息。第三十六条规定，下列个人信息，征信机构不得收集：（1）民族、家庭出身、宗教信仰、所属党派；（2）身体形态、基因、指纹、血型、疾病和病史；（3）收入数额、存款、有价证券、不动产；（4）纳税数额；（5）法律、行政法规禁止收集的其他信息。在明确告知信息主体提供该信息可能产生的不利后果，并取得信息主体特别书面授权后，征信机构可以收集第3项、第4项信息。

　　民事主体依法享有物权。物权是权利人依法对特定的物享有直接支配和排他的权利，包括所有权、用益物权和担保物权。企业、自然人依法享有物权，所有权是完整的物权，包括占有、使用、收益和处分权；用益物权没有处分权，即非所有人对他人之物所享有的占有、使用、收益的排他性权利；担保物权指以担保债务的清偿为目的的财产处分权。

债权是因合同、侵权行为、无因管理、不当得利以及法律的其他规定，权利人请求特定义务人为或不为一定行为的权利。显然，我们的融资债权属于合同原因形成的，必须有明确的合同协议，债权人有权要求债务人履行债务义务，也有免除债务的权利。

因他人没有法律根据，取得不当利益，遭受损失的人有权请求其返还不当利益。在高利贷中，超过36％的利息成本支出属于债权人不当得利，融资人可以通过诉讼请求返还。

知识产权作为企业和个人的无形资产，其价值具有可复制性和虚拟性，为了控制可复制性带来的价值流失，知识产权权利人通过知识产权保护申请，就可以依法享有专有权，这些专有权包括：作品、发明、实用新型、外观设计、商标、地理标志、商业秘密、集成电路布图设计、植物新品种等等。一些知识产权在法律和金融服务支持下，可以最大限度发挥其价值创造能力，推动社会向前发展。

所谓的民事法律行为是民事主体通过意思表示设立、变更、终止民事法律关系的行为。签订合同、要约、承诺是典型的民事法律行为，民事法律行为可以采用书面形式、口头形式或者其他形式；法律、行政法规规定或者当事人约定采用特定形式的，应当采用特定形式。

以非对话方式作出的意思表示，在到达相对人时生效。以非对话方式作出的采用数据电文形式的意思表示，相对人指定特定系统接收数据电文的，该数据电文进入该特定系统时生效，如公司邮箱等；未指定特定系统的，相对人知道或者应当知道该数据电文进入其系统时生效，如短信、微信。当事人对采用数据电文形式的意思表示的生效时间另有约定的，按照其约定。无相对人的意思表示，表示完成时生效。

公告方式作出的意思表示，以公告发布时生效。行为人可以明示或者默示作出意思表示。沉默只有在有法律规定、当事人约定或者符合当事人之间的交易习惯时，才可以视为意思表示。行为人可以撤回意思表示。撤回意思表示的通知应当在意思表示到达相对人前或者与意思表示同时到达相对人，如微信、QQ等。

有相对人的意思表示的解释，应当按照所使用的词句，结合相关条款、行为的性质和目的、习惯以及诚信原则，确定意思表示的含义。回应民事法律行为人的意思表示，有报价、承诺、付款等。

民事法律行为应同时满足下列条件才有效：（1）行为人具有相应的民事行为能力；（2）意思表示真实；（3）不违反法律、行政法规的强制性规定，不违背公序良俗。如有三个人签订了成立一家科技服务公司的投资入股协议，但他们实际从事现金贷放款业务，即此民事法律行为不满足第三条，投资公司性质与业务性质不一致，且从事非法金融业务，此签订协议的民事法律行为无效，投资协议也无效。

在签订合同时，如果一方以欺诈手段，使对方在违背真实意思的情况下，或一方或者第三人以胁迫手段，使对方在违背真实意思的情况下实施的民事法律行为，受欺诈方或受胁迫方都有权请求人民法院或者仲裁机构予以撤销。

一方利用对方处于危困状态、缺乏判断能力等情形，致使民事法律行为成立时显失公平的，受损害方有权请求人民法院或者仲裁机构予以撤销。有下列情形之一的，撤销权消灭：（1）当事人自知道或者应当知道撤销事由之日起一年内、重大误解的当事人自知道或者应当知道撤销事由之日起三个月内没有行使撤销权；（2）当事人受胁迫，自胁迫行为终止之日起一年内没有行使撤销权；（3）当事人知道撤销事由后明确表示或者以自己的行为表明放弃撤销权。当事人自民事法律行为发生之日起五年内没有行使撤销权的，撤销权消灭。在当今套路贷中，融资人被胁迫签订显失公平的各种借款合同、承诺书，放款人以此规避法律风险，显然都是在胁迫下的民事法律行为，都是可以申请撤销的。

违反法律和行政法规强制性规定、违背公序良俗、恶意串通损害他人合法权益的民事法律行为自始无效。金融合同中霸王条款属于部分无效，套路贷与其律师串通损害融资人利益自始无效。

民事法律行为无效、被撤销或者确定不发生效力后，行为人因该行为取得的财产，应当予以返还；不能返还或者没有必要返还的，应当折价补偿。有过错的一方应当赔偿对方由此所受到的损失；各方都有过错的，应当各自承担相应的责任。

民事法律行为附条件生效或失效，附期限生效或失效，在我们的金融相关合同中经常会出现。本法规定：民事法律行为可以附条件，但是按照其性质不得附条件的除外。附生效条件的民事法律行为，自条件成就时生效。附解除条件的民事法律行为，自条件成就时失效。附条件的民事法律行为，当事人为自己的利益不正当地阻止条件成就的，视为条件已成就；不正当地促成条件成就的，视为条件不成就。民事法律行为可以附期限，但是按照其性质不得附期限的除外。附生效期限的民事法律行为，自期限届至时生效。附终止期限的民事法律行为，自期限届满时失效。

在金融行业，代理行为常有发生，是非常重要的民事法律行为。代理分委托代理和法定代理，其中委托代理人按照被代理人的委托行使代理权，如代收货款、代付货款等；法定代理人依照法律的规定行使代理权，如公司总经理代公司签订融资合同等。代理人和相对人恶意串通，损害被代理人合法权益的，代理人和相对人应当承担连带责任。如代理人串通客户制造虚假融资资料，给被代理人带来损失的，代理人和客户应承担连带责任。

我们要注意，委托代理授权采用书面形式的，授权委托书应当载明代理人的姓名或者名称、代理事项、权限和期间，并由被代理人签名或者盖章。

代理人知道或者应当知道代理事项违法仍然实施代理行为的，或者被代理人知道或者应当知道代理人的代理行为违法未作反对表示的，被代理人和代理人应当承担连带责任。如员工接受公司法定代表人委托办理虚假存货抵押贷款。

代理人不得以被代理人的名义实施民事法律行为，但是被代理人同意或者追认的除外。不得以被代理人的名义与自己同时代理的其他人实施民事法律行为，但是被代理的双方同意或者追认的除外。如刚离职的业务人员继续代埋公司接单，被代理人同意或追认则其代理行为有效；代理被代理人代理的融资项目则要被代理的双方同意或追认才有效。

代理人需要转委托第三人代理的，应当取得被代理人的同意或者追认。转委托代理经被代理人同意或者追认的，被代理人可以就代理事务直接指示转委托的第三人，代理人仅就第三人的选任以及对第三人的指示承担责任。转委托代理未经被代理人同意或者追认的，代理人应当对转委托的第三人的行为承担责任，但是在紧急情况下代理人为了维护被代理人的利益需要转委托第三人代理的除外。

行为人没有代理权、超越代理权或者代理权终止后，仍然实施代理行为，未经被代理人追认的，对被代理人不发生效力。相对人可以催告被代理人自收到通知之日起一个月内予以追认。被代理人未作表示的，视为拒绝追认。行为人实施的行为被追认前，善意相对人有撤销的权利，但撤销应当以通知的方式作出。

对未被追认的代理行为，善意相对人有权请求行为人履行债务或者就其受到的损害请求行为人赔偿，但是赔偿的范围不得超过被代理人追认时相对人所能获得的利益。相对人知道或者应当知道行为人无权代理的，相对人和行为人按照各自的过错承担责任。

行为人没有代理权、超越代理权或者代理权终止后，仍然实施代理行为，相对人有理由相信行为人有代理权的，代理行为有效。此为表见代理。比如，相对人没有接到过代理人代理权已终止的通知，而代理协议、代理证书或授权委托书还在有效期内，或有证据表明代理人在发生代理行为时，被代理人在场等情况。

委托代理终止的情形有：（1）代理期间届满或者代理事务完成；（2）被代理人取消委托或者代理人辞去委托；（3）代理人丧失民事行为能力；（4）代理人或者被代理人死亡；（5）作为代理人或者被代理人的法人、非法人组织终止。

被代理人死亡的有效代理情形有：（1）代理人不知道并且不应当知道被代理人死亡；（2）被代理人的继承人予以承认；（3）授权中明确代理权在代理事务完成时

才能终止；（4）被代理人死亡前已经实施，为了被代理人的继承人的利益继续代理。作为被代理人的法人、非法人组织终止的与此类似。

法定代理终止的情形有：（1）被代理人取得或者恢复完全民事行为能力，即不需要代理了；（2）代理人丧失民事行为能力；（3）代理人或者被代理人死亡；（4）法律规定的其他情形。

诉讼时效是指权利人有权向人民法院申请保护民事权利的有效时间期限。在金融业务中，应关注诉讼时效，确保诉讼时效可持续，直到案件结清。向人民法院请求保护民事权利的诉讼时效期间为三年。诉讼时效期间自权利人知道或者应当知道权利受到损害以及义务人之日起计算。但是自权利受到损害之日起超过二十年的，人民法院不予保护；有特殊情况的，人民法院可以根据权利人的申请决定延长。当事人约定同一债务分期履行的，诉讼时效期间自最后一期履行期限届满之日起计算。

在诉讼时效期间的最后六个月内，因下列障碍，不能行使请求权的，诉讼时效中止：（1）不可抗力；（2）无民事行为能力人或者限制民事行为能力人没有法定代理人，或者法定代理人死亡、丧失民事行为能力、丧失代理权；（3）继承开始后未确定继承人或者遗产管理人；（4）权利人被义务人或者其他人控制；（5）其他导致权利人不能行使请求权的障碍。自中止时效的原因消除之日起满六个月，诉讼时效期间届满。

诉讼时效中断后，从中断、有关程序终结时起，诉讼时效期间可重新计算：（1）权利人向义务人提出履行请求；（2）义务人同意履行义务；（3）提起诉讼或者申请仲裁；（4）与提起诉讼或者申请仲裁具有同等效力的其他情形。比如：借款诉讼时效中断后，融资人主动提出继续履行债务，或在借款催收单上签字并承诺同意履行债务等。

不存在诉讼时效的请求权有：（1）请求停止侵害、排除妨碍、消除危险；（2）不动产物权和登记的动产物权的权利人请求返还财产；（3）请求支付抚养费、赡养费或者扶养费；（4）依法不适用诉讼时效的其他请求权。如融资人结清借款后要求出借人退回抵押设备或房产；融资人有老有小，还款困难，请求支付抚养费、赡养费或者扶养费（长辈对晚辈叫抚养，平辈之间叫扶养，晚辈对长辈叫赡养）。

诉讼时效的期间、计算方法以及中止、中断的事由以法律规定为准，当事人约定无效。关于撤销权、解除权，比如融资人未如约使用借款或提供财务资料，但出借人在到期前未提出合同解除，则到期日解除权消灭。

《公司法》

本法描述了公司从成立到消亡过程中应遵守的法律规定，包括：如何处理公司从组建成立到为适应发展，变更公司性质、住址、注册资本、股东章程、法定代表人等事项，依法办理公司分立、合并、撤销等事务；如何通过股东会、董事会和股东大会进行公司重大事项决策、发行公司债券、进行债务融资、发行股票、上市运作、信息披露；如何进行财务管理、利润分配、破产处置；等等。《公司法》有助于我们识别并控制公司治理风险。

公司也叫企业法人，包括在中国境内设立的有限责任公司和股份有限公司。公司有独立的法人财产，享有法人财产权，公司以其全部财产对公司的债务承担责任。有限责任公司的股东以其认缴的出资额为限对公司承担责任；股份有限公司的股东以其认购的股份为限对公司承担有限责任。公司股东依法享有资产收益、参与重大决策和选择管理者等权利。金融从业人员要知道，企业实收资本是实缴资本，不是注册资本，当企业出现违约时，未实缴的注册资本可以视为债务追偿的资金来源，股东应补缴认缴的出资额偿还债务。企业有效资产规模暗示了其承担债务能力的大小。

公司营业执照应当载明公司的名称、住所、注册资本、经营范围、法定代表人姓名等事项。以上项目可以变更，但要依法办理变更登记。公司以其主要办事机构所在地为住所。企业工商信息属于第三方信息，但却是由企业自己填写的，其中财务等敏感信息不可盲目采信，但是企业间的关联关系、社保交纳人数、注册资本、股东结构、注册时长、公司变更等信息暗藏我们风控人员关注的很多风险因子。

公司章程相当于公司的宪法，虽然大多数中小企业公司章程大同小异，但它却内藏杀机，对企业非常重要。2015 年，万科就因为公司章程漏洞，才招来宝能的恶意收购，导致万科损失惨重。我们总结其漏洞有三：（1）王石没有为自己保留公司控制权。根据万科公司章程第十五条和第四十七条，万科的股票没有分 AB 股，王石没有一票否决权，不像李彦宏在百度有一票等于别人 10 票的权利，万科所有股东是同股同权，导致公司控制权交给了股票市场。（2）王石丧失了对公司大部分董事的提名权。根据万科公司章程第九十七条和第一百二十一条，万科董事全部由股东提名，王石不像阿里巴巴有创始人的董事提名权。万科的股东中途随时可以更换任期未满的董事，导致王石根本无法掌握公司董事会，由此丧失了对公司的实际控制权。（3）万科公司章程中没有设计股权摊薄反收购措施。公司长期业务突出，却长期没有分红，导致被宝能盯上。股权摊薄反收购措施又称毒丸计划，为美国知名并购律师马丁·利普顿于1982年发明。一家公司一旦遇到恶意收购，尤其是当收购方占有股份已经达到10％～20％时，为了保住控股权，就可以大量低价增发新股，这样必然对恶意收购方形成威胁，股价下降，对其感兴趣的收购方就会大大减少，从而给恶意收购方以沉重打击。1985年，这个反收购措施在美国特拉华法院被判决合法。2005年，新浪曾在被盛大恶意收购时就实施过毒丸计划，最终盛大只能放弃收购计划。而万科所做的定向增发，方案却需经临时股东大会通过，也就是要持股超过两成比例的宝能系通过，失败可想而知。

公司章程对公司、股东、董事、监事、高级管理人员具有约束力，对外部投资人也一样可以形成约束力。公司的经营范围由公司章程规定，并依法登记。公司修改公司章程，改变经营范围，应当办理变更登记，公司经营范围属法规规定须经批准的应依法经过批准。公司法定代表人依照公司章程的规定，由董事长、执行董事或者经理担任，并依法登记。

有限责任公司的执行董事是一种职务，主要是为了与独立董事（上市公司才有）和非执行董事相区别。股东人数较少或者规模较小的有限责任公司可以不设董事会，设一名执行董事，行使董事会的职权。

公司向其他企业投资或者为他人提供担保，依照公司章程的规定，由董事会或者股东会、股东大会决议；公司章程对投资或者担保的总额及单项投资或者担保的数额有限额规定的，不得超过规定的限额。因此，我们为企业提供贷款融资时，就应了解公司章程是如何规定的，如对外担保或融资能否或多大要通过股东会或董事会，法定股东及其占股比例是多少，上市公司担保或融资多大需要披露，关注公司章程中影响金融企业债权的重要事项。

公司不得成为对所投资企业的债务承担连带责任的出资人，即公司以其投资额对所投企业的债务不能既承担有限责任，同时又承担连带责任。

公司为股东或者实际控制人提供担保的，必须经股东会或者股东大会决议，被担保股东或实际控制人不得参加决定担保的股东会表决，该项表决由出席会议的其他股东所持表决权的过半数通过。在贷后管理中，发现股东或实际控制人存在这种情况，应关注是否符合法定程序。

公司股东不得滥用股东权利损害公司或者其他股东的利益，不得滥用公司法人独立地位和股东有限责任损害公司债权人的利益。滥用股东权利给公司或者其他股东造成损失的，应当依法承担赔偿责任；滥用公司法人独立地位和股东有限责任，逃避债务，严重损害公司债权人利益的，应当对公司债务承担连带责任。公司的控股股东、实际控制人、董事、监事、高级管理人员不得利用其关联关系损害公司利益，给公司造成损失的，应当承担赔偿责任。比如：股东向公司借款或虚构报销费用抽逃资金，公款私存私用，股东长期占用公司车辆、房产等等，这些行为既损害债权人利益，也损害其他股东利益。

有限责任公司章程应当载明的事项有：公司名称和住所，公司经营范围，公司注册资本，股东的姓名或者名称，股东的出资方式、出资额和出资时间，公司的机构及其产生办法、职权、议事规则，公司法定代表人，股东会会议认为需要规定的其他事项。股东应当在公司章程上签名、盖章。现在工商注册时有标准版本的有限责任公司章程，我们在采集公司章程信息时，应分辨真假，不仅要看章程里的签名盖章，还要看内容是否完整。

股东应当按期足额缴纳公司章程中规定的各自所认缴的出资额。股东以货币出资的，应当将货币出资足额存入有限责任公司在银行开设的账户；以非货币财产出资的，应当依法办理其财产权的转移手续。社会上一些财务管理公司专门为企业提供虚假注资业务，《公司法》改为注册资本认缴制后，虽然从法律上明确了风险，在虚假注资后的企业未来负债经营过程中，投资人将面临重大法律风险，但虚假注资还是大量存在。

2014年安邦为符合监管要求，一举增资499亿元，凭借循环出资放大资本，利用自己所控制的保险资金虚假注资，2017年7月安邦东窗事发，一代金融大鳄灰飞烟灭，吴小晖人设崩塌。安邦系的619亿元注册资金里，有606亿元是通过层层叠叠共101家公司追踪到86名个人股东身上，当然，这些个人股东并未实际出资600多亿元现金支撑安邦业务运作，而是通过对49家公司合计约5.6亿元的股权投资实现对安邦的最终控制。由于短期内需要"增资"额度巨大，吴小晖干脆使用了比相互投资更直接、快捷的循环投资，经由6套有限合伙企业的三层传导机制，最终实现用安邦的钱给自己注资。这也是有史以来最大的循环虚假注资案。

如何识别循环注资呢？我们可以通过企业的关联图谱进行分析，也可以通过实收资本科目查账查凭证的方式识别，或通过壳公司的分析技术来识别，或通过网银流水的发生额来简单识别等。《公司法》规定，公司成立后，股东不得抽逃出资。股东抽逃的方法一般是在注资后转回某某财务管理公司，或什么投资公司，或无真实商品服务采购关系的企业，也可能通过公司内部往来等。

有限责任公司股东会由全体股东组成，股东会是公司的权力机构，公司大事都是由股东会会议集体决定。本法规定股东会的职权有：（1）决定公司的经营方针和投资计划；（2）选举和更换非由职工代表担任的董事、监事，决定有关董事、监事的报酬事项；（3）审议批准董事会的报告；（4）审议批准监事会或者监事的报告；（5）审议批准公司的年度财务预算方案、决算方案；（6）审议批准公司的利润分配方案和弥补亏损方案；（7）对公司增加或者减少注册资本作出决议；（8）对发行公司债券作出决议；（9）对公司合并、分立、解散、清算或者变更公司形式作出决议；（10）修改公司章程；（11）公司章程规定的其他职权。对上述所列事项，股东以书面形式一致表示同意的，可以不召开股东会会议，直接作出决定，并由全体股东在决定文件上签名、盖章。公司第一次股东会会议由出资最多的股东召集和主持，依照本法规定行使职权。股东会会议分为定期会议和临时会议。定期会议应当依照公司章程的规定按时召开，我国实行股东一股一票表决权原则，不允许有多重表决权股份。股东会的职权、公司大事都要通过股东会。大股东主持第一次股东会会议，1/10表决权股东或1/3以上的董事、监事都可提议召开临时股东会会议。

股东会会议记录，股东应签名，按出资比例行使表决权，修改章程，增减注册资本，公司合并、分立、解散或变更公司形式要经2/3表决权股东通过。

有限责任公司设董事会，董事会成员为3~13人，股东1~2人的设一名执行董事，可兼任公司经理。如果凡事都召开股东会会议，则效率太低，为此公司章程赋予董事会职权，有效解决这一矛盾，所以董事会很多职权与股东会存在重叠。董事会对股东会负责，其职权有：（1）召集股东会会议，并向股东会报告工作；（2）执行股东会的决议；（3）决定公司的经营计划和投资方案；（4）制订公司的年度财务预算方案、决算方案；（5）制订公司的利润分配方案和弥补亏损方案；（6）制订公司增加或者减少注册资本以及发行公司债券的方案；（7）制订公司合并、分立、解散或者变更公司形式的方案；（8）决定公司内部管理机构的设置；（9）决定聘任或者解聘公司经理及其报酬事项，并根据经理的提名决定聘任或者解聘公司副经理、财务负责人及其报酬事项；（10）制定公司的基本管理制度；（11）公司章程规定的其他职权。董事会应当对所议事项的决定做成会议记录，出席会议的董事应当在会议记录上签名。

董事会决议的表决，实行一人一票。有限责任公司可以设经理，由董事会决定聘任或者解聘。经理对董事会负责，行使董事会授予的其他职权。经理列席董事会会议。

《公司法》赋予股东会和董事会的权限、议事流程和规则，我们大致要有所了解，特别在应对一些大的融资项目时，我们才可能知道增加哪些项目资料，公司应该配合我们做哪些高层决策，同时了解公司存在的管理漏洞，防微杜渐。

一人有限责任公司是指只有一个自然人股东或者一个法人股东的有限责任公司。一个自然人只能投资设立一个一人有限责任公司。该一人有限责任公司不能投资设立新的一人有限责任公司。一人有限责任公司应当在公司登记中注明自然人独资或者法人独资，并在公司营业执照中载明。一人有限责任公司章程由股东制定。一人有限责任公司不设股东会，在每一会计年度终了时编制财务会计报告，并经会计师事务所审计。一人有限责任公司的股东不能证明公司财产独立于股东自己的财产的，应当对公司债务承担连带责任。自然人一人有限责任公司大多为小微企业，其个人资产与公司资产界限通常比较模糊，风控人员应立足个人，兼顾企业。

国有独资公司是指国家单独出资、由国务院或者地方人民政府授权本级人民政府国有资产监督管理机构履行出资人职责的有限责任公司。国有独资公司不设股东会，由国有资产监督管理机构行使股东会职权。国有资产监督管理机构可以授权公司董事会行使股东会的部分职权，决定公司的重大事项，但公司的合并、分立、解散、增加或者减少注册资本和发行公司债券，必须由国有资产监督管理机构决定；其中，重要的国有独资公司合并、分立、解散、申请破产的，应当由国有资产监督管理机构审核后，报本级人民政府批准。国有独资公司设董事会，董事每届任期不得超过三年。董事会成员中应当有公司职工代表，董事会成员由国有资产监督管理机构委派。

有限责任公司股东向股东以外的人转让股权，应当经其他股东过半数同意。股东应就其股权转让事项书面通知其他股东征求同意，其他股东自接到书面通知之日起满三十日未答复的，视为同意转让。其他股东半数以上不同意转让的，不同意的股东应当购买该转让的股权；不购买的，视为同意转让。经股东同意转让的股权，在同等条件下，其他股东有优先购买权。两个以上股东主张行使优先购买权的，协商确定各自的购买比例；协商不成的，按照转让时各自的出资比例行使优先购买权。人民法院依照法律规定的强制执行程序转让股东的股权时，应当通知公司及全体股东，其他股东在同等条件下有优先购买权。其他股东自人民法院通知之日起满二十日不行使优先购买权的，视为放弃优先购买权。

转让股权后，公司应当注销原股东的出资证明书，向新股东签发出资证明书，并相应修改公司章程和股东名册中有关股东及其出资额的记载。对公司章程的该项修改不需再由股东会表决。为企业提供借款时，应注意，企业股权如已发生变更，风控人员应采集新的公司章程。

股份有限公司章程应当载明下列事项：公司名称和住所，公司经营范围，公司设立方式，公司股份总数、每股金额和注册资本，发起人的姓名或者名称，认购的股份数、出资方式和出资时间，董事会的组成、职权和议事规则，公司法定代表人，监事会的组成、职权和议事规则，公司利润分配办法，公司的解散事由与清算办法，公司的通知和公告办法，股东大会会议认为需要规定的其他事项。相比有限责任公司的章程，股份有限公司的章程更为丰富。

企业上市前，首先需将有限责任公司改造为股份有限公司，发起人认足公司章程规定的出资后，应当选举董事会和监事会，由董事会向公司登记机关报送公司章程以及法律、行政法规规定的其他文件，申请设立登记。

以募集设立方式设立股份有限公司的，发起人认购的股份不得少于公司股份总数的35％，即65％可以发行股票募集。

发行股票必然公开招股说明书，且附发起人制订的公司章程，招股说明书内容包括公司章程、发起人认购股份、每股发行价格、发行总数、融资用途、认股人的权利和义务、本次募股起止日等。我国股票只可溢价发行，不可折价发行。

上市公司的股份由证券公司承销募集，银行代收股款，这都需签订相关协议，股款缴足之日起三十日内召开创立大会，创立大会由发起人、认股人组成。

如果股份超过招股说明书规定的截止期限尚未募足的，或者发行股份的股款缴足后，发起人在三十日内未召开创立大会的，认股人可以按照所缴股款并加算银行同期存款利息，要求发起人返还。

上市公司的股东大会应当每年召开一次年会。发生下列情形的，应两个月内召开临时股东大会：（1）董事人数不足本法规定人数或者公司章程所定人数的三分之二时；（2）公司未弥补的亏损达实收股本总额三分之一时；（3）单独或者合计持有公司百分之十以上股份的股东请求时；（4）董事会认为必要时；（5）监事会提议召开时；（6）公司章程规定的其他情形。

股东大会作出决议，必须经出席会议的股东所持表决权的过半数通过。但是，股东大会作出修改公司章程、增加或者减少注册资本的决议，以及公司合并、分立、解散或者变更公司形式的决议，必须经出席会议的股东所持表决权的三分之二以上通过。

上市公司在一年内购买、出售重大资产或者担保金额超过公司资产总额百分之三十的，应当由股东大会作出决议，并经出席会议的股东所持表决权的三分之二以上通过。

无记名股票的转让，由股东将该股票交付给受让人后即发生转让的效力。为防止上市公司上市后业绩下降，或上市前财报造假等欺诈风险，《公司法》规定，发起人持有的本公司股份，自公司成立之日起一年内不得转让。公司公开发行股份前已发行的股份，自公司股票在证券交易所上市交易之日起一年内不得转让。公司董事、监事、高级管理人员应当向公司申报所持有的本公司的股份及其变动情况，在任职期间每年转让的股份不得超过其所持有本公司股份总数的百分之二十五；所持本公司股份自公司股票上市交易之日起一年内不得转让。上述人员离职后半年内，不得转让其所持有的本公司股份。公司章程可以对公司董事、监事、高级管理人员转让其所持有的本公司股份作出其他限制性规定。

科创板发行人控股股东和实控人自股票上市之日起36个月内不得转让股票，对于发行人没有或难以认定实控人的，要求发起人按持股比例从高到低锁定不低于51％，也是36个月内不得转让股票，共同控制人与实控人一样。

除下列情形，公司不得收购本公司股份：（1）减少公司注册资本；（2）与持有本公司股份的其他公司合并；（3）将股份奖励给本公司职工；（4）股东因对股东大会作出的公司合并、分立决议持异议，要求公司收购其股份。公司因前三项原因收购本公司股份的，收购资金应为税后利润，即未分配利润，但不超过已发行总股的5％，奖励职工的股份应在一年内转让，减少注册资本的应在十天内办完注销手续；属于第2项、第4项情形的，应当在六个月内转让或者注销。公司不得接受本公司的股票作为质押权的标的。注意，股票质押融资在中证登查询、办理质押登记。

上市公司必须依照法律、行政法规的规定，公开其财务状况、经营情况及重大诉讼，在每一会计年度内半年公布一次财务会计报告。

公司债券是企业重要的债务融资方式，风控人员应学习公司债券的发行规则，掌握公司债券违约的风控逻辑。

发行公司债券的申请需经中国证监会核准后公告募集办法。募集办法应当载明：公司名称、债券募集资金的用途、债券总额和债券的票面金额、债券利率的确定方式、还本付息的期限和方式、债券担保情况、债券的发行价格、发行的起止日期、公司净资产额、已发行的尚未到期的公司债券总额、公司债券的承销机构。公司以实物券方式发行的，债券上必须载明公司名称、债券票面金额、利率、偿还期限等事项，并由法定代表人签名，公司盖章。公司债券，可以为记名债券，也可以为无记名债券。记名公司债券的存根簿上应载明：债券持有人的姓名或者名称及住所、债券持有人取得债券的日期及债券的编号、债券总额、债券的票面金额、利率、还本付息的期限和方式、发行日期。无记名公司债券的存根簿上应载明：债券总额、利率、偿还期限和方式、发行日期及债券的编号。公司债券可以转让，转让价格由转让人与受让人约定。公司债券在证券交易所上市交易的，按照证券交易所规则转让。

记名公司债券，由债券持有人以背书方式或者法律、行政法规规定的其他方式转让；转让后由公司将受让人的姓名或者名称及住所记载于公司债券存根簿。记名公司债券的转让，由债券持有人将该债券交付给受让人后即发生转让的效力。在公司债券质押贷款融资时，应办理背书转让，并在中债登办理登记。

上市公司经股东大会决议可以发行可转换为股票的公司债券，并在公司债券募集办法中规定具体的转换办法。上市公司发行可转换公司债券，应当报证监会核准。发行可转换公司债券，应当在债券上标明可转换公司债券字样，并在公司债券存根簿上载明可转换公司债券的数额。发行可转换公司债券的，发行公司应当按照其转换办法向债券持有人换发股票，但是债券持有人对转换股票或者不转换股票有选择权。

股份有限公司以超过股票票面金额的发行价格发行股份所得的溢价款以及国务院财政部门规定列入资本公积的其他收入，应当列为公司资本公积，资本公积不得弥补亏损，但可转增资本。盈余公积可弥补公司亏损，转增实收资本，但法定盈余公积转为资本时，所留存的盈余公积不得少于转增前公司注册资本的百分之二十五。

公司股东会、股东大会或者董事会就解聘会计师事务所进行表决时，应当允许会计师事务所陈述意见。公司应当向聘用的会计师事务所提供真实、完整的会计凭证、会计账簿、财务会计报告及其他会计资料，不得拒绝、隐匿、谎报。公司除法定的会计账簿外，不得另立会计账簿。对公司资产，不得以任何个人名义开立账户存储。

清算组在清理公司财产、编制资产负债表和财产清单后，应当制定清算方案，并报股东会、股东大会或者人民法院确认。公司财产在分别支付清算费用、职工的工资、社会保险费用和法定补偿金，缴纳所欠税款，清偿公司债务后的剩余财产，有限责任公司按照股东的出资比例分配，股份有限公司按照股东持有的股份比例分配。清算期间，公司存续，但不得开展与清算无关的经营活动。公司财产在未依照前款规定清偿前，不得分配给股东。

《民事诉讼法》

在融资活动中，不是所有的债务纠纷都需要通过诉讼来解决，我们主要针对那些没有还款意愿但有还款能力的债务人，诉之以法。为了胜诉，在业务开展过程中，按照诉讼法相关规定，采集对价资产或担保资产权属资料、符合证据要求的融资资料。虽然《民事诉讼法》知识点多，但都非常容易理解，我们可以从整体上把握诉讼流程，在细节上领会法律术语。

一般诉讼常识

凡在中国境内起诉、应诉，都必须遵守本法，包括中国的公民、法人和其他组织，外国人、无国籍人、外国企业和组织。诉讼的目的是解决当事人纠纷。诉讼与仲裁一样，先对当事人在自愿和合法的原则基础上尽可能进行调解，解决争端，以减少各方诉讼成本，调解不成，应及时判决。法院审理民事案件实行合议、回避、公开审判和两审终审制度。

1. 当客户发生逃废债行为，或我们与客户发生合同纠纷，我们作为受害方，在自行调解无果的情况下，为了维护自己的利益，可以通过诉讼方式来解决。诉前，我们先要确定在哪个法院起诉。一般是，我们如果在合同中明确了诉讼地，则以此为准，否则按本法确定，通常为被告人所在地法院。

至于案件在哪一级法院审理则取决于案件的性质、大小、案情。为了公平公正，诉讼法规定，基层人民法院管辖第一审民事案件。中级人民法院管辖第一审民事案件有三种：（1）重大涉外案件；（2）在本辖区有重大影响的案件；（3）最高人民法院确定由中级人民法院管辖的案件。高级人民法院管辖在本辖区有重大影响的第一审民事案件，主要为在全国有重大影响的案件和高院认为应当由本院审理的案件。

原告不管是公民还是法人或其他组织，诉讼管辖地遵循保护被告的原则，当事人合同中有明确约定的除外，一般倾向于被告所在地人民法院。同一诉讼的几个被告住所地、经常居住地在两个以上人民法院辖区的，则各该人民法院都有管辖权。

合同或者其他财产权益纠纷的当事人可以通过书面协议选择被告住所地、合同履行地、合同签订地、原告住所地、标的物所在地等与争议有实际联系的地点的人民法院管辖，但不得违反本法对级别管辖和专属管辖的规定。两个以上人民法院都有管辖权的诉讼，原告可以向其中一个人民法院起诉；原告向两个以上有管辖权的人民法院起诉的，由最先立案的人民法院管辖。

如果人民法院发现受理的案件不属于本院管辖的，应当按上述逻辑移送有管辖权的人民法院，受移送的人民法院应当受理。受移送的人民法院认为案件依照规定不属于本院管辖的，或有管辖权的人民法院由于特殊原因，不能行使管辖权的，应当报请上级人民法院指定管辖。

上级法院有权审理下级法院的一审民事案件，下级法院的一审案件有需要可报上级法院审理，上级法院的一审案件交下级法院审理则应报其上级法院批准。

2. 确定了诉讼法院，接下来要确定诉讼参与人。为了公平公正，除当事人或诉讼代理人，与案件当事人或诉讼代理人有利益、利害关系或其他可能有损公平公正的人员都应当回避。

审判人员有下列情形之一的，应当自行回避，当事人有权用口头或者书面方式申请他们回避：（1）是本案当事人或者当事人、诉讼代理人近亲属的；（2）与本案有利害关系的；（3）与本案当事人、诉讼代理人有其他关系，可能影响案件公正审理的。

审判人员接受当事人、诉讼代理人请客送礼，或者违反规定会见当事人、诉讼代理人的，当事人有权要求他们回避。

人民法院对当事人提出的回避申请，应当在申请提出的三日内，以口头或者书面形式作出决定。申请人对决定不服的，可以在接到决定时申请复议一次。复议期间，被申请回避的人员，不停止参与本案的工作。人民法院对复议申请，应当在三日内作出复议决定，并通知复议申请人。

公民、法人和其他组织可以作为民事诉讼的当事人。法人由其法定代表人进行诉讼。其他组织由其主要负责人进行诉讼。

3. 当事人在诉讼的过程中，有哪些权利，要做哪些事情？

当事人有委托代理人，提出回避申请，收集、提供证据，进行辩论，请求调解，提起上诉和申请执行等权利。

当事人可以查阅本案有关材料，并复制本案有关材料和法律文书。查阅、复制本案有关材料的范围和办法由最高人民法院规定。

当事人必须依法行使诉讼权利，遵守诉讼秩序，履行发生法律效力的判决书、裁定书和调解书。

原告可以放弃（撤诉）或者变更诉讼请求。被告可以承认或者反驳诉讼请求，有权提起反诉。

4. 很多情况下，原告和被告的数量未必是一对一，可能是多个原告一个被告，也可能是一个原告多个被告，还有可能是多个原告多个被告，法院该如何处理？

当事人一方或者双方为二人以上，其诉讼标的是共同的或者是同一种类，人民法院认为可以合并审理并经当事人同意的，为共同诉讼。

共同诉讼的一方当事人对诉讼标的有共同权利义务的，其中一人的诉讼行为经其他共同诉讼人承认，对其他共同诉讼人发生效力；对诉讼标的没有共同权利义务的，其中一人的诉讼行为对其他共同诉讼人不发生效力。

当事人一方人数众多的共同诉讼，可以由当事人推选代表人进行诉讼。代表人的诉讼行为对其所代表的当事人发生效力，但代表人变更、放弃诉讼请求或者承认对方当事人的诉讼请求，进行和解，必须经被代表的当事人同意。

诉讼标的是同一种类、当事人一方人数众多在起诉时人数尚未确定的，人民法院可以发出公告，说明案件情况和诉讼请求，通知权利人在一定期间向人民法院登记。

人民法院作出的判决、裁定，对参加登记的全体权利人发生效力。未参加登记的权利人在诉讼时效期间提起诉讼的，适用该判决、裁定。

我们经常看到，一个大企业因债务违约被诉，导致很多家银行、保理公司、融资租赁公司、基金公司、信托公司等纷纷跟诉的情况，这时跟诉人只需到法院办理登记。与确定人数的共同诉讼不同，其起诉人数不确定，诉讼标的又为同一种类，判决、裁定结果适用所有已登记和未登记的权利人。

5. 在当事人不便或当事人无法律行为能力的情况下，当事人如何参与诉讼？应注意哪些细节或方面？

无诉讼行为能力人由他的监护人作为法定代理人代为诉讼。法定代理人之间互相推诿代理责任的，由人民法院指定其中一人代为诉讼。

当事人、法定代理人可以委托一至二人作为诉讼代理人。下列人员可以被委托为诉讼代理人：（1）律师、基层法律服务工作者；（2）当事人的近亲属或者工作人员；（3）当事人所在社区、单位以及有关社会团体推荐的公民。委托他人代为诉讼，必须向人民法院提交由委托人签名或者盖章的授权委托书。

诉讼代理人代为承认、放弃、变更诉讼请求，进行和解，提起反诉或者上诉，必须有委托人的特别授权。诉讼代理人的权限如果变更或者解除，当事人应当书面告知人民法院，并由人民法院通知对方当事人。

代理诉讼的律师和其他诉讼代理人有权调查收集证据，可以查阅本案有关材料。查阅本案有关材料的范围和办法由最高人民法院规定。离婚案件有诉讼代理人的，本人除不能表达意思的以外，仍应出庭；确因特殊情况无法出庭的，必须向人民法院提交书面意见。

6. 法律讲证据，以证据断案。那么在诉讼前，我们金融从业者是否已经保存了符合法律要求的证据？我们如何正确理解诉讼证据？在诉讼中，法院如何引入证人作证，对证据进行鉴定、勘验？

诉讼证据包括：（1）当事人的陈述；（2）书证；（3）物证；（4）视听资料；（5）电子数据；（6）证人证言；（7）鉴定意见；（8）勘验笔录。证据必须查证属实，才能作为认定事实的根据。

可见，诉讼证据的形式可以多种多样，重要的是要能充分证明事实，证据须查证属实才能使用，因此有的证据需要鉴定，有的需要勘验。我们在日常业务活动中，应保留重要的原始资料，并确保原始资料上留有客户的签章，注意资料内容的逻辑连贯性。

当事人对自己提出的主张，有责任提供证据。当事人及其诉讼代理人因客观原因不能自行收集的证据，或者人民法院认为审理案件需要的证据，人民法院应当调查收集。人民法院应当按照法定程序，全面地、客观地审查核实证据。当事人对自己提出的主张应当及时提供证据。人民法院有权向有关单位和个人调查取证，有关单位和个人不得拒绝。人民法院对有关单位和个人提出的证明文书，应当辨别真伪，审查确定其效力。

证据应当在法庭上出示，并由当事人互相质证。对涉及国家秘密、商业秘密和个人隐私的证据应当保密，需要在法庭出示的，不得在公开开庭时出示。书证应当提交原件，物证应当提交原物。提交原件或者原物确有困难的，可以提交复制品、照片、副本、节录本。提交外文书证，必须附有中文译本。人民法院对视听资料，应当辨别真伪，并结合本案的其他证据，审查确定能否作为认定事实的根据。这为风控人员采集融资资料的形式提供了指引，关键是原件，确有困难时也可提交复印件、照片、副本、节录本。

凡是知道案件情况的单位和个人，都有义务出庭作证。有关单位的负责人应当支持证人作证。不能正确表达意思的人，不能作证。

经人民法院通知，证人应当出庭作证。有下列情形之一的，经人民法院许可，可以通过书面证言、视听传输技术或者视听资料等方式作证：（1）因健康原因不能出庭的；（2）因路途遥远，交通不便不能出庭的；（3）因自然灾害等不可抗力不能出庭的；（4）其他有正当理由不能出庭的。证人因履行出庭作证义务而支出的交通、住宿、就餐等必要费用以及误工损失，由败诉一方当事人负担。当事人申请证人作证的，由该当事人先行垫付；当事人没有申请，人民法院通知证人作证的，由人民法院先行垫付。人民法院对当事人的陈述，应当结合本案的其他证据，审查确定能否作为认定事实的根据。当事人拒绝陈述的，不影响人民法院根据证据认定案件事实。

当事人可以就查明事实的专门性问题向人民法院申请鉴定。当事人申请鉴定的，由双方当事人协商确定具备资格的鉴定人；协商不成的，由人民法院指定。当事人未申请鉴定，人民法院对专门性问题认为需要鉴定的，应当委托具备资格的鉴定人进行鉴定。鉴定人有权了解进行鉴定所需的案件材料，必要时可以询问当事人，鉴定人应当提出书面鉴定意见，在鉴定书上签名或者盖章。当事人对鉴定意见有异议或者人民法院认为鉴定人有必要出庭的，鉴定人应当出庭作证。经人民法院通知，鉴定人拒不出庭作证的，鉴定意见不得作为认定事实的根据；支付鉴定费用的当事人可以要求返还鉴定费用。当事人可以申请人民法院通知有专门知识的人出庭，就鉴定人作出的鉴定意见或者专门性问题提出意见。

勘验物证或者现场，勘验人必须出示人民法院的证件，并邀请当地基层组织或者当事人所在单位派人参加。当事人或者当事人的成年家属应当到场，拒不到场的，不影响勘验的进行。有关单位和个人根据人民法院的通知，有义务保护现场，协助勘验工作。勘验人应当将勘验情况和结果制作笔录，由勘验人、当事人和被邀参加人签名或者盖章。

在证据可能灭失或者以后难以取得的情况下，当事人可以在诉讼过程中向人民法院申请保全证据，人民法院也可以主动采取保全措施。因情况紧急，在证据可能灭失或者以后难以取得的情况下，利害关系人可以在提起诉讼或者申请仲裁前向证据所在地、被申请人住所地或者对案件有管辖权的人民法院申请保全证据。

证据保全是对特别证据的保护机制。金融企业为防止客户的非法单证资料在被诉后撕毁，可向法院主动申请保全措施。

7. 为了确保诉讼能按正常程序顺利推进，法院会涉及通知、判决、裁定等诉讼文书的传递送达问题，如何确定诉讼文书送达以及送达的时间？法律如何应对送达的各种可能？

送达诉讼文书必须有送达回证，由受送达人在送达回证上记明收到日期，签名或者盖章。受送达人在送达回证上的签收日期为送达日期。送达诉讼文书，应当直接送交受送达人。受送达人是公民的，如本人不在，交他的同住成年家属签收；受送达人是法人或者其他组织的，应当由法人的法定代表人、其他组织的主要负责人或者该法人、组织负责收件的人签收；受送达人有诉讼代理人的，可以送交其代理人签收；受送达人已向人民法院指定代收人的，送交代收人签收。

受送达人的同住成年家属，法人或者其他组织负责收件的人，诉讼代理人或者代收人在送达回证上签收的日期为送达日期。

受送达人或者他的同住成年家属拒绝接收诉讼文书的，送达人可以邀请有关基层组织或者所在单位的代表到场，说明情况，在送达回证上记明拒收事由和日期，由送达人、见证人签名或者盖章，把诉讼文书留在受送达人的住所；也可以把诉讼文书留在受送达人的住所，并采用拍照、录像等方式记录送达过程，即视为送达。

经受送达人同意，人民法院可以采用传真、电子邮件等能够确认其收悉的方式送达诉讼文书，但判决书、裁定书、调解书除外，以传真、电子邮件等到达受送达人特定系统的日期为送达日期。

直接送达诉讼文书有困难的，可以委托其他人民法院代为送达，或者邮寄送达。邮寄送达的，以回执上注明的收件日期为送达日期。

代为转交的机关、单位收到诉讼文书后，必须立即交受送达人签收，以在送达回证上的签收日期为送达日期。

受送达人下落不明，或者用本节规定的其他方式无法送达的，公告送达。自发出公告之日起，经过六十日，即视为送达。公告送达，应当在案卷中记明原因和经过。

8. 在诉讼任何阶段，法院审判员都不会放弃调解的可能，且也不拘泥于调解形式，对达成调解的，法院出具具有法律效力的调解书。

人民法院审理民事案件，根据当事人自愿的原则，在事实清楚的基础上，分清是非，进行调解。人民法院进行调解，可以由审判员一人（独裁制）主持，也可以由合议庭（三人或单数审判员组成）主持，并尽可能就地进行。人民法院进行调解，可以用简便方式通知当事人、证人到庭。调解达成协议，人民法院应当制作调解书。

调解书应当写明诉讼请求、案件的事实和调解结果。调解书由审判人员、书记员署名,加盖人民法院印章,送达双方当事人。调解书经双方当事人签收后,即具有法律效力。调解未达成协议或者调解书送达前一方反悔的,人民法院应当及时判决。

9. 财产保全是法院为保障诉讼判决执行或者避免财产损失,对当事人的财产或者争议的标的物,采取限制当事人处分的强制措施。在金融诉讼案中,财产保全是重要的债权保护措施。

人民法院对于可能因当事人一方的行为或者其他原因,使判决难以执行或者造成当事人其他损害的案件,根据对方当事人的申请,可以裁定对其财产进行保全、责令其作出一定行为或者禁止其作出一定行为;当事人没有提出申请的,人民法院在必要时也可以裁定采取保全措施。

利害关系人因情况紧急,不立即申请保全将会使其合法权益受到难以弥补的损害的,可以在提起诉讼或者申请仲裁前向被保全财产所在地、被申请人住所地或者对案件有管辖权的人民法院申请采取保全措施。申请人应当提供担保,不提供担保的,裁定驳回申请。人民法院接受申请后,必须在四十八小时内作出裁定;裁定采取保全措施的,应当立即开始执行。

申请人在人民法院采取保全措施后三十日内不依法提起诉讼或者申请仲裁的,人民法院应当解除保全。

财产保全采取查封、扣押、冻结或者法律规定的其他方法。人民法院保全财产后,应当立即通知被保全财产的人。财产已被查封、冻结的,不得重复查封、冻结。

财产纠纷案件,被申请人提供担保的,人民法院应当裁定解除保全。申请有错误的,申请人应当赔偿被申请人因保全所遭受的损失。

申请人提供担保代表申请人以担保取代保全财产,不会影响判决执行。但是保全也是有风险的,如果申请人搞错了,就要承担因错误保全给被申请人带来的损失。

10. 诉讼参与人在诉讼过程中要注意哪些方面?如何配合法院审理案件?

人民法院对必须到庭的被告,经两次传票传唤,无正当理由拒不到庭的,可以拘传。诉讼参与人和其他人应当遵守法庭规则。人民法院对哄闹、冲击法庭,侮辱、诽谤、威胁、殴打审判人员,严重扰乱法庭秩序的人,依法追究刑事责任;情节较轻的,予以罚款、拘留。

诉讼参与人或者其他人有下列行为的,人民法院可根据情节轻重予以罚款、拘留;构成犯罪的,依法追究刑事责任:(1)伪造、毁灭重要证据,妨碍人民法院审理案件的;(2)以暴力、威胁、贿买阻止证人作证或者指使、贿买、胁迫他人作伪证的;(3)隐藏、转移、变卖、毁损已被查封、扣押的财产,或者已被清点并责令其保管的财产,转移已被冻结的财产的;(4)对司法工作人员、诉讼参与人、证人、翻译人员、鉴定人、勘验人、协助执行的人，进行侮辱、诽谤、诬陷、殴打或者打击报复的；（5）以暴力、威胁或者其他方法阻碍司法工作人员执行职务的；（6）拒不履行人民法院已经发生法律效力的判决、裁定的。

当事人之间恶意串通，企图通过诉讼、调解等方式侵害他人合法权益的，人民法院应当驳回其请求，并根据情节轻重予以罚款、拘留；构成犯罪的，依法追究刑事责任。

有义务协助调查、执行的单位有下列行为的，人民法院除责令其履行协助义务外，并可以予以罚款：（1）有关单位拒绝或者妨碍人民法院调查取证的；（2）有关单位接到人民法院协助执行通知书后，拒不协助查询、扣押、冻结、划拨、变价财产的；（3）有关单位接到人民法院协助执行通知书后，拒不协助扣留被执行人的收入，办理有关财产权证照转移手续，转交有关票证、证照或者其他财产的；（4）其他拒绝协助执行的。

拘传、罚款、拘留必须经院长批准。拘传应当发拘传票。罚款、拘留应当用决定书。对决定不服的，可以向上一级人民法院申请复议一次。复议期间不停止执行。

任何单位和个人采取非法拘禁他人或者非法私自扣押他人财产追索债务的，应当依法追究刑事责任，或者予以拘留、罚款。

11. 诉讼要交费，但确有困难的，可缓交、减交或免交。

当事人进行民事诉讼，应当按照规定交纳案件受理费。财产案件除交纳案件受理费外，还需按照规定交纳其他诉讼费用。当事人交纳诉讼费用确有困难的，可以按照规定向人民法院申请缓交、减交或者免交。

推进诉讼程序

前面讲的都是风控人员要了解的一般性诉讼常识，下面讲诉讼程序是如何推进的。

1. 起诉的条件是什么？

起诉必须符合下列条件：（1）原告是与本案有直接利害关系的公民、法人和其他组织；（2）有明确的被告；（3）有具体的诉讼请求和事实、理由；（4）属于人民法院受理民事诉讼的范围和受诉人民法院管辖。

2. 怎么写起诉状？

起诉应当向人民法院递交起诉状，并按照被告人数提交副本。书写起诉状确有困难的，可以口头起诉，由人民法院记入笔录，并告知对方当事人。起诉状应当记明下列事项：（1）原告的姓名、性别、年龄、民族、职业、工作单位、住所、联系方式，法人或者其他组织的名称、住所和法定代表人或者主要负责人的姓名、职务、联系方式；（2）被告的姓名、性别、工作单位、住所等信息，法人或者其他组织的名称、住所等信息；（3）诉讼请求和所根据的事实与理由；（4）证据和证据来源，证人姓名和住所。

3. 法院如何受理诉状？

当事人起诉到人民法院的民事纠纷，适宜调解的，先行调解，但当事人拒绝调解的除外。

符合起诉条件的，应当在七日内立案，并通知当事人；不符合起诉条件的，应当在七日内作出裁定书，不予受理；原告对裁定不服的，可以提起上诉。

4. 被告如何答辩？

人民法院应当在立案之日起五日内将起诉状副本发送被告，被告应当在收到之日起十五日内提交答辩状。答辩状应当记明被告的姓名、性别、年龄、民族、职业、工作单位、住所、联系方式；法人或者其他组织的名称、住所和法定代表人或者主要负责人的姓名、职务、联系方式。人民法院应当在收到答辩状之日起五日内将答辩状副本发送原告。被告不提交答辩状的，不影响人民法院审理。

人民法院受理案件后，当事人对管辖权有异议的，应当在提交答辩状期间提出。人民法院对当事人提出的异议，应当审查。异议成立的，裁定将案件移送有管辖权的人民法院；异议不成立的，裁定驳回。

5. 法院如何处理受理案件？

人民法院对受理的案件，分情形予以处理：（1）当事人没有争议，符合督促程序规定条件的，可以转入督促程序；（2）开庭前可以调解的，采取调解方式及时解决纠纷；（3）根据案件情况，确定适用简易程序（立案之日起三个月内审结）或者普通程序；（4）需要开庭审理的，通过要求当事人交换证据等方式，明确争议焦点。

人民法院审理民事案件，应当在开庭三日前通知当事人和其他诉讼参与人。公开审理的，应当公告当事人姓名、案由和开庭的时间、地点。

6. 法庭如何审理案件？

法庭调查按照下列顺序进行：（1）当事人陈述；（2）告知证人的权利义务，证人作证，宣读未到庭的证人证言；（3）出示书证、物证、视听资料和电子数据；（4）宣读鉴定意见；（5）宣读勘验笔录。

当事人在法庭上可以提出新的证据。当事人经法庭许可，可以向证人、鉴定人、勘验人发问。当事人要求重新进行调查、鉴定或者勘验的，是否准许，由人民法院决定。原告增加诉讼请求，被告提出反诉，第三人提出与本案有关的诉讼请求，可以合并审理。

法庭辩论按照下列顺序进行：（1）原告及其诉讼代理人发言；（2）被告及其诉

讼代理人答辩；（3）第三人及其诉讼代理人发言或者答辩；（4）互相辩论。法庭辩论终结，由审判长按照原告、被告、第三人的先后顺序征询各方最后意见。法庭辩论终结，应当依法作出判决。判决前能够调解的，还可以进行调解，调解不成的，应当及时判决。

原告经传票传唤，无正当理由拒不到庭的，或者未经法庭许可中途退庭的，可以按撤诉处理；被告反诉的，可以缺席判决。被告经传票传唤，无正当理由拒不到庭的，或者未经法庭许可中途退庭的，可以缺席判决。简单地说，就是原告不到庭或中途退庭的按撤诉处理，被告不到庭或中途退庭的按缺席判决。

宣判前，原告申请撤诉的，是否准许，由人民法院裁定。人民法院裁定不准许撤诉的，原告经传票传唤，无正当理由拒不到庭的，可以缺席判决。

有下列情形之一的，可以延期开庭审理：（1）必须到庭的当事人和其他诉讼参与人有正当理由没有到庭的；（2）当事人临时提出回避申请的；（3）需要通知新的证人到庭，调取新的证据，重新鉴定、勘验，或者需要补充调查的；（4）其他应当延期的情形。

人民法院对公开审理或者不公开审理的案件，一律公开宣告判决。当庭宣判的，应当在十日内发送判决书；定期宣判的，宣判后立即发给判决书。宣告判决时，必须告知当事人上诉权利、上诉期限和上诉的法院。

人民法院适用普通程序审理的案件，应当在立案之日起六个月内审结。有特殊情况需要延长的，由本院院长批准，可以延长六个月；还需要延长的，报请上级人民法院批准。

7. 什么情形下可以中止诉讼进程？

中止诉讼的情形有：（1）一方当事人死亡，需要等待继承人表明是否参加诉讼的；（2）一方当事人丧失诉讼行为能力，尚未确定法定代理人的；（3）作为一方当事人的法人或者其他组织终止，尚未确定权利义务承受人的；（4）一方当事人因不可抗拒的事由，不能参加诉讼的；（5）本案必须以另一案的审理结果为依据，而另一案尚未审结的；（6）其他应当中止诉讼的情形。中止诉讼的原因消除后，恢复诉讼。

8. 判决书由哪些内容构成？

判决书应当写明判决结果和作出该判决的理由。判决书内容包括：（1）案由、诉讼请求、争议的事实和理由；（2）判决认定的事实和理由、适用的法律和理由；（3）判决结果和诉讼费用的负担；（4）上诉期间和上诉的法院。判决书由审判人员、书记员署名，加盖人民法院印章。

人民法院审理案件，其中一部分事实已经清楚，可以就该部分先行判决。

9. 哪些情况需要裁定？

裁定适用于下列范围：（1）不予受理；（2）对管辖权有异议的；（3）驳回起诉；（4）保全和先予执行；（5）准许或者不准许撤诉；（6）中止或者终结诉讼；（7）补正判决书中的笔误；（8）中止或者终结执行；（9）撤销或者不予执行仲裁裁决；（10）不予执行公证机关赋予强制执行效力的债权文书；（11）其他需要裁定解决的事项。对第 1 项至第 3 项裁定，可以上诉。裁定书应当写明裁定结果和作出该裁定的理由。裁定书由审判人员、书记员署名，加盖人民法院印章。口头裁定的，记入笔录。

10. 当事人不服判决或裁定结果时如何上诉？

最高人民法院的判决、裁定，以及依法不准上诉或者超过上诉期限没有上诉的判决、裁定，是发生法律效力的判决、裁定。

当事人不服地方人民法院第一审裁定的，有权在裁定书送达之日起十日内向上一级人民法院提起上诉。上诉应当递交上诉状。上诉状的内容，应当包括当事人的姓名，法人的名称及其法定代表人的姓名或者其他组织的名称及其主要负责人的姓名；原审人民法院名称、案件的编号和案由；上诉的请求和理由。

当事人直接向第二审人民法院上诉的，第二审人民法院应当在五日内将上诉状移交原审人民法院。原审人民法院收到上诉状，应当在五日内将上诉状副本送达对方当事人，对方当事人在收到之日起十日内提交答辩状。人民法院应当在收到答辩状之日起五日内将副本送达上诉人。对方当事人不提交答辩状的，不影响人民法院审理。原审人民法院收到上诉状、答辩状，应当在五日内连同全部案卷和证据，报送第二审人民法院。

11. 第二审人民法院是如何处理上诉案件的？

第二审人民法院对上诉案件，经过审理，按照下列情形，分别处理：（1）原判决、裁定认定事实清楚，适用法律正确的，以判决、裁定方式驳回上诉，维持原判决、裁定；（2）原判决、裁定认定事实错误或者适用法律错误的，以判决、裁定方式依法改判、撤销或者变更；（3）原判决认定基本事实不清的，裁定撤销原判决，发回原审人民法院重审，或者查清事实后改判；（4）原判决遗漏当事人或者违法缺席判决等严重违反法定程序的，裁定撤销原判决，发回原审人民法院重审。原审人民法院对发回重审的案件作出判决后，当事人提起上诉的，第二审人民法院不得再次发回重审。第二审人民法院的判决、裁定，是终审的判决、裁定。

人民法院审理对判决的上诉案件，应当在第二审立案之日起三个月内审结。有特殊情况需要延长的，由本院院长批准。人民法院审理对裁定的上诉案件，应当在第二审立案之日起三十日内作出终审裁定。

12. 法院如何修改诉讼过程的错误？

各级人民法院院长对本院已经发生法律效力的判决、裁定、调解书，发现确有错误，认为需要再审的，应当提交审判委员会讨论决定。最高人民法院对地方各级人民法院已经发生法律效力的判决、裁定、调解书，上级人民法院对下级人民法院已经发生法律效力的判决、裁定、调解书，发现确有错误的，有权提审或者指令下级人民法院再审。

当事人的申请符合下列情形的，人民法院应当再审：（1）有新的证据，足以推翻原判决、裁定的；（2）原判决、裁定认定的基本事实缺乏证据证明的；（3）原判决、裁定认定事实的主要证据是伪造的；（4）原判决、裁定认定事实的主要证据未经质证的；（5）对审理案件需要的主要证据，当事人因客观原因不能自行收集，书面申请人民法院调查收集，人民法院未调查收集的；（6）原判决、裁定适用法律确有错误的；（7）审判组织的组成不合法或者依法应当回避的审判人员没有回避的；（8）无诉讼行为能力人未经法定代理人代为诉讼或者应当参加诉讼的当事人，因不能归责于本人或者其诉讼代理人的事由，未参加诉讼的；（9）违反法律规定，剥夺当事人辩论权利的；（10）未经传票传唤，缺席判决的；（11）原判决、裁定遗漏或者超出诉讼请求的；（12）据以作出原判决、裁定的法律文书被撤销或者变更的；（13）审判人员审理该案件时有贪污受贿、徇私舞弊、枉法裁判行为的。

13. 为什么支付令是我们快速实现债务催收的法律利器？

债权人请求债务人给付金钱、有价证券，符合下列条件的，可以向有管辖权的基层人民法院申请支付令：（1）债权人与债务人没有其他债务纠纷的；（2）支付令能够送达债务人的。申请书应当写明请求给付金钱或者有价证券的数量和所根据的事实、证据。

债权人提出申请后，人民法院应当在五日内通知债权人是否受理。人民法院受理申请后，经审查债权人提供的事实、证据，对债权债务关系明确、合法的，应当在受理之日起十五日内向债务人发出支付令；申请不成立的，裁定予以驳回。

债务人应当自收到支付令之日起十五日内清偿债务，或者向人民法院提出书面异议。债务人在前款规定的期间不提出异议又不履行支付令的，债权人可以向人民法院申请执行。人民法院收到债务人提出的书面异议后，经审查，异议成立的，应当裁定终结督促程序，支付令自行失效。支付令失效的，转入诉讼程序，但申请支付令的一方当事人不同意提起诉讼的除外。

支付令适用于债务人有能力付款但故意赖账，且债权债务关系证据充分的债务追讨。

14. 被告拒不履行债务，如何对被告实施强制执行措施？

发生法律效力的民事判决、裁定，以及刑事判决、裁定中的财产部分，由第一审人民法院或者与第一审人民法院同级的被执行的财产所在地人民法院执行。

执行工作由执行员进行。采取强制执行措施时，执行员应当出示证件。执行完毕后，应当将执行情况制作笔录，由在场的有关人员签名或者盖章。

被执行人或者被执行的财产在外地的，可以委托当地人民法院代为执行。受委托人民法院收到委托函件后，必须在十五日内开始执行，不得拒绝。执行完毕后，应当将执行结果及时函复委托人民法院；在三十日内如果还未执行完毕，也应当将执行情况函告委托人民法院。受委托人民法院自收到委托函件之日起十五日内不执行的，委托人民法院可以请求受委托人民法院的上级人民法院指令受委托人民法院执行。

在执行中，双方当事人自行和解达成协议的，执行员应当将协议内容记入笔录，由双方当事人签名或者盖章。

申请执行人因受欺诈、胁迫与被执行人达成和解协议，或者当事人不履行和解协议的，人民法院可以根据当事人的申请，恢复对原生效法律文书的执行。

在执行中，被执行人向人民法院提供担保，并经申请执行人同意的，人民法院可以决定暂缓执行及暂缓执行的期限。被执行人逾期仍不履行的，人民法院有权执行被执行人的担保财产或者担保人的财产。

作为被执行人的公民死亡的，以其遗产偿还债务。作为被执行人的法人或者其他组织终止的，由其权利义务承受人履行义务。

执行完毕后，据以执行的判决、裁定和其他法律文书确有错误，被人民法院撤销的，对已被执行的财产，人民法院应当作出裁定，责令取得财产的人返还；拒不返还的，强制执行。

申请执行的期间为两年。申请执行时效的中止、中断，适用法律有关诉讼时效中止、中断的规定。根据《民法总则》诉讼时效为三年，为尚未诉讼的诉讼时效，但这里为诉讼进行中的执行申请时效，两者是不同的。

被执行人未按执行通知履行法律文书确定的义务，人民法院有权向有关单位查询被执行人的存款、债券、股票、基金份额等财产情况。人民法院有权根据不同情形扣押、冻结、划拨、变价被执行人的财产。人民法院查询、扣押、冻结、划拨、变价的财产不得超出被执行人应当履行义务的范围。人民法院决定扣押、冻结、划拨、变价财产，应当作出裁定，并发出协助执行通知书，有关单位必须办理。

被执行人未按执行通知履行法律文书确定的义务，人民法院有权扣留、提取被执行人应当履行义务部分的收入，有权查封、扣押、冻结、拍卖、变卖被执行人应当履行义务部分的财产，但应当保留被执行人及其所扶养家属的生活必需费用。人民法院扣留、提取收入、财产时，应当作出裁定，并发出协助执行通知书，被执行人所在单位、银行、信用合作社和其他有储蓄业务的单位必须办理。

财产被查封、扣押后，执行员应当责令被执行人在指定期间履行法律文书确定的义务。被执行人逾期不履行的，人民法院应当拍卖被查封、扣押的财产；不适于拍卖或者当事人双方同意不进行拍卖的，人民法院可以委托有关单位变卖或者自行变卖。国家禁止自由买卖的物品，交有关单位按照国家规定的价格收购。被执行人不履行法律文书确定的义务，并隐匿财产的，人民法院有权发出搜查令，对被执行人及其住所或者财产隐匿地进行搜查。

被执行人不履行法律文书确定的义务的，人民法院可以对其采取或者通知有关单位协助采取限制出境，在征信系统记录、通过媒体公布不履行义务信息以及法律规定的其他措施，即限制自由和消费，被纳入失信黑名单。

法院裁定中止执行的情形有：（1）申请人表示可以延期执行的；（2）案外人对执行标的提出确有理由的异议的；（3）作为一方当事人的公民死亡，需要等待继承人继承权利或者承担义务的；（4）作为一方当事人的法人或者其他组织终止，尚未确定权利义务承受人的；（5）人民法院认为应当中止执行的其他情形。中止的情形消失后，恢复执行。

法院裁定终结执行的情形有：（1）申请人撤销申请的；（2）据以执行的法律文书被撤销的；（3）作为被执行人的公民死亡，无遗产可供执行，又无义务承受人的；（4）追索赡养费、扶养费、抚育费案件的权利人死亡的；（5）作为被执行人的公民因生活困难无力偿还借款，无收入来源，又丧失劳动能力的；（6）人民法院认为应当终结执行的其他情形。

15. 仲裁与诉讼有何区别？

企业间的经济纠纷也可以通过仲裁方式来解决。仲裁和诉讼有如下区别：（1）选择了仲裁，即意味着放弃诉讼。仲裁尊重当事人意愿，是否采用仲裁、到哪家仲裁机构等均由当事人自主选择。仲裁员大多是各行业的专家学者，一旦裁决，对双方具有同等法律效力。诉讼实行级别和地域管辖，审判庭的组成由人民法院指定。（2）仲裁委员会由人民政府组织有关部门（法制局）和商会统一组建，其监督机构是中国仲裁协会，其仲裁员大多是由律师和政府机构人员兼职；诉讼则是人民法院，国家法定的审判机构。仲裁遵从《仲裁法》，诉讼遵从《民事诉讼法》。（3）受案范围不同。仲裁只能受理民事纠纷，法院还可以受理刑事、行政诉讼的案件。（4）程序不同。仲裁是一裁终局。诉讼可以上诉，二审终审，二审不服可在两年内申请再审，法院有相关的法定监督机构和救济程序。（5）仲裁庭审理案件具有"保密性"，案情不公开，裁决不公开。人民法院实行案件公开审理原则，但依法不应公开审理的除外。（6）收费不同。仲裁费没有规定可以减交、缓交、免交，但诉讼法院有此规定。（7）境外执行不同。法院判决在境外执行一般需要判决地所在国与执行地所在国签订有司法协助条约，或者有共同确认的互惠原则；仲裁裁决在境外执行，如果是在《承认及执行外国仲裁裁决公约》的缔约国执行，则会比较方便。

16. 民事借贷诉讼应向法院提交哪些资料？

发生民事借贷融资纠纷时，向法院提交的相关资料有：（1）当事人诉讼主体证据：a. 当事人为自然人应提交身份证或户口本等身份证明资料（身份证复印件是重要个人融资资料）；如夫妻另一方为共同被告，应提交结婚证。b. 当事人为法人或其他组织的，应提交工商营业执照正副本、工商登记档案、社团法人登记证等，法定代表人或实控人身份证明等。c. 有担保人的应提供担保人的身份证明材料，担保人是法人的，应提供法人工商登记证。（2）借贷关系证明证据：a. 制作证据清单，载明证据名称、证明内容、原件还是复印件、页码等；b. 借款合同、担保合同、抵押合同及其抵押登记手续及相关手续回执权利凭证、收据、还款计划书、还款承诺书等债权凭证；c. 银行转账、微信转账、支付宝转账等交付借款的凭证。（3）证明诉讼请求的证据：在诉讼请求中要求支付的本金、利息和费用金额和违约金或罚息，注明利率、费率和综合利率、起息日止息日，利息和罚息是怎么算的，违约金是怎么算的，等等。诉讼保全所需的证据材料：a. 诉讼保全申请书；b. 被申请人（被告）名下财产线索信息（如银行存款账号、公司股权查册表、房产查册表、车辆查册表等等）；c. 申请人还要提供等额财产为诉讼保全提供担保或担保公司保函。诉讼时效证明：a. 还款催收通知书、催收短信、催收电话录音、还款单、对账单等；b. 债务人出具的还款计划或者还款承诺书等。

《合同法》

《合同法》是经济类法务需要掌握的最重要的从业知识基础，商品交易、投资合作、融资服务等经济活动都离不开合同。合同的起草、完善、执行都应严格遵守《合同法》，否则就可能成为无效合同或麻烦合同，引发合同纠纷，埋下法律风险。

合同是写在文字中的信用和信誉，代表实力，也代表专业。我们习惯于借用他人、网上或律师的合同模板编辑合同，从合同的形式和结构来说一般没有太大问题，但我们要在模板基础上合法合规、合情合理、不偏不倚、简洁完整地表达各方的共识，这个难度就非常大，此造诣远非一部《合同法》所能成就。我们学习《合同法》的目的，当然不是为了与客户玩文字游戏、钻营法律漏洞甚至利用标点符号占客户便宜，或为公司非法企图找寻合法路径，而是为了规避法律风险，为业务顺利进行保驾护航，确保各方如约履行义务，享受权利。

我们不否认，任何一份合同中总有一方或多或少地拥有更多利益或好处，因为企业总有大小、强弱，在竞争环境下，买方总比卖方享受更多利益，但不可有失公允。《合同法》规定：合同当事人的法律地位平等，一方不得将自己的意志强加给另一方。所谓法律地位平等，与利益无关，是指合同当事人依法享有自愿订立合同的权利，任何单位和个人不得非法干预。当事人行使权利、履行义务都应当遵循诚实信用原则。

1. 合同有哪些形式？

当事人订立合同，有书面形式、口头形式和其他形式。法律、行政法规规定采用书面形式的，应当采用书面形式。当事人约定采用书面形式的，应当采用书面形式。书面形式是指合同书、信件和数据电文（包括电报、电传、传真、电子数据交换和电子邮件）等可以有形地表现所载内容的形式。

合同不拘形式，但口头合同在没有复制和第三方证人时很难发挥法律效力。当前纸质合同和电子签章的电子合同是主要形式。

书面合同一般有三种：（1）框架合同（协议）。当具体标的未确定或很多，采购方不同时期可能有不同需求，数量也无法确定，价格因市场变化确定不了，但为防止一方变卦，想先锁定合作，先约定合作总体标的、合作时期、结算方式、质量要求、违约责任、争议解决方法等等。（2）定单。有定单就有框架合同，它是框架合同的补充。当采购方有具体需求时，向供应商下达具体的采购标的，并约定数量、价款或报酬，履行期限、地点和方式等条款。逻辑上，框架合同中没有明确约定的条款内容在定单中应补充完整，它在制造企业中普遍存在。定单中的当事人名称或姓名和住所一般与框架合同一致，或者框架合同中明确与对方可能发生业务的众多主体名称中的一个，它们与一方有关联关系。（3）标准合同（协议）。这种合同条款齐全，用于一次性业务合作，或需要单独完成的业务。如一些大宗贸易、金融业务、投资业务等多为此类。在买方市场中，采购方在业务中有明显优势，合同（协议）文本一般都是采购方起草提供，合同页上往往印有采购方的LOGO、合同号。如果我们看到合同印有卖方的LOGO，核心企业的经销商、加盟商或分公司的业务才有可能。

2. 合同应有哪些内容条款？

合同内容由当事人约定，一般包括以下条款：（1）当事人的名称或者姓名和住所；（2）标的；（3）数量；（4）质量；（5）价款或者报酬；（6）履行期限、地点和方式；（7）违约责任；（8）解决争议的方法。

3. 我们怎么订立合同？

当事人订立合同，采取要约、承诺方式。简单地说，要约好比是我问你是否愿意办信用卡，承诺是你回答你愿意办一张。

4. 如何完整理解要约？

要约是希望和他人订立合同的意思表示，该意思表示应当符合：（1）内容具体确定；（2）接受要约的人承诺后，发出要约的人即受该意思表示的约束。要约邀请是希望他人向自己发出要约的意思表示，如寄送价目表、拍卖公告、招标公告、招股说明书、商业广告等为要约邀请。商业广告的内容符合要约规定的，视为要约。要约在到达受要约人时生效。

采用数据电文形式订立合同，收件人指定特定系统接收数据电文的，该数据电文进入该特定系统的时间，视为到达时间；未指定特定系统的，该数据电文进入收件人的任何系统的首次时间，视为到达时间。要约可以撤回或撤销。撤回要约的通知应当在要约到达受要约人之前或者与要约同时到达受要约人，撤销要约的通知应当在受要约人发出承诺通知之前到达受要约人。如：我在微信群里发了个《培训通知》：周日在＊＊地举办风控培训，想参加的可微信报名。《培训通知》生效的时间是周三下午出现在风险点微信群里开始，当天晚上我想起周日已有重要安排，要撤销通知，虽然很多人看到了，但他们都没给我承诺，我发出《取消培训通知》时，群里大部分人没有看到《培训通知》，有的可能同时看到了《培训通知》和《取消培训通知》，有两个正要发承诺给我时，看到了我的撤销通知。

有下列情形，要约不得撤销：（1）要约人确定了承诺期限或者以其他形式明示要约不可撤销；（2）受要约人有理由认为要约是不可撤销的，并已经为履行合同做了准备工作。

有下列情形，要约失效：（1）拒绝要约的通知到达要约人；（2）要约人依法撤销要约；（3）承诺期限届满，受要约人未作出承诺；（4）受要约人对要约的内容作出实质性变更。如：融资人告诉我们放弃融资，票据质押融资因票据虚假、收到判决之日起10天内被告未向上级法院提交上诉状，融资人提出要降低融资利率，等等。

5. 如何完整理解承诺？

承诺是受要约人同意要约的意思表示。承诺应当以通知的方式作出，但根据交易习惯或者要约表明可以通过行为作出承诺的除外。承诺应当在要约确定的期限内到达要约人。注意，与广义上的承诺不同，这里的承诺是一种民事法律行为，是回应要约的意思表示，承诺人要对自己的承诺承担相应的法律责任。承诺人就是受要约人，需要有民事权利能力和民事行为能力。

要约没有确定承诺期限的，承诺应当依照下列规定到达：（1）要约以对话方式作出的，应即时作出承诺，但当事人另有约定的除外；（2）要约以非对话方式作出的，承诺应当在合理期限内到达。

要约以信件或者电报作出的，承诺期限自信件载明的日期或者电报交发之日开始计算。信件未载明日期的，自投寄该信件的邮戳日期开始计算。要约以电话、传真等快速通信方式作出的，承诺期限自要约到达受要约人时开始计算。

承诺生效时合同成立。承诺通知到达要约人时生效。承诺不需要通知的，根据交易习惯或者要约的要求作出承诺的行为时生效。采用数据电子文件形式订立合同的，承诺到达的时间与数据电子文件的要约一样。合同可以口头方式作出，所以要约和承诺都可以对话方式作出，并即说即生效；以微信、电子邮件、QQ、快递等书面方式作出的，则以一方收到要约或承诺时，要约和承诺生效。

承诺可以撤回。撤回承诺的通知应当在承诺通知到达要约人之前或者与承诺通知同时到达要约人，即承诺的撤回与要约类似。

受要约人超过承诺期限发出承诺的，除要约人及时通知受要约人该承诺有效的以外，为新要约。受要约人在承诺期限内发出承诺，按照通常情形能够及时到达要约人，但因其他原因承诺到达要约人时超过承诺期限的，除要约人及时通知受要约人因承诺超过期限不接受该承诺的以外，该承诺有效。即承诺超过期限发出，或在有效期限内发出但到达要约人超期的，要约人都可追认有效，也可不追认，未追认的承诺实际成为承诺人发出的新要约。

承诺的内容应当与要约的内容一致。受要约人对要约的内容作出实质性变更的，为新要约。有关合同标的，数量，质量，价款或者报酬，履行期限、履行地点和履行方式，违约责任，解决争议方法等的变更，是对要约内容的实质性变更。承诺对要约的内容作出非实质性变更的，除要约人及时表示反对或者要约表明承诺不得对要约的内容作出任何变更的以外，该承诺有效，合同的内容以承诺的内容为准。合同的八大条款为要约的实质性内容，承诺人一旦改了其中一项即意味着向要约人发出新要约；承诺人对于八大条款以外内容的更改除要约人反对或在要约中表明不得更改外，其承诺有效。

6. 如何理解合同的签订形式？

当事人采用合同书形式订立合同的，自双方当事人签字或者盖章时合同成立。当事人采用信件、数据电文等形式订立合同的，可以在合同成立之前，要求签订纸质确认书，签订确认书时合同成立。其实，现在一般不签确认书了，因为在确定合同内容后，合同一经签章快递寄回即可；此外，电子签章已支持网签合同。

法律、行政法规规定或者当事人约定采用书面形式订立合同，当事人未采用书面形式但一方已经履行主务，对方接受的，该合同成立。国家根据需要下达指令性任务或者国家订货任务的，有关法人、其他组织之间应当依照有关法律、行政法规规定的权利和义务订立合同。采用合同书形式订立合同，在签字或者盖章之前，当事人一方已经履行主务，对方接受的，该合同成立。

格式条款是当事人为了重复使用而预先拟定，并在订立合同时未与对方协商的条款。对格式条款的理解发生争议的，应当按照通常理解予以解释。对格式条款有两种以上解释的，应当作出不利于提供格式条款一方的解释。格式条款和非格式条款不一致的，应当采用非格式条款。

采用格式条款订立合同的，提供格式条款的一方应当遵循公平原则确定当事人之间的权利和义务，并采取合理的方式提请对方注意免除或者限制其责任的条款，按照对方的要求，对该条款予以说明。

合同制定方统一印制适合同类业务的合同即格式合同，其中不能改的条款叫格式条款，供填写自定义的条款叫非格式条款。本着公平原则，格式条款应为当然必要条款，其表达的意思应清晰，否则按通常理解解释，有两种以上解释的则以不利于合同制定方的解释为准，以此保护格式合同乙方的权利。

7. 一旦发现自己中了对方圈套，已签订了合同，如何维权？

当事人在订立合同过程中有下列情形之一，给对方造成损失的，应当承担损害赔偿责任：（1）假借订立合同，恶意进行磋商；（2）故意隐瞒与订立合同有关的重要事实或者提供虚假情况；（3）有其他违背诚实信用原则的行为。合同纠纷大多起因于上述情形。

8. 自己的商业机密被对方泄露了怎么办？

当事人在订立合同过程中知悉的商业秘密，无论合同是否成立，不得泄露或者不正当地使用。泄露或者不正当地使用该商业秘密给对方造成损失的，应当承担损害赔偿责任。

9. 合同的法律效力如何确定？

当事人对合同的效力可以约定附条件。附生效条件的合同，自条件成就时生效。附解除条件的合同，自条件成就时失效。当事人为自己的利益不正当地阻止条件成就的，视为条件已成就；不正当地促成条件成就的，视为条件不成就。在《民法总则》中也有类似规定。比如《融资服务合同》中约定：乙方如在 10 天内未足额支付约定保证金，则本融资合同自动解除；在《购销合同》中约定：合同以甲方收到乙方预付的 10% 货款起开始生效。

当事人对合同的效力可以约定附期限。附生效期限的合同，自期限届至时生效。附终止期限的合同，自期限届满时失效。即合同可根据需要约定生效日期和终止日期。

限制民事行为能力人订立的合同，经法定代理人追认后，该合同有效，但纯获利益的合同或者与其年龄、智力、精神健康状况相适应而订立的合同，不必经法定代理人追认。这一规定有助于保护社会福利工厂工人的利益。

行为人没有代理权、超越代理权或者代理权终止后以被代理人名义订立合同，未经被代理人追认，对被代理人不发生效力，由行为人承担责任。

行为人没有代理权、超越代理权或者代理权终止后以被代理人名义订立合同，相对人有理由相信行为人有代理权的，该代理行为有效。请回看《民法总则》中的表见代理。

法人或者其他组织的法定代表人、负责人超越权限订立的合同，除相对人知道或者应当知道其超越权限的以外，该代表行为有效。

无处分权的人处分他人财产，经权利人追认或者无处分权的人订立合同后取得处分权的，该合同有效。

10. 哪些合同可以直接确认无效？

有下列情形之一的，合同无效：（1）一方以欺诈、胁迫的手段订立合同，损害国家利益；（2）恶意串通，损害国家、集体或者第三人利益；（3）以合法形式掩盖非法目的；（4）损害社会公共利益；（5）违反法律、行政法规的强制性规定。无效合同自始没有法律约束力。比如：保理公司与企业签订《银行承兑汇票贴现服务协议》；某贸易公司和上市公司恶意串通，走单不走货，向保理商提供虚假应收账款和贸易资料，签订的保理合同。

11. 什么是无效免责条款？

合同中下列免责条款无效：（1）造成对方人身伤害的；（2）因故意或者重大过失造成对方财产损失的。比如：《劳动合同》免责条款中不能有员工因安全事故致伤、中毒等人身伤害，《运输合同》免责条款中不能有运输方交通事故导致的货物损失和货物遗失。

12. 我们如何变更或者撤销问题合同？

下列合同，当事人一方有权请求人民法院或者仲裁机构变更或者撤销：（1）因重大误解订立的；（2）在订立合同时显失公平的；（3）一方以欺诈、胁迫的手段或者乘人之危，使对方在违背真实意思的情况下订立的合同，受损害方有权请求人民法院或者仲裁机构变更或者撤销。当事人请求变更的，人民法院或者仲裁机构不得撤销。

撤销权是有时效和规定的。有下列情形之一的，撤销权消灭：（1）具有撤销权的当事人自知道或者应当知道撤销事由之日起一年内没有行使撤销权；（2）具有撤销权的当事人知道撤销事由后明确表示或者以自己的行为表明放弃撤销权。

无效的合同或者被撤销的合同自始没有法律约束力。如合同部分无效，但不影响其他部分效力的，其他部分仍然有效。合同无效、被撤销或者终止的，不影响合同中独立存在的有关解决争议方法的条款的效力。可见，合同中的"解决争议条款"是法定不可撤销的。

合同无效或者被撤销后，因该合同取得的财产，应当予以返还；不能返还或者没有必要返还的，应当折价补偿。有过错的一方应当赔偿对方因此所受到的损失，双方都有过错的，应当各自承担相应的责任。当事人恶意串通，损害国家、集体或者第三人利益的，因此取得的财产收归国家所有或者返还集体、第三人。这与《民法总则》中的民事法律行为无效、被撤销或者确定不发生效力后的财产处置完全一致。

13. 如果合同义务约定不清怎么办？

当事人应当按照约定全面履行自己的义务。当事人应当遵循诚实信用原则，根据合同的性质、目的和交易习惯履行通知、协助、保密等义务。

合同生效后，当事人就质量、价款或者报酬、履行地点等内容没有约定或者约定不明确的，可以协议补充；不能达成补充协议的，按照合同有关条款或者交易习惯确定。

当事人就有关合同内容约定不明确，依照上述规定仍不能确定的，适用下列规定：（1）质量要求不明确的，按照国家标准、行业标准履行；没有国家标准、行业标准的，按照通常标准或者符合合同目的的特定标准履行。（2）价款或者报酬不明确的，按照订立合同时履行地的市场价格履行；依法应当执行政府定价或者政府指导价的，按照规定履行。（3）履行地点不明确，给付货币的，在接受货币一方所在地履行；交付不动产的，在不动产所在地履行；其他标的，在履行义务一方所在地履行。（4）履行期限不明确的，债务人可以随时履行，债权人也可以随时要求履行，但应当给对方必要的准备时间。（5）履行方式不明确的，按照有利于实现合同目的的方式履行。（6）履行费用的负担不明确的，由履行义务一方负担。发现没有？以上规定在尽可能地照顾交易中的供应方。

执行政府定价或者政府指导价的，在合同约定的交付期限内政府价格调整时，按照交付时的价格计价。逾期交付标的物的，遇价格上涨时，按照原价格执行；价格下降时，按照新价格执行。逾期提取标的物或者逾期付款的，遇价格上涨时，按照新价格执行；价格下降时，按照原价格执行。随着市场经济的推进，执行政府定价或者政府指导价的商品或服务已越来越少，主要包括石油、天然气、电力等基本能源，铁矿石及黑色和有色金属，硫酸、盐酸、纯碱等主要化工原料，有合同定购的粮食、油料、棉花、甘蔗、甜菜等，重要的公用事业收费如铁路、航空、邮电、通信、自来水费等。在逾期履约情况下，如遇价格调整，对逾期方执行"惩罚性"价格。

14. 如何履行债务义务？

当事人约定由债务人向第三人履行债务的，债务人未向第三人履行债务或者履行债务不符合约定，应当向债权人承担违约责任。比方：你欠我 100 元，而我欠他 100 元，所以我和你约好，你把欠我的 100 元还给他，但你一直没有还给他，所以，你应当向我承担违约责任。当事人约定由第三人向债权人履行债务的，第三人不履行债务或者履行债务不符合约定，债务人应当向债权人承担违约责任。比方：他欠我 100 元，我欠你 100 元，我和你约定你的 100 元由他来还，但他一直没有还给你，则我应向你承担违约责任。

当事人互负债务，没有先后履行顺序的，应当同时履行。一方在对方履行之前有权拒绝其履行要求。一方在对方履行债务不符合约定时，有权拒绝其相应的履行要求。比如：你欠我 1 000 元，同时我欠你 200 元，实际上是你欠我 800 元，如果现在你还我 300 元，我理解为你还欠我 700 元呢，还是 500 元呢？所以，我有权拒绝你的还款额度，除非你还我 800 元，另外 200 元可以直接对冲结清，或者你还我 1 000 元，我还你 200 元。当然，通常情况下，我们还是会接受的。

当事人互负债务，有先后履行顺序，先履行一方未履行的，后履行一方有权拒绝其履行要求。先履行一方履行债务不符合约定的，后履行一方有权拒绝其相应的履行要求。这好比是你欠我 1 000 元，约定昨天还，我欠你 1 500 元，约定今天还，因为昨天你没有还我的钱，所以今天我有权不还你的钱；或者你昨天只还了我 100 元，我今天有权拒绝你要我全额还款的要求，因为你违约在先。

应当先履行债务的当事人，有确切证据证明对方有下列情形之一的，可以中止履行：（1）经营状况严重恶化；（2）转移财产、抽逃资金，以逃避债务；（3）丧失商业信誉；（4）有丧失或者可能丧失履行债务能力的其他情形。当事人没有确切证据中止履行的，应当承担违约责任。当事人依照本法中止履行的，应当及时通知对方。比如：沃尔玛财务部得知某供应商已停工，虽然沃尔玛欠此供应商当月货款，但此供应商还欠着沃尔玛上月的管理费等，依据《合同法》，此时沃尔玛有权中止履行本月货款支付，待确定相关费用可冲抵后支付。这在信用管理中，也可作为风险控制的法律依据。

对方提供适当担保时，应当恢复履行。中止履行后，对方在合理期限内未恢复履行能力并且未提供适当担保的，中止履行的一方可以解除合同。

债权人分立、合并或者变更住所没有通知债务人，致使履行债务发生困难的，债务人可以中止履行或者将标的物提存。

15. 债权人如何利用《合同法》维护自己的债权？

债权人可以拒绝债务人提前履行债务，但提前履行不损害债权人利益的除外。债务人提前履行债务给债权人增加的费用，由债务人负担。债权人可以拒绝债务人部分履行债务，但部分履行不损害债权人利益的除外。债务人部分履行债务给债权人增加的费用，由债务人负担。即金融企业有权拒绝客户提前还款或部分提前还款，除非债务人承担了提前还款给金融企业带来的损失。所以客户提前还款需要支付一定的违约金。

因债务人怠于行使其到期债权，对债权人造成损害的，债权人可以向人民法院请求以自己的名义代位行使债务人的债权，但该债权专属于债务人自身的除外。代位权的行使范围以债权人的债权为限。债权人行使代位权的必要费用，由债务人负担。为了防止三角债风险传导，债权人可让法院代其向债务人的债务人催收账款。

因债务人放弃其到期债权或者无偿转让财产，对债权人造成损害的，债权人可以请求人民法院撤销债务人的行为。债务人以明显不合理的低价转让财产，对债权人造成损害，并且受让人知道该情形的，债权人也可以请求人民法院撤销债务人的行为。撤销权的行使范围以债权人的债权为限。债权人行使撤销权的必要费用，由债务人负担。撤销权自债权人知道或者应当知道撤销事由之日起一年内行使。自债务人的行为发生之日起五年内没有行使撤销权的，该撤销权消灭。这也是为了防止债务人转移财产，以逃避债务。

16. 合同履行过程中，发生合同内容更变怎么办？

合同生效后，当事人不得因姓名、名称的变更或者法定代表人、负责人、承办人的变动而不履行合同义务。

当事人协商一致，可以变更合同。法律、行政法规规定变更合同应当办理批准、登记等手续的，依照其规定。当事人对合同变更的内容约定不明确的，推定为未变更。当事人可以补充协议方式变更合同，增加条款，声明原合同具体条款无效。如变更担保协议则应征得担保人同意，并重新办理担保登记。变更内容约定应明确，否则视同未变更。

债权人可以将合同的权利全部或者部分转让给第三人，但有下列情形除外：（1）根据合同性质不得转让；（2）按照当事人约定不得转让；（3）依照法律规定不得转让。比如：应收账款债权可转让第三人是保理业务开展的前提，在企业《购销合同》或定单中存在应收账款债权禁止转让的则转让无效，除非应收账款以商业汇票结算，不然就不能操作保理融资。

债权人转让权利的，应当通知债务人。未经通知，该转让对债务人不发生效力。债权人转让权利的通知不得撤销，但经受让人同意的除外。债权人转让权利的，受让人取得与债权有关的从权利，但该从权利专属于债权人自身的除外。债务人接到债权转让通知后，债务人对让与人的抗辩，可以向受让人主张。应收账款转让操作保理融资须通知债务人，否则转让行为不对债务人发生法律效力，这是保理融资自偿性闭环资金控制的重要法律依据。但是，我们也应注意"债务人对让与人的抗辩，可以向受让人主张"这句话，它意味着转让的应收账款中还可能隐含着后期可能的产品质量问题、安全问题等瑕疵。

债务人将合同的义务全部或者部分转移给第三人的，应当经债权人同意。债务人转移义务的，新债务人可以主张原债务人对债权人的抗辩。债务人转移义务的，新债务人应当承担与主债务有关的从债务，但该从债务专属于原债务人自身的除外。在多角债以及企业分立、合并中会存在这种合同义务转移给第三人的情况，即新债务人代替原债务人向债权人履行偿债义务。

当事人一方经对方同意，可以将自己在合同中的权利和义务一并转让给第三人。当事人订立合同后分立的，除债权人和债务人另有约定的以外，由分立的法人或者其他组织对合同的权利和义务享有连带债权，承担连带债务。在供应链代理采购和销售以及企业分立、合并和关联公司间业务合作中会存在这种情况，有的公司负责接单，有的公司专门履行合同。这里规定分立后的两个或多个企业对合同的权利和义务享有连带债权，承担连带债务。

17. 如何终止合同的权利义务？

很容易理解，有下列情形之一的，合同的权利义务终止：（1）债务已经按照约定履行；（2）合同解除；（3）债务相互抵消；（4）债务人依法将标的物提存；（5）债权人免除债务；（6）债权债务同归于一人；（7）法律规定或者当事人约定终止的其他情形。合同的权利义务终止后，当事人应当遵循诚实信用原则，根据交易习惯履行通知、协助、保密等义务。

合同未履行完毕前，按协议，解除合同的条件成就时，解除权人可以解除合同。有下列情形之一的，当事人可以解除合同：（1）因不可抗力致使不能实现合同目的；（2）在履行期限届满之前，当事人一方明确表示或者以自己的行为表明不履行主要债务；（3）当事人一方迟延履行主要债务，经催告后在合理期限内仍未履行；（4）当事人一方迟延履行债务或者有其他违约行为致使不能实现合同目的；（5）法律规定的其他情形。

法律规定或者当事人约定合同解除权行使期限，期限届满当事人不行使的，该权利消灭。法律没有规定或者当事人没有约定解除权行使期限，经对方催告后在合理期限内不行使的，该权利消灭。

合同解除后，尚未履行的，终止履行；已经履行的，根据履行情况和合同性质，当事人可以要求恢复原状、采取其他补救措施，并有权要求赔偿损失。合同的权利义务终止，不影响合同中结算和清理条款的效力。即合同解除后，合同中的结算和清理条款继续有效。

当事人互负到期债务，该债务的标的物种类、品质相同的，任何一方可以将自己的债务与对方的债务抵消，但依照法律规定或者按照合同性质不得抵消的除外。当事人主张抵消的，应当通知对方。通知自到达对方时生效。抵消不得附条件或者附期限。当事人互负债务，标的物种类、品质不相同的，经双方协商一致，也可以抵销。因为债务以货币计量，所以，合同标的不同不影响合同当事人互负债务的协商抵偿，但禁止抵消附条件或附期限。

18. 债务人因债权人问题无法履行债务义务怎么办？

提存有实物提存和货币提存，有下列情形之一，难以履行债务的，债务人可以将标的物提存：（1）债权人无正当理由拒绝受领；（2）债权人下落不明；（3）债权人死亡未确定继承人或者丧失民事行为能力未确定监护人；（4）法律规定的其他情形。标的物不适于提存或者提存费用过高的，债务人依法可以拍卖或者变卖标的物，提存所得的价款。

标的物提存后，除债权人下落不明的以外，债务人应当及时通知债权人或者债权人的继承人、监护人。标的物提存后，毁损、灭失的风险由债权人承担。提存期间，标的物的孳息归债权人所有。提存费用由债权人负担。债权人可以随时领取提存物，但债权人对债务人负有到期债务的，在债权人未履行债务或者提供担保之前，提存部门根据债务人的要求应当拒绝其领取提存物。债权人领取提存物的权利，自提存之日起五年内不行使而消灭，提存物扣除提存费用后归国家所有。以上内容简单理解就是债务人因为债权人死亡、丧失行为能力又无监护人、失踪、无理拒绝受领，没法履行合同义务，法律允许债务人将交付给债权人的实物提存。如提存费用高的可以拍卖变现提存，提存期间发生的拍卖费用、运费、孳息由债权人负担或享有，提存后，有继承人或监护人的应通知他们。标的物提存后，债权人可随时提取提存物和资金，发生的费用和毁损、灭失的风险由债权人承担。

19. 如果对方不如约履行合同义务怎么办？

当事人一方不履行合同义务或者履行合同义务不符合约定的，应当承担继续履行、采取补救措施或者赔偿损失等违约责任。当事人一方明确表示或者以自己的行为表明不履行合同义务的，对方可以在履行期限届满之前要求其承担违约责任。当事人一方未支付价款或者报酬的，对方可以要求其支付价款或者报酬。在金融业务中，资金方会采取债务人担保物优先受偿、追索担保人代偿债务义务、对债务人处以罚息、提前收回融资等方式。

当事人一方不履行非金钱债务或者履行非金钱债务不符合约定的，对方可以要求履行，但有下列情形之一的除外：（1）法律上或者事实上不能履行；（2）债务的标的不适于强制履行或者履行费用过高；（3）债权人在合理期限内未要求履行。

质量不符合约定的，应当按照当事人的约定承担违约责任。对违约责任没有约定或者约定不明确，依照本法规定仍不能确定的，受损害方根据标的的性质以及损失的大小，可以合理选择要求对方承担修理、更换、重作、退货、减少价款或者报酬等违约责任。企业涉及标的质量问题容易引发合同纠纷，直接影响债权的完整性，甚至影响债权实现，我们要了解不同标的的质量要求以及客户历史产品或服务的质量表现，把握质量风险。

当事人一方不履行合同义务或者履行合同义务不符合约定的，在履行义务或者采取补救措施后，对方还有其他损失的，应当赔偿损失，损失赔偿额应相当于违约所造成的损失，包括合同履行后可以获得的利益，但不得超过违反合同一方订立合同时预见到或者应当预见到的因违反合同可能造成的损失。

当事人可以约定一方违约时应当根据违约情况向对方支付一定数额的违约金，也可以约定因违约产生的损失赔偿额的计算方法。约定的违约金低于造成的损失的，当事人可以请求人民法院或者仲裁机构予以增加；约定的违约金过分高于造成的损失的，当事人可以请求人民法院或者仲裁机构予以适当减少。当事人就迟延履行约定违约金的，违约方支付违约金后，还应当履行债务。

当事人可以依照《担保法》约定一方向对方给付定金作为债权的担保。债务人履行债务后，定金应当抵作价款或者收回。给付定金的一方不履行约定的债务的，无权要求返还定金；收受定金的一方不履行约定的债务的，应当双倍返还定金。

当事人既约定违约金，又约定定金的，一方违约时，对方可以选择适用违约金或者定金条款。当事人违约时，定金和违约金都有处罚作用，但法律只支持采用一种。

因不可抗力不能履行合同的，根据不可抗力的影响，部分或者全部免除责任，但法律另有规定的除外。当事人迟延履行后发生不可抗力的，不能免除责任。

当事人一方违约后，对方应当采取适当措施防止损失的扩大；没有采取适当措施致使损失扩大的，不得就扩大的损失要求赔偿。当事人因防止损失扩大而支出的合理费用，由违约方承担。即一方违约，另一方未采取措施止损，则扩大的损失违约方不承担赔偿，受损方止损费用由违约方承担。

20. 如何解决合同纠纷？

当事人不愿和解、调解或者和解、调解不成的，可以根据仲裁协议向仲裁机构申请仲裁。涉外合同的当事人可以根据仲裁协议向中国仲裁机构或者其他仲裁机构申请仲裁。当事人没有订立仲裁协议或者仲裁协议无效的，可以向人民法院起诉。

当事人应当履行发生法律效力的判决、仲裁裁决、调解书；拒不履行的，对方可以请求人民法院执行。一般来说，合同纠纷比较温和的解决方式是仲裁，仲裁无果还可向法院起诉，但起诉无果一般不会再申请仲裁，国际合同纠纷解决以仲裁为主。

因国际货物买卖合同和技术进出口合同争议提起诉讼或者申请仲裁的期限为四年，自当事人知道或者应当知道其权利受到侵害之日起计算。因其他合同争议提起诉讼或者申请仲裁的期限，可依照《民法总则》的规定。

《刑法》

《刑法》代表了一个国家法律对违法者最大的惩罚。我们说凡是容易赚钱的事都写进了《刑法》，其实，这些容易赚钱的事无不以损害他人、集体或国家利益为代价。《刑法》中很多涉及金融活动中"容易赚钱的事"，是我们不可碰触的禁区，在金融执业活动和客户风险分析中都应严加防范。触犯刑法，轻则剥夺财产，重则剥夺自由和生命。

下面我们来看一下，刑法中有哪些与金融相关的罪。

1. 擅自设立金融机构罪；伪造、变造、转让金融机构经营许可证、批准文件罪。

擅自设立金融机构罪指未经国家有关主管部门批准，擅自设立商业银行、证券交易所、期货交易所、证券公司、期货经纪公司、保险公司或者其他金融机构的罪行。

伪造、变造、转让金融机构经营许可证、批准文件罪是指伪造、变造、转让商业银行、证券交易所、期货交易所、证券公司、期货经纪公司、保险公司或者其他金融机构的经营许可证或者批准文件。

金融机构的成立有严格的准入门槛，需要银保监会、证监会、中国人民银行或地方政府和金融管理机构等权力机构的核准，它关系到国家货币的稳定、市场经济的稳定，是国家严格管控的行业。擅自设立金融机构和伪造、变造、转让金融机构经营许可证、批准文件都属于犯罪行为。

2. 高利转贷罪；骗取贷款、票据承兑、金融票证罪。

高利转贷罪是指以转贷牟利为目的，套取金融机构信贷资金高利转贷他人，违法所得数额较大的套利行为。高利转贷相当于融资人做了银行的事，而且其资金还来源于银行，扰乱了金融秩序。融资人高利转贷，违法所得数额在十万元以上的，或虽未达到十万元以上，但两年内因高利转贷受过行政处罚两次以上，又高利转贷的即达到立案条件。

骗取贷款、票据承兑、金融票证罪指以欺骗手段取得银行或者其他金融机构贷款、票据承兑、信用证、保函等，给银行或其他金融机构造成重大损失或者有其他严重情节的。如：以虚假贸易资料或虚假资产骗取银行贷款、银行承兑汇票、信用证、保函构成骗取贷款、票据承兑、金融票证罪。

3. 非法吸收公众存款罪。

非法吸收公众存款罪是指非法吸收公众存款或者变相吸收公众存款，扰乱金融秩序的行为。

行为人也是做了银行的事，向社会不特定对象吸收资金，出具凭证，承诺在一定期限内还本付息的活动。其本质就是庞氏骗局，即用后面人的钱还前面人的钱，由于承诺回报太高，其利润来源根本不足以覆盖其利息支出。P2P、虚拟货币、众筹等大多存在这种非法吸收存款活动；未经中国人民银行批准，不以吸收公众存款的名义，向社会不特定对象吸收资金，但承诺履行的义务与吸收公众存款性质相同的活动为变相吸收公众存款，如水果营行和鲜生友请以会员高返充值为名吸取不特定消费者资金。

4. 伪造、变造金融票证罪；妨害信用卡管理罪；窃取、收买、非法提供信用卡信息罪。

有下列情形之一的，或构成伪造、变造金融票证罪，或妨害信用卡管理罪，或窃取、收买、非法提供信用卡信息罪：（1）伪造、变造汇票、本票、支票的；（2）伪造、变造委托收款凭证、汇款凭证、银行存单等其他银行结算凭证的；（3）伪造、变造信用证或者附随的单据、文件的；（4）伪造信用卡的。

伪造、变造这些金融工具，很容易给金融类金融机构和他人带来巨大损失。这些犯罪在当今也屡见不鲜，是当前公检法打击的对象，也是我们金融风控人员要提高识别技术、严加防范的风险。

5. 伪造、变造国家有价证券罪；伪造、变造股票、公司和企业债券罪。

伪造、变造国库券或者国家发行的其他有价证券，数额较大的构成伪造、变造国家有价证券罪；伪造、变造股票或者公司、企业债券，数额较大的构成伪造、变造股票、公司和企业债券罪。

由于这些有价证券都基本实现了电子化，现在伪造、变造它们的可能性不大了，因此，此类案件也极少听到了。

6. 擅自发行股票、公司和企业债券罪。

未经国家有关主管部门批准，擅自发行股票或者公司、企业债券，数额巨大、后果严重或者有其他严重情节的，构成擅自发行股票、公司和企业债券罪。当前可能性不大了，因为这些信息网上是公开可查证的。

7. 内幕交易、泄露内幕信息罪；利用未公开信息交易罪。

证券、期货交易内幕信息的知情人员或者非法获取证券、期货交易内幕信息的人员，在涉及证券的发行，证券、期货交易或者其他对证券、期货交易价格有重大影响的信息尚未公开前，买入或者卖出该证券，或者从事与该内幕信息有关的期货交易，或者泄露该信息，或者明示、暗示他人从事上述交易活动；证券交易所、期货交易所、证券公司、期货经纪公司、基金管理公司、商业银行、保险公司等金融机构的从业人员以及有关监管部门或者行业协会的工作人员，利用因职务便利获取的内幕信息以外的其他未公开的信息，违反规定，从事与该信息相关的证券、期货交易活动，或者明示、暗示他人从事相关交易活动，情节严重的。

上市公司董事、监事、高级管理人员罔顾信托责任，与社会外部人员勾结，破坏证券市场公开、公平、公正环境，利用未公开信息进行交易、操纵股价，获取不正当利益，这种案件时有发生。2016 年泽熙投资管理有限公司法定代表人、私募大佬徐翔等人通过非法手段获取股市内幕信息，从事内幕交易、操纵股票交易价格，犯罪涉案金额巨大。

8. 编造并传播证券、期货交易虚假信息罪；诱骗投资者买卖证券、期货合约罪。

编造并且传播影响证券、期货交易的虚假信息，扰乱证券、期货交易市场，造成严重后果的；证券交易所、期货交易所、证券公司、期货经纪公司的从业人员，证券业协会、期货业协会或者证券期货监督管理部门的工作人员，故意提供虚假信息或者伪造、变造、销毁交易记录，诱骗投资者买卖证券、期货合约，造成严重后果的行为。

9. 操纵证券、期货市场罪。

有下列情形之一，操纵证券、期货市场，情节严重的：（1）单独或者合谋，集中资金优势、持股或者持仓优势或者利用信息优势联合或者连续买卖，操纵证券、期货交易价格或者证券、期货交易量的；（2）与他人串通，以事先约定的时间、价格和方式相互进行证券、期货交易，影响证券、期货交易价格或者证券、期货交易量的；（3）在自己实际控制的账户之间进行证券交易，或者以自己为交易对象，自买自卖期货合约，影响证券、期货交易价格或者证券、期货交易量的；（4）以其他方法操纵证券、期货市场的。

10. 职务侵占罪；贪污罪。

保险公司工作人员利用职务上的便利，故意编造未曾发生的保险事故进行虚假理赔，骗取保险金归自己所有的；国有保险公司工作人员和国有保险公司委派到非国有保险公司从事公务的人员有前款行为的。

11. 公司、企业人员受贿罪。

银行或者其他金融机构的工作人员在金融业务活动中索取他人财物或者非法收

受他人财物，为他人谋取利益的，或者违反国家规定，收受各种名义的回扣、手续费，归个人所有的；国有金融机构工作人员和国有金融机构委派到非国有金融机构从事公务的人员有前款行为的。

12. 挪用资金罪、挪用公款罪；背信运用受托财产罪；违法运用资金罪。

商业银行、证券交易所、期货交易所、证券公司、期货经纪公司、保险公司或者其他金融机构的工作人员利用职务上的便利，挪用本单位或者客户资金的；商业银行、证券交易所、期货交易所、证券公司、期货经纪公司、保险公司或者其他金融机构违背受托义务，擅自运用客户资金或者其他委托、信托的财产，情节严重的；社会保障基金管理机构、住房公积金管理机构等公众资金管理机构，以及保险公司、保险资产管理公司、证券投资基金管理公司，违反国家规定运用资金的。

13. 违法发放贷款罪。

银行或者其他金融机构的工作人员违反国家规定发放贷款，数额巨大或者造成重大损失的；银行或者其他金融机构的工作人员违反国家规定，向关系人发放贷款的。

14. 吸收客户资金不入账罪。

银行或者其他金融机构工作人员吸收客户资金不入账，数额巨大或者造成重大损失的。

15. 违规出具金融票证罪。

银行或者其他金融机构的工作人员违反规定，为他人出具信用证或者其他保函、票据、存单、资信证明，情节严重的。

16. 对违法票据承兑、付款、保证罪。

银行或者其他金融机构的工作人员在票据业务中，对违反《票据法》规定的票据予以承兑、付款或者保证，造成重大损失的。

17. 逃汇罪。

国有公司、企业或者其他国有单位，违反国家规定，擅自将外汇存放境外，或者将境内的外汇非法转移到境外，情节严重的。以进出口企业为主。

18. 洗钱罪。

明知是毒品犯罪、黑社会性质的组织犯罪、恐怖活动犯罪、走私犯罪、贪污贿赂犯罪、破坏金融管理秩序犯罪、金融诈骗犯罪的所得及其产生的收益，为掩饰、隐瞒其来源和性质，有下列行为之一的：（1）提供资金账户的；（2）协助将财产转换为现金、金融票据、有价证券的；（3）通过转账或者其他结算方式协助资金转移的；（4）协助将资金汇往境外的；（5）以其他方法掩饰、隐瞒犯罪所得及其收益的来源和性质的。

洗钱助长了犯罪,扰乱了社会秩序。为了打击犯罪,国家在整个金融系统布下了严密的反洗钱网络和机制。犯罪分子曾一度利用国家监管薄弱的虚拟货币、第三方支付、离岸银行账户等方式大肆洗钱。

19. 集资诈骗罪。

以非法占有为目的,使用诈骗方法非法集资,数额较大的。

与非法吸收公众存款罪不同,集资诈骗罪用诈骗的手段骗取了很多人的钱,以将资金占为己有为目的,一般诈骗成功后就跑路、消失。

20. 贷款诈骗罪。

有下列情形之一,以非法占有为目的,诈骗银行或者其他金融机构的贷款,数额较大的:(1)编造引进资金、项目等虚假理由的;(2)使用虚假的经济合同的;(3)使用虚假的证明文件的;(4)使用虚假的产权证明作担保或者超出抵押物价值重复担保的;(5)以其他方法诈骗贷款的。

风控人员对客户严重失察就有可能被骗,这些人一般会以高回报利诱金融从业人员,骗取信任,然后编造虚假贷款资料或担保资产,如果我们对这些资料缺乏专业的风控技术和分析力,就会招来风险。

其实,在很多贷款融资违约案中,不乏或重或轻的虚假欺骗。

21. 票据诈骗罪、金融凭证诈骗罪。

有下列情形之一,进行金融票据诈骗活动,数额较大的:(1)明知是伪造、变造的汇票、本票、支票而使用的;(2)明知是作废的汇票、本票、支票而使用的;(3)冒用他人的汇票、本票、支票的;(4)签发空头支票或者与其预留印鉴不符的支票,骗取财物的;(5)汇票、本票的出票人签发无资金保证的汇票、本票或者在出票时作虚假记载,骗取财物的。

尽管商业汇票已实现了电子化,但居然也出现了虚假电子商业汇票。2019年7月27日,中交第三公路工程局有限公司公告,票据市场上出现了重庆三峡银行股份有限公司空港支行以中交第三公路工程局有限公司名义出具的电子商业承兑汇票,重庆三峡银行股份有限公司空港支行不是中交第三公路工程局有限公司的合作银行。此前,中铁二局也曾发布公告,反映票据市场上出现了兴业银行长春前进大街支行以中铁二局集团有限公司名义出具的电子商业承兑汇票,兴业银行长春前进大街支行不是中铁二局集团有限公司的合作银行,该商业承兑汇票不是中铁二局集团有限公司出具的。中铁二局已经确认,此批兴业银行长春前进大街支行开出来的全是假票。我们知道,电子商业汇票由开票人在中国人民银行的 ECDS 系统才能开出,假票怎么能在这个系统成功办理背书转让呢?原来是市场上出现了假冒中铁二局和中交三局的企业,它们伪造中铁二局和中交三局的印鉴和营业执照(由于企业名称具有唯一性，可在企业官方网站查证是否为其子公司或分公司），以它们的名义在银行成功开户后诈骗作案。

22. 信用证诈骗罪。

有下列情形之一的，为信用证诈骗活动：（1）使用伪造、变造的信用证或者附随的单据、文件的；（2）使用作废的信用证的；（3）骗取信用证的；（4）以其他方法进行信用证诈骗活动的。

在进出口企业的国际贸易活动中，信用证是其常用的支付工具，在国际贸易中因信用证诈骗而钱货两空的事情常有耳闻，在跨境贸易中，风控人员要多向同行学习。

23. 信用卡诈骗罪、盗窃罪。

有下列情形之一，进行信用卡诈骗活动，数额较大的：（1）使用伪造的信用卡，或者使用以虚假的身份证明骗领的信用卡的；（2）使用作废的信用卡的；（3）冒用他人信用卡的；（4）恶意透支的。

犯罪分子利用科技手段，伪造、拷贝他人信用卡，作案手法高明，骗取金额大，给受害人带来巨大损失。金融靠制度风控、传统风控都不管用，只能从信用卡的反拷贝技术上进行突破，即采取硬件加软件的方式。

24. 保险诈骗罪。

有下列情形之一，进行保险诈骗活动：（1）投保人故意虚构保险标的，骗取保险金的；（2）投保人、被保险人或者受益人对发生的保险事故编造虚假的原因或者夸大损失的程度，骗取保险金的；（3）投保人、被保险人或者受益人编造未曾发生的保险事故，骗取保险金的；（4）投保人、被保险人故意造成财产损失的保险事故，骗取保险金的；（5）投保人、受益人故意造成被保险人死亡、伤残或者疾病，骗取保险金的。

25. 逃税罪。

纳税人采取欺骗、隐瞒手段进行虚假纳税申报或者不申报，逃避缴纳税款数额较大并且占应纳税额百分之十以上的。

通过将企业纳税申报表的纳税收入与企业内账利润表中的主营业务收入进行比较，很容易发现企业是否存在逃税行为以及逃税的严重性。金税三有很强的反逃税能力，因此，我们应重视企业的逃税行为，以规避税政风险。

26. 逃避追缴欠税罪。

纳税人欠缴应纳税款，采取转移或者隐匿财产的手段，使税务机关无法追缴欠缴的税款。

其实企业在转移或隐匿财产时，对我们的金融项目本身也形成了风险。

27. 骗取出口退税罪、偷税罪。

以假报出口或者其他欺骗手段，骗取国家出口退税款，数额较大的。

过去这种行为很多，现在有了金税三，开始变得很难操作了。关注出口贸易的真实性非常重要，否则与出口退税相关的融资项目会直接形成风险。

28. 虚开增值税专用发票罪；用于骗取出口退税、抵扣税款发票罪；虚开发票罪。

虚开增值税专用发票或者虚开用于骗取出口退税、抵扣税款的其他发票的。

29. 提供虚假证明文件罪；出具证明文件重大失实罪。

承担资产评估、验资、验证、会计、审计、法律服务等职责的中介组织的人员故意提供虚假证明文件。

当我们获取的审计报告存在数据虚假时，可以追究会计师事务所或提供这类资料的人员的法律责任。

30. 挪用资金罪；挪用公款罪。

公司、企业或者其他单位的工作人员，利用职务上的便利，挪用本单位资金归个人使用或者借贷给他人，数额较大、超过三个月未还的，或者虽未超过三个月，但数额较大、进行营利活动的，或者进行非法活动的。

金融从业人员应洁身自好，做好自己的风控。

31. 使用虚假身份证件、盗用身份证件罪。

在依照国家规定应当提供身份证明的活动中，使用伪造、变造的或者盗用他人的居民身份证、护照、社会保障卡、驾驶证等依法可以用于证明身份的证件，情节严重的。

32. 侵犯公民个人信息罪。

以窃取或者其他方法非法获取国家机关或者金融、电信、交通、教育、医疗等单位在履行职责或者提供服务过程中获得的公民个人信息，出售或者非法提供给他人，情节严重的行为。

大数据技术不是用来侵犯个人隐私权的，个人隐私和企业商业机密是受法律保护的，大数据一定是在法律机制下，在信息主体的支持下发挥其价值和作用。2019年9月，杭州存信数据科技、魔蝎科技等数据公司被查处，原因即在于此。

33. 非法经营罪。

2019年10月21日起，违反国家规定，未经监管部门批准，或者超越经营范围，以营利为目的，经常性地向社会不特定对象发放贷款，扰乱金融市场秩序，情节严重的，按《刑法》第二百二十五条第（四）项的规定，以非法经营罪定罪。其中，"经常性地向社会不特定对象发放贷款"为2年内向不特定多人（包括单位和个人）

以借款或其他名义出借资金 10 次以上。贷款到期后延长还款期限的，发放贷款次数按照 1 次计算。

如果实际年利率超过 36%，实施非法放贷行为，符合下列一种就属于《刑法》上所规定的"情节严重"：（1）个人非法放贷数额累计在 200 万元以上的，单位非法放贷数额累计在 1 000 万元以上的；（2）个人违法所得数额累计在 80 万元以上的，单位违法所得数额累计在 400 万元以上的；（3）个人非法放贷对象累计在 50 人以上的，单位非法放贷对象累计在 150 人以上的；（4）造成融资人或者其近亲属自杀、死亡或者精神失常等严重后果的。注意：单次非法放贷行为实际年利率未超过 36% 的，定罪量刑时不计入。

符合下列一种情况则属于"情节特别严重"：（1）个人非法放贷数额累计在 1 000 万元以上的，单位非法放贷数额累计在 5 000 万元以上的；（2）个人违法所得数额累计在 400 万元以上的，单位违法所得数额累计在 2 000 万元以上的；（3）个人非法放贷对象累计在 250 人以上的，单位非法放贷对象累计在 750 人以上的；（4）造成多名融资人或者其近亲属自杀、死亡或者精神失常等特别严重后果的。

如果只是向亲友、单位内部人员等特定对象出借资金，则不适用本规定。但通过亲友、单位内部人员等特定对象向不特定对象发放贷款的；或以发放贷款为目的，将社会人员吸收为单位内部人员，并向其发放贷款的；或向社会公开宣传，同时向不特定多人和亲友、单位内部人员等特定对象发放贷款的，都属于本刑法处罚对象。

非法放贷数额以实际出借给融资人的本金金额认定。非法放贷行为人以介绍费、咨询费、管理费、逾期利息、违约金等名义和以从本金中预先扣除等方式收取利息的，相关数额在计算实际年利率时均应计入。非法放贷行为人实际收取的除本金之外的全部财物，均应计入违法所得。非法放贷行为未经处理的，非法放贷次数和数额、违法所得数额、非法放贷对象数量等应当累计计算。

为从事非法放贷活动，实施擅自设立金融机构、套取金融机构资金高利转贷、骗取贷款、非法吸收公众存款等行为，构成犯罪的，应当择一重罪处罚。为强行索要因非法放贷而产生的债务，实施故意杀人、故意伤害、非法拘禁、故意毁坏财物、寻衅滋事等行为，构成犯罪的，应当数罪并罚。有组织地非法放贷，同时又有其他违法犯罪活动，符合黑社会性质组织或者恶势力、恶势力犯罪集团认定标准的，应当分别按照黑社会性质组织或者恶势力、恶势力犯罪集团侦查、起诉、审判。

结语

至此，我们对与金融相关的《担保法》、《物权法》、《票据法》、《民法总则》、

《公司法》、《民事诉讼法》、《合同法》和《刑法》八部法律进行了重点提炼和学习，对金融从业者来说，这些是入门必学的基础，我们还应在实践中不断补充丰富，包括《证券法》《基金法》《债券法》《期货法》《会计法》《预算法》《企业破产法》《税法》《保险法》《征信业管理条例》等金融相关法律法规，选择性了解最高人民法院的司法案例解释，国务院、银保监会、证监会、基金业协会、金融监督机构等国家职能管理机构出台的各项金融规章、制度、办法、通知等。

法律是业务前锋，也是业务劣后。法律风险多是隐性的，会从道德风险、操作风险、违约风险等风险中派生出来，我们在设计金融产品和方案时，根据业务逻辑分析风险，从源头上加以规避和防范。当我们把法律当成解决违约风险的手段时，违约风险照样存在，因为法律无法解决导致客户违约的底层问题，即偿债能力问题，法律解决的只是融资人的偿债意愿问题。因此，个别金融企业以法务部代替风控部的做法是错误的。控制法律风险更多的是预防和规避，禁止存有道德风险、还款意愿风险的客户准入，从产品设计、合同设计和业务流程设计等方面建立起法务"护城河"，而对客户信用能力则通过风控战略和数据风控技术加以管理和解决。

风控人员、法务和老板不妨经常参加一些专业风控培训、法律培训以及相关的论坛或沙龙分享活动，与同行多交流经验和技术方法，分享风险资讯和黑名单，丰富并完善风控理念，建构真正符合公司发展要求的科学的风控机制。

附录：金融相关合同分则[*]

《合同法》

买卖合同

第一百三十条【定义】买卖合同是出卖人转移标的物的所有权于买受人，买受人支付价款的合同。

第一百三十一条【买卖合同的内容】买卖合同的内容除依照本法第十二条的规定以外，还可以包括包装方式、检验标准和方法、结算方式、合同使用的文字及其效力等条款。

第一百三十二条【标的物】出卖的标的物，应当属于出卖人所有或者出卖人有权处分。

---

* 括号中的内容为作者添加的。

法律、行政法规禁止或者限制转让的标的物，依照其规定。

第一百三十三条【标的物所有权转移时间】标的物的所有权自标的物交付时起转移，但法律另有规定或者当事人另有约定的除外。

第一百三十四条【标的物所有权转移的约定】当事人可以在买卖合同中约定买受人未履行支付价款或者其他义务的，标的物的所有权属于出卖人。（即为货物所有权保留条款。）

第一百三十五条【出卖人的基本义务】出卖人应当履行向买受人交付标的物或者交付提取标的物的单证，并转移标的物所有权的义务。

第一百三十六条【有关单证和资料的交付】出卖人应当按照约定或者交易习惯向买受人交付提取标的物单证以外的有关单证和资料。

第一百三十七条【知识产权归属】出卖具有知识产权的计算机软件等标的物的，除法律另有规定或者当事人另有约定的以外，该标的物的知识产权不属于买受人。

第一百三十八条【交付的时间】出卖人应当按照约定的期限交付标的物。约定交付期间的，出卖人可以在该交付期间内的任何时间交付。

第一百三十九条【交付时间的推定】当事人没有约定标的物的交付期限或者约定不明确的，适用本法第六十一条、第六十二条第四项的规定。

第一百四十条【占有标的物与交付时间】标的物在订立合同之前已为买受人占有的，合同生效的时间为交付时间。（即合同生效时间在前，订立合同在后。符合法律实质重于形式原则。）

第一百四十一条【交付的地点】出卖人应当按照约定的地点交付标的物。

当事人没有约定交付地点或者约定不明确，依照本法第六十一条的规定仍不能确定的，适用下列规定：

（一）标的物需要运输的，出卖人应当将标的物交付给第一承运人以运交给买受人；

（二）标的物不需要运输，出卖人和买受人订立合同时知道标的物在某一地点的，出卖人应当在该地点交付标的物；不知道标的物在某一地点的，应当在出卖人订立合同时的营业地交付标的物。

第一百四十二条【标的物的风险承担】标的物毁损、灭失的风险，在标的物交付之前由出卖人承担，交付之后由买受人承担，但法律另有规定或者当事人另有约定的除外。（销售收入确认前提是商品所有权已完成交接，商品的相关风险完全转移至购买人。）

第一百四十三条【买受人违约交付的风险承担】因买受人的原因致使标的物不能按照约定的期限交付的，买受人应当自违反约定之日起承担标的物毁损、灭失的风险。

第一百四十四条【在途标的物的风险承担】出卖人出卖交由承运人运输的在途标的物，除当事人另有约定的以外，毁损、灭失的风险自合同成立时起由买受人承担。（这里是指货物已卖出，在途货物风险则由买家承担，货物卖出意味着货物相关风险已转移至买家。）

第一百四十五条【标的物交付给第一承运人后的风险承担】当事人没有约定交付地点或者约定不明确，依照本法第一百四十一条第二款第一项的规定标的物需要运输的，出卖人将标的物交付给第一承运人后，标的物毁损、灭失的风险由买受人承担。

第一百四十六条【买受人不履行接收标的物义务的风险承担】出卖人按照约定或者依照本法第一百四十一条第二款第二项的规定将标的物置于交付地点，买受人违反约定没有收取的，标的物毁损、灭失的风险自违反约定之日起由买受人承担。

第一百四十七条【未交付单证、资料与风险承担】出卖人按照约定未交付有关标的物的单证和资料的，不影响标的物毁损、灭失风险的转移。

第一百四十八条【标的物的瑕疵担保责任】因标的物质量不符合质量要求，致使不能实现合同目的的，买受人可以拒绝接受标的物或者解除合同。买受人拒绝接受标的物或者解除合同的，标的物毁损、灭失的风险由出卖人承担。（此时货物所有权尚未转移，货物相关产品风险，包括质量风险尚未转移。）

第一百四十九条【风险承担不影响瑕疵担保】标的物毁损、灭失的风险由买受人承担的，不影响因出卖人履行债务不符合约定，买受人要求其承担违约责任的权利。

第一百五十条【标的物权利瑕疵担保】出卖人就交付的标的物，负有保证第三人不得向买受人主张任何权利的义务，但法律另有规定的除外。

第一百五十一条【权利瑕疵担保责任和免除】买受人订立合同时知道或者应当知道第三人对买卖的标的物享有权利的，出卖人不承担本法第一百五十条规定的义务。

第一百五十二条【中止支付价款权】买受人有确切证据证明第三人可能就标的物主张权利的，可以中止支付相应的价款，但出卖人提供适当担保的除外。

第一百五十三条【标的物的瑕疵担保】出卖人应当按照约定的质量要求交付标的物。出卖人提供有关标的物质量说明的，交付的标的物应当符合该说明的质量要求。

第一百五十四条【法定质量担保】当事人对标的物的质量要求没有约定或者约定不明确，依照本法第六十一条的规定仍不能确定的，适用本法第六十二条第一项的规定。

第一百五十五条【买受人权利】出卖人交付的标的物不符合质量要求的，买受人可以依照本法第一百一十一条的规定要求承担违约责任。

第一百五十六条【标的物包装方式】出卖人应当按照约定的包装方式交付标的物。对包装方式没有约定或者约定不明确，依照本法第六十一条的规定仍不能确定的，应当按照通用的方式包装，没有通用方式的，应当采取足以保护标的物的包装方式。

第一百五十七条【买受人的检验义务】买受人收到标的物时应当在约定的检验期间内检验。没有约定检验期间的，应当及时检验。

第一百五十八条【买受人的通知义务及免除】当事人约定检验期间的，买受人应当在检验期间内将标的物的数量或者质量不符合约定的情形通知出卖人。买受人怠于通知的，视为标的物的数量或者质量符合约定。

当事人没有约定检验期间的，买受人应当在发现或者应当发现标的物的数量或者质量不符合约定的合理期间内通知出卖人。买受人在合理期间内未通知或者自标的物收到之日起两年内未通知出卖人的，视为标的物的数量或者质量符合约定，但对标的物有质量保证期的，适用质量保证期，不适用该两年的规定。

出卖人知道或者应当知道提供的标的物不符合约定的，买受人不受前两款规定的通知时间的限制。

第一百五十九条【买受人的基本义务】买受人应当按照约定的数额支付价款。对价款没有约定或者约定不明的，适用本法第六十一条、第六十二条第二项的规定。

第一百六十条【支付价款的地点】买受人应当按照约定的地点支付价款。对支付地点没有约定或者约定不明确，依照本法第六十一条的规定仍不能确定的，买受人应当在出卖人的营业地支付，但约定支付价款以交付标的物或者交付提取标的物单证为条件的，在交付标的物或者交付提取标的物单证的所在地支付。

第一百六十一条【支付价款的时间】买受人应当按照约定的时间支付价款。对支付时间没有约定或者约定不明确，依照本法第六十一条的规定仍不能确定的，买受人应当在收到标的物或者提取标的物单证的同时支付。

第一百六十二条【多交标的物的处理】出卖人多交标的物的，买受人可以接收或者拒绝接收多交的部分。买受人接收多交部分的，按照合同的价格支付价款；买受人拒绝接收多交部分的，应当及时通知出卖人。

第一百六十三条【标的物孳息的归属】标的物在交付之前产生的孳息，归出卖人所有，交付之后产生的孳息，归买受人所有。

第一百六十四条【解除合同与主物的关系】因标的物的主物不符合约定而解除合同的，解除合同的效力及于从物。因标的物的从物不符合约定被解除的，解除的效力不及于主物。（比如设备合同是主合同，技术转让合同是从合同，设备不符合主合同约定时，则设备合同与技术转让合同一并解除；但技术转让不符合约定，则解除技术转让合同，设备合同仍然有效。）

第一百六十五条【数物并存的合同解除】标的物为数物，其中一物不符合约定的，买受人可以就该物解除，但该物与他物分离使标的物的价值显受损害的，当事人可以就数物解除合同。

第一百六十六条【分批交付标的物的合同解除】出卖人分批交付标的物的，出卖人对其中一批标的物不交付或者交付不符合约定，致使该批标的物不能实现合同目的的，买受人可以就该批标的物解除。

出卖人不交付其中一批标的物或者交付不符合约定，致使今后其他各批标的物的交付不能实现合同目的的，买受人可以就该批以及今后其他各批标的物解除。

买受人如果就其中一批标的物解除，该批标的物与其他各批标的物相互依存的，可以就已经交付和未交付的各批标的物解除。

第一百六十七条【分期付款买卖中的合同解除】分期付款的买受人未支付到期价款的金额达到全部价款的五分之一的，出卖人可以要求买受人支付全部价款或者解除合同。（倾向于保护出卖人利益，消费金融关注点。）

出卖人解除合同的，可以向买受人要求支付该标的物的使用费。

第一百六十八条【样品买卖】凭样品买卖的当事人应当封存样品，并可以对样品质量予以说明。出卖人交付的标的物应当与样品及其说明的质量相同。

第一百六十九条【样品买卖特殊责任】凭样品买卖的买受人不知道样品有隐蔽瑕疵的，即使交付的标的物与样品相同，出卖人交付的标的物的质量仍然应当符合同种物的通常标准。

第一百七十条【试用买卖的试用期间】试用买卖的当事人可以约定标的物的试用期间。对试用期间没有约定或者约定不明确，依照本法第六十一条的规定仍不能确定的，由出卖人确定。

第一百七十一条【买受人对标的物的认可】试用买卖的买受人在试用期内可以购买标的物，也可以拒绝购买。试用期间届满，买受人对是否购买标的物未作表示的，视为购买。

第一百七十二条【招标投标买卖】招标投标买卖的当事人的权利和义务以及招标投标程序等，依照有关法律、行政法规的规定。

第一百七十三条【拍卖】拍卖的当事人的权利和义务以及拍卖程序等，依照有关法律、行政法规的规定。

第一百七十四条【买卖合同准用于有偿合同】法律对其他有偿合同有规定的，依照其规定；没有规定的，参照买卖合同的有关规定。

第一百七十五条【互易合同】当事人约定易货交易，转移标的物的所有权的，参照买卖合同的有关规定。

借款合同

第一百九十六条【定义】借款合同是借款人向贷款人借款，到期返还借款并支付利息的合同。（借款人即融资人。）

第一百九十七条【合同形式及主要条款】借款合同采用书面形式，但自然人之间借款另有约定的除外。

借款合同的内容包括借款种类、币种、用途、数额、利率、期限和还款方式等条款。

第一百九十八条【合同的担保】订立借款合同，贷款人可以要求借款人提供担保。担保依照《中华人民共和国担保法》的规定。

第一百九十九条【借款人提供其真实情况的义务】订立借款合同，借款人应当按照贷款人的要求提供与借款有关的业务活动和财务状况的真实情况。

第二百条【利息的预先扣除】借款的利息不得预先在本金中扣除。利息预先在本金中扣除的，应当按照实际借款数额返还借款并计算利息。（砍头息规定。有三种表现方式：1. 借款本金中扣除利息后转付借款；2. 借款本金中扣除利息后转付借款，借款人开具现金收据给出借人，出借人应付检查，掩盖砍头息真相；3. 支付本金后，客户支付利息。）

第二百零一条【贷款违约责任】贷款人未按照约定的日期、数额提供借款，造成借款人损失的，应当赔偿损失。

借款人未按照约定的日期、数额收取借款的，应当按照约定的日期、数额支付利息。（出借人违约应赔偿借款人损失，借款人违约提取借款，照约付息。）

第二百零二条【贷款人的检查、监督权】贷款人按照约定可以检查、监督借款的使用情况。借款人应当按照约定向贷款人定期提供有关财务会计报表等资料。（金融的事后监管法律支持。）

第二百零三条【借款使用的限制】借款人未按照约定的借款用途使用借款的，贷款人可以停止发放借款、提前收回借款或者解除合同。（借款用途监管的法律支持。）

第二百零四条【利率】办理贷款业务的金融机构贷款的利率，应当按照中国人民银行规定的贷款利率的上下限确定。

第二百零五条【利息的支付】借款人应当按照约定的期限支付利息。对支付利息的期限没有约定或者约定不明确，依照本法第六十一条的规定仍不能确定，借款期间不满一年的，应当在返还借款时一并支付；借款期间一年以上的，应当在每届满一年时支付，剩余期间不满一年的，应当在返还借款时一并支付。

第二百零六条【借款的返还期限】借款人应当按照约定的期限返还借款。对借期限没有约定或者约定不明确，依照本法第六十一条的规定仍不能确定的，借款人可以随时返还；贷款人可以催告借款人在合理期限内返还。

第二百零七条【逾期利息】借款人未按照约定的期限返还借款的，应当按照约定或者国家有关规定支付逾期利息。

第二百零八条【提前偿还借款的利息计算】借款人提前偿还借款的，除当事人另有约定的以外，应当按照实际借款的期间计算利息。

第二百零九条【借款展期】借款人可以在还款期限届满之前向贷款人申请展期。贷款人同意的，可以展期。（到期前融资人可申请展期，这点符合企业信用能力呈周期动态变化原理。）

第二百一十条【自然人间借款合同的生效时间】自然人之间的借款合同，自贷款人提供借款时生效。

第二百一十一条【自然人间借款合同的利率】自然人之间的借款合同对支付利息没有约定或者约定不明确的，视为不支付利息。自然人之间的借款合同约定支付利息的，借款的利率不得违反国家有关限制借款利率的规定。（个人之间的民间借款合同应明确约定利息，为防出借人搞高利贷，法律对无利息约定的借款视同无利息。）

融资租赁合同

第二百三十七条【定义】融资租赁合同是出租人根据承租人对出卖人、租赁物的选择，向出卖人购买租赁物，提供给承租人使用，承租人支付租金的合同。

第二百三十八条【合同的主要条款及形式】融资租赁合同的内容包括租赁物名称、数量、规格、技术性能、检验方法、租赁期限、租金构成及其支付期限和方式、币种、租赁期间届满租赁物的归属等条款。

融资租赁合同应当采用书面形式。

第二百三十九条【租赁物的购买】出租人根据承租人对出卖人、租赁物的选择订立的买卖合同，出卖人应当按照约定向承租人交付标的物，承租人享有与受领标的物有关的买受人的权利。

第二百四十条【索赔权】出租人、出卖人、承租人可以约定，出卖人不履行买卖合同义务的，由承租人行使索赔的权利。承租人行使索赔权利的，出租人应当协助。

第二百四十一条【买卖合同的变更】出租人根据承租人对出卖人、租赁物的选择订立的买卖合同，未经承租人同意，出租人不得变更与承租人有关的合同内容。

第二百四十二条【租赁物所有权】出租人享有租赁物的所有权。承租人破产的，租赁物不属于破产财产。

第二百四十三条【租金的确定】融资租赁合同的租金，除当事人另有约定的以外，应当根据购买租赁物的大部分或者全部成本以及出租人的合理利润确定。

第二百四十四条【租赁物的瑕疵担保责任】租赁物不符合约定或者不符合使用目的的，出租人不承担责任，但承租人依赖出租人的技能确定租赁物或者出租人干预选择租赁物的除外。（谁主导租赁物采购谁承担责任。从融资租赁专业化发展趋势看，要提高租赁设备资产管理效率，增加流动性，保证回购担保，减少系统风险带来的违约损失，出租人干预选择租赁物是一个必然选择。）

第二百四十五条【租赁物的占有和使用】出租人应当保证承租人对租赁物的占有和使用。

第二百四十六条【租赁物造成的损害责任】承租人占有租赁物期间，租赁物造成第三人的人身伤害或者财产损害的，出租人不承担责任。

第二百四十七条【租赁物的保管、使用、维修】承租人应当妥善保管、使用租赁物。

承租人应当履行占有租赁物期间的维修义务。

第二百四十八条【承租人拒付租金责任】承租人应当按照约定支付租金。承租人经催告后在合理期限内仍不支付租金的，出租人可以要求支付全部租金；也可以解除合同，收回租赁物。（收回全部租金和收回租赁物是两个不同结果的处理方式，承租人违约就是没钱支付租金，怎么可能支付全部租金呢？因此主要是收回租赁物。）

第二百四十九条【租赁物价值的部分返还权】当事人约定租赁期间届满租赁物归承租人所有，承租人已经支付大部分租金，但无力支付剩余租金，出租人因此解除合同收回租赁物的，收回的租赁物的价值超过承租人欠付的租金以及其他费用的，承租人可以要求部分返还。（注意前提。）

第二百五十条【租赁期满租赁物归属】出租人和承租人可以约定租赁期间届满租赁物的归属。对租赁物的归属没有约定或者约定不明确，依照本法第六十一条的规定仍不能确定的，租赁物的所有权归出租人。

《保险法》

保险合同

第十五条【合同解除权】除本法另有规定或者保险合同另有约定外，保险合同成立后，投保人可以解除合同，保险人不得解除合同。

第十六条【保险人解除合同权时效及其责任承担】订立保险合同，保险人就保险标的或者被保险人的有关情况提出询问的，投保人应当如实告知。

投保人故意或者因重大过失未履行前款规定的如实告知义务，足以影响保险人决定是否同意承保或者提高保险费率的，保险人有权解除合同。

前款规定的合同解除权，自保险人知道有解除事由之日起，超过三十日不行使而消灭。自合同成立之日起超过二年的，保险人不得解除合同；发生保险事故的，保险人应当承担赔偿或者给付保险金的责任。

投保人故意不履行如实告知义务的，保险人对于合同解除前发生的保险事故，不承担赔偿或者给付保险金的责任，并不退还保险费。

投保人因重大过失未履行如实告知义务，对保险事故的发生有严重影响的，保险人对于合同解除前发生的保险事故，不承担赔偿或者给付保险金的责任，但应当退还保险费。

保险人在合同订立时已经知道投保人未如实告知的情况的，保险人不得解除合同；发生保险事故的，保险人应当承担赔偿或者给付保险金的责任。

第十七条【保险人免责条款的明确说明义务】订立保险合同，采用保险人提供的格式条款的，保险人向投保人提供的投保单应当附格式条款，保险人应当向投保人说明合同的内容。

对保险合同中免除保险人责任的条款，保险人在订立合同时应当在投保单、保险单或者其他保险凭证上作出足以引起投保人注意的提示，并对该条款的内容以书面或者口头形式向投保人作出明确说明；未作提示或者明确说明的，该条款不产生效力。

第二十一条【投保人及时报险义务】投保人、被保险人或者受益人知道保险事故发生后，应当及时通知保险人。故意或者因重大过失未及时通知，致使保险事故的性质、原因、损失程度等难以确定的，保险人对无法确定的部分，不承担赔偿或者给付保险金的责任，但保险人通过其他途径已经及时知道或者应当及时知道保险事故发生的除外。

财产保险合同

第四十九条【财险标的转让的拒赔情形】保险标的转让的，保险标的的受让人承继被保险人的权利和义务。

保险标的转让的，被保险人或者受让人应当及时通知保险人，但货物运输保险合同和另有约定的合同除外。

因保险标的转让导致危险程度显著增加的，保险人自收到前款规定的通知之日起三十日内，可以按照合同约定增加保险费或者解除合同。保险人解除合同的，应当将已收取的保险费，按照合同约定扣除自保险责任开始之日起至合同解除之日止应收的部分后，退还投保人。（即保险标的的转让有可能增加风险，从而要增加保险费或解除合同，解除合同则应退还多交的保险费。）

被保险人、受让人未履行本条第二款规定的通知义务的，因转让导致保险标的危险程度显著增加而发生的保险事故，保险人不承担赔偿保险金的责任。

第五十六条【重复保险的理赔规则】重复保险的投保人应当将重复保险的有关

情况通知各保险人。

重复保险的各保险人赔偿保险金的总和不得超过保险价值。除合同另有约定外，各保险人按照其保险金额与保险金额总和的比例承担赔偿保险金的责任。

重复保险的投保人可以就保险金额总和超过保险价值的部分，请求各保险人按比例返还保险费。（由于人的价值无可估量，所以人寿支持重复保险，无理赔限额；财产保险标的的价值是市场决定的，是可以估量的，所以财险有理赔限额。财产出现重复保险时投保人应通知保险人，因为保险人赔偿保险金的总和不得超过保险价值，这个保险价值就是被保财产的价值，超过部分各保险人应按比例返还相应保险费。）

第五十七条【出险止损理赔规则】保险事故发生时，被保险人应当尽力采取必要的措施，防止或者减少损失。

保险事故发生后，被保险人为防止或者减少保险标的的损失所支付的必要的、合理的费用，由保险人承担；保险人所承担的费用数额在保险标的损失赔偿金额以外另行计算，最高不超过保险金额的数额。

第六十条【保险人对第三者赔偿的代位行使权】因第三者对保险标的的损害而造成保险事故的，保险人自向被保险人赔偿保险金之日起，在赔偿金额范围内代位行使被保险人对第三者请求赔偿的权利。

前款规定的保险事故发生后，被保险人已经从第三者取得损害赔偿的，保险人赔偿保险金时，可以相应扣减被保险人从第三者已取得的赔偿金额。

保险人依照本条第一款规定行使代位请求赔偿的权利，不影响被保险人就未取得赔偿的部分向第三者请求赔偿的权利。（保险公司一旦支付赔偿金后，在赔偿金额内代位行使对相关第三者的请求赔偿权。但是仅限在其赔偿金额内行使代位追偿权，通常仍需要投保人和受益人配合对第三者追偿，超出保险赔款的部分仍属投保人或受益人所有。如受益人先获第三者赔偿金，则保险公司以损失扣减已获赔偿金计算保险赔款。）

第六十一条【投保人不得放弃对第三者赔偿的请求权】保险事故发生后，保险人未赔偿保险金之前，被保险人放弃对第三者请求赔偿的权利的，保险人不承担赔偿保险金的责任。

保险人向被保险人赔偿保险金后，被保险人未经保险人同意放弃对第三者请求赔偿的权利的，该行为无效。

被保险人故意或者因重大过失致使保险人不能行使代位请求赔偿的权利的，保险人可以扣减或者要求返还相应的保险金。（即为了保护财险公司的利益，法律规定：保险理赔前，投保人不得放弃对保险事故涉及的第三者的赔偿请求权，理赔后，投保人放弃对第三者的赔偿请求权无效。）

第五章　风控战略

老板的大风控

什么是风控战略？平时我们说的风控其实是狭义上的风控策略或者技术，反映为风控人员的职业技能；而广义的风控包括风控人员的风控和公司老板的风控，其中公司老板的风控就是战略风控。金融的本质即风控，风控战略是金融企业风控中最为核心的部分，它反映为股东决策人的风控，是大风控、第一风控的概念，具有前置性、优先性、宏观性和决定性，是风控人员个体风控技术所不能取代的。

在风控咨询工作中，笔者发现绝大多数类金融企业的老板基本没有风控战略思维，更不用说去做了，甚至有些新成立的银行也是如此，普遍认为风控就是风控人员的事，所以，老板相当于把自己的风控事务不自觉地交给了风控人员。风控战略成为很多金融企业对外宣传资料中空洞的修饰词，我们看不到股东和老板清晰的风控架构和战略布局，看不到公司对行业市场和客户的精准定位，看不到可持续的客户开发模式与风控数据解决方案，也看不到化解风险的机制设计和组织安排……

风控战略不是虚无的，其能量非凡。它是股东们在行业市场定位、商业模式、系统架构、风险偏好、产品设计、业务开发、数据来源、客户质量、风险处置等方面所进行的综合布局和设计，是解决企业未来业务安全性和可持续性问题的系统工程。

金融如果是一栋大厦，那么支撑这栋大厦的就是那些藏在水泥中的钢筋和埋在地下的地基，风控就像纠缠一体的钢筋，风控战略就如固若金汤的地基。 俗话说万丈高楼平地起，没有地基怎经得住狂风暴雨。项目不出险或能化险为夷，通常风控战略的作用是第一位的，然后才是风控人员的水平。没有风控战略，出险后往往很难挽回损失。

任何风控技术都反映为对当前风控的判断和未来风险的预测，预测风险的基础建立在趋势分析法上，是依据历史和当前数据所呈现的惯性趋势或逻辑演变而做出的推断。由于当前那些关联未来风险的数据维度和数据量会随时间延长而减少，关联性也会随时间延长而减弱，当下我们预测的准确性随时间延长而衰减，反映出风控人员对未来风险的预知力随时间延长而减弱。所以，风控人员若能准确预知未来一年内的风险，可称专业；若能准确预知未来两年内的风险，可谓高手；若能准确预知未来三年内的风险，则可谓凤毛麟角，风控奇才了。所以，在长期融资项目中，老板把风控使命全盘交给风控部或风控人员是非常不理智的。

也许有人会问，保理、供应链公司、担保公司、典当公司等业务都是一年期以内的项目呀，老板是否可以把风控全部交给风控部去打理呢？答案是：也不行！因为风控技术根本难以应对系统风险，系统风险属于外部风险，具有不可分散性和难预测性，涉及风险承担的选择性问题，必须由股东决策来决定。不同行业有不同的系统风险，股东选择什么行业的业务意味着接受什么样的系统风险。股东根据自己的资源实力和风险偏好做出选择，再通过产品设计和业务模式，在某种风控理念基础上建立系统性的风险控制机制，把风险控制在决策者可接受的范围内，比如保理公司避开高污染行业企业（有法律风险），融资租赁避开光伏产品（难以控制技术迭代风险），供应链金融避开产能过剩商品（有市场风险）等等。

因此，金融企业最大的风险之一来自股东的决策风险。项目决策权一般掌握在公司股东的手里，融资项目放不放款取决于股东的风险偏好和决策结果，风控技术再厉害，股东决策若失误，一切归于零。所以，要防止决策风险，股东就应结合自身实力和资源，明确自己能做什么，单笔融资控制在多大，服务哪些行业，选择什么客户，以什么方式获取客户，项目哪些风险要严禁，公司设置哪些部门，招什么人才，资金不足时如何快速实现补充，怎么持续获取真实和完整的风控信息，股东能承担多大逾期率和坏账率，公司自身如何控制经营风险和资产风险，公司未来如何发展，如何服务好优质客户淘汰劣质客户，出现风险如何从容应对，等等，这些都是股东决策者在业务开展前要想清楚并布局好的。

风控技术与风控战略

很多老板将做实业赚的钱投入做金融，不要说新手，就是很多做了几年金融的老板对风控依然一知半解，还在为自己的刚愎自用支付巨额学费呢。作为公司第一风控，其难度不言自明，解决这个问题最好的办法就是启用"外脑"，如聘请专业风控咨询公司带路，这样，才可能对自己所从事业务的风险有更完整的认识，对项目有更专业的判断，大大减少决策失误。

我认识好几个做供应链的老板，他们由于对自己的能力过于自信，想当然地设计金融产品，构建系统平台，反反复复在系统方面浪费了很多金钱、时间和精力，有做到中途的，有做到测试还未结束的，最后或束之高阁，或推倒重来，为什么？多数只是流程化的业务 ERP 架构，买个金蝶或用友 ERP 或许还更好用，里面没有资金方青睐的高价值数据，也没有给人充分安全感的风控战略。所以，不懂风控做金融，痛苦是迟早的事。

风控技术通常解决非系统风险，对短期融资项目有一定的决定作用，但有些隐性非系统风险，在没有战略风控的情况下，杀伤力与系统风险一样。比如客户关联交易、高利贷、产品安全事件、生产事故等等，如果我们不了解客户关联交易的合理性、高利贷的规模、客户产品安全标准和生产安全状况，就不可能在风控方案中设计有控制力的担保、融资用途、账户控制方式、引入保险等。风控战略针对的是公司未来所有的项目，如通过风险偏好直接过滤存在关联交易的行业企业、负债率超过50％的企业、产品有争议的企业、生产安全有问题的企业，或完全通过供应链公司代理货控的商业模式来解决。可见，战略风控对象不仅仅是系统风险，还有很多风控技术难以解决的非系统风险，它至少能解决金融产品60％以上的风险。

然而，这并不意味着风控技术不重要，虽然风控技术解决的风险相对风控战略更少，但却是最难的，是金融企业重要的风控日常工作。风控技术往往针对极易导致项目失败的非系统风险，担负风控战略的贯彻执行。一方面，风控技术要以风控战略为指导开展风控工作，风控人员要把自己的技能与公司的战略意图结合起来，这样才能施展战略威力；另一方面，风控技术相比风控战略更难获得，要具备法律、财务管理、金融、信息学等复合知识和技能体系。风控人员使用风控技术采集信息、识别分析风险、量化风险、核定授信与融资额度、跟踪项目，没有风控技术，我们很容易陷入真假不分、风险丛生之境。

有些金融企业没有风控战略，但业务做得不错，坏账率也控制在理想范围内，其实这是一个假象，并非它们走了狗屎运，通常是公司里面有高人，高人以一己风控代替了股东风控，也就是股东没有战略，高人替他们做到了。当然，这肯定不是我们要的风控战略，因为高人不可能承担公司风险损失，承担风险损失的还是公司股东，这是金融企业的大忌。

进行风控的目的是找到有能力融资的人或有利润可赚的项目提供金融支持，帮助客户实现价值创造或安然度过低谷期，确保资金安全，顺利分享客户利润，实现双方经营可持续性发展。风控不是为了把客户或项目的风险全然挡在外面，而是思考如何利用风控战略和技术的力量，与风险和平共处，谋取合理的风险回报。

低级金融完全不顾风险，中级金融仅接纳低风险，高级金融接纳所有可以管控的风险。风控如果只站在客户"门外"管理风险，其结果必然会陷入"选择论"的客户开发困境，成天在一堆不良项目或客户中测算、分析、判断、平衡和选择，而其后期风控注定变得被动。风控如果通过供应链服务体系，则可以参与客户业务运作，通过信用工具、平台系统功能和风控数据指导，引导管理客户信用行为，其融资前中后即可实现动态主动风控，建立动态客户信用管理，形成"管理论"的客户开发，摆脱"选择论"困境，实现客户金融服务的全覆盖。金融风控的最高境界则通过与客户达成亲密战略合作关系，提供更好的金融服务体验，对不同信用等级客户提供不同的服务待遇，建立客户信用部分自治和完全自治机制，让金融风控自然融入企业血液，企业管理系统自携风险抗体，智能解放金融企业生产力。

我们经常听到"风控无用论""金融是靠天吃饭"之类的言论，那只能说相信这种话的人是坐井观天。任何事物的存在都有其道理，有它形成、变化和发展的规律，任何问题和矛盾都有攻破的方法。为什么有不少人在经济危机期间能安然无恙，大获其利？为什么同样是做保理，真正做得好的基本都有供应链服务背景？相信很多人亲历过，公司曾信誓旦旦地说重视风控，后来视风控如敌人，最后发展到架空风控，为什么？业务做不上去怪风控太严，项目出风险怪风控能力太弱，却不知道很多情况下，风控战略缺失才是公司败走的主因。

风控战略能规避系统风险，也能规避非系统风险，公司初期股东的风控战略规避的风险越多，其未来项目胜算的概率才可能越大。风控战略首先应权衡业务开发难度，规避股东不能接受的重大风险；其次通过产品设计规避、化解或转嫁尽可能多的共性风险；最后拟定公司风险偏好，股东可以接受的风险损失和风险因子。风控战略解决的风控越多越好，剩下的由风控部、法务部或者资产管理部来解决。

风控的假设前提和风控原则

风控有四个基本假设前提，第一个前提，假定还款人历史会重演，这也是趋势分析法的前提。我们只能得到企业历史和当前的信用数据信息，以此推测未来，在融资期内，我们假设企业会无意外地沿着历史相似的运营能力、偿债能力、盈利能力和发展能力走下去，只有这样，我们的融资项目才能确保安全。第二个前提，还款人提供的信用信息和我们采集的信用信息都是真实可靠的。第三个前提，还款人或项目的主要风险均被发现，未知隐性风险发生概率极低。第四个前提，国家经济正常发展，融资期内不会出现经济危机等严重影响还款人偿债能力的事件。显然，这四个前提都不可能绝对确保，从第一个前提到第四个前提，一个比一个难做到，风控人员在其中的作用一个比一个弱，系统风险一个比一个大，这说明我们要有大风控观，让风控技术和风控战略扬长避短，才能发挥整体最佳效果，使四个假设达到最佳状态。

做事要有原则，金融风控也如此，否则很容易引发系统和非系统风险。这里要重点关注合法合规原则、双赢原则、现金流第一原则、担保资产流动性原则、融资用途原则、回款控制原则和趋势变化原则。第一，合法合规原则。这在产品设计中尤其重要，我们在第四章中讲述过。套路贷、裸贷被高院明确纳入涉黑严禁，就是它与诈骗无异，炒虚拟货币也是如此。第二，双赢原则。这要求我们金融产品的风险定价不能超过融资企业所赚取的利润，同时要兼顾双方利益，做到双赢甚至是多赢，不能是我们赚了而客户亏了，也不能是客户赚了而我们亏了，因为它注定不可持续。比如 P2P 很多假标自融，没有真实利润来源，投资者一时是赚了，但后来呢？校园贷和现金贷等高利贷都是如此。第三，现金流第一原则。即融资额度是根据客户融资期或到期日的现金流净现值来核定，而不能直接按担保资产估值打折测算，毕竟金融的原意并非靠处置客户担保资产还款。第四，担保资产流动性原则。如果借款到期融资方违约，担保资产没有流动性就无法变现，也就意味着担保无效。第五，融资用途原则。因为融资用途决定融资的第一还款来源、融资成本、融资期限、融资还款方式和融资风险的大小，如果融资不确定用途，就无法确定融资方案。第六，回款控制原则。回款控制有闭环控制和信用控制两种，前者针对信用存在瑕疵的客户或者新客户，后者针对信用良好的客户或者老客户，风控所有的工作都是围绕回款控制展开的。第七，趋势变化原则。经济大环境越差，股东风险偏好应越高，相反可以越低。针对个别客户的内环境也同样适用这一原则。

通过不断实践和练习风控技术，金融企业应做到熟能生巧，融会贯通。金融企业不能被自己设计的风控规则、流程、形式和制度束缚住了，而应越做越简单，也越极致。类金融企业应摒弃银行那套繁文缛节和形式主义，随着条件的成熟，逐步放弃冗长的尽调报告，置换为一页表格，把漫长的项目评审会改为不容争议的条件过滤……强化信息的高度精准和高效获取，对于老客户、战略客户更应简化程序，实时响应。

类金融如何定位行业

目前，大部分保理商和融资租赁公司都是泛经营模式，供应链服务公司很多也是泛经营模式，即对客户没有行业选择，风控常因信息不对称而陷入被动，其原因主要是这些供应链金融企业对自己从事的类金融业务的风控原理和逻辑理解不够透彻。

西方国家也曾涌现过大量保理公司、融资租赁公司、供应链服务公司，但后来逐渐被市场所淘汰，所剩无几，生存下来的多是深耕某些行业的高度专业的类金融企业。类金融专业化符合成本控制原则和战略风控原则，很容易通过知名度获取长期战略客户。从趋势看，我国类金融企业也必然朝专业化方向发展，顺应这个规律，未来生存下来的也一定是行业专业化水平高的供应链金融企业。

我们认为，专业化先要选对行业。理论上任何一个行业都有系统风险，只是在不同的历史时期有大小不同的系统风险，我们可以根据自己的资源和能力，选择最有把控力的行业。为了经营可持续，防止因经营一个行业带来的系统风险高度集中，我们最好选择2~3个互不关联的行业，整合行业资源，包括建立对价资产劣后处置能力，导入管理系统工具，专注于服务好这几个行业中的上下游客户，专业度甚至达到拥有这个行业的直觉判断力，能感知行业的风吹草动，追求市场、系统与人的高度协同，以供应链服务方式与客户紧密合作，为客户提供无感金融服务。在风险来临之前，不但自己可以全身而退，同时也可以帮助客户免遭灾难。

类金融企业的客户在哪里

为什么我们不主张类金融企业模仿银行做金融？银行虽然也是"杂食主义者"，其主要资金来源于企业和个人存款等，其负债率可以超过"杠杆陷阱"，即90%，为什么它不会出现财务失控呢？就是因为它有可源源不断吸纳存款的特许业务，只要每天有人存钱，银行贷款即便发生坏账也不怕资金枯竭，由于可以用后面存款人的存款继续放贷业务，其坏账损失可以用日后赚到的利润消化，只要坏账增量不超过银行存款增量，银行就不容易关门。银行贷款成本低，信贷风控要求极其严格，因为存款人的定期存款到期是要还的，如果贷款逾期，就意味着可能影响存款兑付，导致银行要通过同业拆借来解决，否则就容易引发银行挤兑风险。因为银行经不起客户信贷违约，所以它的信用贷款注定非常有限，大部分为各种担保贷，要求融资人提供房产、汽车、股票、债券、定期存单等优质资产抵押，一旦客户逾期可以行使担保权来处置抵押资产。存款机制是类金融企业所没有的，这意味着我们不可能像银行那样做风控，我们的风控应要比银行更严格，因为我们的客户是银行低成本资金过滤后剩下的，风险更大。既然我们的风控更严格，那么，如何跟银行竞争呢？我的回答是：我们不跟银行竞争，银行资金成本这么低，我们自然不是它的对手。那么，我们的客户在哪里呢？其实，市场已告诉我们，我们的客户就是供应链服务中的中小微企业。当前，大部分类金融企业还是在向银行学习，做银行一样的客户，一样大的业务，做完之后再把项目转给银行做再融资，或者找到客户就直接让银行对接资金，完全是简单粗暴的中介模式。做到今天，有的人发现，市场上理想客户基本上没有了，全到银行去了，而我们类金融企业沉淀的都是转不出去的客户，有的公司做了两三年甚至没有一个客户，成为银行的"虚拟业务部"。

资金成本的后面是风险和风险定价，银行资金成本低，自然它的客户明显都是低风险客户，它们不是信用卓著，就是手握大把优质硬资产。所以，那些银行不做的或认为风险高的客户大多是中小微企业。事实就是如此。这些客户真的没有融资能力吗？肯定不是，再差的客户只要活着就还有一口气。虽然这些客户分散、财务不成熟、规模小、资金需求小、没有硬资产，但它们大部分有不错的业务，它们赖此而活着。它们大部分靠业务活着就意味着它们的产品是卖给某些核心企业的，所以，我们可以成立供应链公司，在某个行业中找到一些核心企业，在核心企业及其上下游中小微企业之间搭建供应链服务系统，我们为它们提供代采、物流、仓储、配送、分销、结算服务，在它们需要融资时，提供垫资采购，预付销售、货押、保理、融资租赁等供应链融资，通过供应链代理贸易服务的方式控制风险。我认为这是目前最完美的类金融业务模式。

"选择型"风控和客户开发

前面说过，金融企业的传统风控做法都是站在企业"门外"来控制客户风险，而不是参与到企业经营管理中去管理风险。传统风控要达到良好的效果，一定是在放款前选择正确的客户，即为有融资能力的客户提供服务，我称之为"选择型"风控和客户开发。我们的业务风控前置和被动风控方法论都建立在这个观点之上。可以说，"选择型"方法论已不利于金融企业服务业务的开展，客户可以跟你"关起门来谈合作"，你要什么信用信息资料，你要给我时间"准备"，给你东西时就难免拖泥带水，如果我们不知道如何在放款前充分发挥自己作为"甲方"的优势，放款后立马就会变成"乙方"的角色，这也是绝大部分的贷后监管都是"泥"的原因吧。

我从看明白供应链金融的本质开始，就认为我们过去主流的保理和融资租赁的业务方向基本是错的，我们应回归到供应链服务体系中来布局风控战略、搭建系统、获客、提供综合服务和控制风险，然后为所有供应链客户提供金融服务，这才是供应链金融的正解。也就是说，我们要参与到客户的业务运作中去，甩掉"选择论"的被动局面，变被动为主动，这样我们类金融的春天才可能指日可待，迎来一片光明。供应链服务系统是服务客户、留住客户所需要的，同时也是累积客户业务和信用数据所需要的，供应链金融结构化的产品设计，在系统支持下的风控变得简单高效，且具有可持续性。可以说，将来谁的供应链系统和服务做得好，谁就能拥有更多的客户资源，谁就拥有行业地位，具备对接银行低成本资金的话语权。

银行如果不与供应链公司或供应链金融企业合作，客户明天就有可能被互联网银行抢走。客户跟业务走，业务跟系统走，数据跟系统走，风控跟数据走，金融跟风控走，到物联网那一天，更是如此。明白这一点，怎么布局集服务、数据、金融和风控于一体的系统就有了方向。

未来信用信息的采集肯定是系统化、智能化、实时的，客户每天的授信额度都会随客户风险数据的变化而变化，数据从输入到模型分析、到传输、再到融资决策和收放款，将逐步实现去人工化，物联网、区块链技术的应用使得资产数字化开始变为现实。

在没有系统支持的前提下，信用信息采集从产品设计的战略风控层面要注意：（1）客户信用信息资料配合清单在尽调前与客户沟通确认，否则不入场尽调。（2）后续的监管资料清单写入协议，并设置违约预案，防止客户融资后各种推脱。（3）融资方有专人对接。

最流行的客户"选择型"风控工具是评分卡。我们应该明白，个人信用信息维度多，无效数据噪音也多，极需大数据技术、数据分析技术来整理清洗，筛选入模变量，使用风控模型组合分析变量，架构出动态有价值的个人信用评分卡，指导个人信用分析和判断。但供应链金融中的核心企业不同，现实中成熟企业大多实行多元化经营，收入结构也是动态的，风险对不同行业相同变量的敏感度也不一样，样本数据太少，企业虚假数据多，有的行业还未必有样本数据，变量阈值很难通过大数据技术来获得，所以，企业评分卡通过逻辑来建模，即通过企业信用原理、风控逻辑和风控原则，筛选数据变量，构建企业信用评分卡。当然，未来随着供应链金融的发展，行业因社会分工越来越细，供应链样本数据会极大丰富起来，届时我们有机会在某些行业先行采用更具效率的大数据技术、机器学习来构建动态风控模型，实现供应链金融的风险管理和控制。

"管理型"风控和客户开发

供应链金融确实是一种极好的客户开发方式，因为它有"管理型"风控的支持。实践中，我们眼见类金融企业通过各种人脉、渠道找来的客户都变成了网红，在国家大力号召下开始转做供应链金融，却不知道供应链服务就是一种很好的获客方式，大多保理商和融资租赁公司还沉浸在"渠道客户"的开发思维里，虽然做的是供应链金融业务，其实是托盘融资、放贷，看不到多少真正意义上的供应链金融的身影。供应链服务系统平台是聚集流量和信息数据资源的地方，不懂供应链金融风控的人注定不会利用供应链服务的优势，也不能发挥它的去渠道化作用。依然使用"选择型"业务开发方式就是对供应链服务平台资源的极大浪费，因为在"管理型"机制下，但凡在核心企业授信额度内以及货控、风控前提下，核心企业上下游客户都可以操作供应链融资。

供应链融资必须与供应链公司建立合作，银行、保理商和融资租赁公司通过供应链公司代理融资客户的贸易业务，这样，供应链公司在掌握核心企业授信和上下游客户业务数据基础上，实现控货和货款回收控制。在供应链服务过程中，积累融资企业大量的业务数据和信用数据，便于我们构建跨链供应链信用管理，并为企业提供信用管理工具和数据，使得全链中小微企业都有机会发展成为信用核心企业，为供应链公司拓展跨链供应链服务提供可能性，延伸供应链金融服务边界。供应链金融服务应对传统"选择型"风控和客户开发方式进行转型升级，实行"管理型"风控和客户开发方式。

"管理型"风控使我们不再受困于一个核心企业一级上下游客户的局限性，通过跨链信用管理，建立上下游跨链联动协同的供应链服务和供应链金融，实现风险闭环控制。

"合作型"风控和客户开发

在"管理型"风控机制下，核心企业及其上下游客户与供应链金融企业达成战略合作，使用供应链金融公司设计的信用管理软件；供应链金融企业通过系统识别客户风险和资金需求，实现智能无感金融服务；供应链金融风控体系融入核心企业及其上下游客户信用管理中，形成"合作型"战略客户开发的思路。

供应链客户的业务具有延续性，特别是相对成熟企业的业务，大部分系统内的客户都有持续的金融服务需求，这为供应链金融企业提供了开发长期战略合作客户的基础。

如何获取战略客户？有人可能会说在客户中优选，有人可能会说通过信用管理培养出来，两种都对，都可以实现。我认为，合作出来的客户，有如在自然环境下精心培植出来的苹果树，它源源不断地带给我们收获，我们深知苹果树和苹果的特性；而"选择型"风控机制下获得的客户，则有如我们在超市里挑选别人剩下的苹果，因为脱离了苹果树，其新鲜与否不再受控于苹果树。

核心企业有如苹果树，它是供应链公司与供应链金融企业（银行、保理、融资租赁等）合作的结晶，为了保证它的生产力和品质，我们应回到供应链服务起点上，从一开始供应链金融企业就与供应链公司合作打造一个具备信用管理技术的供应链服务生态系统，所有进来的客户自然接受这里的系统规则，使用信用管理模型和数据，实现信用自治，按数据获取业务和金融资源，遵循供应链共识和规则。所谓的"无感金融"是通过我们与客户间的风控默契合作，一方面系统在客户业务流程中植入风控技术和数据结构；另一方面通过动态授信系统，引导客户信用自治，提升其信用品质，自我适配金融服务。

所以，"无感金融"并非迎合客户，而是客户信用数据自然配置金融资源的结果，是智能金融在供应链综合服务合作中实现的方式。但是，战略客户也是动态的，昨天是，明天可能就不是了，是不是要看客户的信用数据变化及规则。我们把客户划分为退出客户、新客户、准战略客户、标准战略客户和 VIP 客户五个等级或更多等级，根据客户规模、业务稳定性等特征，设计适用不同客群的信用评级模型，对客户信用分层，并且动态跟踪管理，评分降低的客户等级回调，降到退出客户评分的淘汰出供应链体系；评分提高的客户等级上调，达到较高等级的列入"核心企业"合作级，金融覆盖更多上下游层级。

对不同信用等级客户所享受的金融服务实行差别待遇，待遇至少包括：（1）融资放款速度，信用等级越高放款速度越快；（2）融资综合成本，信用等级越高融资成本越低；（3）还款方式，比如设置随借随还、有限制延期还款、多周期宽限期、借新还旧还款、账户控制还款等等；（4）融资规模，设置货值全额融资、货值折扣融资、固定额度融资等等；（5）全部配套增值服务，如提供免费信用管理 SAAS 软件、法律顾问、财务顾问、投资顾问服务等等。

战略客户动态等级管理有助于维护战略客户关系，提升库存客户质量。在为客户提供丰富的综合服务的同时，配置"无感金融"服务产品，客户黏性度和忠诚度自然成长，使得众多优质客户通过优质金融服务支持做大做强。

供应链金融企业的增值服务可以外包合作，增强我们的专业度和系统客户开发能力，我们通过战略客户降低业务和客户开发成本，降低坏账率，提升公司品牌形象，更快占领行业市场，获取更多可资合作的战略客户资源，由此，优质客户带来的利润回报必然可支撑供应链金融增值服务的可持续发展。

"合作型"风控融入客户自主信用管理和供应链公司服务流程与管理理念中，它最终成为供应链金融企业、供应链公司和核心企业上下游客户成长发展中共同遵循的行为准则和共同信仰。

硬件风控思维

我有一个非常非常重要的观点就是，供应链金融企业绝不能把自己定义为供应链金融服务中的资金方，因为它们的资金来源终究是有限的，供应链金融服务中资金方主角一定是银行！供应链金融企业的资金服务仅限于在银行与企业客户之间充当润滑油的作用，润滑油不是动力油，理解这一点，对于我们构架供应链金融服务体系至关重要！否则就会患上历史上和当前大多数供应链金融企业的通病，即借钱做资金方，越做越死。我们保理公司、融资租赁公司和供应链服务公司都不能是最后的资金方，根据资金方风控第一原则，也就是说我们的风控都应该是银行的风控，如果我们的战略规划、产品设计、系统建设没有银行风控的基因或银行的参与，无异于闭门造车。这也是一直以来我们大部分供应链金融业务无法直接对接银行资金的重要原因，其次才是银行没有正确的供应链金融思维，普遍不懂如何与供应链金融企业建立长期业务合作。供应链金融企业走到最后一定是以系统的方式实现数字信息化风险管理，而这个系统一定包括规制风控、流程风控、技术风控和数字风控。其中数字风控是建立在前三者信息化建设基础上的，过去我们的法律与制度等规制风控、"四流"流程风控和软件分析技术风控几乎与硬件无关，现在不同了，社会化大分工，互联网供应链服务全面升级为物联网供应链服务，以后所有的供应链金融资源将在物联网中形成数字化，物联网的核心是各种硬件及其后面的软件系统，可以说我们将在物联网硬件基础上打造一个具备供应链金融风控管理体系的物联网供应链服务体系。银行无法主导物联网供应链金融风控管理体系的建设，起主导作用的一定是我们供应链金融企业。

金融产品的风险可以通过战略、技术、人工、流程和制度等来管理控制，也可以使用互联网技术，实现多用户系统化来管理控制，甚至通过智能化系统来实现控制。但是，某些金融产品，特别是某些供应链金融产品的风控，离不开硬件风控。我意识到，随着物联网技术的发展，未来供应链金融不可避免地需要借助智能设备机器采集风控数据。这就必然需要设计系统＋硬件的风控设备，搭建风控模型对机器行为的智能管控，最终达到融资回款控制的目的。

过去，仓单重复融资、控货质押融资、虚假贸易下的货押融资等各种金融欺诈风险常有发生，导致银行一度大规模缩减仓单或货物质押融资，甚至有些银行中止了相关融资业务，对第三方仓储公司产生了严重的信任危机。要解决这个问题，人们可能首先想到使用区块链技术，然而，事实是，现在银行对区块链也不再像开始时那么迷信了，原因是，供应链服务当中的区块链都不是去中心化的，如果各业务节点公司串通一致，或开始的数据源是虚假的，那么其中的数据同样不可置信，没有意义。因此，区块链要真正解决数据的公信力问题，单凭区块链软件技术还是很悬。

在仓单质押、货物质押情况下，资金方要能实现远程货物盘点、开仓锁仓、入仓出仓，就需要智能监控系统，包括路由器等网络设备、红外线探头、感应器材、信息存储器、智能分拣设备、电子锁、扫码枪、电子标签、电脑、手机等硬件，是人机互动、物物互动、人人互动的物联网软硬件整体解决方案，特别是通过布局这些实时智能采集货控数据的硬件，通过区块链技术存证，为资金方的货押融资、仓单融资资金安全提供智能化、可视化和无人为干涉的数字化风险控制，就能完美解决资金方、融资人、仓储公司的信任危机。

在遵循降本增效和回款控制原则的基础上，硬件风控，特别是搭载了智能系统的硬件风控是解决风控难题的一个重要思考方向。硬件风控思维应与制度风控、人工风控和软件风控思维有机结合起来，才可能创新出成本最低、效率最高、最好用也最有用的软硬件风控解决方案或方法论。

智能技术的发展，诞生了许多黑科技产品和技术，比如人脸、瞳孔、指纹、声音等生物识别技术，如谷歌的移动智能眼镜，它们对金融风控也有着非常重大的意义，因为这些技术的组合应用可以取代我们的钱包、信用卡、密码、钥匙、印章等，实现远程开关门锁、智能转账、智能签约等，智能眼镜可以协助我们远程跟踪仓库盘点、定位、协同作业等等。总之，硬件风控是一个全新领域，我相信它一定能创新出丰富的金融风控产品。

如何进行风险定价

融资风险定价是指融资报价利率的确定。实践中，我发现很多类金融企业没有风险定价概念，人们倾向于认为融资报价是与客户谈判谈出来的，这其实是一个错觉。因为我们在谈判时要说服客户接受我们的报价，就应跟客户解释我们的报价是怎么测算的，特别是要告诉客户自身的信用等级、项目风险以及风险大小。但是，由于金融企业的强势，报价这种要约行为往往变成没有商量余地的通知，以至于忽略了风险定价对我们的重要意义。比如，风险定价是否已经覆盖了我们的成本，我们是否能保证我们的利润水平？我们是否获得了承担项目风险所产生的额外的风险补偿？可以说，风险定价决定着金融企业的最终战果，也是对公司战略风控能力的最佳评价。金融企业可以参考银行的贷款风险定价法来操作。

第一种是成本定价法，即成本定价＝资金来源成本＋经营成本＋违约风险补偿＋预期利润，其中资金来源成本是获得融资资金所支付的成本，即在市场资金供求状况下，所得到的最低资金利率；经营成本指金融企业开展业务支付员工工资福利、房租、水电费等各项费用的预算成本率；风险补偿是资金方因承担融资风险损失而应得到的风险补偿率；预期利润是指债权人通常情况下应获得的利润率。

对于金融企业来说，预期利润率基本是可以确定的，但每个项目的资金来源、经营成本和风险程度都不同，我们可以设计定价模型（见表5.1，其中经营成本费率和风险定价是公式自动计算出来的，资金来源成本、违约风险补偿和预期利润金额都是根据固定年化利率计算出来的），建立个性化的项目风险定价模型。

表 5.1　成本定价模型

项目	年化利率/费率	数值（元/天）
融资金额		1 000 000.00
期限（天）		90.00
资金来源成本	8.00%	20 000.00
经营成本	4.50%	11 250.00
1. 员工工资福利分摊		8 400.00
2. 房租分摊		1 200.00
3. 水电费分摊		200.00
4. 差旅费分摊		650.00
5. 招待费分摊		200.00
6. 折旧费分摊		100.00
7. 其他分摊		500.00
违约风险补偿	0.50%	1 250.00
预期利润	2.00%	5 000.00
风险定价	15.00%	37 500.00

　　不过，这个定价模型没有考虑同业竞争因素，因为竞争越激烈，对预期利润率影响越大，因此，在实际操作时，可根据不同时期同业竞争情况，调整利润预期。

　　第二种风险定价是基准利率加点法。这是银行广泛采用的风险定价模型，即在某贷款基准利率基础上，根据项目或资产的信用等级、风险大小确定加点数，或乘以一个系数得出，即资金利率＝市场优惠利率＋期限风险补偿＋违约风险补偿，其中"市场优惠利率＋期限风险补偿"即为不同期限的基准利率，违约风险补偿就是风险加点（注意：也可能是负点数）。

　　我国基准利率是央行根据社会资金市场供求情况，结合国家货币政策制定颁布的。银行的贷款利率已市场化，原则上央行对贷款利率不再有上下浮动限制，但上限肯定不能超过高利贷的标准年化 24%。在金融企业中，这个基准利率就不能简单用央行的基准利率来理解了，它应为金融企业充分考虑资金来源的实际成本以及期限风险补偿，期限风险补偿不妨理解为通胀率；类金融企业股本资金，成本虽然为零，但为了公平起见，在进行风险定价时，此成本可以核定为股东权益回报率＋期限风险补偿。

　　风险定价中，最难的是对风险补偿的定价。期限风险补偿我们可以引用当前的物价指数，即通胀率，如果有必要可根据我国通胀率未来趋势做进一步调整确定；对于违约风险补偿，首先要解决的问题就是如何把那些大大小小的风险量化，并形成一个能综合评价风险的结果。历史上有过 3C、5W、5P 评价法，以及艾特曼模型、巴萨利模型等函数模型之类的风险评价法，而一直沿用至今且被证明效果显著的还是信用评分卡。在拥有大数据技术的今天，这一方法被赋予了更强大的魔力，在信用风险管理中确实是一件利器。

类金融企业可以建立内部使用的信用评分卡（在"信用信息"中有较详细的讲述），对客户进行信用评级，对不同信用等级客户根据股东风险偏好设置不同的综合融资利率，信用等级越高，违约风险定价越低。为了控制风险，我们可以匹配相应的担保增信要求，这是一个管理规范的金融企业常见的风险定价方式。

违约风险定价只是定价，当客户到期没有违约，这部分收益就转化为我们的超额收益，如果出现了违约，则此收益可能完全丧失，因此，坏账率原则上不超过违约风险补偿。为了减少违约带来的巨大亏损，金融企业要计提坏账准备金，以核算违约损失的控制成果。

股东的风险偏好怎么定

我们常在评审会上否掉很多具有相同风险的项目，但是由于没人说这种风险绝对不能做，后面还是源源不断地有这种项目过会，某一天这种项目顺利过会，然后放款，等到客户违约时，大家才意识到有这种风险的项目曾一度被否。

风控学说到底是一门决策学，它涉及金融企业中非常重要的风险偏好问题，绝大多数类金融企业股东都好像在回避，或根本就不知道什么是风险偏好。到目前为止，我还真没有看到哪一家类金融企业有明确的风险偏好清单或文件，它好像股东内心的秘密，公司业务人员和风控人员整天像猜谜语一样揣测股东的项目品位。

所谓偏好，就是有的人喜欢黑色 T 恤，有的人喜欢红色 T 恤，有的人喜欢黄色 T 恤，即萝卜白菜各有所爱，做金融自然就有风险偏好，做什么行业，选什么客户，配什么风控方案，定多长期限和多大融资利率、费率，这些都跟风险有很大的关系，所以叫风险偏好。风控战略包括了风险偏好，它描述的是股东喜欢什么信用的客户，或者说不喜欢有什么风险的客户。

风险偏好不同，收益也不同，通常高风险高收益，低风险低收益，银行成本低自然要找低风险项目。我们发现，一些类金融企业成天想找低风险高收益项目，最后找到的基本都是假的低风险项目。风险偏好不是随心所欲定出来的，它必须遵守金融原理和风控逻辑。比如融资额度要量力而行，不少注册资本几千万元的保理商敢放单笔五千万元的融资，一单出险就把自己搞死了。所以，要学会分散风险，单笔金额小了，自然风险偏好也可以适当松点，客户、机会自然也就更多。再如资方风控第一原则，如果项目的最后资金方不是自己，而是别人，则必须按别人的风险偏好做风控，不然项目落到自己手里没钱放也白搭。现实中，很多类金融企业自己没钱，又不搞清楚别人什么胃口，想当然做风控，结果一年半载下来，没一单做成。也就是说，股东要根据自己的资金来源、业务特征和资源实力设计风险偏好，当然，还要遵守风控原理和逻辑，不然也是瞎搞。

我们说金融企业老板是公司最大的风控，而老板的风控是通过战略风控来运作的，战略风控的核心就是股东的风险偏好。股东如果不告诉公司业务人员和风控人员自己的风险偏好，风控和项目开发一定会成大问题，因为这时风控人员只能猜测股东的偏好，即以风控人员的偏好代替股东的偏好，其结果是每次项目上会都让股东和风控人员抓狂，项目流程没个准，项目标准也没个准，对待相同的项目或风险前后态度不一致。

我们认为，股东至少要告知业务人员和风控人员其四个风险偏好：（1）单笔（或单个客户）融资金额控制在公司净资产多少比例？万一出风险了，股东都能承受。（2）逾期多长时间可界定为坏账？坏账率最大可以多大？当然不可能大于预期利润率，可以根据老板期望的股东收益率测算认定。（3）保理产品的利率、期限、还款方式、对价资产要求、融资用途等的相关控制要求。（4）哪些风险不做，或者只做什么项目？比如：走单不走货不做，滞销或变现能力差的货物不做，大宗商品不做或只做大宗商品。制定"负面清单"，通过它基本可以节约公司 60％以上的人力、物力和财力，大大提升风控和业务开发效率。

导入第三方助手和数据服务

随着金融智能时代的到来，未来任何组织和个人都可能离不开云助手，这些助手或以 SAAS 方式提供服务，潜伏在我们身边，随时为我们提供数据或决策依据，成为企业或个人的强大"外脑"，在某节点上适时为我们输出工具、方案、数据，甚至决策结果……我们可以预言，未来公司购买的助手将逐步取代大部分高级专业人才，反过来，我们将有望共享全球高端人才的专业服务。同时，他们也会将响应客户需求，提供线下或虚拟面对面服务。未来企业可能比的是谁拥有更多更顶尖的云助手服务。

我们对风控能力的自信，除了我们拥有丰富的风控经验和技术外，还在于我们有能力看到自己的软肋以及个人知识、眼界和能力的局限性。我曾一度主张引入第三方专家风控和数据，包括购买邓白氏商业报告、万得数据等第三方数据。

企业即便有再多再顶尖的风控人才，由于企业组织的单一性，也会因为股东的个人偏执而犯错，这决定了我们引入风控"外脑"的必要性，它可以最大限度打破我们个体思维的狭隘，减少决策风险。我曾亲历很多好项目因为没有"第三方声音"，因为风控陈述人在评审会上对项目过于乐观和自信的表露，招致股东无端怀疑而被否，一些风控挑战较大的项目却得到他们的青睐。这引起我的认真反思，如果是我，估计也会这样做，所以，我想到了"第三方声音"的力量，这就是促成我投身风控咨询事业的原动力。我们为多家公司提供服务后，发现自己开始具备强大的BUG自我修复能力，正是它使得我们越来越自信，其能量已远非单一金融企业所能企及。

从成本角度来看，虽然获取风控咨询服务需要支付一笔较大的成本，大概相当于一个风控总监的年薪，但得到的却是一个专业团队提供的一年服务，与公司专业提升和资金安全相比，当然不是一般的超值。

刘备在官渡之战败于曹操后，经谋士徐庶推荐，三顾茅庐方得诸葛亮这枚最强"外脑"，最后建立蜀汉政权，与孙吴和曹魏三国鼎立，成就一番大业。借古思今，"外脑"存在的方式发生了革命性变化，其能量也今非昔比，金融企业若能择其大观，战略引入，必能辅成大业。

建立理智的增信观念

反映融资人信用能力最重要的是创造现金流的能力，货币资金是创造的现金流，却不是创造现金流的能力，担保资产是潜在的现金流能力，融资人之所以要借钱，就是因为没有现实的现金流。贷款融资需要创造现金流的能力支撑，没有这个能力，信用就没有成立的条件。金融风险的产生源自融资人创造现金流能力的不确定性，但也有创造现金流能力是可确定、可测算的，比如工薪阶层的融资人、那些经营性现金流净额长期超过企业利润的企业就是如此。然而，历史现金流呈现波动变化太大，或是断断续续的，其创造现金流能力的风险就会比较大，导致借款到期时可能没有足够的现实现金流偿还本息。对于这类创造现金流能力明显不稳定或较弱的融资人，我们需要通过增信来保障出借人的资金安全。

担保是最重要的增信，其中担保对价资产是最为核心的增信。资产是潜在的现金流能力，要注意"潜在"的意思是，它需要有变现市场、交易协议和购买力的支撑，当融资人违约时，资产却变现不了，或预先未与买家签订《担保回购协议》锁定变现价值和变现交易，那么这种资产担保就是无效担保，无效担保就是无效增信。

除了实物资产的担保，还有第三方企业和个人的主体担保，其担保授信是建立在它们（他们）净资产的潜在现金流能力基础上的。没有净资产的企业或个人没有担保能力，当担保主体破产时，担保权人拥有追索其净资产变现的权利，而非其资产变现的权利。贷款融资前评估担保净资产，测算担保授信，是为了化解净资产变现能力的不确定性；我们说的个人身价，从风控角度来说就是个人净资产，同样需要评估。资产担保本质上是净资产担保，只是此资产从净资产中切割出来了，是相对稳妥、确定的担保方式；而保证担保本质上也是净资产担保，不过它会因企业经营的变化而变化，且其中有些资产可能已被切割担保出去了，我们很难知道，有的还是担保之后切割出去的，因此保证担保是一种模糊的不确定的净资产担保方式。

可以说，净资产是企业或个人对外担保授信的基础，由于净资产变现要充分考虑融资人的资产质量，即把各项资产中已经形成的坏账、损失和贬值金额剔除出去，并剔除必然发生的变现费用和税务支出，形成实际总资产，然后减去账面负债和隐性负债的差额，这个才是当前的可担保净资产。为了应对借款到期日可能会发生的价值减损和对价资产担保，我们的担保授信要按这个可担保净资产打折跟踪管理授信，比如按10％计算担保授信。如何看待担保总额非常重要，逻辑上，当主体担保总额（含对外和对关联企业担保）已经超过其净资产时，意味着已完全丧失担保能力，触及担保天花板，是风险红色预警信号；当企业对外担保总额已超过未分配利润总额时，也意味着已完全丧失担保能力，是风险红色预警信号。对于集团企业来说，以合并财报看净资产，企业内部担保可以相互抵消。注意，就集团企业来说，其净担保总额（含对外和对关联企业担保）也不能超过其净资产总额。

我们之所以要在"现金流"前面加上"创造"，在其后面加上"能力"，是因为现金流是保证信用实现的基石，现金流能力决定了信用的吞吐能力，我们看企业也好，看个人也好，创造现金流能力是其价值的最集中体现，谁能看明白这一点，谁就能掌握信用先机，这对我们确定金融战略也至关重要。对创造现金流能力的识别，需要我们透过现象看本质，具体问题具体分析。风险投资人最擅长于此，为什么有眼光的投资人更看重新产品或新公司的投资？是因为从这里才比较容易找到具备创造无限现金流潜质的企业。何谓无限现金流潜质？通常是基于一种新产品或新的商品模式，由于其独特性，很难被复制，企业未来业务成长和发展空间非常巨大，其现金流不可限量，投资人甚至在产品尚处于DEMO阶段就能看到市场潜力和这种潜在的现金流储量。根据正常逻辑，人因为有先进知识、技能、思维和观念，可推断其有获取高收入的潜质，人所创造的产品如果正好符合人们当前或未来的价值取向，就一定会有市场潜力，有市场就有创造现金流潜质，现金流潜质代表着金融属性，有金融属性就有潜在信用能力。而金融的最佳服务对象就是那些拥有信用潜能的人。

担保因为是第二还款来源，所以它实质上是一种或有成本，我们称之为违约成本，增加担保就是增加融资人的违约成本。当然，融资人到期违约时面临抵押房产被低价处置的风险，融资人为避免出现这个糟糕的结局，会千方百计腾挪资产，甚至借新还旧来配合还款。从这个层面来说，担保不失为一种有效的违约控制方法。担保会增加融资人违约成本，融资人已有的名誉、地位、身价、资质、利益关系、亲情等这些会因违约而减值或失去的东西都属于违约成本，且它们有的具有天然性，当这些估值或利害性大于借款违约额度时，违约风险相应就会比较低。资金方提供融资的初衷并不是最后履行资产处置权，或者债权人拿起法律武器解决违约问题，处置资产、追索债权和法律追偿都是风控当中最不值当的，我们称之为"清场"风控。如果我们建立理智的增信观，就一定会专注于融资人及其资产的现金流创造能力分析，并争取量化这个能力，依此投放信用，即便出现违约，我们也不会惊慌失措，只需按增信处置程序操作就可以了。

经营可持续性风险控制

做过会计的人都知道，企业持续经营是企业会计第一前提，因为如果企业经营不持续，会计没法做账。从金融角度来看，同样道理，企业经营不持续，意味着企业随时在破产边缘，我们无法为它提供债权融资。股东决策风险是我们的第一大风险，而企业的经营可持续性风险则是我们的第二大风险。

企业负债过高、大客户破产、重大司法诉讼、产品出现安全问题、出现重大生产事故、客户信用整体崩溃等等，都可能直接导致企业现金流枯竭，引发经营可持续性风险。为了防范这个风险，企业必须未雨绸缪，在战略布局、商品模式、资本积累、治理结构、接班人培养、负债管理、信用管理、保险购买、产品安全管理等方面建立有针对性的风险管理。其中，最为核心的就是企业的资本管理。

银行经营可持续性风控

我国银行业参照巴塞尔协议制定了《商业银行资本管理办法（试行）》，它成为银行经营必须遵循的指南。资本充足率是其核心，此外，拨备覆盖率、信贷业务集中度比例控制、资产负债（流动比率、资产负债率）管理、行业政策指引、风险偏好等都是为了防止银行突破风控原则，滑向破产禁区的系列战略举措，属于经营可持续性风险管理。

根据《商业银行资本管理办法（试行）》，商业银行把监管资本（即净资产）分为一级资本和二级资本，一级资本即核心资本，二级资本即附属资本，如表5.2所示。

表5.2 监管资本的分类

监管资本	细分	资本范围	特征
一级资本	核心一级资本	实收资本或普通股股本、资本公积、盈余公积，未分配利润、少数股权可计入部分	指在银行持续经营条件下无条件用来吸收损失的资本工具，具有永久性、清偿顺序排在所有其他融资工具之后的特征
	其他一级资本	其他一级资本工具及其溢价（优先股、永续债）、少数股东资本可计入部分	非累积性的、永久性的、不带有利率跳升及其他赎回条款，本金和收益都应在银行持续经营条件下参与吸收损失的资本工具
二级资本		二级资本工具及其溢价（次级债、可转债）、超额贷款准备损失、少数股东资本可计入部分	指在破产清算条件下可用于吸收损失的资本工具，其受偿顺序排列在普通股之前、一般债权人之后，不带赎回机制，不允许设定利率跳升条款，收益不具有信用敏感性特性，必须含有减计或转股条款

资本充足率＝（资本－资本扣除项）/［风险加权资产＋（操作风险资本＋市场风险资本）×12.5］，核心（一级）资本充足率＝［核心（一级）资本－核心（一级）资本扣除项］/［风险加权资产＋（操作风险资本＋市场风险资本）×12.5］，其中资本＝核心资本＋附属资本＝一级资本＋二级资本。资本留存缓冲要求＝普通股一级资本/［风险加权资产＋（操作风险资本＋市场风险资本）×12.5］，其中风险加权资产就是风险资产的总和，风险资产＝资产×风险权重，2018年发布的《商业银行资本管理办法（试行）》规定了银行资产的风险权重。

表外风险资产金额＝表外项目金额×信用转换系数×对应表内资产的风险权重，我们先来看商业银行各类表外项目信用转换系数（见表5.3），再来看对应表内资产的风险权重（见表5.4）。

表5.3 商业银行各类表外项目信用转换系数

项目	信用转换系数
1. 等同于贷款的授信业务	100%
2. 贷款承诺	
（1）原始期限不超过1年的贷款承诺	20%
（2）原始期限1年以上的贷款承诺	50%
（3）可随时无条件撤销的贷款承诺	0%

项目	信用转换系数
3. 未使用的信用卡授信额度	50%
4. 未使用的信用卡授信额度，但同时符合以下条件：a. 授信对象为自然人，授信方式为无担保循环授信。b. 对同一持卡人的授信额度不超过 100 万元人民币。c. 商业银行应至少每年一次评估持卡人的信用程度，按季监控授信额度的使用情况；若持卡人信用状况恶化，商业银行有权降低甚至取消授信额度	20%
5. 票据发行便利和循环认购便利	50%
6. 银行借出的证券或用作抵押物的证券，包括回购交易中的证券借贷	100%
7. 与贸易直接相关的短期或有项目	20%
8. 与交易直接相关的或有项目	50%
9. 信用风险仍在银行的资产销售与购买协议	100%
10. 远期资产购买、远期定期存款、部分交款的股票及证券	100%
11. 其他表外项目	100%

表 5.4　商业银行对应表内资产的风险权重

项目	风险权重
1. 货币资金（现金、黄金、存放中国人民银行款项等）	0%
2. 商业银行境外债权（以较低的评级为准）	
a. 对其他国家或地区政府及其中央银行债权，该国家或地区的评级为 AA-（含）以上的	0%
b. 对其他国家或地区政府及其中央银行债权，该国家或地区的评级为 AA-以下，A-（含）以上的	20%
c. 对其他国家或地区政府及其中央银行债权，该国家或地区的评级为 A-以下，BBB-（含）以上的	50%
d. 对其他国家或地区政府及其中央银行债权，该国家或地区的评级为 BBB-以下，B-（含）以上的	100%
e. 对其他国家或地区政府及其中央银行债权，该国家或地区的评级为 B-以下的	150%
f. 对其他国家或地区政府及其中央银行债权，该国家或地区未评级的	100%
3. 对境外公共部门实体债权	与商业银行境外债权相同
4. 对境外商业银行债权	
a. 对境外商业银行债权，注册地所在国家或地区的评级为 AA-（含）以上的	25%
b. 对境外商业银行债权，注册地所在国家或地区的评级为 AA-以下，A-（含）以上的	50%

续表

项目	风险权重
c. 对境外商业银行债权，注册地所在国家或地区的评级为 A-以下，B-（含）以上的	100%
d. 对境外商业银行债权，注册地所在国家或地区的评级为 B-以下的	150%
e. 对境外商业银行债权，注册地所在国家或地区未评级的	100%
5. 对境外其他金融机构债权	100%
6. 商业银行对多边开发银行、国际清算银行和国际货币基金组织债权（多边开发银行包括世界银行集团、亚洲开发银行、非洲开发银行、欧洲复兴开发银行、泛美开发银行、欧洲投资银行、欧洲投资基金、北欧投资银行、加勒比海开发银行、伊斯兰开发银行和欧洲开发银行理事会）	0%
7. 商业银行对我国中央政府和中国人民银行债权	0%
8. 商业银行对我国公共部门实体债权〔我国公共部门实体包括：除财政部和中国人民银行以外，其他收入主要源于中央财政的公共部门、省级（直辖市、自治区）以及计划单列市人民政府。商业银行对前款所列公共部门实体投资的工商企业的债权不适用20%风险权重〕	20%
9. 商业银行对我国政策性银行债权	0%
10. 商业银行对我国政策性银行的次级债权（未扣除部分）	100%
11. 商业银行持有我国中央政府投资的金融资产管理公司为收购国有银行不良贷款而定向发行的债券	0%
12. 商业银行对我国中央政府投资的金融资产管理公司其他债权	100%
13. 商业银行对我国其他商业银行债权，其中原始期限三个月以上债权	25%
14. 商业银行对我国其他商业银行债权，其中原始期限三个月以内（含）债权	20%
15. 商业银行对我国其他商业银行债权，以风险权重为0%的金融资产作为质押，其覆盖部分	0%
16. 商业银行对我国其他商业银行的次级债权（未扣除部分）	100%
17. 商业银行对我国其他金融机构债权	100%
18. 商业银行对一般企业债权	100%
19. 商业银行对同时符合以下条件的微型和小型企业债权：企业符合国家相关部门规定的微型和小型企业认定标准；商业银行对单家企业（或企业集团）的风险暴露不超过500万元；商业银行对单家企业（或企业集团）的风险暴露占本行信用风险暴露总额的比例不高于0.5%	75%
20. 商业银行对个人债权的风险权重	
a. 个人住房抵押贷款	50%
b. 对已抵押房产，在购房人没有全部归还贷款前，商业银行以再评估后的净值为抵押追加贷款的，追加部分债权	150%
c. 对个人其他债权	75%

项目	风险权重
21. 租赁业务的租赁资产余值	100%
22. 下列资产适用的风险权重	
a. 对金融机构的股权投资（未扣除部分）	250%
b. 依赖于银行未来盈利的净递延税资产（未扣除部分）	250%
23. 商业银行对工商企业股权投资的风险权重	
a. 商业银行被动持有的对工商企业股权投资在法律规定处分期限内	400%
b. 商业银行因政策性原因并经国务院特别批准的对工商企业股权投资	400%
c. 商业银行对工商企业其他股权投资	1 250%
24. 商业银行非自用不动产	1 250%
25. 商业银行因行使抵押权而持有的非自用不动产在法律规定处分期限内	100%
26. 商业银行其他资产	100%

在计算核心资本充足率、核心一级资本充足率和资本充足率时，公式中的核心资本、核心一级资本、二级资本、资本扣除项、风险加权资产、操作风险资本和市场风险资本的计算有规定的要求和标准。如在计算资本充足率时，应当从核心一级资本中全额扣除以下项目：（1）商誉。（2）其他无形资产（土地使用权除外）。（3）由经营亏损引起的净递延税资产。（4）贷款损失准备缺口，其中，a. 商业银行采用权重法计量信用风险加权资产的，贷款损失准备缺口是指商业银行实际计提的贷款损失准备低于贷款损失准备最低要求的部分；b. 商业银行采用内部评级法计量信用风险加权资产的，贷款损失准备缺口是指商业银行实际计提的贷款损失准备低于预期损失的部分。（5）资产证券化销售利得。（6）确定收益类的养老金资产净额。（7）直接或间接持有本银行的股票。（8）对资产负债表中未按公允价值计量的项目进行套期形成的现金流储备，若为正值，应予以扣除；若为负值，应予以加回。（9）商业银行自身信用风险变化导致其负债公允价值变化带来的未实现损益。需要计算时，请参照《商业银行资本管理办法（试行）》里的最新规定。

2008 年国际金融危机后，世界各国为改善商业银行资产负债表，提出了逆周期调节的资本缓冲概念，要求银行在经济环境好的时候储备更多资本，扩大缓冲空间，以便在经济变差时，仍有能力继续向信贷状况良好的客户提供贷款，避免出现信贷紧缩风险。逆周期资本缓冲动态调整资本充足率，以备在经济萧条期应对资本充足率下滑的情况，让银行在经济上行周期计提资本缓冲，以满足下行周期吸收损失的需要。银保监会对商业银行实行动态分类监管，银行还应在风险加权资产中计提储备资本（即缓冲资本），计提比例为 2.5%；另外逆周期资本要求为风险加权资产的 0%～2.5%；系统重要性银行（如工农中建交）附加资本 1%；均由核心一级资本满足。

当前，商业银行各级资本充足率必须满足以下要求：（1）核心一级资本充足率不得低于 5%。（2）一级资本充足率不得低于 6%。（3）资本充足率不得低于 8%，加上资本留存缓冲要求 2.5%，实际上，资本充足率不得低于 10.5%。（上述指标巴塞尔协议Ⅲ规定商业银行最低标准分别为 4.5%、6%、8%。）

2018 年开始，我国系统重要性银行核心一级资本充足率不得低于 8.5%，一级资本充足率不得低于 9.5%，资本充足率不得低于 11.5%；其他银行核心一级资本充足率不得低于 7.5%，一级资本充足率不得低于 8.5%，资本充足率不得低于 10.5%。资本充足率监管是整个银行业监管体系中最为重要的指标，是银行持续经营的基本保障。资本充足率低于监管要求，如核心一级资本低于 5.125%，就会触发其他一级资本工具（如优先股被强制转为普通股），如再不行则启动二级资本工具转股，或重组，直至强制资产出售等。

我国大多数银行资本以核心一级资本为主，少数上市银行补充一些其他一级资本（主要以优先股为主），而绝大部分的中小银行其实都没有其他一级资本工具。因此，对于绝大多数银行来说，核心一级资本充足率和一级资本充足率之间的差异非常小。二级资本则不局限于上市银行，主要由央行和银保监会批准即可，将近 200 家银行都发行过二级资本工具。因此，银行一级资本充足率和资本充足率之间有较大差异。

银行的信用风险管理有三大指标，分别是：不良贷款率、贷款拨备率和拨备覆盖率。

不良贷款率＝不良贷款/贷款总额×100%。其中不良贷款是信贷资产五级分类中次级、可疑和损失的总和。银行信贷资产五级分类会受各银行风险偏好和信贷管理差异的影响，因此，这个指标的可比性还是有限。我们要知道，它只是对信贷项目风险的一种预判量化，当前并未成为坏账，因此，我们不能错误地把不良与坏账等同理解。《商业银行风险监管核心指标（试行）》要求不良贷款率不能大于 5%。

贷款拨备率＝贷款损失准备金/各项贷款余额×100%。不良贷款一旦形成坏账怎么办？为了避免大量贷款坏账对银行财务的冲击，银行像企业一样普遍通过日常计提的坏账准备金来核销，这就是银行的贷款损失准备金。银行可以自行确定贷款损失的计提比例，但 2018 年监管要求所有银行贷款拨备率基本标准为 2.5%。拨备覆盖率＝（一般准备＋专项准备＋特别准备）/（次级类贷款＋可疑类贷款＋损失类贷款）×100%＝（贷款损失一般准备金＋贷款损失专项准备金＋贷款损失特别准备金）/（次级类贷款＋可疑类贷款＋损失类贷款）×100%，该比率达到 100% 时，即表示所计提损失准备金能满足所有不良贷款形成坏账的核销。我国银行拨备覆盖率基本标准为 150%，因为银行有保函、银行承兑汇票等大量"隐性贷款"，一旦客户违约，它们便会形成表内信贷不良资产。拨备覆盖率超过150％的部分可以计入二级资本，这有助于提升银行的资本充足率。

拨备覆盖率可以考察银行财务是否稳健，风险是否可控。其中，一般准备金是银行按季依据贷款余额的一定比例计提的贷款损失准备金。一般准备金年末余额不得低于年末贷款余额的1％。专项准备金是针对每笔贷款，根据融资人还款能力、本息偿还情况、抵押品的市价、担保人等因素，分析风险程度和回收可能性合理计提。根据贷款风险分类，专项准备金按季计提：关注类计提比例2％；次级类计提比例25％；可疑类计提比例50％；损失类计提比例100％。其中，次级和可疑类贷款的损失准备，计提比例可以上下浮动20％。特别准备金，针对贷款组合中的特定风险，按一定比例提取，一般不经常提取。

银行的流动性管理中，我认为金融企业应重点关注其贷款业务集中度的风控要求，如单一集团客户授信集中度，即最大一家集团客户授信总额与资本净额之比，不能超过15％；单一客户贷款集中度，即最大一家客户贷款总额与资本净额之比，不能超过10％。（目前村镇银行这两项指标分别为10％和5％。）单一客户关联度，即最大一家关联方授信余额/资本净额×100％，不得超过10％；全部关联度，即全部关联方授信总额/资本净额×100％，不得超过50％；等等。

类金融企业经营可持续性风控

银行经营可持续性风控对类金融企业，包括担保公司、保理商、融资租赁公司、典当公司等都有着非常重要的参考意义，参照商业银行的思路，我们可以建构一套符合类金融企业经营特征和风控要求的资本充足率、拨备率和拨备覆盖率与业务集中度、关联度等管理机制，摆脱生存的被动处境，实现持续稳定健康发展。

在战略实施过程中，外部环境的变化无时无刻不在影响着客户和项目的安全，我们应适应国际和国内经济发展趋势，分析国家政策走向，遵循经济规律，研究金融风控逻辑，提前进行战略布局，规避系统风险，定期、不定期评估战略风险。在企业资本运营方面，引入巴塞尔协议的风险管理理念，加强资本风险管理和内部控制机制，增强抵抗外部系统风险的能力。

类金融企业的资金不多，容易在业务中很快用完，在引入外部资金方面应尽可能不使用财务杠杆，比如保理商做再买断保理、ABS通道或买断保理的ABS、项目资金直接对接外部资金，避免向外部借入资金增大公司资产负债率，谨慎对外提供担保。控制杠杆风险，供应链金融企业产权比率（资本杠杆）严禁超过10倍，即负债率不得超过91％。当供应链公司平台达到一定规模时，特别是战略合作客户达到一定数据时，即可寻求上市融资，向客户提供成本更低的金融服务。

当金融资产达到一定规模时应设立资产管理部，或者资产管理公司，通过专业的资产管理手段和策略，实现公司资产高效流转和收益最大化。

供应链金融企业服务于广大中小微企业，当积累了大量客户业务和信用数据时，即可构建投资分析模型，对产品出色、技术一流的客户在提供债权融资的同时，也提供风险投资，拓展金融服务边界。

金融离不开软件系统和平台，谁有系统和平台，谁就能对接外部 API、风控工具、技术支持等专家服务，让自己变得更强大。云计算、边缘计算、大数据技术、人工智能、区块链等不只是工具，也是对接更大未来市场的方式，虽然有些技术现在还为时过早，但只要机会成熟就应抓住时机，升级迭代。

如何设计 KPI 绩效考核方案

据我所知，大部分类金融企业在做 KPI 绩效考核时都不会考虑风控人员，这是一个错误。金融与普通工商企业不同，工商企业的业绩主要取决于产品生产和销售，因此，形成其以生产和销售为核心的 KPI 绩效考核机制。但是，金融是风险管理行业，业务经理的业务开发如果没有风控人员的参与，很容易给公司带来灭顶之灾。金融的核心是风控，风控人员不参与 KPI 绩效考核，没有业绩提成，其积极性无法调动，为了不出风险，他们很可能会故意放大风险，设计客户无法满足的风控方案，对公司业务开展造成重大影响；相反，风控人员如果有与业务人员同等的绩效考核，则业务人员和风控人员关于公司的目标就能达成高度统一，风控人员很自然会站在业务人员的角度思考风控的合理性，激发风控人员更大的执行力，最大限度发挥公司战略风控的作用，不断提升公司的风险容忍度，促进公司业绩安全稳定发展。

KPI 绩效考核的提成不能以项目收入或项目放款额计算，因为它们不能实现 KPI 绩效考核的真正目的，即激发员工积极性，做大业绩蛋糕，公司与员工共享其利。所谓的"业绩蛋糕"是指公司利润，不是收入或放款额，如果以项目收入或放款额计算提成，则很容易导致项目收入增加，但项目支出和沉没成本也非常大，还容易带来"埋雷项目"，给公司带来隐性经营可持续性风险。因此，我认为，在核定的坏账率控制下，按毛利润或净利润作为计算基数，净利润提成比率要比毛利率高，并按项目逐笔考核。提成兑现时间上要注意，业务人员和风控人员的提成都必须在融资到期回款后兑现，这样做，一方面可以促使业务人员和风控人员相互学习，共同站在风险角度，专注项目开发和全程风险管控；另一方面可有效防范业务人员和风控人员的道德风险。如果为融资租赁项目，因为到期期限长，则可按年度回款额测算毛利按比例兑现提成。沉没成本和项目亏损额并入盈利项目核算提成。出现坏账时，当年到期提成全部延期至年底统一计算，如果坏账率在公司核定内，则提成照付，超过部分，扣除一定比例提成作为处罚，其他坏账损失计入当期损益。

重新定义信用

传统信用观是：债务人到期如果无力偿还借款，即便借其他人的钱，砸锅卖铁也要偿还。今天，当我们回头思考，其实信用只是人们对承诺的兑现，在经济领域，信用是人们对借款承诺的履约，而承诺却建立在借款到期日人们对还款能力的预判基础上，而我们对未来风险的预知力本身随时间的延长而减弱，信用短则以天算，长则以年计，这就难怪越短的承诺履约力越强，因为承诺越短，人们对自己还款能力的预知力越强。

所以，我们发现信用好不好与融资人对自己未来还款能力的预判准不准有着密切的关系。风控人员为什么要坚持现金流原则？是因为融资人对自己未来的还款能力可能存在错误判断，需要我们进行必要的测算核实和纠正；但是，即便是我们，也可能会出现预测错误，从而导致项目到期违约的发生。无论如何，如果项目现金流预测发生偏差或错误，都应是可以原谅的，因为客观上人们存在对自己未来不确定的现金流做出合乎承诺判断的难度。

信用周期告诉我们，应理性看待客户违约，一个国家存在经济周期，企业和个人也存在经济周期，工作人员一个月一个周期，其经济状况最差的日子一般是发工资之前；企业也是一个月一个周期，总有一个客户回款最多的日子，但它可能有的月份回款多而支出少，也有可能有的月份回款少而支出多，今天偿债能力不足，未必下一周期或下下周期一直如此。关键是我们要分析逾期的性质是恶性还是良性。所谓恶性就是企业的经营可持续性出现巨大问题，产品被淘汰或有严重质量问题，出现不可逆的连续停产或没有订单，或融资人突然出现道德风险；所谓良性就是企业因暂时性原因导致的正常资金短缺，客户正常下单，甚至订单还在增长，生产正常进行，即出现了周期性资金短缺。

在非系统风险中，最大的风险并非还款人的信用违约风险，而是还款人的经营可持续性风险。分析债务违约，信用违约风险其实是"果"，经营可持续性风险才是"因"。企业经营可持续性风险是指影响企业违约的原因，可基于以下五大问题进行综合分析判断：（1）企业的产品是否符合法律法规和市场需求？（2）企业销售业务是否持续保持一般正常规模？（3）企业实际利润率是否大于零或正处于转正趋势中？（4）企业销售收入是否基本能实现货币回笼？（5）企业基本的负债能力是否还有？个人也有经营可持续性风险，可以从以下三个方面进行综合分析：个人创造财富、收入的能力是否保持？是否存在非法行为或倾向？个人负债规模是否已超过其退休前的偿债能力？

供应链金融企业应清楚客户经营可持续性分析的逻辑。我们看到，现实中很多逾期属于良性，对于良性逾期，可以通过"续期"的方式增加还款周期，实现跨周期风险管理，一次不够可以增加 N 次，但凡良性逾期就不用担心。在客户准入时，就要对企业的经营可持续性能力做反复分析，后期跟踪企业的经营可持续性能力的变化。

跨链供应链管理的构成如图 5.1 所示。

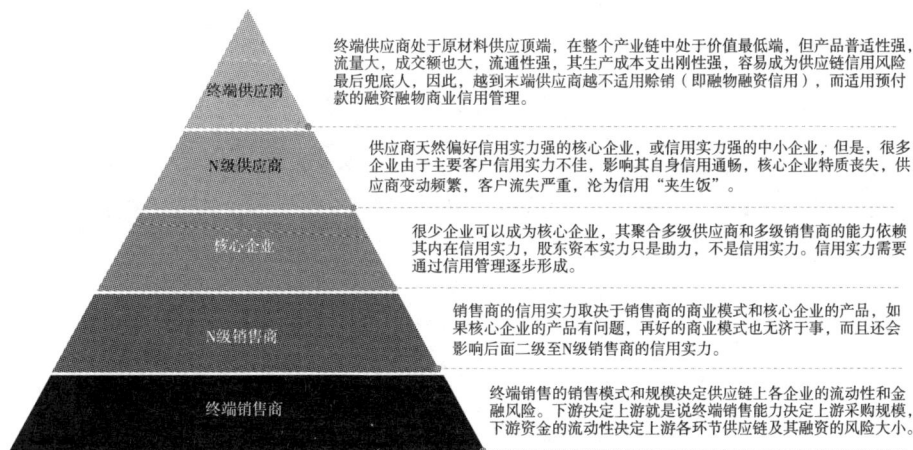

图 5.1　跨链供应链管理的构成

跨链供应链管理意味着信用管理也可以实现跨链管理，但当前这还仅仅是一个概念，因为真正实现了跨链协同管理的公司寥寥无几，而跨链供应链管理首先建立在跨链信用管理基础上，供应链服务和供应链金融系统平台普遍缺乏信用管理功能，导致供应链服务和供应链金融仍然停留在靠天吃饭的层次，这其实也是中小微企业融资难问题仍然没有解决的关键原因，信用管理缺乏导致产业供应链不可避免地存在瓶颈。

核心企业分信用实力上位、规模资产上位和股东实力上位三种情形。我们不能简单以企业总资产或收入的大小判断企业的好坏，但我认为一个企业做得稳比做得大要好很多。虽然求稳的企业也许因为保守而做不大，现实也的确如此，但也有一些做得稳而且越做越大的，这种因稳而做大的企业是最有生命力的，它们在产业链中很容易成为领头羊。

我们很容易通过核心企业财报辨识其上位原因：如果核心企业应收账款周转率和应付账款周转率都大于行业平均水平，这就是信用实力上位；总资产和收入规模都大，应收账款周转率和应付账款周转率低于行业平均水平的，属于规模资产上位；

企业股东是央企、上市公司、民营龙头企业或大型国企，收入和资产一般，这就是股东实力上位。当然，多重上位特征中，信用实力上位特征必是最好的。

物以类聚，人以群分。跨链信用管理并非核心企业与某一客户或客户单线之间的信用管理，而是核心企业与多客户或多客户之间的信用管理，由于企业可能经营多行业产品，由此形成基础产品交易链的产品信用链。链上任何一个企业可能是多产品信用链成员，形成信用链网络（见图 5.2）。

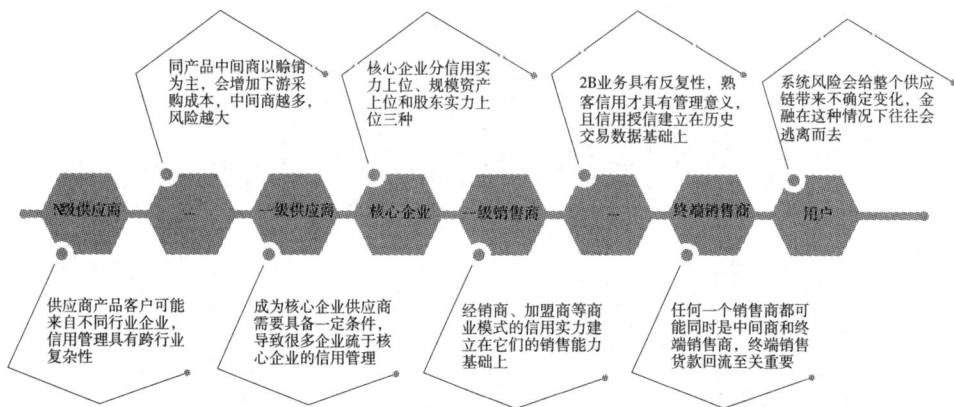

同产品中间商以赊销为主，会增加下游采购成本，中间商越多，风险越大

核心企业分信用实力上位、规模资产上位和股东实力上位三种

2B业务具有反复性，熟客信用才具有管理意义，且信用授信建立在历史交易数据基础上

系统风险会给整个供应链带来不确定变化，金融在这种情况下往往会逃离而去

N级供应商 ··· 一级供应商 核心企业 一级销售商 ··· 终端销售商 用户

供应商产品客户可能来自不同行业企业，信用管理具有跨行业复杂性

成为核心企业供应商需要具备一定条件，导致很多企业疏于核心企业的信用管理

经销商、加盟商等商业模式的信用实力建立在它们的销售能力基础上

任何一个销售商都可能同时是中间商和终端销售商，终端销售货款回流至关重要

图 5.2　信用链网络

企业脱离监督往往效率低下，单一企业很难实现信用自治，反而滋生虚假，以大欺小。信用链建立的原则是平等自愿，不纠过往，管理共享，信用自治，规则淘汰。跨链信用管理是建立在供应链上下游共同使用一套信用管理系统基础上的管理机制，链上企业通过实时共享风控数据，信用共管，协同授信，业务互助，以销定购，共享金融，协同发展。同类产品信用链在协议基础下可以实现合并链接，形成大信用跨链管理（见图 5.3）。

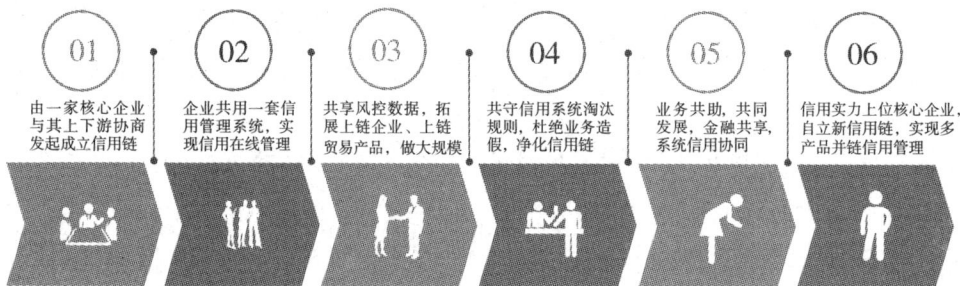

01 由一家核心企业与其上下游协商发起成立信用链

02 企业共用一套信用管理系统，实现信用在线管理

03 共享风控数据，拓展上链企业、上链贸易产品，做大规模

04 共守信用系统淘汰规则，杜绝业务造假，净化信用链

05 业务互助，共同发展，金融共享，系统信用协同

06 信用实力上位核心企业，自立新信用链，实现多产品并链信用管理

图 5.3　跨链信用管理

跨链信用管理当然可以创新出基于跨链风险管理需要的指标体系，如在链产品总信用、在链产品收入占比、在链产品应收回款率等等，它们为我们实现跨链信用管理提供风控指南。在链产品总信用＝信用链企业终端在链产品销售现金流入总和×（1＋预期增长率），它是上游各企业在链产品宽松授信的最大阈值，即应收账款的最大值，也是各企业外部借款的最大阈值，同时也是企业在链产品采购信用的最大阈值，即应付账款的最大值，是由系统自动测算的动态指标。在链产品收入占比＝企业全年累计在链产品总收入/企业全年累计总收入，其中企业全年累计总收入以上传的上期纳税申报表数据为准，它反映企业信用共享数据的总量，越高其信用评级可信用度越高。信用链成立初期，核心企业应为80%以上，即其主营业务产品均应上信用链，其他企业不得低于核心企业的占比。在链产品应收回款率＝某时期在链产品应收账款实际回款/该时期在链产品应收账款发生总额。有客户的回款率、在链产品的回款率、企业的综合在链产品回款率等等细分指标，是企业信用评级最重要的指标，也是企业具体授信的重要测算依据，回款率波动率则反映企业信用的稳定性。

采购信用链、服务信用链和分销信用链合成联盟信用链，联盟信用链合成产业信用链，可形成跨链信用大数据（见图5.4）。

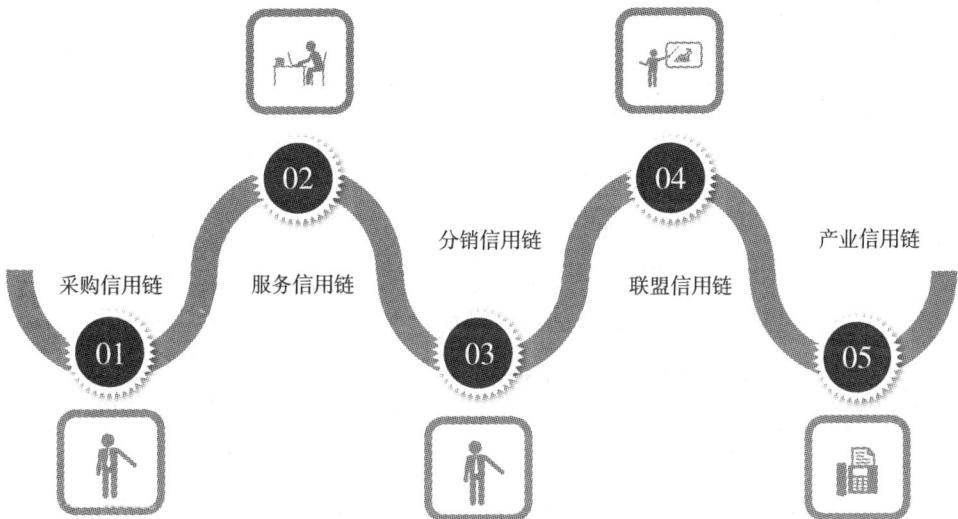

图5.4　跨链信用大数据的形成

首先，跨链信用管理根据信用数据走势，智能预判系统风险发生等级，联合跨境信用管理系统，识别全球信用市场风险，并为系统企业用户提供智能风控机制，化解信用风险，提升企业信用自治能力，为贸易和金融的发展保驾护航。其次，跨链信用管理有助于企业克服产业供应链跨链管理瓶颈,通过信用延伸机制,实现供应链跨链服务和管理。通过信用销售市场和金融市场的开发和风险管理,提升贸易运营效率,防止资源浪费,实现最大限度的降本增效,优化企业客户信用结构,培养信用实力上位核心企业,实现跨链信用管理,控制供应链整体信用风险,让守信企业快速成为核心企业,实现信用价值,建立属于自己的跨链信用王国。当然,跨链信用管理也有助于政府相关部门关注自己所在辖区的信用管理,打破大企业信用垄断格局,构建平等自信、业务和数据共享的社会信用链资源共享机制。

下游销量决定上游销量或采购量,在企业下游客户信用意愿正常的前提下,其信用能力或信用度取决于供应商产品的市场接受度或者销售量的大小。绝大多数终端产品销售商(如商超)对某一产品的回款及时,未必是该产品好销,可能是销售商以其他产品的销售款回的款。

重新定义信用后,我们知道如何面对逾期违约客户。面对经营可持续性能力明显的信用客户,我们或许更希望它们逾期,因为我们的风险回报更高,我们的风控视野因此变得更加开阔,不再拘泥于自定义的风控规则。

识别和应对债务危机

识别债务危机,并制定应对债务危机的原则和方法。央行通过发行货币增加信贷规模,相对来说,国家投放货币比收缩货币要容易得多,这使得货币容易沉淀泡沫。在经济上升期,大量信贷资金源源不断地流入长期资产投资领域,形成越来越多的长周期投资,一旦社会需求达到饱和,便不可避免地到达需求拐点,社会购买力势必下行,大量与长期投资相关的到期债券、基金和贷款面临巨大清偿压力,长期资产变现能力持续下行,直到现金流入小于负债规模,引发债务危机,社会经济进入周期底端。当社会总体债务占 GDP 的比重超过 100%,或债务增速超过 GDP 增速,或物价指数增长过快,就会使得市场实际资金利率出现负数,即投资回报率低于通胀率(CPI),企业为了应对债务危机,只能提前去杠杆,使资产负债率不断下行,直到适应其生存需要。社会债务危机属于系统风险,它会使国家经济刺激政策收效甚微,热钱外逃,产业停滞,GDP 失去增长动力,失业增加,直到产业转型逐渐完成或出现新的产业革命,产生新的巨大社会需求,社会经济才能复苏,逐渐进入新的成长发展周期。对于金融企业来说,控制债务危机的原则是在出现债务危机征兆时,发现并逃离高负债和现金流不佳的借款人,特别要逃离长期投资巨大且高负债的企业,选择现金流有规模或运营能力保持强劲的企业提供金融服务,对既有的长期融资项目预备跨周期风险管理计划,挺过整个周期。现实中,我们发现,很少高负债企业早期能意识到债务危机的杀伤力，所以，大部分高负债企业都会沉迷于长期投资直到债务危机爆发，近几年来我国许多房地产公司陷入债务危机就属于这个情形。

识别企业客户债务危机与识别社会债务危机在逻辑上是相通的，当企业负债高，资产变现能力下降，到期负债总额远大于当前现金收入，再融资能力被高负债所挤压，则很容易陷入债务危机。

受美国 2019 年下半年降息和大规模放水影响，为了防止被"薅羊毛"，各国也纷纷进入降息潮，导致各国通胀率飙升，全球越来越多的国家正在进入负利率时代，世界经济危机随时有可能爆发。应对债务危机最好的方法就是提前做好战略布局，远离风险源，远离高负债企业，强调现金流和资产的流通能力。

第二部分

供应链金融风控

第六章　保理风控

保理与应收账款

保理就是保理商受让卖家应收账款，替买家（即应收账款的付款人）提前支付应收账款给卖家，并提供所受让应收账款的管理、催收或坏账担保等相关服务。

保理商从事的是商业特殊服务业，属于商业代理业务。保理融资是保理商通过应收账款转让调剂其资金缺口，达到疏通供应链流动性的目的，属于供应链金融的一种。与银行信贷在操作上有所不同，保理商只受让应收账款，代付赊销货款，还款时，买家支付到期货款，或卖家支付融资本息费，赎回转让的应收账款，签订的是保理服务合同；银行保理提供单纯的债权融资，不像保理商还提供应收账款的管理、催收和坏账担保等服务。银行接受应收账款的方式有受让和质押两种，前者签保理合同，后者签应收账款质押合同。管理上，银行对受让的应收账款会关注其付款人的信用实力，但通常不承担买家违约的风险，即银行一般不做无追保理，所以，银行更注重卖家的信用风险和融资人在银行的授信额度，因而银行保理主要针对大型企业，额度比较大，一般中小微商贸企业难以获得银行保理融资。

保理对价资产是应收账款，是企业在赊销过程中形成的待结算货款。赊销是建立在企业合同或订单基础上的一种信用销售方式，买卖双方在协议中会约定货款结算的期限和方式，这种卖家允许买家延期支付货款的销售方式本质上就是买家的一种信用融资行为，是解决买家在不同时期货币资金分布不均衡与资金需求不均衡的现实需要，同时也是解决卖家零售销售缓慢、库存积压、产品更新快、竞争压力大而采取的销售策略，而买家采购周期、经营生产周期和销售流通周期相互交错决定着卖家应收账款的质量。

企业应收账款是建立在客户合同承诺基础之上的，而承诺又是建立在买家对其未来销售能力及其下游客户信用回款能力预测基础上的。买家一旦预测失准，则应收账款大概率会出现逾期，但我们不能判断逾期都是因为买家预测账期失准，也有可能是买家一直有拖欠习惯，或买家先偿还了一笔银行贷款，或买家下游大客户违约了，等等。风控人员在项目放款前要对买家历史的货款支付率及其波动率进行分析，以判断买家的账期设置是否合理，拖欠是否为恶性，买家的经营可持续性能力如何，然后确定保理融资方案。

应收账款风险可以控制、降解、分散、化解和转嫁，通常一个有信用管理的企业比没有信用管理的企业更成熟，信用更稳定。

赊销企业通常都会主动适应市场周期和经营周期的规律，它们所在行业一般都会有普适性的标准账期。很多资金实力不足的企业采用行业标准账期，极易导致资金紧张或业务做不大，从而产生保理融资需求。但是，如果买家也存在拖欠现象，那么供应商的资金压力就会变得更大，这对于保理商来说风险也会加大。因此，供应商自己资金实力有限的情况下就应关注客户的信用信息，及时掌握客户动态，货款拖欠超过约定期限就应停止供货。这对客户较多的供应商是完全可以做得到的，但对于只靠一两个客户生存的中小微企业来说，客户集中性风险太大，逻辑上不适合做暗保理。

供应商在客户准入、信用政策、信用授信、放货控货、担保设计、回款策略等方面进行了有效的管理控制，其应收账款形成坏账的可能性就非常小，风险小质量就高，企业利润才可靠。企业坏账流失的货款，可能包括了成本和利润，所以，企业对供应商有无信用管理是保理风控人员要了解的核心内容之一，否则就会影响到保理商与供应商的长期业务合作。供应商的应收账款并非越多越好，如果其应收账款周转率低于行业水平或长于行业标准账期，则这种应收账款的质量一定是有风险敞口的，就应按应收账款的一定比例提供融资，采用适中或保守的授信政策。

应收账款风险具有传染性，它的大小决定了保理融资风险的大小，客户历史应收账款回款率对应收账款融资额度测定和风险控制非常重要。买家的经营风险、财务风险直接会通过应收账款传导至赊销企业和保理商；此外，贸易中还存在操作风险、法律风险、市场风险、政策风险，也是我们要考虑设计方案规避或转嫁的。

应收账款账期一般在一年以内，大多数在半年以内，超过一年的应收账款极少，以企业所在行业的标准账期为准。根据大数据分析，期限越长违约的风险越大。账期短，意味着我们要重点关注非系统风险，出现系统风险的概率相对小。保守型的保理商，不建议操作超过行业标准账期的应收账款。

一般保理融资的到期日与应收账款的到期日相同，所以保理融资期限实际是应收账款剩余的账期。保理融资金额要看应收账款债务人的历史回款率和信用授信而定。保理商有两块收益：（1）保理融资利息。利息＝保理融资款×保理日利率×保理融资天数，保理商向融资企业开具6％的增值税普通发票，税款不能作为进项税抵扣。（2）保理服务费。保理商因接管受让的应收账款和可能发生的催收服务，要收取保理服务费，保理服务费＝保理融资款×保理服务天数×保理服务日费率，很多保理商会一次性预收一年的服务费，以双方合同约定服务期而定，保理服务费与利息一样，也是开 6% 的增值税普通发票。

有追保理与无追保理

根据保理融资到期是否可以向卖家（即融资人）追偿，分为有追保理和无追保理。其中，无追保理融资又叫买断保理融资，即融资到期时，如果应收账款没有瑕疵，则保理商只能向应收账款的债务人（买家）追偿，不能追索融资人（卖家）。操作买断保理时，融资方财务记银行存款增加，应收账款减少，就是我们说的应收账款出表。由于融资企业应收账款周转率因此增大了，所以出表可以起到美化财务报表的作用。买断保理的利息和手续费一次性提前收取，相当于贴现效果，它等于所转让应收账款的金额×日息费率×剩余到期天数，融资人记借：财务费用，贷：应收账款。从这个记账可以看出，无追保理是真正意义上的保理。

有追保理融资是指保理商在保理融资到期时可以向买家追索应收账款，在追索无果时也可以要求卖家赎回其转让的应收账款，以偿还融资本金和利息费用。在有追保理融资中，保理商有追索卖家的权利，因此融资人并没有将应收账款相关风险真正转移，融资人会计分录为借：银行存款（按实际收到的款项），贷：短期借款，也就是融资人的应收账款还在账面上；到期时，如果买家不能完全支付货款给保理商，则融资人回购应收账款余额的会计分录为借：短期借款（归还本金），借：财务费用（归还利息费用），贷：银行存款。从这个记账来看，与银行的应收账款质押贷款有点类似，但是这并不影响它为贸易服务的业务特征，我们称之为准保理融资。

保理商采用有追还是无追，要看买卖双方的信用实力哪一方强，如买家更强，则买家必须能配合保理商做应收账款三方确权才可操作无追保理，否则就只能操作有追保理。保理公司受让的应收账款还可以转让出去或质押出去，与应收账款质押不同，质押权人得到的是对担保资产的处置权，不是所有权，所以它不可以在质押后被转让出去，但可以在出质人同意的前提下转质押出去。

明保理与暗保理

根据卖家是否将转让应收账款的事实书面通知应收账款的债务人（即买家），分明保理和暗保理两种，通知的为明保理，不通知的为暗保理。

根据《物权法》，债权人转让权利的，应当通知债务人。未经通知，该转让对债务人不发生效力。债权人转让权利的通知不得撤销，但经受让人同意的除外。债权人转让权利的，受让人取得与债权有关的从权利，但该从权利专属于债权人自身的除外。债务人接到债权转让通知后，债务人对让与人的抗辩，可以向受让人主张。

保理融资中的应收账款属于债权转让行为，如果通知了债务人，则债务人应在到期日向新债权人履行债务支付义务，未通知则债务人仍向原债权人履行债务支付义务。这就是明保理和暗保理两种不同的应收账款支付法定路径，它们集中反映在应收账款确权方式上。

明保理的主要确权方式有现场签订《应收账款转让三方确权书》的明保理、EMS送达《应收账款转让通知书》的明保理、以买方官方电子邮箱地址送达《应收账款转让通知书》的明保理三种。

第一种是卖家和保理商到买家处核实转让的应收账款，买家在《应收账款转让三方确权书》上盖章确认，确权书上有买家承诺配合保理商到期将转让的应收账款汇付至保理商或卖家指定的银行账户，是保理商、卖方和买方三方在《应收账款转让三方确权书》盖章确认的操作方式。买断保理肯定属于这种明保理，如果买方信用实力特别强，又能完全配合到期回款给保理商，保理商即签订《买断（无追索权）保理服务合同》，操作买断保理融资。

第二种是EMS送达方式。用于买家不愿配合三方确权，但卖家又同意配合以EMS方式通知买家的明保理操作方式，但这一方式应建立在已核实应收账款准确真实且无瑕疵的基础上。由于以EMS送达告知，不要求买家书面回复承诺，买家可能以应收账款不实，或已支付，或与卖家抵消了某债务等理由抗辩，因此，为避免抗辩引发风险，这种书面告知的明保理只适合做成有追明保理方式。

第三种是邮件送达方式。在反向保理中可能使用到，保理商使用卖方提供的买方官方电子邮箱地址送达《应收账款转让通知书》，但这一方式也应建立在已核实应收账款准确真实且无瑕疵的基础上，要求得到买方的邮件回复。

暗保理因为没有把转让应收账款的事实告知债务人（买家），买家当然不知道应收账款已转让，到期肯定还是会回款给卖家，因此，保理商到期只能向融资人（卖家）追索，融资人支付本息费用，赎回其转让的应收账款。所以，暗保理只能签有追索权暗保理服务合同。

暗保理操作的前提是：（1）应收账款可核对真实准确；（2）卖家的信用实力可靠，或者是买家信用实力可靠，保理商可控制卖家回款银行账户的结算资金。

正向保理与反向保理

根据保理业务发起人，可以分为正向保理和反向保理。不管是正向还是反向保理，应收账款确权非常重要，所谓确权其实就是以法定方式确认应收账款真实无误。核实的方式可以现场采集《对账单》，保理商风控人员可以见证卖家与买家应收账款对账过程，且买家财务在《对账单》上加盖公章，而保理商与应收账款债权人和债务人三方现场签订的确权书则是最完美的确权。如果无法确认应收账款的真实与否，则极容易被欺骗而导致风险，在过往的保理诉讼案中至少70%存在确权失控。

我们先来看正向保理，正向保理是由持有应收账款的人，即卖家向保理商申请的保理融资服务，保理商与卖家签订《卖方有追（无追）明（暗）保理服务协议》，保理利息和服务费由卖家支付。依据回款控制原则，保理商采取什么类型的保理操作主要看买家的信用实力和是否能配合三方确权决定，如买家能配合三方确权，且买家财务信息可以完整获得，经风控人员判断信用实力可靠，可操作正向买断明保理或有追明保理；否则在卖方信用实力可靠的前提下，或者买家实力强却不愿意配合回款，但卖家愿意提供买家回款账户控制时，可操作有追暗保理。

反向保理是由买家（核心企业）向保理商申请的保理服务，请求保理商对供应商应收自己的货款提供保理融资服务，保理商与核心企业（买家）签订《供应商保理服务合作协议》，注意它是合作协议，也就是核心企业与保理商合作共同开发其供应商的正向保理业务。反向保理又叫买方保理，核心企业向保理商推荐其需要保理融资的供应商，通常情况下核心企业与其供应商应先达成意愿，很多情况下，核心企业会分担部分或全部保理融资利息和服务费。反向保理融资，表面上看是保理商为核心企业供应商提供融资，实际上却是解决核心企业的资金问题，使本来应由核心企业贷款融资支付供应商货款，转变为供应商获取保理融资，在缓解核心企业资金压力的同时，也缓解了核心企业与供应商的业务关系。核心企业通过与保理公司合作，有的还可通过适当延长采购合同账期或提高采购价格等方式争取供应商的配合意愿，增加核心企业现金流弹性，防范资金断链，优化其资产负债结构。因为核心企业是保理服务的申请人，又是反向保理融资的实际还款人，所以保理商一般能获得核心企业的信用信息，方便保理商对核心企业核定授信总额度，控制其供应商的总体融资规模，有效控制风险。在操作中，核心企业一般会配合保理商对供应商的应收账款确权和回款控制，因此，它属于典型的明保理，既可以做有追明保理，也可以做无追保理，买家实力强则做无追保理，实力一般则做有追明保理，但有追明保理要求融资人有一定实力会比较安全。因此，这是当前最受保理商推崇的批量保理业务开发方式。

保理业务模式的演变

我国保理业务总体滞后，外资银行和一些大型国内银行早有保理业务，由于其保理专业人才缺乏，银行保理业务通常与流贷搭配操作，对应收账款并没有真正的质量要求和管理，很多还是应收账款质押方式，且对应收账款的真实性没有实质性核实，甚至没有采集完整的应收账款权属资料。2009年我国商务部在天津开放保理市场，允许注册保理商。2012 年向北京、上海、深圳开放，后来逐步向全国各大城市开放，因没有太高的市场壁垒，民间资本比较容易进入这个供应链金融领域。全国很多上市公司、国企央企、行业龙头企业近两年纷纷投资成立保理商，至 2018 年10 月全国注册已超过万家，但不容乐观的是，由于其风险和操作上的风控专业要求高，真正做业务的保理商不到 40%。大浪淘沙，最后可能留下 10%～20%。

我们发现，保理融资与企业信用管理中的现金折扣极为相似，现金折扣是企业在赊销业务中，为了鼓励下游客户提前支付货款，解决自己的流动性不足，愿意对提前付款的客户提供货款折让。比如我们在订单中看到结算方式的现金折扣是 "2/10，net 45"，意思就是买家 10 天内付款的话可以享受这笔应收账款总额 2% 的减让，但要在 45 天内结清。供应商让出的现金折扣相当于保理中的利息和服务费，买家提前回购其应收账款，最终发展为第三方公司代理买家提前支付货款给供应商，形成今天的保付代理，即保理。

从信用环境和保理整体操作流程来看，我国保理行业风险很大，与西方信用环境和授信前置的保理流程模式有极大差异。授信前置相当于保理商参与了买卖双方的贸易信用管理，是一种"管理型"风控方式，而当前我国保理操作是企业先有应收账款，后有保理服务，仍然属于传统"选择型"的融资风控方式。此外，我国当前的保理业务没有回归到供应链服务体系，不可能参与到企业贸易的商流、物流、资金流和信息流管理中去，反而脱离了供应链服务体系，这就是保理出险多、行业欠佳的关键原因。

在国际保理中，特别是欧美国家，贸易保理文化深入人心，买卖双方对保理都非常熟悉，都知道通过国际保理商协会、信用保险公司等组织来了解买家信用。企业都善于利用保理工具来加速资金周转，提高商业效率，转嫁风险。

我们来看一看国际双保理的演变。

图 6.1 显示了国际双保理的流程：（1）保理业务发起人如果是某国的卖家，它接到一个来自另一个国家买家的订单或合同，这个卖家不知道买家所在国的信用情况，对买家信用也不清楚；（2）由于卖家知道保理商可以帮助自身解决信用信息的不对称风险，卖家找到其所在国的国际保理商，请求它提供保理服务，提供买家贸易信用授信额度，协助其完成订单；（3）卖家保理商把项目发布在国际保理商协会平台上，买家所在国的某一保理协会成员响应卖家保理商，并按国际保理商协会规则达成双保理合作协议；（4）买家保理商对买家进行信用调查，对买家核定贸易信用授信额度；（5）买家保理商把核定的买家授信额度告知卖家保理商；（6）卖家保理商转告卖家；（7）卖家按买家保理商授信额度向买家发货，形成应收账款（如为FOB）；（8）发货后，卖家将出口报关单、出口发票、装箱单、提单、运单和保单等

相关应收账款证明资料提交给卖家保理商，签订《买断国际保理服务协议》，办理应收账款转让手续，卖家提前得到货款；（9）卖家保理商将此应收账款转让给买家保理商，买家保理商按既定成本买断此应收账款，即操作再保理；（10）买家到期将货款支付给买家保理商，完成双保理业务流程。这里，如果买家保理商与卖家保理商在第9步签的是《国际有追明保理服务协议》，如到期买家未回款，卖家保理商则可向买家保理商追偿。按国际保理规则，买家保理商应为其授信额度提供信用保证担保，90天买家仍未付款，则买家保理商承担担保付款责任。其中，卖家保理商与买家保理商的合作方式有两种：一种是卖家保理商将应收账款转让给买家保理商，买家保理买断应收账款，卖家保理商获取利差；另一种是买家保理商为授信额度提供保证担保，负责配合到期催收。双方按约定各自获取收益。很多情况是按应收账款八折放款，因此，回款后扣除佣金仍有结余时，余额应退还给卖家。

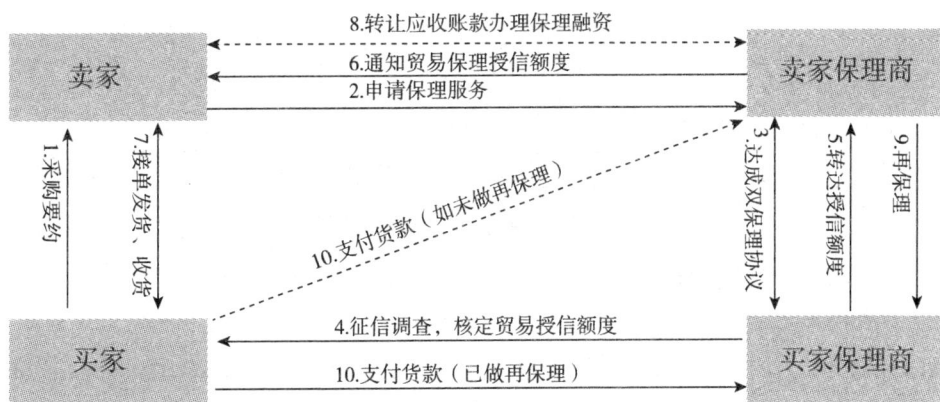

图 6.1　国际双保理流程

国际保理都是双保理模式，由于各国信用文化不同，政治和经济环境不同，语言不同，为了避免增加信用调查和应收账款管理成本，以致给保理商造成巨大违约损失，国际保理商普遍通过国际保理商协会平台获客并操作业务。我国保理商当前没有外汇核销资格，这成为我国国际保理的一个重大障碍。那些在香港有关联公司的我国保理商，也基本不通过国际保理商协会平台以双保理方式操作，而是通过信用保险来控制风险，依然是"选择型"的单保理模式。

如果我们将以上两个国家改成我国的两个城市，就可以演变成国内双保理模式，不过我们需要成立一个类似国际保理商协会的信息交互平台，统一保理规则，建立保理商之间的互惠互信合作关系；甚至也可以改为一个城市的两个不同行政区，则可演变成同城双保理。一个保理商对买家和卖家的信用都具有把控力时，就可以做成三角形流程的单保理模式，如图 6.2 所示。

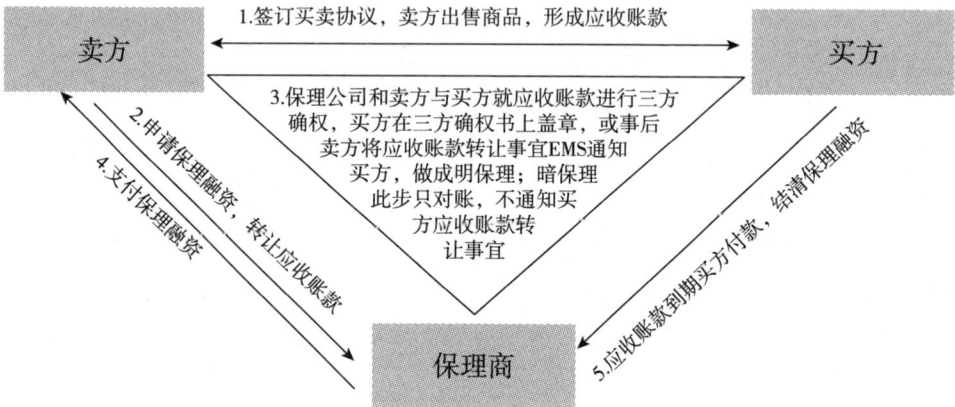

图 6.2 三角形流程的单保理模式

单个保理业务特别大，如单笔保理融资额超过其净资产的 10％（或其他比例），一家保理商无法单独操作时，则可以与其他保理商共同出资来操作，形成联合保理模式，这是分散保理风险的有效控制方式。但这种保理要寻找对等的合作方，因此并不容易操作，需要保理商预备在资力上平等和风控上达成共识的合作方。

保理商资金量有限，从目前来看，再保理和股东借款是保理商重要资金来源，发行企业债券、ABS 并不适合大多数保理商。将所受让应收账款转让给银行或其他保理商做再保理，可以解决保理商资金不足的流动性问题。但应注意，保理商再保理融资非常容易流失优质客户，最终为别人作嫁衣，而自己很难沉淀长期好客户。我们建议在供应链"管理型"风控机制下，通过供应链公司服务体系来控制客户流失，对接银行低成本资金才有保障。就是说，资金可以是别人的，但客户不能让给别人，这是供应链金融企业对接外部资金时应注意的地方。

国际双保理授信是在整个保理业务发生之前，先对买家授信，卖家与买家在保理商核定的授信额度内进行贸易，保理商对此信用控制下的应收账款操作保理融资，因此是有授信管控下的贸易信用交易，属于"管理型"保理风控模式。这种保理风控对象是买家的信用，在不能完全确定风险的情况下，还可以参考信用保险的保险授信做融资额度控制。

当前我国保理还没有双保理，企业对保理融资和服务的认识尚处在学习阶段，大部分企业信用管理观念尚未健全，保理商大多针对已形成的应收账款操作保理业务，这也是我国保理业务风险特别大的重要原因。

应收账款融资的"信用利润"原理

应收账款并非企业间的"无息贸易融资"，其"利息"实际上暗藏在赊销交易价格当中，账期越长或赊销金额越大，"期限利率"会越高，即加价会越大。如果买家信用低，且应收账款中的"利息"低于保理融资成本，那么必然会导致卖家要为买家支付更大的资金成本，卖家从买家那里获得的利润必然缩水，甚至可能因为保理融资成本太高，导致保理融资后卖家应收账款原始利润亏损。比如现金销售价款是100万元，赊销三个月价款是110万元，即"利息"是10万元，因为买家信用不太理想，保理融资成本是14万元，则说明卖家的"利息"变成了-4万元，如果卖家这笔应收账款的原始利润是3万元，则卖家在保理融资后实际上原始利润变成了亏损1万元。

相反，如果买家信用优质，而且应收账款"利息"高于保理融资成本，卖家保理融资后不但有"利润"，甚至还可能有额外利润，比如现金销售价款是100万元，赊销三个月价款是110万元，即"利息"是10万元，因为买家信用好，银行保理融资成本是9万元，则说明卖家还可以获得"利息"1万元，如果企业这笔应收账款的原始利润是3万元，则卖家在保理融资后还获得了1万元的买家"信用利润"。

由此可见，企业通过信用管理获得优质的客户资源，在保理融资或应收账款质押贷款中，有机会获得更低成本的融资，而且还可以获得客户的"信用利润"；相反，卖家要为信用不佳的客户支付大于应收账款商业利息的融资成本，而负"信用利润"导致企业原始利润发生亏损。但是，要想获得保理"信用利润"，企业在信用管理中要善于通过债权融资成本核定"商业利息"，为保理融资埋下"信用利润"，或有效防范原始利润流失。

企业如何进行信用管理

企业应收票据和应收账款等周转率能反映企业客户的信用实力，而企业的应付票据、应付账款、长短期借款等周转率则能反映企业自身的信用履约能力。信用风险具有客观性、传染性、可控性和周期性。作为对价资产，应收账款必须是真实完整的，因为信用风险的周期性，一些在今天表现为坏账的对价资产，明天有可能成为优质资产，因此，对价资产只要真实完整，就可以进行资产管理或跨周期管理，保理商首期尽可能选择经营可持续性能力强的还款人的应收账款。

做保理有必要知道企业怎么做信用管理，这有助于我们正确理解应收账款风险形成原理。跟我们做金融一样，企业对信用客户也应依据保理商股东的资金实力和风险偏好，设计准入标准和信用政策，准入标准包括客户行业、成立时间、客户性质（上市公司、国企央企、外企、民企等）、实缴资本、上年营业额及利润、硬伤等；根据客户信用分级，实施不同的信用政策，信用政策包括紧缩型、适中型和宽松型三种，如宽松型政策一般针对优质客户或老客户，信用账期、授信额度和催收政策都相对宽松。

企业可用赊销授信额度（即可垫付资金）代表自身剩余信用实力，它等于流动资产－流动负债（含一年内到期的长期借款或长期应付款）－流动资产中一年内无法变现收回资产，它是动态的，大小和稳定性决定了企业整体信用政策，如果为负数，则表明企业已无可用赊销授信额度。企业月可用赊销授信额度＝（可用赊销授信额度/现金转换天数）/30，现金转换天数＝存货平均周转天数＋应收账款平均周转天数－应付账款平均周转天数。企业可用赊销授信额度和现金转换天数如都为负数，则表明企业有月可用赊销授信额度；仅现金转换天数为负数，则表明企业有双倍月可用赊销授信额度。

企业对新客户的授信额度，一般采用同业比较法、初次限额法、销售预测法；对老客户可进行信用评级，实行信用等级差别待遇管理，对信用等级高的客户可酌情逐步放大授信额度。授信测算方法有：DSO法、有效流动资产×20％、运营资本法、净资产×10％等等，授信额度不能一成不变，根据客户综合实力变化、行业变化和风险征兆适时调整，正常情况下保持一定稳定性。

企业账期长短设置可采用标准比较法，不能比标准账期长，除非自己的产品有竞争力；账期按客户的信用评级或历史信用表现调整，评级高的账期延长一些，否则应调短一些；在企业不同的生命周期和产品生命周期使用不同的账期，总之企业客户的授信额度不变，而期限的长短因信用政策设定。企业应保持适度的可用赊销授信额度，增强信用管理弹性，避免客户违约带来流动风险。

保理商风控人员现场尽调时，应大致了解企业授信额度和信用期限的设定的合理性，了解拟操作保理融资应收账款历史明细，把握卖家及其客户信用实力。了解卖家如何控制客户信用风险，才能更好把握卖家信用变化趋势，从而通过对实质还款人授信来控制风险，选择更有针对性的风控措施和方案设计。

保理授信额度和融资额度测算

保理业务中，买卖双方谁信用实力强，谁就被定位为实质还款人，我们就给谁授信，匹配相应的保理业务模式，签订相应的保理合同，匹配相应的风控方法。授信额度是我们控制保理融资额度的上限。

保理授信测算方法

保理授信测算包括以下方法：

(1) 净资产×10％授信。

(2) 有效流动资产×20％授信。

(3) 平均销售回款额授信。回款额授信＝（最近月回款额×6＋…×5＋…×4＋…×3＋…×2＋半年最远月回款额×1）/（6＋5＋4＋3＋2＋1）×标准信用期限（天）/30。

(4) 净流动资产×10％授信。净流动资产＝流动资产－流动负债，仅限有正向差的客户使用，是在第2种方法上的谨慎授信法。

(5) 自偿性现金流授信。根据受让的应收账款总额（或商品估值－客户保证金）×买家历史的综合回款率－融资利息费用授信，这种授信额度与融资额度相同。

保理授信原则

保理授信可根据以下原则进行：

(1) 动态授信原则。由于授信计算基数是动态变动的，因此应动态授信，融资总额原则上不能超过总授信额度，这是保理后期管理的重点风控内容。

(2) 授信额度极限原则。企业总体授信额度不能超过可变现总资产与总负债的差额。

(3) 实力方授信原则。有追明保理则买家卖家都应授信，并以最小额控制，暗保理则只对卖方授信，无追保理则只对买家授信。

(4) 资方风控原则。按资方风险偏好测算保理授信额度。

保理商对客户的融资额度不能简单地对应收账款打折提供融资。国际双保理的有追保理打八折的原因，是因为它们应收账款的形成建立在保理商授信基础上，有的甚至建立在信用保险基础上。我们很多保理商也以应收账款打八折放款实属盲目模仿，很容易引发风险。

两种保理融资额度测算方法

1. DSO（days sales outstanding）测算法

它是测算企业当前应收账款余额全部收回所需要的平均时间，又叫平均回款账期。计算DSO有三种方法。

（1）期间平均法。等于期末应收账款余额/这一时期的销售额×这一时期的天数。由于误差较大，所以企业很少采用。假如企业某客户历史一年的销售总额是1 000万元，当前应收账款余额是200万元，则其DSO＝200/1 000×365＝73天。如果提供给这个企业的融资期为60天，则有逾期风险；如为90天，则应在到期前18天起密切观察。

（2）倒推法。倒推法是假如客户回款是有规律的，以最近月份开始向前逐月倒推，企业按历史各月份总销售额测算收回当前应收账款余额所需要的总天数即为DSO。这种DSO测算法只注重最近账款回收业绩，是企业最常用的方法。在保理业务中，依最近几个月的销售总额推测当前应收账款DSO，分析其应收账款合同账期与DSO的差异，分析应收账款质量和企业存在的拖欠情况；对于企业来说，可以借此适当调整回款账期或核定合适的授信额度。

例如，某企业6月22日应收账款余额是348万元，按倒推法，分布于6月22天的销售额为200万元，分布于5月的销售额为148万元，按5月日均销售额计为25.49天（148/6）的销售额，因此收回348万元的DSO＝22＋25.49＝48天，如表6.1所示：

表6.1 倒推法示意

月份	1月	2月	3月	4月	5月	6月	合计
月份天数（天）	31	28	31	30	31	22	173
日均销售额（万元）	4	5	4	7	6	9	
总销售额（万元）	120	128	130	200	180	200	958
收回销售额（万元）	70	60	60	110	160	150	
应收账款余额（万元）	50	118	188	278	298	348	348
DSO测算金额（万元）					148	200	
DSO倒推法测算（天）					25.49	22	48
DSO期间平均法测算（天）							63

注：日均销售额采用了四舍五入计算。

注意：合计应为47.49天，因为不可能存在0.49天，故天数出头应加一天，即48天。如果这个企业转让应收账款348万元给我们，合同账期是30天，则我们提供的融资额度应该是按248万元减去相关利息费用的差额确定（6月22天200万元，5月8天48万元，合计248万元）；如果客户想融资260万元（含利息费用），则逻辑期限可设置为32天（200万元为6月22天的销售额，60万元为5月10天的销售额，合计32天）。

回款率信用授信虽然克服了 DSO 每期回款随意性问题，即产生较大的履约波动，导致准确性不够（可通过协方差分析法进一步分析，以补充决策理由），但泛化了客户回款的随意性问题。

（3）账龄分类法。这种方法综合考虑了赊销和账龄的关系，对一段时期内不同账龄的应收账款分别计算 DSO，最后相加得出总赊销额的 DSO。账龄分类法使每笔应收账款一目了然，并通过计算每个阶段应收账款的比例，发现拖欠原因，找出有针对性的解决办法。比如，6 月 30 日某客户的应收账款余额是 1 115 万元，用账龄分类法测算 DSO 如表 6.2 所示：

表 6.2　账龄分类法测算 DSO 示意

月　份	1 月	2 月	3 月	4 月	5 月	6 月	合计
赊销销售额（万元）	620	476	558	600	434	630	3 318
日均赊销销售额（万元）	20	17	18	20	14	29	
收回赊销销售额（万元）	620	476	473	480	124	30	
当月未回应收账款（万元）	0	0	85	120	310	600	1 115
账龄法测算 DSO（天）	0	0	5	6	22	21	54
倒推法测算 DSO（天）				3	31	22	56

注：日均赊销销售额采用了四舍五入计算。

注意：应收账款在外天数是各月销售未回应收账款/当月日均赊销销售额，应收账款在外天数合计是这段时期的 DSO。

2. 应收账款回款率测算法

（1）应收账款回款率＝买家某段时期约定应回款总额/这段时期回款总额 ×100％；

（2）保理融资额度＝受让某买家应收账款总额×该买家近段时期的回款率。

比如：某企业拥有 A 客户应收账款余额 400 万元，账期为 60 天，2018 年全年 A 客户回款共计 1 000 万元，2017 年 10 月至 2018 年 10 月一共发生的应收账款 900 万元，因为账期是两个月，所以 2018 全年按协议应回款额正好是 2017 年 10 月至 2018 年 10 月一共发生的应收账款 900 万元，因此其回款率＝900/1 000×100％＝90％。如果企业转让其 400 万元申请保理业务，则其融资额度按 360 万元（400×90％）减相应利息费用确定。

应收账款本质上就是企业未来的现金流，我们也可以用净现值法计算融资额度，同时参考应收账款历史的季节性波动和企业整体授信额度进行适当调整。

应收账款的波动性可以用方差来判断，方差反映客户回款的稳定性，我们可以计算出一年每个月客户的回款率，然后用 Excel 函数 VARP 计算近 3 个月、近 4 个月、近 5 个月、近 6 个月……的样本方差，最小的方差表示波动最小、最稳定，如果都差不多，说明核心企业信用非常稳定。我们也可以酌情参考最小方差调整融资期限。

DSO 测算法和应收账款回款率测算法都建立在买方回款历史会重演的基础上，但买家的支付能力受多重因素的影响，因此它比较适合历史回款比较有规律的买家应收账款，对回款波动较大的买家则应同时考虑多重影响因素，调整产品方案，如加收保证金以规避回款波动风险，将回款日设在其他债权人债务到期之前和企业现金流高峰期，签订有追索权保理等等。

保理融资额度≤受让的应收账款×历史回款率或 DSO 测算的回款额≤背书受让的商业承兑汇票票面总额≤受让的应收账款总额≤实力方授信额度。

保理风险控制关注点

在买方市场中，卖家处于市场被动地位，卖家以卖出商品、多拿订单、多做业务、多增收入为目标，导致我国当前很多中小微企业基本不考虑客户信用，更不会也不知道对客户做信用管理，在核定的授信额度内进行赊销交易或预付采购。供应商对客户的赊销额度根本没有控制机制，订单再大也照接不误，唯恐失去商机。这种信用机制下，企业三角债横行，企业利润被长期挂账不能回收，有的成为坏账，有的致使企业实际亏损；更多的卖家因为客户单一，被一个客户长期信用捆绑，不继续接单则老账全部泡汤，接单的话坏账更大，严重影响企业持续经营能力。

应收账款多大才合理，要看应收账款周转率，周转率大于标准周转率越多，说明企业客户实际信用期越短，越短则客户占用卖家的资金时间越短，因此应收账款质量越好。可见应收账款未必是越大越好。保理融资时，我们应站在保理商股东风险偏好的立场上，分析当前卖家应收账款规模的合理性，如果我们对买家的授信额度大于当前其应收账款余额，可能暗示企业客户信用好。

在标准明保理业务中，保理融资的实质第一还款人是买家，但前提是买家的信用实力可靠，并且回款方式符合保理商股东的风险偏好。如股东的风险偏好是不能接受任何风险，则选择信用实力强大的买家，且买家能配合做三方确权，并在应收账款到期时能回款到保理商指定的公司账户；如果保理商股东风险偏好是适中型的，则一般只能接受有追明保理，允许以 EMS 送达通知应收账款转让的事实给买家，但是卖家的信用实力要安全可控，或在买家信用实力强大的情况下，买家回款给卖家的银行结算存款账户为保理商所能控制的共管账户或监管账户；如果保理商股东的风险偏好为宽松型的，则还可以适当操作暗保理，但前提至少是应收账款真实可靠，卖家的信用实力强大，可以采用信用授信控制方式。

谁的信用实力强大，风控人员就应采集谁的信用信息，融资回款控制主要以它作为实质还款人来设计，并对其进行授信，风评报告也应重点分析它的风险。如果是有追保理，则同时离不开对卖家的风险分析；如果买卖双方的信用实力一般，可以从业务或订单稳定性、借新还旧能力（即新增负债能力）和盈利能力三方面分析它们的经营可持续性能力，买卖双方或一方能提供符合保理商要求的增信措施；如果是第三方担保公司担保，则其相关信用信息应能完整地采集，要核定担保授信（与保理授信方法一样），且在后续监管过程中也能配合提供资料。所有这些在融资放款前应确定好，包括提供实质第一还款人财务管理人员和公司法定代表人的联系方式，防止放款后变得被动。总之，暗保理、有追保理和无法控制买家回款的保理项目，它们的实质还款人都偏向于卖家；买家能配合三方确权的保理项目或反向保理项目，实质还款人偏向于买家；提供完全可靠的第三方信用担保的保理项目，它的实质还款人可视为担保人。

根据经验，我们建议风控人员和业务人员在项目进件时切勿向客户或渠道索要财务资料，通常这些资料极端地不可信，且这会影响我们在现场对系统数据的采集，客户大多会千方百计阻止我们采集其财务系统数据和凭证资料。为了能在客户现场拿到真实财务数据，建议现场亲自采集，但尽调前要与客户确认以下事项（见表6.3），否则不能贸然出发去尽调。

表6.3　保理尽调前确认事项

一、正向保理尽调前与融资人确认事项
1. 是否已打印最新银行《企业信用报告》？
2. 是否已打印公司实际控制人最新银行《个人信用报告》？
3. 贵司是否同意我司人员现场查看财务系统，并导出近三年年度财报和近一期财报？
4. 贵司是否同意我司人员现场查看并导出财务系统中要转让的应收账款明细账？
5. 贵司是否同意我司人员现场导出增值税开票系统的月度统计表，抽查客户历史发票？
6. 贵司是否同意我司人员现场打印增值税纳税申报系统的纳税申报表？
7. 贵司是否同意我司人员现场查看常用银行存款账户网银系统，并导出近一年银行流水？
8. 贵司是否同意我司人员现场抽查近期会计凭证？
9. 贵司是否能提供最新企业借款明细表？
10.（对出口企业）是否同意我司人员查看贵司电子口岸系统，并导近半年出口汇总数据？
11. 尽调时贵司是否能安排法定代表人和财务高管见面？……

续表

二、反向保理尽调前与核心企业确认事项
1. 贵司能否配合我司风控人员查看采集所需财务系统数据？
2. 合作后是否愿意推介贵司供应商成为我司保理客户？
3. 合作后是否愿意配合我司对贵司供应商的应收账款确权？
4. 供应商应收账款到期时是否能回款到确权书指定回款账户？
5. 贵司是否愿意开放供应链数据端口，授权跟踪查询贵司采购业务数据？……

在暗保理前提下，出于保守考虑，风控人员应考虑融资的自偿性，分析客户真实的保理融资动机。良性融资动机是增加企业流动周转资金，而购买长期资产、进行长期投资、偿还到期贷款短期内都不可能为企业带来新的应收账款或收入，其还款来源落空风险太大，因此这些属于恶性融资动机，建议保理商应对融资人的融资用途做必要管控。相反，在明保理前提下，融资人的融资动机则要看买家信用实力，如果买家信用实力一般，则建议签订有追保理合同，管控卖方融资只能用于流动周转；如果买家信用实力强，可不用关注融资人融资动机。

保理融资风控"铁三项"

保理融资风控"铁三项"要点包括：贸易真实性、应收账款确权、回款控制。

（1）贸易真实是保理融资的前提，如果它出问题，后期债权保护也很容易出险，很多保理融资出险源于贸易虚假。采集并核实与应收账款相关的权属资料，包括买家卖家及它们的联系人和联系方式、合同、订单、收货单（过磅单、验货单、收货证明、完工进度审批表）、发票等。贸易的真假可借助共性风控技术来识别，要求风控人员熟悉企业财务、企业信用管理、企业账龄分析，特别是与应收账款相关的合同、订单、收货单、运单、对账单、发票等权属信息资料之间的相互衔接和勾稽关系。

（2）应收账款确权就是保理商对卖家的应收账款金额、账期和结算方式与买家书面确认核实的对账过程。确权在前面的"明保理和暗保理"中讲过，大致有三种方式：第一种是三方确权；第二种是EMS送达《应收账款转让通知书》或询征函，在收到签章回执后表示确权的方式；第三种是邮件送达《应收账款转让通知书》，要求得到买方的邮件回复。这里我们要特别注意的是，确权过程中，什么假都可能发生，假的买家对接人、假的确权场景、萝卜章、假名片……因此，核心企业如果印章没有领印审核登记流程，对接人回答不上买卖合同里的业务细节，应收账款财务人员没有核实其应收账款明细账，不是现场当着我们的面盖章……那么，都可以视为可疑无效确权。

（3）最核心的是回款控制。在实质第一还款人信用实力可靠的前提下，我们认为，最佳的回款控制方式是"管理型"风控机制下的供应链闭环控制方式，其次才是三方确权下的信用控制模式，最后是转账结算方式下监管账户或共管账户控制回款方式。不管哪一种回款控制类型，最重要的是风控人员应核实实质第一还款人和卖家的信用实力，因为这是保理商确定采用何种回款控制方式的重要依据，也是判断项目是否可融资操作的重要依据。

保理风控硬伤

保理融资在放款前，业务人员和风控人员对存在以下硬伤的保理项目可以直接过滤退单，不需通过评审会决定：

（1）融资企业不赚钱，当前亏损，或者有利润但预测利润小于融资成本（含税）；

（2）暗保理或有追保理，卖方近期审计财报的流动负债大于流动资产且经营性净现金流连续多期为负数；

（3）融资方历史有通过作废发票骗取融资；

（4）实质第一还款人扣除预收账款后的资产负债率大于90％；

（5）应收账款没有合同、订单，或没有收货单（工程进度审批表），又不能配合应收账款确权；

（6）合同或者订单中信用账期没有或不明确，或合同中对应收账款有禁止转让条款；

（7）结算方式附条件过于复杂，结算金额无法确定；

（8）产能过剩，淘汰行业的应收账款；

（9）实质第一还款人报税收入占总收入比重小于60％；

（10）租金保理，所出租资产非融资人所有；

（11）实质第一还款人当前有重大未决诉讼或仲裁案，标的超过净资产10％（含）；

（12）实质第一还款人近一年有过不良贷款，老板有严重不良信用逾期记录；

（13）拟转让的应收账款在中登网已被登记或模糊登记；

（14）实质第一还款人对非关联企业担保超过净资产10％，或总担保额超过净资产；

（15）实质第一还款人有未还高利贷；

（16）实质第一还款人大客户出现财务危机；

（17）企业没有应收账款，或应收账款金额过小，或全部已逾期；

（18）实质第一还款人实际控制人或法定代表人被刑拘或有赌博、吸毒不良嗜好；

（19）拟转让的应收账款将在融资前到期；

（20）实质第一还款人合同账期比同行企业长一倍（含）以上。

保理融资中的信用保险

保理商可以要求客户对其未来应收账款购买信用保险，建立风险转嫁机制。尽管信用保险公司一般在风险发生时只赔付90％，但保理商对参保的应收账款只提供80％甚至更低比例的融资额度，可完全转嫁违约风险。

做保理融资，信用保险是保理商始终绕不过去的话题。现在国家对出口应收账款参保的企业提供保费50％的政府补助，有的补助更高，大大减轻了出口企业的保费负担。有的保理商可以为自己的客户统一购买信用保险，不需企业购买，这样保理商还可以通过保险公司的保险授信额度来控制对客户的融资额度，达到控制违约风险的目的。

现在，市场上有两种保险可以帮到我们，那就是贸易信用保险和履约保证保险。贸易信用保险有增信、快速核定授信额度、坏账理赔等好处。

我们先说履约保证保险，它主要是针对银行的一种信用险，很多消费金融公司以及类金融公司也与财险公司有这种业务往来。如2016年12月出险的惠州侨兴电信工业有限公司和惠州侨兴电讯工业有限公司在广东金融高新区股权交易中心有限公司备案发行的2014年私募债券项目，浙商财险为该私募债券提供了履约保证保险。

履约保证保险单客户最高赔付额为500万元，比普通贷款担保更有优势：金融企业为客户购买履约保证保险，客户必须为贷款或融资提供抵押物；一般购买履约保证保险的情况下，企业无须缴纳贷款保证金，相对可以降低融资成本；此外，保险费率比担保费率低，目前市场上贷款担保费率在2.5％～3.5％之间，而贷款履约保证保险费率可低至0.7％。当然，抵押物变现能力好、企业偿付能力高、企业经营能力强、贷款金额在抵押物评估值范围内，才能获得超低的保险费率，比普通的贷款担保更有优势。保险对象是融资人对合同的履行，主体是保险公司、融资人和银行或金融企业。受益人为银行或金融企业，赔偿针对的是银行或金融企业的损失。保险公司对融资人的资信审查非常严格，对因产品质量纠纷等融资人主观原因和意外事故或不可抗力产生的违约保险公司是不赔的。赔付率一般为损失金额的 60%～70%，即银行或金融企业自担损失的 30%～40%。

贸易信用保险就是我们狭义上说的信用保险，有两种购买方式：一种是以金融企业为购买人的统保模式；一种是以融资人为购买人的模式。前者保险额度的审批是针对金融企业的客户预计销售规模来核定，同时要考虑投保人的实力，一般 15 个工作日批复额度，金融企业在核定的客户保险额度范围内购买贸易信用保险。这种情况下，购买人和受益人都是金融企业，保险对象是贸易买家的信用履约，最低保费 2 万美元，赔付率为 90%。后者的信保额度审批，各大信保公司大同小异，审批速度和额度略有差异，保险费率为投保应收账款的 0.2%～0.5%，最低保费 2.5 万美元。需要注意的是，在投保时，保险公司假定投保人是讲诚信的，一旦发生索赔，保险公司会根据理赔条款逐项审核，如发现申报资料有问题或应收账款存在瑕疵则拒赔。

对信用保险，风控人员要关注免赔条款，有些常识应该要知道，如买家的应收账款三年内发生过坏账核销的话是不赔的；购销合同或订单不能有影响应收账款权属的数量、质量、交期等条款。

所有信保额度申请资料应如实统计填写，不可随意乱填乱报。风控人员可以协助客户如实填写保险额度申请资料，但不可代位填写操办，或直接向保险公司提交申报资料，更不能串通客户虚报资料，一旦出事，我们就说不清楚了。

注意，信用保险对购买保险之后发生的业务提供保险保障，但历史形成的应收账款账期约定前置一个月，否则不保。当前对于钢铁、煤炭、珠宝、服务、大宗贸易、光伏、政府为付款人的项目、公立医院和学校及教育行业不承保，风险越高的行业保险费率也越高，且保险授信额度越小。

现在从事信用保险的公司很多，中国出口信用保险公司是我国唯一承办出口信用保险业务的政策性保险公司，对国外和国内贸易信用都提供承保服务。国外三大信保公司是裕利安宜信用保险公司（Euler Hermes）、荷兰安卓信用保险集团（Atradius）和科法斯信用保险公司（Coface），它们占据国际信用保险市场 80% 以上的市场份额，当前我国的平安信保、中银保险、大地保险等都是代理它们的信用保险产品。

为信用实力较强的买家购买信用保险对购买人来说多少有点不划算，而信用实力不强的买家又很难审批到保险授信额度，因此，这是一个非常矛盾的选择，通常要看发生系统违约概率的大小来做选择，对有政府补贴的出口贸易最好购买信用保险，当然贸易利润要大于保理和融资成本才行。保理商也可以参考信保公司的保险信用额度来对保理项目进行融资授信额度控制。

商票结算保理

商票结算保理即以商票为结算方式的保理融资。供应商在转让应收账款给保理商的同时或之后，将收到所转让应收账款的商票也背书转让给保理商，这样操作的保理融资即为商票结算保理。注意：保理商禁止直接受让商票操作保理融资，商票在此只是应收账款的结算方式。保理商也不能直接以商票贴现，即以收息付余的方式操作保理融资。

可能有的供应商会认为转让了两个债权给保理商，其实这是一个误解，虽然表面上转让了应收账款和商业承兑汇票，但这种情况下，转让商业承兑汇票后应收账款变成了空的，应收账款的形式发生了转变，这时应收账款就以商业承兑汇票到期日为准了。保理商通过商业承兑汇票获得回款。如果买家因各种原因出现拒付或跳票，超过十天提示付款期后，此商业承兑汇票转回应收账款形式，供应商根据有追保理协议，应回购转让的应收账款，由其继续向买家追偿。

商业承兑汇票保理的优势有：（1）从 2018 年开始，所有单笔金额在 100 万元以上的商业汇票都必须采用电子商业汇票。开票人、出票人、收款人、承兑人、保证人等统一在 ECDS 系统办理商业汇票的开票、承兑、保证、转让、贴现、托收、退票等业务，电子商票票号全国唯一（30 位），无法伪造，没有套票、PS、遗失、虚假印章、填写不规范等现象。（2）不用对应收账款进行确权，也可以追索应收账款债务人，同时还可以追索承兑人和商票上手。（3）贸易合同中约定的应收账款债权不得转让的约束性条款等于宣布无效。（4）承兑人不得以产品质量等问题对抗持票人。（5）可以实现承兑人直接回款给保理商等。

商业承兑汇票保理的困惑有：（1）商业承兑汇票是否等同应收账款存在争议，但商票保理风行，可关注银保监会的监管要求。（2）仍然存在承兑人到期跳票的信用风险。（3）受让主体的信用实力在流通环节越靠后越弱，因为当承兑人到期违约时受让人信用实力最强的极易成为被追索的对象。（4）存在无贸易背景的融资性商业承兑汇票，核心企业大量的融资性商票模糊了其真实负债率，隐性风险越来越大。因为它没有应付账款对应，所以企业会计无法将其做入表内账，导致这部分资金在企业体外循环，用途变得不可控，不确定性风险极大，当前很多上市公司就开出了大量融资性商业承兑汇票。

电子商业承兑汇票的风险防范措施有：（1）控制单笔金额，增强流通性和承兑人的到期兑付力，承兑风险小，因为金额越小承兑人违约成本越大，造假成本也越大；（2）期限控制在 180 天以内或尽可能控制在行业标准账期以内，因为期限越长不确定性风险越大，特别是融资性商票；（3）采集与之相应的合同、订单、发票，做有真实贸易的商票保理，因为我国实行票据相对无因性，要求票据获取需要支付对价；（4）票据保理应先受让应收账款，而非先受让票据，即票据受让在应收账款受让之后，可减少法律风险；（5）不能收砍头息，不能签订所谓的票据贴现，此为银行特许业务；（6）加强对承兑人或担保人的信用实力分析，最大限度排除跳票风险；（7）不操作已经有商业承兑汇票的保理融资。

保理融资资料采集

保理业务特有的个性资料，包括尽调时采集的与应收账款相关的合同、订单、送货单、运单、对账单（如果买家配合三方确权的，则《应收账款转让三方确权书》也可直接视为对账单）和发票样本资料一份，企业上年度和本年各期订单或合同及执行情况统计表，应收账款账龄分析表，拟保理融资客户应收账款近一年明细账及其回款原始凭证，并抽查拍照件。如果要加快保理操作进程，则将以上样本资料更换为本次所转让应收账款相关的权属资料（合同、订单、收货单或有买家签收的送货单、运单、对账单和发票），并核对原件以核实这些资料的真实性。

保理信用信息资料的采集还要注意保理产品类型，工程保理的对账单则是工程进度审批表，合同则为工程合同，不存在运单和收货单，增加采集工程总价款、已支付工程款流水原始资料，旨在证明当前未结清应收账款余额的真实性。

融资人近一年应收账款明细账主要采集拟保理融资客户的，最好抽查半年以上客户回款原始凭证，应收账款最好要有三次以上回款历史记录，如果没有，则应能确认买家的信用实力；采集至少近半年开票系统开票数据，重点为拟保理客户的，关注是否存在大量作废发票；国税报税系统，查询上年度纳税申报表和近几个月的纳税申报表；银行流水，重点是拟保理客户的网银结算账户近一年的银行流水，同时比对回款原始凭证，如果是银行结算，则查询历史银承原始凭证拍照件。

合同或订单中不得有禁止债权转让条款，结算方式如果为银承，除非适合使用信用回款控制和买家能配合签订三方委托协议，且买家能配合将银承寄送到保理商，否则不适合保理融资，信用证结算与银承结算是一样的，而且必须是可转让远期信用证，信用证与汇票（如有）一并转让给保理商；合同中的回款方式不可过于复杂，不得约定不确定的回款方式等；对质量的约束不得有导致保理商融资后利益不确定的条款；对卖家和买家同时互有供应商或客户的，卖家应收账款不得抵冲其买家债务，在应收账款三方确权书上应注明不得债务抵冲。

特别保理业务

池保理：实践中，有的供应商的客户应收账款账期在一个月内，但每个月总余额却比较可观，保理商可以将这种企业的应收账款做成应收账款池，操作应收账款池保理，但前提是企业的信用实力可靠，因为这种情况下主要操作暗保理或有追保理，极少操作无追保理，通常还款人是卖家。这种情况下，保理融资期限一般设置为半年或一年，每个月需要置换应收账款权属资料（主要是合同、订单、收货单和发票，如果太多则可采集资料的原件拍照件），保理融资额可依据企业历史应收账款回款额的月均值×（融资月数－2）进行确定，其中融资月数减去 2 表明融资人在到期前两个月开始准备还款，融资总额不得超过保理商对融资企业的授信额度。应收账款历史回款波动率取与融资期限相契合的回款数据测算，可将波动率设置为融资保证金比率。中登网登记为所有客户未来应收账款叙做应收账款池保理，进行模糊登记。

收益权保理：如学费保理、租金保理等，保理商受让的不是应收账款，而是某种资产的收益权。与应收账款保理不同，它是企业尚未实现但未来会实现的现金流，可以可靠预测，风控人员应排除可能影响现金流实现的重大影响因素，如融资人的经营资质、合同或资产的真实性和完整性、合同或资产的收益能力和隐性风险。融资资料主要为融资主体的资质、政府支持政策、资产权属资料或收益合同、未来现金流形成的逻辑和测算资料等等。

到期保理：在国际保理业务中，保理商买断出口商应收账款，收到相关单据时并不立即支付融资款给出口商，而等到应收账款单据到期才支付。买断保理存在进口商退货、破产等保理商不愿承担的风险，特别是在 CIF 贸易中。单据到期支付，便于保理商排除买断协议中约定的不愿承担的风险。由于保理商支付对价款在应收账款到期时，所以到期保理不能用简单的融资思维来理解，它更强调保理商对受让应收账款的风险管理，这与我强调的供应链金融就是为客户做金融风险管理服务的思维不谋而合。可惜，我国保理尚未进入此服务阶段。

保理业务流程

保理业务流程，简单来说包括正向保理业务流程和反向保理业务流程。

正向保理业务流程：（1）业务接触；（2）风控前置；（3）提交《初审表》给风控部；（4）尽调前准备；（5）客户回复；（6）现场尽职调查；（7）业务部出《业务

尽调报告》，风控部出《风评报告》；（8）上评审会，评委表决；（9）合规部合并意见，通知业务部、风控部和客户过会结果；（10）现场应收账款确权；（11）现场签约（《保理服务协议》、《应收账款转让协议》和相关担保增信协议等，补齐纸质资料公章）；（12）被动保理EMS通知买家；（13）收到EMS回执；（14）中登网登记；（15）客户提供放款资料（印鉴卡，如需控制用途则还要采购合同、订单和历史支付货款凭证或流水）；（16）客户支付保证金；（17）审批签字后出纳放款；（18）建档跟踪监控（定期采集融资人和实质第一还款人的财报、网银流水、应收账款增减额、纳税申报表、借款月度明细表等），办理展期；（19）融资到期前通知；（20）到期回款，如未回款或部分结清，则了解核实原因，分析风险，移交资产管理部跟踪管理；（21）更新资料，准备新增续做……

反向保理业务流程：反向保理要求保理商先对核心企业的信用实力调查核实后进行间接授信，其主要流程形式上与正向保理的第1步业务接触到第8步上评审会基本类似，对上市公司甚至可以略过第4、第5、第6步，但其中风控要求不同，过会后保理商与核心企业签订《供应商保理服务合作协议》，然后核心企业推介供应商，保理商启动供应商的正向保理流程。

保理流程的长短取决于保理商团队的专业水平、配合默契度和客户的配合度，客户的配合大部分情况下要看业务人员和风控人员的专业度、沟通能力和整体协作能力。专业的团队通常不会像上面说的那种一步一步地来，而会看客户的配合情况将其中一些步骤合并操作，如在风控前置做得很充分的情况下，现场尽调时会直接采集保理融资的应收账款权属资料，并到买家处直接进行核实做确权，这样在过会后就直接签约放款。最长可能要一个月，最短在一周内走完放款流程。如果是战略客户续借，则在三天内完成放款。当然，如购买了我所设计的思普达保理系统软件，效率就更高了。

签约阶段涉及的合同包括《保理服务协议》《应收账款转让协议》《应收账款转让三方确权书》《应收账款转让通知书》，可能会涉及增信措施的有《连带责任保证合同》《股权最高额质押合同》《不动产最高额抵押合同》《动产最高额浮动抵押合同》《保证金协议》的签订。放款前，在中登网上精准登记的内容应为：某某公司（卖家）与某某公司（买家）在某年某月在合同（订单）为＊＊号下形成的应收账款共计＊＊元转让给我保理商，涉及的发票号为＊＊号至＊＊号。

为了防止公司股东对保理融资产生分歧，我们要求融资人出具《股东会决议书》或《董事会决议书》，法定代表人出具《法定代表人证明书附签字样本》。

所有融资资料和操作流程要符合法律和风控要求，经公司合规部审核通过，如出现倒签问题，应收账款转让日期在后，通知转让的时间在前，以及出现账单的金额小于发票的金额，发票的金额小于应收账款转让的金额等情况都不行。

保理后期监管

在与实质第一还款人的相关协议中，要注明其法定代表人、财务经理或财务高管人员的联系方式，在与融资人和实质第一还款人的相关协议中，他们须承诺配合保理商的风控后期监管。

保理后续跟踪所需的信用信息资料主要有：月度财报、应收账款增加总额、网银流水、转让客户的回款原始凭证拍照件、纳税申报表、融资人的重大变更信息和财务变动情况、借款月度明细表等。由于我们基本都采用"选择型"风控，尤其在正向保理业务中，核心企业一般在我们放款后基本不会配合提供监管资料，只能通过融资企业的应收账款回款信息、新增订单信息间接了解买家的经营和信用动态。

监管的核心是跟踪测算实质第一还款人的授信额度变化，如出现授信额度小于融资额度的情况则应提示风险预警。所以，一开始我们就要选择后期可连续获得授信数据的授信方法。此外，风控人员还应实时关注实质第一还款人的风险征兆，特别是诉讼、财务危机和破产风险征兆，要及时向公司高管提示项目风险预警，对没有风控预案的风险征兆，提出有效解决方案和处置建议。

保理出现风险的原因多种多样，决策层应根据风控逻辑，并遵循贸易中存在的潜规则定义逾期和坏账，对逾期原因和后果进行风险分层，或直接采用信用评级分层，针对不同等级风险设计不同的风险处置预案。图 6.3 为简易风险处置预案，仅供参考。

分析逾期原因

分析逾期原因，此原因性质是什么？是恶性、中性还是良性？
还款人的经营可持续性发生了什么变化？

核实逾期原因

如原因不能完全确定，则在逾期后三天内上门采集导致逾期的相关证据，直到完全确定形成原因。

区别原因对待

良性反映为业务和利润双增或保持历史水平，资金受客观突发因素影响，2~3个账期内有望缓解；中性反映为企业负债率≤行业均值，有利润，能借新还旧，逾期因客户习惯性拖欠、小额诉讼支出等这些不会影响企业正常经营的原因；恶性原因反映为经营不善，停止经营或半停，诉讼增加，有潜在破产倾向。良性和中性原因可延期；恶性原因中，有钱不付如金额不大则开支付令，老板有还款意愿则签订《还款计划》，其他应加速催收节奏，可直接发律师函。

分析逾期原因
上门核实逾期原因
延期
律师函/还款计划/支付令
委外催收/调解/诉讼/仲裁
跨周期管理
坏账核销

强制追收

面对金额大、还款意愿有问题的企业，评估其有还款能力的，可视催收成本和时间需要，采用委外催收、调解、诉讼或仲裁等手段。

跨周期管理

面对金额大，债务人还款意愿好，可持续经营为良性或部分中性的，则可延期继续，并实行跨周期资产管理，提升融资回报，或通过担保融资盘活流动性，发挥债权资产最大价值。

坏账核销

对债务人破产或失踪，无法追索，无法得到清偿的债权，经审批核销处理。前提是保理公司应按既定坏账率×受让的应收账款融资总额，计提坏账准备金，每季度或每年调整一次。

图 6.3 简易风险处置预案

保理监管和法规支持

保理监管

2019 年 10 月银保监办下发〔2019〕205 号文件，即《中国银保监会办公厅关于加强商业保理企业监督管理的通知》，保理商开始进入正式受监管阶段。

通知要求保理商应依法合规经营，建立风险管理体系，以应对自身的经营风险、系统风险、法律风险等风险。保理业务仅限于保理融资、销售分户（分类）账管理、应收账款催收、商业性坏账担保，同时也可经营客户资信调查与评估、与商业保理相关的资信服务，但主要经营商业保理业务。

禁止从事：（1）吸收或变相吸收公众存款；（2）通过网络借贷信息中介机构、地方各类交易场所、资产管理机构以及私募投资基金等机构融入资金；（3）与其他保理商拆借或变相拆借资金；（4）发放贷款或受托发放贷款；（5）专门从事或受托开展与商业保理无关的催收业务、讨债业务；（6）基于不合法基础交易合同、寄售合同、权属不清的应收账款、因票据或其他有价证券而产生的付款请求权等开展保理融资业务；（7）国家规定不得从事的其他活动。

保理商的资金来源仅限于从银行和非银行金融机构融资、股东借款、发行债券、再保理等渠道融资。通知禁止股东以债务资金或委托资金等非自有资金入股商业保理企业。

文件要求保理商受让同一债务人的应收账款，不得超过风险资产（天津金融工作局保理试点办法规定的风险资产为保理公司总资产减去现金、银行存款和国债后的余额，且包括担保余额）总额的 50%；受让以其关联企业为债务人的应收账款，不得超过风险资产总额的 40%；将逾期 90 天未收回或未实现的保理融资纳入不良资产管理；计提的风险准备金，不得低于融资保理业务期末余额的 1%；风险资产不得超过净资产的 10 倍。

在风险集中度管理方面，商业保理企业应在下列事项发生后 10 个工作日内向金融监管局（工作局）报告：（1）单笔金额超过净资产 5% 的重大关联交易；（2）单笔金额超过净资产 10% 的重大债务；（3）单笔金额超过净资产 20% 的或有负债；（4）超过净资产 10% 的重大损失或赔偿责任；（5）重大待决诉讼、仲裁。

法规支持

中小微企业与大企业进行业务往来时，因实力和地位悬殊而处于劣势，货款被无理拖欠常有八九，很多地方政府机关的拖欠也非常普遍。为解决这个社会信用治理问题，2019年9月，工信部政策法规司为促进国家机关、事业单位和大型企业及时支付中小企业款项，保护中小企业合法权益，支持中小企业健康发展，发布《及时支付中小企业款项管理办法（征求意见稿）》，明确要求国家机关、事业单位和大型企业应当依照法律规定和合同约定及时、足额地向中小企业支付货物、工程和服务款项，禁止它们滥用在交易中的优势地位，强迫中小企业接受不合理支付期限、方式、条件和违约责任等交易条件；规定国家机关、事业单位和大型企业从中小企业信用采购货物、工程和服务的账款以及质量保证金不得超过的最长期限以及超过时逾期罚息的计算规定；国家机关、事业单位不得以审计作为支付中小企业款项的条件，不得以审计结果作为结算依据。

难能可贵的是，办法还提到了中小企业以应收账款申请融资时，国家机关、事业单位应当及时确认债权债务关系，除非有正当理由拒绝确认。各级人民政府及时支付中小企业款项情况要纳入营商环境评价和中小企业发展环境评估指标；由国家建立微型企业法律援助制度，微型企业法律援助工作所需经费依法列入同级地方人民政府财政预算；设立专门的投诉受理机构和投诉平台，规定限时处理时间及对接司法程序的相关管理办法，对不履行对中小企业付款义务的国家机关、事业单位和大型企业，被人民法院列入失信被执行人名单的，以及滥用市场优势地位恶意迟延支付中小企业款项的大型企业，被市场监督管理部门认定的，均纳入全国信用信息共享平台，依法对其实施联合惩戒。

风控人员应认真领会这个办法的精神，用好用足这一规定，在涉及国家机关、事业单位和大型企业的应收账款保理业务中，合理合法地实现确权和货款跟踪，为中小企业提供保理融资服务。

保理利器

系统软件是一个公司高效实现目标的生产力。保理作为类金融中最复杂的业务，业务中存在各种可能性，且每个环节都可能引发意想不到的业务风险，所以，从我做保理风控的第一年开始，就想有一天能开发一套携带风控系统的保理软件，帮助保理商的老板们轻松管理，员工高效做业务。2017年夏这个梦想终于实现了，这是一套基于 Smart - Client 结构，内置了专业风控功能的思普达保理系统软件，预设有172个风控方案，支持所有保理业务类型、接入 API 外部数据、电子签约以及我们能想到的种种功能，基本解决了困扰保理商在业务、风控、资金、管理、战略等方面的各种问题。

荀子曰：君子性非异也，善假于物也。我们几千年的哲学思想，今天依然如阳光，让我们眼光变得更高远，思路变得更清晰，启发我们借力金融科技，展翅高飞！

第七章　融资租赁风控

融资租赁对价资产

融资租赁的对价资产是设备，因此，融资租赁风控是围绕租赁设备展开对融资回款控制的。对融资租赁，首先我们关注以下几个问题：

(1) 设备所有权的虚化。融资租赁（直租），实质上为租赁公司转移固定资产所有权有关的全部风险和报酬的一种租赁，要求租赁期应为固定资产使用年限的大部分（75％或以上，应为软性要求）。依此理解，租赁设备使用受益权大部分掌握在承租人手里，这使得租赁公司的设备所有权随着租赁期的推进而被虚化，最后有其名而无其实，当客户出现经营风险时，设备极易被承租人侵占，而委托承租人办理设备抵押登记仅为法律意义上的控制。设备所有权虚化在回租业务中同样存在，且更容易发生设备被变卖、转租等非法侵占的现象，甚至在设备办理融资前已被抵押出去，存在权属问题。此外，租赁资产预期变现力弱，以及无回购担保的非标设备不适合做回租融资。

(2) 租赁设备租金自创力。在融资期内设备创造的总利润应远大于购置成本或融资成本，也就是设备所生产的产品的利润足以偿还全部租金和费用，同时还能为企业创造预期利润。每个租金偿付期，设备为企业创造的毛利扣减非折旧费用的余额要大于每期租金额度。设备租金自创力受承租人订单量波动或设备产能饱和度、产品毛利大小、租金方案的期限和利率大小、企业行业所处周期、企业信用管理水平等多因素影响。租赁设备收入要有一定的稳定性和周期性，从而支持租金的分期偿还，否则不适合做融资租赁。

(3) 设备变现力递减。尽管承租人负责设备的维修和保养，但设备状况的好坏会直接影响承租人的生产，从而影响其租金的偿还。价值自创力的递减必然使得设备变现力逐步递减，只有在变卖设备时设备的价值自创力还在，设备才有市场变现基础。设备变现力还会受设备迭代、设备成新率、性能质量、设备通用性、二手设备市场活跃度、是否与设备供应商签订承租人违约回购担保协议、融资期限长短等多因素影响。租赁设备可能存在的意外风险应通过财产保险或设备厂家担保转嫁出去，保险赔偿额能抵偿设备的一定融资损失，厂家担保通常在融资期间做到质量保证或租金赔偿。

(4) 租赁设备必然面临各种不确定风险。作为动产的设备，在使用过程中可能出现各种各样的不确定问题。设备有可能出现故障、损坏、报废、减值、淘汰、闲置、侵占、失火、被盗、失窃……其中有人为的，也有非人为的，租赁公司在操作项目时应针对不同问题设计不同的风控预案、协议合同防范条款，设计防控措施，最大限度控制不确定风险。

具体地说，租赁设备有如下风险：

（1）使用期长且不确定。使用期建立在一般标准预测基础上，易受设备品质、使用强度及频率、设备及其生产产品迭代、设备价值贬值速度等因素影响而不确定，也有中途过早报废的风险。

（2）价值大且易贬值。设备价值大，企业实际上以使用设备所创造的利润逐期收回购置成本，而计提折旧只是分摊设备购置成本。设备贬值分有形贬值（物理贬值）和无形贬值（技术贬值和经济贬值）。

（3）动产性且易被破坏。租赁设备均为动产，可挪动，故易被侵占，被滥用，在使用中需加强管理，做好维护保养，保持设备生产力。此外，如使用不当也可能引发安全事故，带来损失。

（4）所有权与使用权分离。租赁设备所有权在融资租赁公司手中，承租人拥有使用权、受益权，承租人可能存在滥用、损毁、抵债、冻结、转让、转租、变卖、重复融资等侵占设备行为。

（5）违约后变现难。如开始没有与设备供应商或经销商签订承租人违约回购担保协议，或其经营能力和担保能力不足或出现恶化，则处置收回设备，变现还款就变得异常困难。

（6）与承租人经营能力相关联。承租人不同，租赁设备风险也不同。承租人的产品设计、市场前景、经营能力、客户信用、利润水平、维护技术、人才团队、经营可持续性能力等综合决定设备的使用。

适合做融资租赁的设备有：（1）机车、动车组等铁路运输设备；（2）变压器、变电站等电力设备；（3）汽轮机组、锅炉设备、发电机等火电设备；（4）水轮机、发电机等水电设备；（5）核岛、常规岛、汽轮机、发电机等核电设备；（6）风力发电机组、太阳能发电机组等新能源发电设备；（7）飞机、飞机发动机；（8）船舶、船坞设备；（9）冶金、矿山、医疗、印刷等机械设备；（10）飞机场和港口的大型设备；（11）石油石化开采和炼制设备、化工品生产设备；（12）铁路架梁机、运梁车、挖掘机、塔吊等大型工程建设设备；（13）公路维护保养设备；（14）企业高价值生产线、注塑机、CNC、五金机床、智能设备、电子设备等大中型设备。

不适合做融资租赁的设备有：房地产、非固定资产（包括尚未转入固定资产的在建工程）、军队设备、国家专有财产（政府设施、公益设施、公立学校和公立医院的设备）、与不动产混同丧失动产性质的设备设施（如电梯、中央空调等）、已抵押或冻结等有权利瑕疵的动产、文物以及其他明文禁止转让的财产。

现代融资租赁来源和启示

二战后，美国工业化生产出现过剩，生产厂商为了推销自己生产的设备，开始以分期付款、寄售等商业信用方式销售设备，设备所有权和使用权是同时转移的，这样缓解了买家的资金压力，但结果是它们的资金压力越来越大，而且买家的信用风险也变得越来越难以控制，违约风险也越来越大。于是，有些设备商就将设备所有权通过协议约定保留在自己手里，购买人只享有设备使用权和受益权，以租金方式分期支付货款，租金中包含了设备款及设备款占用利息，当租期结束时，设备供应商将设备所有权以象征性价格出售给购买人，这样设备商不但能收回设备全部成本，还能获得丰厚的金融收益。这使得原来设备信用销售方式完全转变为一种具有金融性质的出租经营方式，而它就是我们今天的融资租赁。1952 年，美国成立了世界上第一家融资租赁公司——美国租赁公司（现为美国国际租赁公司），它开创了我们现代融资租赁的先河。

融资租赁起源于设备代理的逻辑回答了我们一个问题，就是为什么我们的直租业务少而回租多。因为租赁公司习惯通过金融业务渠道间接寻找客户，开发客户，这样得到的客户自然就是具有设备抵押融资性质的回租业务了。融资租赁公司不会或不知道从设备生产厂家入手，与设备生产供应商合作，批量开发直租业务，并通过设备供应链服务来控制风险。直租客户设备需求明确，不可能以金融业务渠道来运作。

融资租赁跨周期战略风控和"管理型"风控的结合

跨周期战略风控和"管理型"风控的逻辑

融资租赁因为期限长，如果没有跨周期战略风控思维，则风控人员注定无法应对客户长期大大小小的周期性风险。

由于风险信息的不确定性，人们当前拥有未来风险信息的总量必然随着时间的推移而减少，而人们的风险控制力也必然越来越弱，即人们对未来风险的预知力随时间的推移而减弱，这就是我们必须遵循的预知力递减原理。期限越短的投融资，越可能通过风控技术来管理控制风险损失，风控人员的风控技术越能发挥出价值，而相反，期限越长的投融资，风控技术开始一段时间效果不错，但是，随着时间的推移，不确定性风险不可避免会出现，甚至突破人们一开始对客户的认知，时不时地影响企业正常经营和资金流，当初我们单纯的"选择型"风控技术在融资后期必然会变得越来越无能为力，甚至陷入被动僵局。

信用是一种主观承诺，它实际应建立在对未来现金流的逻辑判断，而非单纯的还款意愿上，因为即使意愿信任丧失，还有道德和法律，而未来现金流丧失则是致命的。如果我们只是站在融资人的门口对融资人的信用实力进行管理，无法从根本上改变企业行为，那么，我们对客户的信用承诺就会只剩下担保资产可以采信。

客观上，任何企业经营都有周期性，企业的现金流也一样。任何企业不可能一直持续增长，总会不断经历高潮和低潮，借款可以发生在任何时候，但一定要在高潮退场。如客户还款日处于其现金流低潮，则我们应分析性质，对有持续性经营能力的融资人主动促迎其下一个高潮或更多高潮的到来，否则应果断选择退出。这就是跨周期风控，它让我们风控人有勇气从容应对未来不确定性风险。

在战略风控中，我们知道"选择型"风控的天然缺陷，应借力供应链公司的服务来实现"管理型"风控。融资租赁公司应选择与设备供应链公司或设备供应商达成合作，优化其客户结构，同时，通过供应链公司服务调剂承租企业的业务订单量，确保其经营可持续性。从逻辑上来说，"管理型"风控有助于我们摆脱融资租赁期限长带来的风控被动，"跨周期"战略有助于我们勇于面对客户可能出现的经营和现金流周期性风险。

综上所述，融资租赁因为期限长，风控人员不能完全依赖短效的风控技术，而应立足于更长远的未来，设计出结合跨周期风控战略和供应链"管理型"风控结构的融资租赁产品。

如何设计跨周期战略

跨周期战略设计可以从以下六个方面入手：

（1）选择租赁物。这同时也是选择行业。为提高未来风控专业水平，同时减少系统风险，选择几个互不交叉的前景行业，以其通用性强、价值适可的核心设备作为租赁物。不同的资金方，资金实力和资金来源不同，客观上决定了它们对租赁物的选择，这是保证资金方风险最小化的一个风控原则，资金方对租赁物的选择应适应其风险承受能力的大小。对智能设备实行电子数字化远程控制，应建立与这种风控相适应的动态租金方案。

（2）与设备供应商合作。租赁物需要建立后期处置变现机制，除专业化运作，建立承租人处置机制外，还应与设备供应商合作，以其客户为自己客户，评估其担保和经营可持续性能力，签订承租人违约回购担保协议。

（3）选择承租人。选择经营可持续性能力最理想的承租人，关注企业融资动机、产品市场和前景、商业模式、营销能力、企业发展能力、客户信用管理水平、盈利能力和负债能力。融资租赁公司通过专业化运作化身承租人业务中介和信用管理中介，最大限度降低其流动性风险。

（4）信用管理。为设备供应商和承租人提供供应链综合服务，建立系统平台，提供持续不断的供应链综合服务，同时对接行业跨链风控数据，实时把握承租人经营可持续性能力。

（5）资金来源。融资租赁公司自有资金有限，如果过度使用杠杆会加大债务风险，容易导致优质客户流失，如果过度引入投资则会稀释利润，最佳的方案就是成为越来越大的融资租赁风控和项目资源平台，可引入 ABS 等外部资金或发行公司债券解决。融资租赁公司和外部资金方一样，也是自己供应链服务商的资金方，设备供应商、承租人以及它们的业务和风控信息资源都来源于供应链服务平台，资金方的产品设计主要围绕租赁物、租金方案和风控信用信息展开。

（6）租金方案。设计不定期不定额租金偿还方案，创新包括智能设备远程可跟踪的动态租金分润方案，允许承租人根据自身不同阶段的现金流多于或少于标准方案偿还租金，甚至按日流量或逐笔收取的租金解决方案。为了满足资金方风险偏好，根据承租人现金流周期规律，针对不同设备设计个性化的租金管理方案。

跨周期战略风控的原则

跨周期风控应遵循以下原则，才能发挥出跨周期战略性作用。

（1）现金流动态跟踪原则。这是"管理型"风控的核心之一，动态跟踪每笔租金回款，允许超方案偿还租金和中途良性违约，在回租中要控制融资用途，防止挪用带来的现金流风险。

（2）企业经营可持续原则。这是能否实现跨周期债权管理的重点，当承租人租金逾期时，应分析判断承租人的业务稳定性、盈利能力和借新还旧能力。业务稳定性看承租人客户结构和数量、订单频率和客户回款的季节稳定性，而非要求业务一定增长或保持均衡。融资前分析承租人客户结构有助于后期承租人违约时有机会操作保理融资抵偿缓冲风险。盈利能力看企业是否保持行业当前应有的营业利润率，借款导致的利润下降不能影响其后期继续融资。借新还旧能力是指企业负债率还能被大多数金融或非金融企业接受，担保资产相对优质，可变现总资产远大于总负债。重视重大产品安全和生产事故、恶性财务造假、债权人挤兑、财务恶化等破产迹象。

（3）双赢原则。风险定价、风控方案、租金方案必须保证企业应有的行业利润水平，不得损害承租人正常商业利润。

（4）成熟企业原则。承租人要正常经营三年以上，产品已经通过市场检验期，已有稳固客户群，财务制度健全，能提供完整财报；或者虽未满三年，但经营团队技术和管理成熟，公司股东历史有超过三年从事相同行业经验，已有固定客户群。

（5）租赁设备可变现原则。回租设备成新率在80％以上（含），租赁设备任何时候不得被侵占、人为损坏；在任何时候，如承租人违约均能收回设备，修复设备功能，转手变现或再出租，控制公司坏账率在核定范围内。

（6）资方风控第一原则。如果自己不是项目资金方，则应按资金方风控要求设计风控战略、风控标准和风控方案，设计符合资金方风险偏好的融资租赁产品。

（7）直租中设备供应商担保实力原则。对直租设备的供应商选择，要充分满足承租人要求，同时为了防备承租人未来违约并更好地处置旧设备，尽可能选择能提供违约回购担保，且当前有担保能力、未来经营可持续性能力好的大供应商合作。融资租赁公司在战略上应与其合作的供应商提供更广泛的供应链综合服务，让此供应商的下游客户自然而然地成为自己的客户资源，把设备供应商视同战略客户合作，同时促成战略风险布局。

（8）回租中融资用途控制原则。回租本质上是设备抵押融资，企业大多出于长期流动性不足，盘活固定资产而申请回租融资，故此融资应禁止挪用，只限用于流动周转。由于其期限长，也是以按期偿还租金方式回款，如被挪用，势必影响到未来租金偿付。

直租和回租

直租和回租定义

按融资的操作方式，融资租赁分为直租和回租两种。直租就是融资租赁公司采购承租人所需要的设备出租给承租人使用，然后收取租金，直到设备融资款本息费用如期收回，设备移交承租人所有的租赁方式；而回租是企业为了解决其长期流动资金不足，以已有的设备出售给租赁公司，租赁公司再将所得设备出租给企业，然后企业逐期以租金赎回其设备的租赁方式。直租解决的是企业的设备需求，这是标准融资租赁；回租解决的是企业的长期流动资金需求，它与长期设备抵押融资极为相似。

我国当前70％以上的租赁业务为回租业务，回租期限比直租短，回租融资资金很容易被挪用，所以要做长期融资用途控制；回租融资需评估设备价值，融资金额小，融资额度取决于融资人的现金流及其稳定性，而非设备估值，设备估值仅作为参考，保值变现力强的设备除外；回租风险通常比直租大，内部收益率比直租低，即可承担的最低融资成本低，风控比直租应该更严格；大部分租赁公司不做七成新以下的设备融资（航空发动机等容易变现的设备除外）。

直租和回租融资动机

承租人的融资动机应符合基本的商业规律。在实际操作中，我们发现承租人的融资动机多种多样，融资动机是否为良性决定了融资租赁的成败。我们通过供应链服务其实是可以识别出客户的需求的，从而判断谁是我们应该服务的对象。从风控角度来看，直租的良性动机有：

（1）承租企业订单量大于当前设备产能，客户稳定增加。

（2）承租企业当前设备所生产的产品正常盈利。

（3）承租企业上年度经营性净现金流大于净利润。

（4）承租企业对其行业前景看好，为成长期或发展期行业，或弱周期行业。

例如，这种客户成立三年以上（或企业成立时间短，但积累了丰富技术和经营经验），租赁期处于企业成长期或发展期，且企业目前负债率较低，负债结构合理，无高利贷和债务集中等风控硬伤。

回租的良性动机有：

（1）企业订单一直在增加，流动资金一直不足，或增加了新客户。

（2）企业想盘活设备，增加流动性。

（3）企业业务前景好，有并购优质上下游企业计划。

直租和回租的不良动机包括：

（1）企业下游客户整体信用不佳，流动性长期紧张。

（2）企业出现亏损或进入衰退期，资金紧张。

（3）企业投资了新公司或挪用资金，导致资金短缺。

（4）企业被起诉等重大非正常企业开支加大。

直租与回租税收

直租的设备采购增值税税率当前为 13%，进项税额可抵扣销项税额。承租人租金支出不得税前抵扣，因为它可以为租赁设备计提折旧，折旧可在税前抵扣。

经中国人民银行、银保监会或者商务部批准从事融资租赁业务的纳税人，提供有形动产直租服务，以收取的租金和价外费用，扣除支付的借款利息（包括外汇借款和人民币借款利息）、发行债券利息、保险费、安装费和车辆购置税后的余额为销售额按13％计征增值税，开13％专用发票，承租人可作进项税抵扣。

经中国人民银行、银保监会或者商务部批准从事融资租赁业务的试点纳税人，提供有形动产融资性售后回租服务，以收取的全部价款和价外费用，扣除向承租人收取的有形动产价款本金，以及对外支付的借款利息（包括外汇借款和人民币借款利息）、发行债券利息后的余额为销售额按6％计征增值税，开普通发票，不可作进项税抵扣。试点纳税人提供融资性售后回租服务，向承租人收取的有形动产价款本金，不得开具增值税专用发票，可以开具零税率普通发票（实际操作也有以收据代替的，不建议），甚至有的地方干脆不开发票，但我们认为还是要按规范来做。

尽管租赁公司的贷款进项税不得抵扣，但是从上述规定可以看出，租赁公司借入资金支付的贷款利息，由于可以从租金收入中扣除，实际上是变相抵扣了。比如：融资租赁A公司向B公司出租一台设备，每月收取租金100万元。A公司购置设备所需资金为从银行贷款，每月支付利息30万元。则A公司每月因给B公司提供租赁服务，应计算销项税的销售额是70万元。

从租赁公司和承租人双方节税角度看，设备供应商开发票给承租人比开给租赁公司更好，特别是对购置实际使用的环保、节能节水、安全生产等专用设备，还可享受设备款10％抵扣企业所得税额政策，但这时要把直租做成回租的形式，承租人自己先全款购买或向供应商赊购设备，以获得发票，然后由租赁公司与承租人签订回租协议购入此设备（此时承租人开零税率发票给租赁公司，以后租赁公司租金本金开零税率发票，利息和手续费开6％增值税普通发票，息费发票不可作进项抵扣），承租人所得融资仅限支付设备款。

租赁公司计算缴纳的增值税时，银行或金融企业的借款利息支出可以抵减利息收入，差额计征增值税。在租金方案中，应考虑各期租金中利息费用的增值税及城建税和教育费附加、围堤费等税费计算内部收益率，防止报价低于资金成本带来的风险。

中国人民银行、银保监会、商务部批准的租赁公司试点纳税人，提供有形动产融资租赁服务（含直租和回租），其增值税实际税负超过3％的部分，实行即征即退，应退还税额＝实际缴纳税额－全部价款和价外费用×3％。价外费用是指手续费、咨询费之类的收费。商务部授权的省级商务部门和国家级经济技术开发区批准的试点纳税人，2016年5月1日后，注册资本达到1.7亿元，但是实收资本未达到1.7亿元的，自2016年8月1日起开展的融资租赁业务，不享受3％超税负即征即退政策。

直租与回租操作

不管是直租还是回租，项目放款前，我们都离不开"选择型"风控，按高标准选择客户，确保承租人具备跨周期风控所应有的持续经营能力；放款后需借助供应链服务进行"管理型"信用风险管理，当客户出现租金逾期等周期性风险时，则分析判断客户经营可持续性能力变化，跟踪跨周期战略实施。

直租有四个重要融资前提：第一个是企业预期的订单量因大于当前的设备产能，必须通过增加设备才能满足预期订单量的实现，即企业的订单量已超过了其产能或有望超过。第二个是企业主营业务当前是盈利的，即扣除非正常损益的净利润显示是盈利的，且新增设备后的净利润也必须大于租金支出。第三个是企业上年经营性净现金流是正数，且大于企业当期的净利润总额。第四个是企业经营稳健，行业未来发展前景向好。这四个前提有一个不能满足，都很容易给项目带来违约风险。

直租涉及至少两个合同、三个当事人。两个合同，一个是租赁物的购销合同，另一个是租赁物的租赁合同。三方当事人，包括租赁物供应商、租赁公司、承租人。直租或新设备回租的购销合同中一定要约定设备所有权保留条款，融资租赁合同必须符合合同法有关融资租赁的规定。

操作回租融资时，租赁公司与客户先签订《设备买卖合同》取得设备所有权，然后签订《回租协议》，再出租该设备给这个客户。回租还款来源是设备剩余使用期创造的利润，所以回租要按剩余使用期的预期公司利润或设备利润来测算。回租只是改变了设备的所有权，不改变设备的使用权，因此设备在回租操作时并不实际办理设备所有权交接，只是做书面交接，设备的维修和折旧计提与直租一样仍然由融资企业负责，其财务做账时只是将自有固定资产转入融资租入固定资产。回租中承租人的订单未必像直租一样会增长。

直租和回租租期结束后，承租人一般对租赁物有留购和退租两种选择。若要留购，购买价格可由租赁双方协商确定，很多情况下是象征性收取。设计租金方案时如果有设备余值，通常就是租赁公司转售设备的实际价值，但承租人支付的价格则还要低得多（见本章"附录1：担保余值"）。

在直租中，承租人一般要支付设备价款的10%～30%，如租赁公司以保证金收取承租人首付款，则它应支付100%设备款给设备供应商，由此获取全额设备款发票，此时承租人获得设备全款融资。承租人支付小部分设备款给设备供应商，其余大部分由租赁公司支付，设备供应商如分别向承租人和租赁公司开具发票，则承租人的融资额就是租赁公司支付的设备款；如设备供应商全额开发票给租赁公司，则承租人支付的设备款就是首付租金了。

评审会通过后，租赁公司与设备供应商签订《设备买卖合同》，与承租人签订《融资租赁协议》，接下来就是客户（承租人）支付设备的首付款给租赁公司，由租赁公司一次或分期支付购置款给设备供应商，设备供应商开发票给租赁公司，然后租赁公司书面授权承租人将设备抵押给租赁公司，办理完相关担保增信手续，这就是直租的标准模式。

如果要让设备供应商开发票给承租人，通常承租人以赊购获得设备后，承租人与设备供应商签订《设备买卖合同》，将设备出售给租赁公司，获取对价融资，此融资受托支付给设备供应商作为承租人设备款。然后，承租人与租赁公司签订《回租租赁协议》，即租赁公司将设备返租给承租人，租赁公司书面授权承租人将设备抵押给租赁公司，办理相关担保增信手续，这是新设备假回租真直租模式。

真正的回租则是承租人与租赁公司签订《旧设备买卖合同》，与租赁公司约定清楚，将正在使用中的设备出售给租赁公司，获得一笔销售款，它实质上就是融资款，租赁公司与承租人签订《回租租赁协议》，将设备再返租给承租人，租赁公司授权承租人把设备抵押给自己。这里担保抵押设备也可以为承租人其他财产或第三方担保人的财产，但是评估净值须能覆盖租金总额，并且为有足够变现能力的设备或不动产。

通常租赁公司对使用有些年头、设备在七成新以下（航空发动机等特殊设备除外）的设备不再操作回租融资。主要原因是故障风险趋大，项目容易出现违约。

融资租赁法律风险

物权分所有权、用益物权和担保物权三种。所有权是指所有人依法对其财产享有的占用、使用、受益、处分的权利；用益物权是指以物的使用、受益为目的的物权；担保物权是指以担保债权为目的的物权。融资租赁是金融与贸易相结合的产物，因此它里面不仅有债权，还有物权。租赁权是债权，抵押权是物权，法律遵循先物权后债权的原则，所以，已抵押的设备不可做回租。

所谓买卖不破租赁主要是针对房屋等不动产而言的，它并不适用于动产租赁领域。租赁权物权化应是指不动产租赁权的物权化，如我们租赁的房子被出售了，买主是不能赶你走的，因为此时租赁权大于物权，这是所谓的租赁权物权化，我们看到，现实中，一些类金融企业常与房主签订 20 年租赁合同（这相当于房产 75％ 以上的生命期了），以此防止办理其他房产抵押贷款。

《最高人民法院关于适用〈中华人民共和国担保法〉若干问题的解释》第六十六条规定：抵押人将已抵押的财产出租的，抵押权实现后，租赁合同对受让人不具有约束力。抵押人将已抵押的财产出租时，如果抵押人未书面告知承租人该财产已抵押的，抵押人对出租抵押物造成承租人的损失承担赔偿责任；如果抵押人已书面告知承租人该财产已抵押的，抵押权实现造成承租人的损失，由承租人自己承担。即在抵押权之上设定的租赁关系限制适用该原则。

承租人对设备的占有、使用和受益权时间占据设备可使用寿命期的75％以上，这使得租赁公司对出租设备的所有权形式化了。根据《物权法》规定的动产物权的占有公示制度，第三人有可能以为承租人就是租赁物的所有权人，这为承租人侵犯出租人的所有权创造了条件，使出租人面临从既有物权又有债权的有利地位降为只有债权而丧失物权的风险。我国不动产采用登记生效，动产物权在交付时生效，特定动产物权采用登记对抗。建立融资租赁登记制度的宗旨在于维护交易安全。

物权中的用益物权是指权利人依法对他人的不动产或者动产享有占有、使用和收益的权利，比如土地承包经营权、建设用地使用权、宅基地使用权，融资租赁业务中承租人依法对出租人的租赁物享有占有、使用和收益的权利，看上去符合用益物权的特征，但是《物权法》没有明确融资租赁是用益物权，所以无法判断融资租赁是否属于用益物权，以及相关对用益物权的规定是否可以适用于融资租赁业务。

融资租赁的担保物权作为处分权，是需要另外设立的，如果没有设立，法律上就不能拥有这个权利。这个设立方式是抵押担保登记，不是融资租赁合同或者购货合同和发票，也不是产权登记，与物权归属没有关系，只要是交易当事人，凭合法凭证，都有权办理登记。但这种登记享受的处分权利要按登记优先顺序分步行使，即抵押权已登记的，按照登记的先后顺序清偿；顺序相同的，按照债权比例清偿。其目的就是要让资产价值大的动产可以为多个小项目的融资分别办理抵押手续，让没有用益物权的人，可以拥有担保物权。

我国现行的登记体系，目前可以纳入登记的动产主要有移动设备的动产登记，非移动设备的动产目前还没有登记机构和登记制度。登记制度最健全的是飞机的登记，包括所有权登记、占有登记、抵押登记和优先登记。其他非移动设备的动产登记体系不健全，这是我国市场体系建设的缺陷，在此体系建立之前能依靠的就是通过担保登记来设立和确保担保物权了。融资租赁公司在从事非移动设备或者是没有登记体系的移动设备为租赁物的融资租赁业务时，要获得担保物权，需要办理担保登记或抵押登记，以保障真实拥有对租赁物的处分权利。

《合同法》明确规定：出租人享有租赁物的所有权，承租人破产的，租赁物不属于破产财产；承租人经催告后在合理期限内仍不支付租金的，出租人可以要求支付全部租金，也可以解除合同，收回租赁物。但是《物权法》另有规定：未经登记，不得对抗善意第三人。就是说，租赁担保物权需要办理担保登记才能得到有效保护。

在融资租赁领域，抵押经常伴随发生，主要有以下三种情形：一是承租人或者第三方将其除租赁物以外的财产对出租人进行的抵押；二是出租人抵押，是指出租人为了获得外部融资提供的抵押，包括向作为资金提供方的银行或第三方机构直接提供抵押和向担保方提供反担保；三是承租人对租赁物的抵押，是指经出租人授权，承租人将租赁物抵押给出租人并依法办理抵押登记的情形，主要目的是防止出现承租人将租赁物转让、抵押、质押等经营风险，现在很多租赁公司将租赁设备通过这种方式办理抵押。

总之，在融资租赁业务中，出租人必须办理租赁物抵押担保登记，防止出现承租人将租赁物转让、抵债、变卖、抵押、质押、转租、重复融资和列入破产资产等侵占风险；此外，还应在中登网办理相关融资登记，并在设备显眼处贴上"融资租赁设备、租赁公司、设备编号、时间"等标示内容，进一步防止重复融资，标签应防被移动或撕毁，并纳入风控后期跟踪事项。

租金方案和内部收益率

由于设备的投入是融资企业一次性投入，而承租人通过分期使用设备来实现设备收益回流，在承租人所承担的设备租金中包含了设备融资的本金部分和利息部分，设备租金分期偿付，相应的利息也必然分期偿付，因此融资租赁不可能采用先息后本或本息一次清偿等还款方式。

融资租赁公司报给客户的利率都是表面利率，由于融资租赁都是分期还款方式，与其他融资产品不同的是，除了利息之外，还存在手续费、咨询费、保证金、相关税费，首期租金偿还存在先付和后付两种情形，这些因素会影响到承租企业实际融资额和利息成本，必然也会影响租赁公司的实际收益率，即表面利率不能真实反映租赁公司的实际收益，这样一来，我们的表面利率报价就不能乱报，不然可能亏了还不知道。这里，我们得参考内部收益率（IRR）。内部收益率是融资租赁项目在租赁期内现金流净现值总额等于零时的折现率，它代表着项目能承担的最大资金成本。对融资租赁公司来说，它越大，代表承担的资金成本越高，盈利空间越大。通常，我们把表面利率理解为折现率，按逻辑，表面利率大于内部收益率时，现金流净现值总额就会小于零，则表现为项目亏损，相反则为盈利，可见，测算内部收益率可以指导我们对表面利率进行报价，表面利率要参考租金方案的内部收益率来确定。那么，我们怎么测算这个内部收益率呢？其实，现金流净现值总额等于零就是一个一元多次方程式，内部收益率是它其中的一个解，用计算器是很难算的，我们通常采用电子表格中的 IRR 函数直接计算。如果电子表格的输出答案是负值，说明当前的租金方案不可能有收益，需要做重大调整；如果报错，说明方程无解，即内部收益率无效，但多数情况下都有一个正解。

我们看到很多租赁项目的表面利率很低，并不意味着项目可能是亏损的，只能说其租金方案能承担的最大资金成本比较低。对融资客户来说，表面利率有的看上去比同期银行利率还要低，但由于其承担了手续费、保证金，首期租金在融资时同时支付，企业的内部收益率就有可能会达到表面利率的两倍。我们看到，有的融资租赁公司在签订《租赁合同》时，未先试算内部收益率就约定表面利率，这就很危险，特别在没有手续费和保证金的情况下，且首期租金是后付时，项目亏损就是大概率事件。

传统融资租赁租金方案有等额本息和等额本金两种。等额本息的特点是：每月的还款额相同，在月供"本金与利息"的分配比例中，前半段时期所还的利息比例大、本金比例小，还款期限过半后逐步转为本金比例大、利息比例小，其所支出的总利息比等额本金法多，且贷款期限越长，利息相差越大。等额本金法的特点是：它是将融资额按还款的总月数均分（等额本金），本期本金加上期剩余本金的月利息就是本月租金。所以，等额本金法第一个月的租金最多，之后逐月减少，越还越少，其所支出的总利息比等额本息法少。

固定的租金方案与承租人可能呈现的实际现金流有很大出入，有的租赁公司设计了租金两头大中间小、两头小中间大、先大后小、先小后大、等比增减、等差增减以及各种客户自定义的租金方案，它们都与等额本息和等额本金一样属于固定租金偿还法，在实际执行时还是不灵活，无法顺应客户未来真实的现金流。为此，我们提出了不定期不定额偿还法，即在一个任意预定的租金方案基础上，客户可以根据自己未来的现金流实际情况，每期租金可以选择多还，也可以少还，金额不受限，前期还款金额大则意味着剩余还款期调减，还款少则意味着剩余还款期调长，但是租金方案的内部收益率不会发生变化，这就很好地保证了承租人的还款灵活性。

但是，内部收益率不变并不能保证融资租赁公司盈利。为了确保租赁公司与承租人约定的预期收益率，最后一期要增减一笔利息，使项目实际收益率等于预期收益率，增减利息可通过方程——预期收益率＝［各期利息费用折现总额＋增减利息现值（X）］/项目实际融资总额——计算出来，此增减利息现值应以预期收益率计算出终值。至此，完成不定额不定期租金方案。值得注意的是，这个方法可能会导致承租人滥用租赁公司的信任，为此，一方面承租人必须提供财报、每期银行流水、订单执行状态等跟踪资料，以便风控人员分析承租人实际的现金流状况和还款能力，判断租金偿还的合理性；另一方面可以约定最长还款期限或最低还款额度加以限制。

特别强调，租金方案设计非常复杂，可以采用 Excel 函数设计或数据分析软件测算，本章最后的附录 2 可供学习。

融资租赁还款期限的设计

根据设备每期产出收益能否覆盖租金来推测，设备租金来源于设备每期创造的营业利润，但此营业利润是指息前和折旧前的营业利润，再减掉企业应得的正常营业利润，所得的这个差额就是承租人可支付的租金，即租赁设备每期创造的营业利润＝租赁设备月产品产量×此产品最低售价×企业息前营业利润率＋此设备月折旧额。如设备生产的不是终端销售产品，则应计算该设备所生产产品单位成本占单位销售产品成本的比重，以此大致测算租赁设备的月营业利润，如此逐期测算的租金累计达到租金方案的预期收益率时，就自然知道总融资期数了。考虑到承租企业未来订单、产品价格、利润等波动风险，建议此期限做合理延长。《合同法》第二百四十三条规定：融资租赁合同的租金，除当事人另有约定的以外，应当根据购买租赁物的大部分或者全部成本以及出租人的合理利润确定。这足以说明法律与风控对租金的认识有着高度的一致性。

折旧的本意是企业将设备价款以成本分摊到每个使用期中，使各期的产品成本核算均匀合理。《企业所得税法实施条例》规定固定资产最低折旧年限为：（1）房屋、建筑物，20 年；（2）飞机、火车、轮船、机器、机械和其他生产设备，10 年；（3）与生产经营活动有关的器具、工具、家具等，5 年；（4）飞机、火车、轮船以外的运输工具，4 年；（5）电子设备，3 年。我们测算的融资期限可参考以上最低折旧年限，租赁期一般以不超过最低折旧年限，且不小于其 75％ 来确定。如本法测算的融资期限比用营业利润测算的期限短，则不妨采用本法测算的期限，否则使用营业利润测算的期限或动态融资期限。

设备加速折旧是相对于设备法定最低折旧期而言的，如果我们以短于最低折旧期作为融资租赁的融资期，设备所创造的产出收益必须要能覆盖租金，一方面设备产能要在此产出收益的可能范围内；另一方面企业订单业务量持续支持设备加速折旧，否则加速折旧无异于迫使企业使用流动资金偿还租金，给企业持续经营带来风险。

等额本息还款法、等额本金还款法、不定期不定额还款法等租金方案约定的都是固定融资期限、期数和租金，但企业未来订单、价格和产品市场存在诸多不确定，其还款能力必然呈现波动变化，租赁公司应允许企业根据其偿还能力，自行决定每期租金的偿还额，而不应设计固化的租金方案，我们可以采用不定期不定额租金还款法解决这个问题，即每期承租人依据自身支付能力调整偿还租金，这样，调整到最后一期时的期数就是项目总的期数。

融资租赁的系统风险

从行业风险来看，弱周期行业系统风险小，但行业企业竞争大，经营风险大，所以应选择成熟稳定的企业作为融资人；强周期行业回报高，机会多，应选择经营可持续性能力强的大企业，实行跨周期风险管理。选择处于成长期或发展期的行业企业操作直租，而选择处于发展期或成熟期的行业企业操作回租。专业化运作应选择那些能代表未来趋势的新兴产业，如清洁能源、环保、新材料、生物工程、智能制造、旅游、教育文化等等，但是这些行业企业多处于创业期和成长期，生命相对脆弱，应选择技术领先或已有品牌产品的企业。为应对未来市场风险，选择产品技术领先、技术投入持续增长、产品市场前景向好、设备在退出前有望完成设备价值回归的企业。

我国 GDP 存在发展下行的必然趋势，企业未来的订单、产品及服务价格和企业主营业务净利润率必然呈动态变化，租金的偿还也必然呈现一定的不确定性，因此在融资前期由融资企业提供一定的保证金和担保增信措施是缓释这种风险的有效办法。租赁设备所生产产品的市场风险很大程度上决定租赁业务的成败，需要我们了解客户产品品牌、销售增长率、市场占有率、产品市场发展趋势、市场消费结构以及消费者的心理和消费能力，分析这些有助于我们了解客户租赁设备产能的使用程度，使租金方案设计更为客观。为了更好地解决企业周期波动风险，在不定期不定额租金方案基础上，可以创新出适用智能设备的按日还租租金方案，允许企业根据自己不同设备、不同的现金流回款方式、不同阶段的偿还能力自行选择租金还款时间、还款频率、还款金额和还款期限等等，只要能确保租赁公司的预期收益率即可。租赁公司每期按约定的固定收益和内部收益率调整期限和临时表面利率，最后一期按约定的预期收益率，增减一笔利息，使项目实际收益率等于预期收益率。

从我国货币政策表现来看，货币超发带来的货币贬值趋势不可忽视，未来社会资金成本总体是下行的，融资租赁业务期限长，极易受此影响，表面上回报挺高的，但与通胀率一比很可能就亏了。因此，融资租赁预期收益率应充分考虑通胀率，在设计租金方案时，风险收益还应充分考虑通胀率，以防止实际收益为负数。

融资租赁业务偏向重资产行业，包括石油加工、炼焦及核燃料加工业、化学原料及化学制品制造业、设备制造业（飞机、船舶、工程机械、其他设备等）、电力及热力的生产和供应业、水的生产和供应业、房屋和土木工程建筑业、铁路运输业、道路运输业、城市公共交通业、水上运输业、航空运输业、电信和其他信息传输服务业、卫生行业（主要是医院行业）等行业。重资产企业前期流动性不足，后期面临设备更新，其融资动机在前后期都存在，但是，重资产企业的经营可持续性能力要看其设备整体成新率，它应保持在行业中上水平，其订单获取才有较强的竞争力。由于传统重资产企业经营可持续性整体能力较强，对其提供直租融资时，应注意，如果其流动比率大于2，那么对上年度经营性净现金流存在波动，或可判断暂时为负的，可以适当放宽准入条件。

融资租赁风控硬伤

通常，有些风险对融资租赁公司是致命的，我们可以把它们放到股东风险偏好的"负面清单"中加以禁止，业务人员和风控人员在项目开发中可以直接过滤退单，比如：

（1）承租企业正常运营不到三年，或虽有三年但产品仍不够成熟，或产品没有前景，或企业主没有技术和历史经验；

（2）订单连续三期大幅下降10%，或企业设备开工率低于正常水平；

（3）新增设备预测利润不能覆盖租金，或能覆盖但其客户回款率太低，企业长期无自由现金流，或客户只有一个，产品竞争太大；

（4）租赁物依法禁止出租或禁止操作融资租赁，或设备容易淘汰或损坏，或已抵押出租的设备权属不确定或有瑕疵；

（5）租赁物为不动产、非固定资产（包括尚未转固的在建工程）、国家专有财产、公益设施、与不动产混同丧失动产性质的设备设施（如电梯、中央空调等）及其他国家明文禁止转让的财产等；

（6）设备未来没有处置市场，无法变现，包括定制设备、固定不可拆卸设备以及无技术含量的设备等；

（7）回租设备已超期服役，实际成新率低于70%，或已不能创造利润；

（8）不符合公司风控战略的行业、承租人、租赁物和客户；

（9）上市公司实际资产负债率大于70%，非上市公司大于60%；

（10）企业不能配合提供完整财务数据资料；

（11）产能过剩，淘汰行业、服务业或贸易行业；

（12）报税收入占总收入比重小于80%；

（13）有重大诉讼或仲裁未决案，标的超过净资产20%；

（14）企业近一年有不良贷款或个人有逾期6个月两次以上个人信用记录；

（15）融资客户对外担保超过净资产的20%或总担保额超过其净资产；

（16）当前有未还高利贷；

（17）公司实际控制人或法定代表人被刑拘或有赌博吸毒不良嗜好或明显道德

风险；

（18）融资方已存在破产迹象；

（19）融资方净利润为正，但净流动资产和经营性净现金流两项为负。

……

以上仅供参考，相关风控数据需根据租赁公司股东风险偏好敲定。

回购担保及其他增信措施

业务人员与客户确定融资方案后，对客户需要的设备与设备供应商进行询价和设备相关方面的了解，关键是租赁公司与设备供应商就设备回购担保问题进行谈判，如有可能最好把承租人也拉进来签订三方的《回购担保协议》。如果租赁公司与设备供应商有战略合作关系，回购担保在战略合作协议中就可以约定好。

所谓回购担保是指租赁公司与设备供应商约定，当发生承租人未按照融资租赁合同约定支付租金等情形，在设备供应商收到租赁公司发出的回购通知后，由设备供应商向租赁公司支付约定的回购款，租赁公司向设备供应商转让租赁物所有权和租金债权。设备供应商与租赁公司合作签订《回购担保协议》，为租赁公司出租购买的设备提供回购担保义务，有利于拓宽设备供应商销售渠道，提前获取设备货款，扩大公司产品的市场占有率，提高公司营运效率，实现长期可持续发展。

在《回购担保协议》中重点约定以下内容：（1）回购人承担回购义务的前提是承租人违约还是承租人经强制执行仍无力偿付。违约如何定义，可以参考《最高人民法院关于审理融资租赁合同纠纷案件适用法律问题的解释》（法释〔2014〕3 号）第十二条第二款承租人未按照合同约定的期限和数额支付租金，符合合同约定的解除条件，经出租人催告后在合理期限内仍不支付的；第三款合同对于欠付租金解除合同的情形没有明确约定，但承租人欠付租金达到两期以上，或者数额达到全部租金百分之十五以上，经出租人催告后在合理期限内仍不支付的，应明确违约事项。如经强制执行仍无力偿还，则应说明强制措施有几个。在回购担保合同中，租赁公司与设备供应商约定，当发生承租人未按融资租赁合同约定支付租金等情形，在设备供应商收到租赁公司发出的回购通知后，由设备供应商无条件向租赁公司支付约定的回购款。（2）回购价格的确定。注意合作过程中的各种保证金、合作金应约定在以上风险发生时可以充抵租金，不足部分由提供回购担保的设备供应商无条件偿付。租赁物的回购价格要关注下列三个方面：第一个是承租人未支付的剩余本金总额；第二个是按照租赁合同约定承租人违约应承担的剩余本金的迟延利息；第三个是租赁公司因执行回购事宜所发生的合理费用。（3）设备拆卸和交接方式。约定有两种，一种是约定由设备卖出方自行派人到承租人那里拆卸并拉走设备，这种情形要想进行得顺利一些，最好是承租人能参与到协议中来，三方共同约定，当出卖方接到租赁公司回购通知后自行到承租人处交接设备，承租人应无条件配合，但这通常会有难度；另一种是由租赁公司到承租人设备所在地按约定的要求拆卸并将设备运送到约定地点，并由设备供应商验收确认。

在回租业务中，应严控二手设备成新率和未来变现风险。在进行设备估值时，或让担保设备商（含二手设备收购商）参与，将估值细化到各租金偿还期，各期估值原则上应能抵消租金违约带来的本金损失，形成回购报价明细写入设备回购担保协议，或与担保设备商就设备余值签订回购担保协议。

设备回购担保如果能做下来，相当于为融资项目增加了一道防火墙，也是一种非常好的增信措施。不过，也出了一些设备供应商在承租人违约后拒不执行合同的风险，因此，承租人在选择设备的同时，风控人员也要参与对愿意配合回购担保的设备供应商信用实力的考察和评估，指导承租人选择符合担保资质且设备性价比又符合承租人需求的设备供应商。

除了设备供应商的回购担保，租赁方案中应根据股东风险偏好设计其他增信措施，如承租人的财产抵押或质押、第三方公司或个人的保证担保等等，办理一种或几种担保组合增信。融资租赁项目通用的担保增信措施有：

（1）实际控制人无限连带责任担保。原则上融资企业的实际控制人或法定代表人夫妇、大股东提供无限连带责任担保（需要做担保授信，确定担保能力）。

（2）提供第三方保证担保（即有担保能力的关联方或第三方担保公司）。

（3）租赁设备抵押担保或承租人其他动产及不动产抵押担保。

回租设备评估方法

直租业务中的设备都是新设备，有的设备还需要投入较大的安装费用，甚至还捆绑了设备应用软件服务费，这种情况下设备融资租赁的购置成本可以合并计算，测算租金方案。

在回租业务中，回租设备的估值方法有以下三种：

（1）市场法。这是一种类比评估方法，先在市场上找到与被评估设备相类似的设备，以其单位价值作为评估基础。类似指设备的型号、功能等相似，然后依实际情况对基础单位价值进行调整，使被评估设备的估值接近市场变现价值。其中调整因素有：

①时间因素。不同的交易时间对交易价格的影响，如折旧、通货膨胀等的影响。

②地域因素。尤其是对房地产的影响。

③功能因素。主要是功能过剩和不足的影响。

市场法需要设备有一个充分活跃的交易市场，即拟估值设备应在市场有较多的范例，可采集估值所需要的设备成交价格、指标、技术参数等数据。一些专用设备，如某品牌型号的水管注塑设备、生产方便面的自动设备等等，其用途较窄，短时间内交易数量较少的、缺乏交易数据的，不适用市场法。

比如：交易范例是一台生产电子元器件的设备，生产能力为 1 万个/日，已经投入生产 3 年，还可用 7 年，交易价格 50 万元，交易时间为 2001 年 3 月。

待评估物是一台同样生产该种电子元器件的设备，生产能力为 10 万个/日，已经投入生产 2 年，还可用 8 年，交易基准日 2001 年 6 月。

假设基准定价以生产能力为标准，定价应为 500 万元（10/1×50）。但是我们应考虑这两台设备的时间因素和功能因素。时间上两者折旧时间不同，交易时间不同，都会对价格产生影响；功能上后者的生产数量是前者的 10 倍，比方购买者仅需要日生产能力为 7 万个/日的设备，则该设备的生产能力显然过剩，对购买者来说 10 倍的价格显然是难以接受的。最后经过调整，该设备以 375 万元成交。

（2）收益法。按照企业行业盈利标准，在订单正常满足，货款能正常回收的前提下，估算出被评估设备在预计租赁期内每期所创造的收益净值，然后将收益净值逐期折现至当前，以折现总额确定被评估设备价值，即评估值＝未来年收益净值×折现系数，折现率＝无风险利率＋通货膨胀率（CPI）＋风险报酬率。

收益法通常是设备购买人使用该设备在剩余可使用期内产生的收益折现额与出售人的此设备账面净值的比较，如果前者大于后者，则选择购买，否则放弃购买，因为我们这里是租赁，设备回租人和融资人为同一人，故此方法还是采用承租人的收益来测算。

（3）重置成本法。评估值＝重置成本－折旧（即实体性贬值）－功能性贬值－经济性贬值。有两个方法：一个是复原重置成本法，指使用与被评估设备相同材料，以及原本制造标准、设计、技术等制造出被评估设备，以现时制造成本和折旧复原被评估设备价值；另一个是更新重置成本法，指利用新型材料，采用全新现代标准、设计、技术，以现时成本价格和折旧重新估算设备价值。

其中，实体性贬值是指资产在投入使用后由于磨损、自然力的作用（如风吹雨淋、腐蚀等），其性能将不断下降，价值逐渐减少。通常，我们以计提折旧来反映这种贬值。功能性贬值是指新技术的运用与推广，使企业的原有资产与社会上的新技术相比处于一种明显落后的状态，导致资产价值的间接贬值。经济性贬值是指由于资产以外因素（政治因素、宏观经济因素等）的变化，导致资产价值的降低。比如国家新的政策、法规对某个行业发展的抑制，必然会导致相关企业的相关资产的贬值。

在实践中，主要以市场法为主，其他两种作为市场法的对照参考。由于融资涉及融资成本，设备估值又是基于估值日的估值，加上未来的折旧、贬值以及设备和企业未来诸多不确定性风险，租赁公司会依据其风险偏好确定一个标准折扣率，最终确定回租设备的融资额度。除飞机、动车组、轮船等特种大型设备通过资产评估公司评估外，租赁公司大多以内部评估方式为主。金融租赁公司一般操作价值高的大型设备融资租赁项目，单笔融资金额巨大，而融资租赁公司操作单笔金额较小的设备租赁融资。

直租和回租尽调重点

融资租赁是离风控投资最近的债权融资产品，我们虽然无法准确判断承租人的未来，但至少要把当前能做的风控做实，保证项目从一开始是正确的，并有充足的证据证明客户存在正向发展趋势，按要求，把应布的局布好布实。

直租尽调重点

（1）初审确定客户符合公司战略要求后，围绕企业新增设备融资动机，判断客户持续性经营能力并展开尽职调查。

（2）业务方面，调查企业现有设备有效总产能、设备更新趋势、设备维护记录、订单外派、订单变化或订单执行率，产品质量、产品可替代性、产品技术含量或行业竞争力、产品市场潜力，客户新增情况、客户结构变化和当前客户信用政策和信用管理情况。

（3）财务方面，采集企业近一年的业务订单或业务合同执行统计表和近一年业务统计表、近三年完整真实财报、前五大客户的近一年应收账款明细账并抽查原始回款凭证、当前借款明细表、纳税申报表、固定资产清单及折旧信息表，分析核算企业业务收入增长率、息前营业利润率、毛利率和净资产收益率、已有设备成新率、负债率和负债到期集中度；采集历史利息分户账、银行流水和商票流水（凭证拍照），分析企业客户信息真实性和隐性负债；采集企业重要关联公司最新财报，对重要关联公司进行现场尽调，采集关联业务和资金往来数据、财报数据，分析数据真实性和关联公司传导风险。

（4）查看企业仓库，了解其进销存操作流程、数据记录和内部控制情况，分析财报数据真实性、存货流通性。

（5）了解新增设备的产能、产值、成本数据，包括设备工作工时、人力成本、产品物料成本、厂租、水电费等制造费用，月单机总产量、产品当前最低销售价格及变动趋势。总之，采集设计租金方案所需要的各种数据。

（6）通过现场了解企业商业模式、资源优势、部门结构、技术投入、企业资质、人才素质、老板眼界、营销策略、工作效率、长远规划、企业环境等，分析客户经营可持续性所应具备的方方面面，排除有破产倾向和违约硬伤的风险客户。

回租尽调重点

（1）初审确定客户符合公司战略要求后，围绕核实企业回租融资动机，判断客户持续性经营能力并展开尽调。

（2）设备方面，调查企业现有设备整体情况，了解回租设备的产能使用饱和性、功能完整性和稳定性，按要求对回租设备拍照，现场采集设备购置发票、设备维护记录，分析回租设备租赁期内的技术淘汰、贬值或报废风险，为设备估值提供数据支持。

（3）业务方面，订单变化或订单执行率，产品质量、产品可替代性、产品技术含量或行业竞争力、产品市场潜力，客户新增情况、客户结构变化和当前客户信用政策。

（4）财务方面，采集企业近一年业务订单或业务合同执行统计表和近一年业务统计表、近三年完整真实财报、前五大客户的近一年应收账款明细账并抽查原始回款凭证、银行流水和商票流水、利息分户账、当前借款明细表、纳税申报表、固定资产清单及折旧信息表，分析融资用途的真实性和企业持续性经营能力。

（5）查看企业仓库，了解其进销存操作流程、数据记录和内部控制情况，分析财报数据真实性、存货流通性。

（6）采集回租设备的产能、产量、成本数据，包括设备工作工时、人力成本、产品物料成本、厂租、水电费等制造费用，月单机总产量、产品当前最低销售价格及变动趋势。总之，采集设计租金方案所需要的各种数据。

（7）通过现场了解企业商业模式、资源优势、部门结构、技术投入、企业资质、人才素质、老板眼界、营销策略、工作效率、长远规划、企业环境等，分析客户经营可持续性所应具备的方方面面，排除有破产倾向和违约硬伤的风险客户。

融资租赁业务流程

融资租赁如果没有供应链公司的"管理型"风控支持，则必须选择财务成熟的承租人提供服务，采取与保理一样的业务风控前置方法。融资租赁方案包括融资主体、近期订单量和企业设备产能、租金方案、回购担保情况、财产保险、增信措施、保证金、操作流程、回款日期和回款方式、违约处理、后期监管配合承诺等等。风控人员根据客户尽调配合承诺和项目风险进行判断，对可以推进的项目出具尽调同意意见，由总经理审批后安排入场尽调。租赁公司可以外聘专业风控顾问，或引入第三方风评报告来丰富决策依据，提高公司决策水平。

直租的业务流程

（1）业务人员接触初审承租企业，或接触初审设备供应商，过滤负面清单客户。

（2）尽调前与承租企业老板确认现场要尽调内容，过滤无诚意客户。

（3）业务人员和风控人员组织现场调查，采集直租融资资料。

（4）设计租金方案，同时确定设备价款、财产保险、融资利率、融资期及租金标准期数、保证金、手续费率、设备残值率、首期租金先付后付等，最终与承租企业确定租金方案。

（5）业务人员出具业务尽调报告，风控人员出具项目风评报告。

（6）配合承租企业选择确定设备和设备供应商，或与设备供应商达成承租企业违约回购担保意向。

（7）上评审会。

（8）通知承租企业评审结果，并就租金方案、增信条件、财产保险、风控要求等方面达成一致，如无法达成一致，则就此中止。

（9）租赁公司与设备供应商签订《设备买卖合同》和《设备回购担保协议》。

（10）租赁公司与承租企业签订《直租租赁服务协议》《保证金协议》等增信协议。

（11）承租企业根据协议以保证金或首付租金方式支付部分设备款，租赁公司向设备供应商支付全款或支付融资部分设备款，设备供应商向租赁公司开具增值税发票，同时购买财产保险，受益人为租赁公司。

（12）设备供应商根据买卖合同向承租企业发送并安装测试设备，租赁公司与承租企业办理书面设备交接手续，并在设备上加贴"融资租赁设备"标识。

（13）租赁公司委托承租企业在相关登记机构办理设备抵押登记手续，租赁公司并在中登网登记公示手续。如有其他财产抵押、质押担保，也应办理相关登记手续。

（14）租赁公司对承租企业定期不定期回访，对租赁物的使用状况、现状、维护保养等情况进行检查，收集承租企业动态财务信息和担保物信息等，提示风险预警和风险处置建议，填写监控报告。

（15）每期跟踪租金回款。

回租的业务流程

（1）业务人员接触初审融资客户及回租设备，了解核实客户融资动机，或接触战略合作的二手设备经销商，过滤负面清单客户。

（2）尽调前与融资企业老板确认现场要尽调内容，过滤无诚意客户。

（3）业务人员和风控人员组织现场调查，收集租赁设备资料并拍照，现场采集回租融资资料。

（4）租赁公司对回租设备进行估值，出具设备评估报告，报送承租企业确认。

（5）设计租金方案，同时确定折扣率、设备价款、财产保险、融资利率、融资期及租金标准期数、保证金、手续费率、设备残值率、首期租金先付后付等，最终与承租企业确定租金方案。

（6）业务人员出具业务尽调报告，风控人员出具项目风评报告。

（7）上评审会。

（8）通知承租企业评审结果，并就租金方案、增信条件、财产保险、风控要求等方面达成一致，如无法达成一致，则就此中止。

（9）租赁公司与二手设备经销商签订《设备回购担保协议》（如有）。

（10）租赁公司与承租企业签订《回租租赁服务协议》《保证金协议》等担保增信协议。

（11）融资客户根据协议支付保证金或首付租金，租赁公司向融资客户支付设备款（即融资款），融资客户向租赁公司开具零税率增值税发票或收据，租赁公司购买财产保险，受益人为租赁公司，租赁公司与承租企业办理书面出租设备交接手续，并在设备上加贴"租赁回租设备"标识。

（12）租赁公司授权委托承租人在设备登记管理机构办理设备抵押登记手续，租赁公司并在中登网登记公示手续。如有其他财产抵押、质押担保，也应办理相关登记手续。

（13）租赁公司对融资企业定期不定期回访，对租赁物的使用状况、现状、维护保养等情况进行检查，收集融资企业动态财务信息和担保物信息等，提示风险预警和风险处置建议，填写监控报告。

（14）每期跟踪租金回款。

融资租赁其他类型

（1）杠杆租赁。金租公司借助银行贷款操作的融资租赁。一般银行提供项目融资的 60%～80%，金租公司自筹 20%～40%，金租公司需将设备所有权、租赁合同和租金收取权押给银行，银行不能追索金租公司，只能追索承租人。金租公司收益＝总租金－贷款本息。租赁物多为飞机、船舶等大额物品。

（2）联合租赁。即多家租赁公司共同操作一笔大额融资租赁项目。一般由发起租赁公司受托作为出租人开展业务操作，其他租赁公司参与出资，它们结成受托人和委托人关系。这是租赁公司之间在承办较大租赁项目时的一种利益分享和风险分担的合作方式，是信托同融资租赁的结合。

（3）委托融资租赁。即融资租赁公司委托受托人经营融资租赁业务，受托人支付租金给出租人，出租人依据合同支付租赁物采购款。其实就是租赁公司与受托人合伙开发受托人的客户资源，按受托人客户的需要采购设备并出租给它们，受托人管理客户风险，收取租金的业务模式。

（4）项目融资租赁。它是承租人以项目财产和效益为保证，与租赁公司签订基于工程项目的融资租赁合同。租金以项目未来现金流和效益收取，出租人对承租人项目外的财产和效益无追索权和担保物权，其租金来源于项目的效益收入。如通信工程、高速公路工程项目中，租赁公司与通信设备制造商、工程车供应商达成的项目融资租赁。

（5）融资转租赁。这是指承租人在租赁期内将租入的租赁物再出租给第三方的行为，如第一承租人为国外租赁公司就是国际融资转租赁。其实际上是不同国家租赁公司相互融通资金的方式，作为租赁公司的第一承租人并非设备最终用户，而是以赚取租金中间差价为目的。同样地，国内融资转租赁就是国内租赁公司之间的租赁业务转让。

后期监管

放款后，风控部应建立租赁资产管理跟踪档案，按项目进行跟踪管理，由于企业租金每期必还，风控人员可由此跟进项目信用风险。

租后管理是租赁项目放款直到解除客户租赁责任为止的全程跟踪管理，包括租后回租融资用途管理、租金方案调整、日常检查、重点检查、风险预警、档案维护、租金逾期催收、监管报告、风险处置、担保注销等管理工作。

日常检查至少每个还款期或每月进行一次。重点检查是根据承租人持续性经营能力、租金额、租赁期、担保能力、风险征兆等，对风险较大和需特别注意的大项目进行不定期检查或全程跟踪。原则上每季度一次重点租后检查。

发现风险时，应分析风险形成的逻辑和原因，判断是否为风险预警征兆，提示预警等级和预警等级颜色，提出处置建议，及时与客户沟通，尽最大可能提前化解或降低风险影响。

围绕经营可持续性能力的租后检查主要内容有：（1）租赁设备使用是否正常，实际设备工作量与设备产能是否匹配，分析产生差异的原因；（2）承租人是否如约支付租金；（3）承租人对设备维修和保养情况；（4）承租人产品销售情况，客户变化情况，人才、技术、生产和财务实力的变化趋势；（5）担保物是否发生贬值或风险；（6）标的物管理（中登网登记、标的物贴标、GPS定位、定期回访检查）；（7）承租人是否存在滞销、退货等潜在亏损风险；（8）承租人负债压力是否开始影响其现金流正常运转；（9）企业订单是否一直在下降，企业收入增长率和利润增长率是否出现同步下降。

在保理风控中我们介绍过客户逾期处理的原则，融资租赁与保理大同小异。承租人租金不能如期支付的原因如是客观的，则我们看其对企业经营可持续性能力的影响是良性、中性还是恶性的，对良性的，则可以调整租金方案，或调整还租日期；对中性的，对延长偿还的部分租金适当加收罚息；对企业经营可持续性能力为恶性影响的，则果断终止协议，收回设备，处置设备收回融资或转入资产管理范围，对逾期无保证金抵扣的那部分租金或回购担保收入无法抵偿的剩余本金部分，依法处置担保物，或向担保人和承租人追偿。

企业经营可持续性风险出现以后，强行催收方法基本不奏效，所以，我们不建议采用这种方法作为融资租赁逾期租金的解决方法。融资租赁的风险要么就是延期等待周期消化，要么就是收回设备，终止合同。融资租赁应尽可能设计"管理型"风控方案，比如参与承租人信用风险管理和客户的设备管理，一方面在专业化基础上，利用自身现成资源为承租企业引介优质客户和业务资源，指导承租企业优化其客户信用结构；另一方面与设备专业维护公司签订合同，为承租企业提供设备管理咨询服务。这些都是融资租赁公司可以尝试去做的风险管理工作。

从风控角度来看，保理融资和直租融资都是企业订单增长所导致的融资动机，逻辑上承租人的利润和客户信用应该都是不错的，融资租赁只解决了生产设备问题，而流动资金也必然会存在需求，因此，国家让租赁公司向承租人提供保理融资是符合供应链风控逻辑的。在直租业务中，保理融资应该是顺势而为的业务，一方面可以盘活承租人应收账款资产，另一方面也可以成为承租人租金偿还的权宜方案，因此，在直租业务尽调时，风控人员一开始就要把握好承租人前五大客户的应收账款明细，分析其下游客户的信用实力，或通过供应链服务参与承租人的信用管理。

监管与机会

根据 2020 年银保监会《融资租赁公司监督管理暂行办法（征求意见稿）》（以下简称《暂行办法》），融资租赁公司可直接从事经营租赁业务，从事与融资租赁和经营租赁业务相关的租赁物购买、残值处理与维修、租赁交易咨询、接受租赁保证金等相关业务；承租人在租赁期满时可以续租、留购或者返还租赁物，而不再是只有返还租赁物一种结果。这些规定，与我倡导的融资租赁专业化经营思路和业务逻辑完全吻合，有助于打破当前我国以回租业务为主和泛融资租赁的行业格局，促进融资租赁回归供应链服务体系，提升租赁公司的长期抗风险能力，彻底解决直租业务中承租人违约带来的设备处置问题，推动直租业务长期稳定健康发展。

伴随我国金融的对外开放，监管层假如不加强监管，我国供应链金融必然很难应对未来国际金融竞争。因此，《暂行办法》不仅在业务层面进行了严格规范，还大大提高了融资租赁公司的准入条件，比如要求融资租赁公司入股资金须为真实、合法自有资金，不得以债务资金或委托资金等非自有资金入股。业务资金来源可以是发行债券、资产证券化、境外借款、公开发行上市和与融资租赁业务有关的保理业务等，禁止集资、吸收或变相吸收存款、发放或受托发放贷款、与其他融资租赁公司拆借或变相拆借资金，或通过网络借贷信息中介机构、地方各类交易场所、资产管理机构以及私募投资基金等机构融资。

在风险管理方面，《暂行办法》规定，融资租赁和其他租赁资产比重不低于总资产的 60％；风险资产不得超过净资产的 8 倍，相比 10 倍的保理要求更高，风险资产按企业总资产减去现金、银行存款、国债和委托租赁资产后的剩余资产总额确定（与保理相同）；融资租赁公司所开展的固定收益类证券投资业务，不得超过净资产的 20％。在风险集中度方面要建立管理体系，加强对重大承租人的管理，控制单一承租人及承租人为关联方的业务比例，有效防范和分散经营风险，要求遵守以下监管指标：（1）单一客户融资集中度。融资租赁公司对单一承租人的全部融资租赁业务余额不得超过净资产的 30％。（2）单一集团客户融资集中度。融资租赁公司对单一集团的全部融资租赁业务余额不得超过净资产的 50％。（3）单一客户关联度。融资租赁公司对一个关联方的全部融资租赁业务余额不得超过净资产的 30％。（4）全部关联度。融资租赁公司对全部关联方的全部融资租赁业务余额不得超过净资产的 50％。（5）单一股东关联度。对单一股东及其全部关联方的融资余额不得超过该股东在融资租赁公司的出资额，且应同时满足本办法对单一客户关联度的规定。

非正常经营类融资租赁公司与保理公司一样，都是指"失联"和"空壳"经营异常的公司。"失联"融资租赁公司为无法取得联系的，或在企业登记住所实地排查无法找到的，或虽然可以联系到企业工作人员，但其并不知情也不能联系到企业实际控制人的，或连续 3 个月未按监管要求报送月报的。"空壳"融资租赁公司指未依法通过国家企业信用信息公示系统报送并公示上一年度年度报告，或近 6 个月监管月报显示无经营，或近 6 个月无纳税记录或"零申报"，或近 6 个月无社保缴纳记录。非正常经营类企业整改验收合格的，可纳入监管名单；拒绝整改或整改验收不合格的，纳入违法失信名单，劝导其申请变更企业名称和业务范围、自愿注销或协调市场监管部门依法吊销其营业执照。

经营行为违反法律法规和《暂行办法》规定的融资租赁公司，如果情节较轻且整改验收合格可纳入监管名单；整改验收不合格或违法违规情节严重的，地方金融监管部门要依法处罚或取缔，涉嫌违法犯罪的及时移送公安机关依法查处。地方金融监管部门督促非正常经营类和违法违规经营类企业整改。

融资租赁发展离不开国家政策的支持，我国继上海自贸试验区、深圳前海自贸试验区、广州南沙自贸试验区、天津自贸试验区、福建自贸试验区之后，大连、舟山、郑州、武汉、重庆、成都、西安等城市也纷纷成立了自贸试验区，相比保税区，自贸试验区的政策要开放很多，贸易自由带来减免税优惠，货物进出自由和货物存储自由带来保税区一样的优惠，货币流通自由实质上是金融开放的平台，融资租赁公司设立在自贸试验区当然是最好的，不但资源多，而且可以享受多种工商税收优惠和政策支持。地方政府将出台各项支持政策，鼓励地方政府通过风险补偿、奖励、贴息、设立产业基金等政策工具，引导融资租赁公司加大对中小微企业的支持力度，在促进装备制造业发展、企业技术升级改造、设备进出口、商品流通方面发挥重要作用。

顶层设计

从趋势来说，泛融资租赁模式会逐步淡出我们的视线，融资租赁专业化是租赁公司发展的必由之路。每一个设备生产厂家或供应商都想做大做强意味着必须与融资租赁公司合作，而每一个成功的融资租赁公司后面都应有一家专业供应链公司，它在为设备生产厂家及其上下游客户提供供应链综合服务的同时，也承担着融资租赁业务开发和对承租人的信用风险管理，获取源源不断的客户资源和业务信息。租赁公司通过供应链公司可以与设备供应商进行深度合作，由它们提供租赁设备的回购担保、维护、售后服务；同时，租赁公司也可以建立违约回收设备的专业维修及再出租自我处置机制，增强对抗承租人经营不确定风险的能力，缓解系统风险冲击。

专业化的结果是，融资租赁公司成为行业设备专家、设备用户的专家顾问，为设备用户发展提供最前沿的设备信息和金融专业服务解决方案，也为设备生产商提供大量客户资源，供应链公司又为设备生产商和供应商、设备用户提供专业的供应链管理服务，由此可以组成一个基于设备服务的互促共进的良好生态圈。

随着工业 4.0 的到来，以及物联网供应链的发展，硬件风控在融资租赁领域也必然会成为一个新的发展机会，一些导入了金融风控解决系统的智能设备和包含数据智能写入、分析、输出和远程监控的风控硬件产品将会被设计出来，带来产业的升级换代。融资租赁公司应顺应市场，摆脱思维的束缚，大胆创新出更科学、更高效、更人性化的融资租赁产品和业务，以满足我国企业和个人的内在需求。

附录 1：担保余值

担保余值，是指当租赁资产的实际使用年限超过租赁期时，租赁期满，资产就会有余值。

为了保护出租人的利益，避免资产在租赁期内过度耗用或损坏，如果租赁期满资产由出租人收回，则租约往往规定承租人（或与承租人有关的一方）对资产余值进行担保，称之为担保余值；资产余值是指在租赁开始日估计的租赁期届满时租赁资产的公允价值。有时，担保人并非对资产余值全额担保，未担保的资产余值称为未担保余值。一般情况下，租赁期满，应对资产的实际余值进行评估，实际余值（40 万）低于担保余值（60 万）时，担保人应对这部分差额（20 万）全额补偿；当然，租赁资产实际余值（100 万）高于担保余值（60 万）的，按照融资租赁的实质，这部分差额收益（40 万）应归承租人享有。对未担保余值，承租人不负补偿责任。

租赁资产余值的担保情况不同，核算方法也存在差异。出租人应将资产担保余值计入其最低租赁收款额内核算；未担保余值则作为租赁投资总额，并单独核算，租赁期内需经常检查，如有减值，应确认为当期损失。对承租人而言，租赁会计中只将担保余值计入最低租赁付款额内，未担保余值不需反映。

未担保余值，是指租赁资产余值中扣除就出租人而言的担保余值以后的资产余值。对于融资租入固定资产，计算应提折旧总额时，如果存在担保余值，应提折旧总额＝融资租入固定资产入账价值－担保余值，不考虑残值。如果不存在担保余值，应提折旧总额＝融资租入固定资产入账价值－残值。

附录 2：如何运用 Excel 设计租金方案

具体地说，融资租赁是采用表面利率，结合等额本息、等额本金、不等额本金等租金偿还方式，以及首期租金是先付还是后付、保证金比例、手续费率、咨询费率、偿付期数等组合要素设计租金报价方案，向客户报价。任何一种组合要素都会给融资客户带来不同的接受度，租赁公司的风控人员和业务人员应该学会如何根据客户现金流特征设计违约概率最低的租金报价方案。

常用的租金方案都是固定了租金金额的，如等额本息还款法、等额本金还款法、两头大中间小、两头小中间大、等比本金还款法等等，其实，我们也可以设计不定期不定额还款法。

我们先看等额本息的计算公式：

$$P = a \times \frac{i(1+i)^n}{(1+i)^n - 1}$$

其中，P：每期还款本息（即租金）；a：贷款本金（实际融资额，租赁项目贷款本金应为设备总额－保证金－先付的手续费－先付的咨询费－先付的第一笔租金等的差额）；i：贷款每期利率（注意不是年化利率，看还款频率是月，还是季或是年，如果是月还款，则以年利率除以 12，季还款则除以 4）；n：贷款期数。

我们把数值代进公式就可计算出每期固定要还的本息了，公式只适合每期还款额固定的情形，还款额中的本金比重逐期会递增、利息比重逐期会递减。此方案有局限性，比如依据首期租金是先付还是后付，比如存在残值（终值），都要进行调整。为了减少麻烦，实际工作中，我们应学会使用 Excel 中的 PMT 函数来计算等额本息的租金，结果如下：

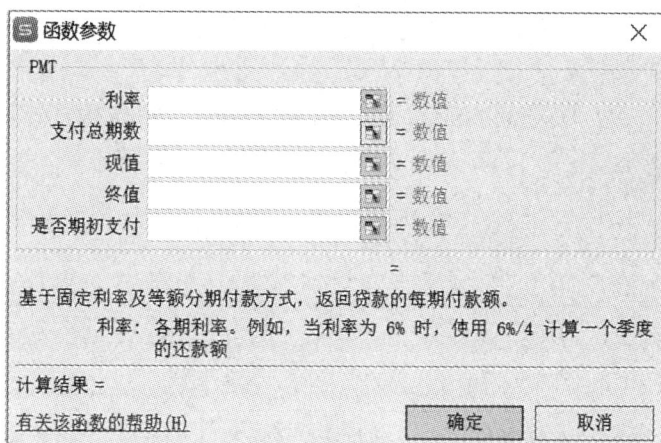

当然，习惯之后，可直接在表格中输入函数内容，逗号隔开即可，结果如下：

=PMT（

PMT(**rate**, nper, pv, [fv], [type])

其中，rate＝每期利率，同样道理，不要直接代入年利率，如果是月付要除以 12；nper＝总还款期数；pv＝租赁本金，融资额，合同额，租赁公司对外报价的计算基数；fv＝未来值，即残值，或叫终值，是租赁公司不需要支付融资的担保余值；type＝支付方式，先付还是后付，先付填 1，后付不用填，或者写 0。

例题：设备价值 300 万元，保证金比例 10％，手续费 10％，保证金和手续费都是先付，尾款 10 万元，利率 15％，2 年月前付，以等额本息法计算的月租金为多少？

大家熟悉各个数值的含义，依次填入即可。

Rate 因为是月付，1 年 12 个月，此处填入 15％/12。

Nper，2 年月付，合计共 24 个月。

PV 此处大家要注意两点：（1）负号代表现金流中的支出；（2）要按实际融资额进行计算，设备款是 300 万，但因为客户支付了 20％的保证金和手续费，实际融资额应该是 3 000 000×（1−20％）。

FV 残值，尾款，都是未来值，此处填入 100 000 即可。

Type，先付模式，可以填 1。

计算结果如下：

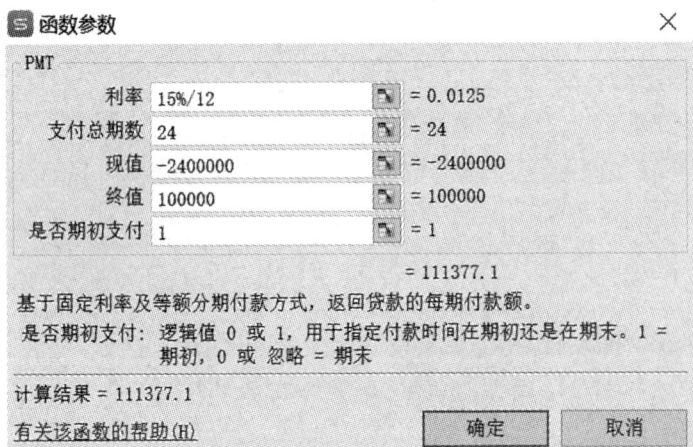

函数参数		✕
PMT		
利率	15%/12	= 0.0125
支付总期数	24	= 24
现值	-2400000	= -2400000
终值	100000	= 100000
是否期初支付	1	= 1

= 111377.1

基于固定利率及等额分期付款方式，返回贷款的每期付款额。

是否期初支付：逻辑值 0 或 1，用于指定付款时间在期初还是在期末。1 ＝ 期初，0 或 忽略 ＝ 期末

计算结果 = 111377.1

有关该函数的帮助(H)   [确定]   [取消]

很多消费贷款的等额本息计算也都是用的 PMT 这个函数，比如住房贷款，大家感兴趣的话，可以随便搜个房贷计算器比较结果。

　　租赁业务相关的电子表格函数除了 PMT 函数，还有 PV、Rate、FV、NPV、IRR 等函数，其中 Rate 函数在没有保证金及手续费时，其实就是这个租赁行为的内部收益率（IRR）。这些函数彼此之间其实也可以互相进行运算，只要记住每一项分别代表什么，就可以算出未知的一项。

　　这里我们先了解一下 Excel 中的单变量求解功能。

　　例题：客户每期用于还款的预算为 20 万元，设备总款项 700 万元，利率成本为 10%，支付方式为月后付，租期 3 年。问：为了使租金能够匹配客户的预算，尾款应该设定为多少？

　　每期还 20 万，就是等额本息还款法里的每期租金，即 PMT 计算结果，设备款项 PV 已知为 700 万，总期数为 3 年，共 36 期，求尾款 FV，即终值、残值。我们以 FV 函数来进行计算，结果如下：

在融资租赁租金方案学习中，单变量是我们必须掌握的。

　　Office 中，单变量在"数据"—"假设分析"中；WPS 中，单变量在电子表格的"数据"—"模拟分析"—"单变量求解"中。在一个有函数关系的数据组合中，如果将一个因变量（目标单元格，内置了一个）设定为一个目标常数（即目标值），可求出一个与因变量有着复杂函数关系的未知数（即可变单元格，内无公式）。这种计算需求，我们经常遇到。

　　单变量要求具备以下条件：（1）所求单变量即目标单元格，运算前设定为一个任意常数；（2）目标单元格中必须有一个与可变单元格有关的函数；（3）所求变量（目标单元格）不能处于循环引用中。下例为 PMT 作为目标单元格，FV 为可变单元格时的演算：

	A	B	C
1			说明
2	PV	-7000000	设备款，现金流负号表示
3	FV	1	任何值或空白
4	Rate	0.8333%	10%/12，月付
5			
6	PMT	￥225 870	正常运算引用即可

我们发现因变量 PMT 的运算结果是 225 870，超过客户的 PMT 预算，此时，我们需要将 PMT 用单变量调整为确定值，操作步骤如下：打开 WPS 电子表格，进入"数据"—"模拟分析"—"单变量求解"，鼠标点击 PMT 所在单元格，目标值输入 PMT 预期目标值（200 000）；然后可变单元格确定为 FV 所在单元格，点击确定后，FV 会根据函数要求自动寻找到一个匹配值（0.833 3%），结果如下：

单变量求解		×
目标单元格(E)：	B6	
目标值(V)：	200000	
可变单元格(C)：	B3	
	确定	取消

	A	B	C
1			说明
2	PV	-7000000	设备款，现金流负号表示
3	FV	1080909	任何值或空白
4	Rate	0.8333%	10%/12，月付
5			
6	PMT	￥200 000	正常运算引用即可

我们不直接使用 FV 函数计算，而使用单变量求解的原因是，我们可以很灵活地在多结果条件下，寻找到满足多因素条件下的项目答案。单变量可以帮我们做一些复杂的测算，特别在后面的不定期不定额租金偿还法中有着非常重要的应用。

PMT 只是一次求出了租金，而会计记账时需将本金、利息、手续费、税金分开记账，因此，我们应将每期租金中的本金和利息费用分开列示。当然，这个并不难，先把融资本金计算出来（设备总额－保证金－先付的手续费－先付的咨询费），已知利率（如按月还使用月利率）：

每期租金＝每期本金＋每期利息

每期本金＝总本金（融资额）/租赁期数

每期利息＝剩余本金×当期利率

剩余本金＝总本金－已还本金（每期本金×期数）

接下来，我们看看怎么将数据落实到 Excel 中。例题：融资额 100 万，利率 10%，以等额本金还款为例（注意：等额本息偿还法等其他固定租金偿还法计算与此类似），3 年季后付，我们列出一个租金支付表。

我们先列出表头，注意其计算公式，结果如下：

表头	期数	剩余本金	当期本金	利息	当期租金
说明	从 0 开始	上期剩余本金－本期支付本金	融资本金/期数	当期剩余本金×当期利率	当期本金＋当期利息

第一步，在表中依次填入数据，建立运算逻辑关系，结果如下：

▲	A	B	C	D	E
1	期数	剩余本金	当期本金	利息	当期租金
2	0	1 000 000.00			
3	1	=B2 － C3	83 333.33		
4	2		83 333.33		
5	3		83 333.33		
6	4		83 333.33		
7	5		83 333.33		
8	6		83 333.33		
9	7		83 333.33		
10	8		83 333.33		
11	9		83 333.33		
12	10		83 333.33		
13	11		83 333.33		
14	12		83 333.33		

第二步，批量下拉，结果如下：

▲	A	B	C	D	E
1	期数	剩余本金	当期本金	利息	当期租金
2	0	1 000 000.00			
3	1	916 666.67	83 333.33		
4	2	833 333.33	83 333.33		
5	3	750 000.00	83 333.33		
6	4	666 666.67	83 333.33		
7	5	583 333.33	83 333.33		
8	6	500 000.00	83 333.33		
9	7	416 666.67	83 333.33		
10	8	333 333.33	83 333.33		
11	9	250 000.00	83 333.33		
12	10	166 666.67	83 333.33		
13	11	83 333.33	83 333.33		
14	12	0.00	83 333.33		

第三步，利息计算，结果如下：

	A	B	C	D	E
1	期数	剩余本金	当期本金	利息	当期租金
2	0	1 000 000.00			
3	1	916 666.67	83 333.33	=B2×10%/4	
4	2	833 333.33	83 333.33		
5	3	750 000.00	83 333.33		
6	4	666 666.67	83 333.33		
7	5	583 333.33	83 333.33		
8	6	500 000.00	83 333.33		
9	7	416 666.67	83 333.33		
10	8	333 333.33	83 333.33		
11	9	250 000.00	83 333.33		
12	10	166 666.67	83 333.33		
13	11	83 333.33	83 333.33		
14	12	0.00	83 333.33		

第四步，再下拉复制利息计算，结果如下：

	A	B	C	D	E
1	期数	剩余本金	当期本金	利息	当期租金
2	0	1 000 000.00			
3	1	916 666.67	83 333.33	25 000.00	
4	2	833 333.33	83 333.33	22 916.67	
5	3	750 000.00	83 333.33	20 833.33	
6	4	666 666.67	83 333.33	18 750.00	
7	5	583 333.33	83 333.33	16 666.67	
8	6	500 000.00	83 333.33	14 583.33	
9	7	416 666.67	83 333.33	12 500.00	
10	8	333 333.33	83 333.33	10 416.67	
11	9	250 000.00	83 333.33	8 333.33	
12	10	166 666.67	83 333.33	6 250.00	
13	11	83 333.33	83 333.33	4 166.67	
14	12	0.00	83 333.33	2 083.33	

第五步，本金＋利息即为当期租金，结果如下：

	A	B	C	D	E
1	期数	剩余本金	当期本金	利息	当期租金
2	0	1 000 000.00			
3	1	916 666.67	83 333.33	25 000.00	108 333.33
4	2	833 333.33	83 333.33	22 916.67	106 250.00
5	3	750 000.00	83 333.33	20 833.33	104 166.67
6	4	666 666.67	83 333.33	18 750.00	102 083.33
7	5	583 333.33	83 333.33	16 666.67	100 000.00
8	6	500 000.00	83 333.33	14 583.33	97 916.67
9	7	416 666.67	83 333.33	12 500.00	95 833.33
10	8	333 333.33	83 333.33	10 416.67	93 750.00
11	9	250 000.00	83 333.33	8 333.33	91 666.67
12	10	166 666.67	83 333.33	6 250.00	89 583.33
13	11	83 333.33	83 333.33	4 166.67	87 500.00
14	12	0.00	83 333.33	2 083.33	85 416.67

再看看下面固定本金增长率的租金方案。

融资额 100 万，利率 10%，季后付，客户要求每期本金递增 10%（即上期如果还 5 万，那么这期还 5.5 万，下期还 6.05 万），尾款 10 万，要求列出租金支付表。首先，建立本金运算逻辑，结果如下：

	A	B	C	D	E
1	期数	剩余本金	当期本金	利息	当期租金
2	0	1 000 000.00			
3	1		1.00		
4	2		=C3×(1+10%)		
5	3				
6	4				
7	5				
8	6				
9	7				
10	8				
11	9				
12	10				
13	11				
14	12				

因为还款方式是不等额的，不知道首期要还的本金金额，不妨先将首期本金设为1元。

其次，下拉公式，结果如下：

	A	B	C	D	E
1	期数	剩余本金	当期本金	利息	当期租金
2	0	1 000 000.00			
3	1		1.00		
4	2		1.10		
5	3		1.21		
6	4		1.33		
7	5		1.46		
8	6		1.61		
9	7		1.77		
10	8		1.95		
11	9		2.14		
12	10		2.36		
13	11		2.59		
14	12		2.85		

再次，输入剩余本金、利息和当期租金的运算公式，结果如下：

	A	B	C	D	E
1	期数	剩余本金	当期本金	利息	当期租金
2	0	1 000 000.00			
3	1	999 999.00	1.00	24 999.98	25 000.98
4	2	999 997.90	1.10	24 999.95	25 001.05
5	3	999 996.69	1.21	24 999.92	25 001.13
6	4	999 995.36	1.33	24 999.88	25 001.21
7	5	999 993.89	1.46	24 999.85	25 001.31
8	6	999 992.28	1.61	24 999.81	25 001.42
9	7	999 990.51	1.77	24 999.76	25 001.53
10	8	999 988.56	1.95	24 999.71	25 001.66
11	9	999 986.42	2.14	24 999.66	25 001.80
12	10	999 984.06	2.36	24 999.60	25 001.96
13	11	999 981.47	2.59	24 999.54	25 002.13
14	12	999 978.62	2.85	24 999.47	25 002.32

最后，进行单变量求解，结果如下：

尾款为 100 000 元，在以上利率、利息和本金比例递增偿还约束下，第一期本金偿还即可以单变量求解出来，租金方案也可全盘确定（结果如下所示）。上面两个例子都是假定首期租金后付的计算，如果首期租金先付，则第一期只有本金，第一期利息为零，第二期才有利息。

期数	剩余本金	当期本金	利息	当期租金
0	1 000 000.00			
1	957 913.02	42 086.98	23 947.83	66 034.81
2	911 617.33	46 295.68	22 790.43	69 086.12
3	860 692.08	50 925.25	21 517.30	72 442.55
4	804 674.31	56 017.78	20 116.86	76 134.63
5	743 054.76	61 619.55	18 576.37	80 195.92
6	675 273.25	67 781.51	16 881.83	84 663.34
7	600 713.59	74 559.66	15 017.84	89 577.50
8	518 697.97	82 015.62	12 967.45	94 983.07
9	428 480.78	90 217.19	10 712.02	100 929.21
10	329 241.87	99 238.91	8 231.05	107 469.95
11	220 079.08	109 162.80	5 501.98	114 664.77
12	100 000.00	120 079.08	2 500.00	122 579.08

接下来，我们开始讲解折现和内部收益率。

简单地说，折现就是未来的一笔钱（未来值），拿到现在能值多少（现值）的一种计算。

比如今天存入银行（或购买基金、国债等）1 000 元，承诺利率是 5%，那么 1 年后能获得多少？

解：1 000×（1+5%）＝1 050

这里 1 000 元是存入的本金，也就是现值，而 1 050 的本息（本金＋利息），就是未来值了，而题目中计算用到的利率，在折现时就叫作折现率（也叫贴现率）。

折现其实就是我们通过报价利率求未来值的逆运算，将 1 050，用 5% 的利率，逆运算求出现值 1 000 的过程。

内部收益率（IRR），又称内部回报率，是指项目所能承受的最大资金成本。它是项目的净现值等于零时的折现率。

所谓净现值（NPV），就是现金流净额折现回当前的值。现金流净额就是未来现金流入与未来现金流出的差额，这个差额折现后减初始现金流出的差额即净现值。项目如果只是一次还本付息，则 NPV＝0，融资利率就是折现率，同时也是内部收益率。由此不难理解，如果项目现金分期流入，且有多种现金流入种类，不只是利息，导致表面利率可能大于 IRR，则项目亏损，相反项目盈利。上个题目中的 5%，即折现率，由于没有影响净现值的因素，折现率与利率一致；但是在融资租赁中，因为有保证金、手续费、首付款、租金期初先付和期末后付等影响因素的存在，通常会使租赁项目的 IRR 比表面利率大很多，即各种收费和增信措施起到了杠杆作用。租赁公司支付的融资中存在承租人的保证金、手续费、首期先付的租金等，由此产生的收益流回租赁公司，增加租赁公司实际收益。我们把融资租赁公司收取的保证金、手续费等称为从承租人那里获取的"反向融资"。

IRR 的计算，有三种：第一种，Rate 函数，无手续费等其他期初收入，等额本息都可用；第二种，IRR 函数，列出各期现金流，套用公式一步到位，简单容易，适用性广，必须掌握；第三种，插值法，学过财务的肯定有所了解。

在 Excel 表格中按输入框左边的"fx"查找 IRR 函数，有详细说明。简单来说，就是列出整个项目、方案的现金流量表（结果如后所示），注意数据之间的时间间隔必须相等，因为算出的利率就是按这个时间间隔（支付周期）进行计算的，guess 值（即预估值）可以不用填。

期数	剩余本金	当期本金	利息	当期租金
0	1 000 000.00			−1 000 000.00
1	916 666.67	83 333.33	25 000.00	108 333.33
2	833 333.33	83 333.33	22 916.67	106 250.00
3	750 000.00	83 333.33	20 833.33	104 166.67
4	666 666.67	83 333.33	18 750.00	102 083.33
5	583 333.33	83 333.33	16 666.67	100 000.00
6	500 000.00	83 333.33	14 583.33	97 916.67
7	416 666.67	83 333.33	12 500.00	95 833.33
8	333 333.33	83 333.33	10 416.67	93 750.00
9	250 000.00	83 333.33	8 333.33	91 666.67
10	166 666.67	83 333.33	6 250.00	89 583.33
11	83 333.33	83 333.33	4 166.67	87 500.00
12	0.00	83 333.33	2 083.33	85 416.67
				=IRR(E2:E14)

注意，第 0 期作为项目起点，租赁公司的现金流就是所有设备款，负号表示流出。

每一个租赁方案，只要现金流是确定的，应可以计算 IRR。每期租金不用像等额本息还款法那样每期相同，完全可以按照客户现金流变动规律、还款计划或意愿来设计，甚至按客户每期的资金状况任意调节，不把租金限制为不可更改，只需要注意控制好双方约定的内部收益率，在最后一期回调至合同约定的预期收益即可。

使用 IRR 函数时参数也一样，结果如下：

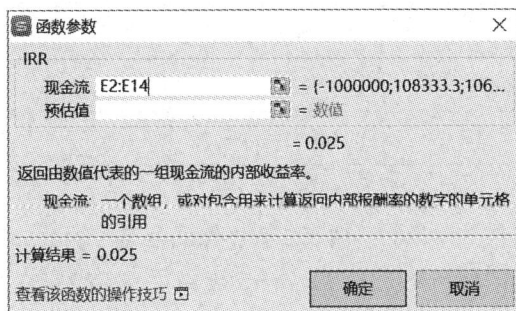

不管期数是多少，将整个项目中的现金流部分全部选中即可。

IRR 函数计算出来的每期的利率，根据需要可以转化为季利率、年利率等，结果如下：

$$= IRR（B2：B38）\times 12$$

计算内部收益率、租金这些东西最核心的价值就是我们可以依据客户的需求进行方案设计，对比融资产品和方案进行分析，从而筛选出客户违约风险最小的方案。

客户做融资，关注点无非总利息、首期款、租金、表面利率、支付间隔（即频率），租金方案应充分考虑这些因素，以满足承租人的需要。

关于保证金，有保证金垫付租金和保证金释放（退还）两种情况，如下所示：

期数	保证金垫付	保证金释放
0	−450 000 000.00	−500 000 000.00
1	45 707 830.70	50 508 700.77
2	45 707 830.70	50 508 700.77
3	45 707 830.70	50 508 700.77
4	45 707 830.70	50 508 700.77
5	45 707 830.70	50 508 700.77
6	45 707 830.70	50 508 700.77
7	45 707 830.70	50 508 700.77
8	45 707 830.70	50 508 700.77
9	45 707 830.70	50 508 700.77
10	45 707 830.70	50 508 700.77
11	41 415 661.39	50 508 700.77
12	0.00	508 700.77
IRR	21.102 0%	21.768 8%

如采用保证金垫付，则最后一期或几期以保证金支付租金；如采用保证金释放，则融资人不以保证金支付，保证金另外退还承租人。这两种租金方案下的 IRR 是有区别的，后者可以承担更高的资金成本。

下面我们了解净现值（NPV）。

现值计算公式为：

  每期应收租金现值＝每期应收租金÷（1＋每期利率）^{期数}

因此，第一期租金现值＝45 707 830.7÷（1＋9％/4）^1＝44 702 034.91。

第二期租金的折现，次方数是2就可以了。实际计算中都是引用单元格，然后直接下拉就行，例如在单元格中输入：＝D5/＄B＄18^5，其中，D5是对应的租金，B18是每期折现率，也就是1＋每期利率，5是期数，作为次方。其他各期租金现值计算结果如下：

成本	9％	
期数	租赁公司租金	租赁公司租金折现
1	45 707 830.70	44 702 034.91
2	45 707 830.70	43 718 371.55
3	45 707 830.70	42 756 353.59
4	45 707 830.70	41 815 504.74
5	45 707 830.70	40 895 359.16
6	45 707 830.70	39 995 461.28
7	45 707 830.70	39 115 365.55
8	45 707 830.70	38 254 636.24
9	45 707 830.70	37 412 847.18
10	45 707 830.70	36 589 581.59
11	41 415 661.39	32 424 114.01
12	0.00	0.00
合计	498 493 968.35	437 679 629.80
收益		－12 320 370.20
		＝NPV(9％/4 I44:I55)
		＝437 679 629.8

如果用NPV函数求净现值，结果如下：

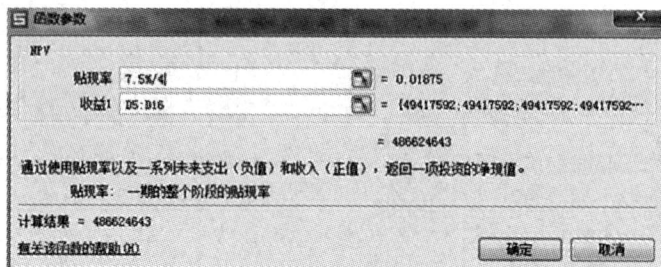

Rate上面已讲过，是每期的利率，Value是现金流，从1到254，可以分别填入。当然，也可以直接选定范围，验证的结果与折现表总计是一致的。

如果不用做表，自己用公式算出NPV直接减掉成本就好了。在表格中输入公式求NPV，第0期现金流净额不能算进去，因为它本身就是净现值了。计算总净现值时应将第0期现金流净值算入，这个净现值总额就是项目的实际利润（或实际净收益）。

除了IRR函数外，还有两个相似的函数：XIRR和MIRR。

XIRR对应的是不定期还款项目的内部收益率，在IRR的基础上，额外引入了一个时间（Date）参数，只要掌握了IRR的计算，那么XIRR就很容易上手。我们不妨从最简单的等额不等期着手，如题：本金100万，每月租金9.5万，租期1年，每月1日还款，起租日2013年1月1日，首期还款日期2013年2月1日，求内部收益率，结果如下：

	A	B	C	D	E	F
1	期数	日期	剩余本金	当期本金	利息	当期租金
2	0	2013年1月1日	1 000 000.00			-800 000.00
3	1	2013年2月1日	916 666.67	83 333.33	25 000.00	108 333.33
4	2	2013年3月1日	833 333.33	83 333.33	22 916.67	106 250.00
5	3	2013年4月1日	750 000.00	83 333.33	20 833.33	104 166.67
6	4	2013年5月1日	666 666.67	83 333.33	18 750.00	102 083.33
7	5	2013年6月1日	583 333.33	83 333.33	16 666.67	100 000.00
8	6	2013年7月1日	500 000.00	83 333.33	14 583.33	97 916.67
9	7	2013年8月1日	416 666.67	83 333.33	12 500.00	95 833.33
10	8	2013年9月1日	333 333.33	83 333.33	10 416.67	93 750.00
11	9	2013年10月1日	250 000.00	83 333.33	8 333.33	91 666.67
12	10	2013年11月1日	166 666.67	83 333.33	6 250.00	89 583.33
13	11	2013年12月1日	83 333.33	83 333.33	4 166.67	87 500.00
14	12	2014年1月1日	0.00	83 333.33	2 083.33	85 416.67
15		IRR	78.87%	XIRR	115.50%	

若使用电子表格的 XIRR 函数，则结果如下：

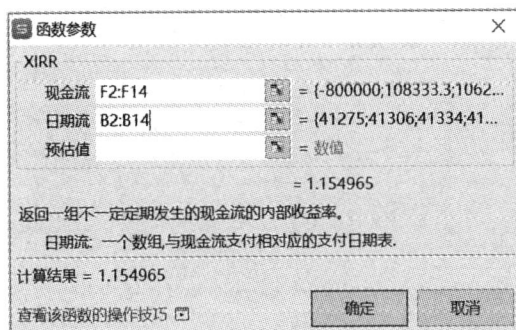

为什么同样的还款方式，XIRR 要高于 IRR 呢？最通俗的说法就是 XIRR 是以 1 年 365 天进行计算，且以每月的实际天数计算，IRR 函数以 1 年 360 天进行利息核算，以期计算。既然 XIRR 比 IRR 更高，为什么我们不用 XIRR 呢？

XIRR 引入了日期参数，导致实际回款日期比 IRR 平均的 30 天要早，或者晚，早回款则可以早一步进行再投资，收益率上升，反之亦然。而且由于在核算上多了 5 天，因此再投资的收益时间也会多出来。XIRR 高不等于项目实际收益就高，毕竟项目方案一致，支付日期也已经确定，该挣多少钱是不会变的，只能说其中有一个计算结果会更接近准确的收益率而已。

MIRR 又叫作修正内部收益率，是指在一定贴现率的条件下，将投资项目的未来现金流入量按照一定的贴现率（再投资率）计算至最后一年的终值，再将该投资项目的现金流入量的终值折算为现值，并使现金流入量的现值与投资项目的现金流出量达到价值平衡的贴现率。说白了就是分期收回的现金再投资出去产生回报后计算出来的内部收益率。

单元格填入：MIRR（values（），finance_rate，reinvest_rate）即可算出。其中 values 必须输入，它是一个数组或对包含数字的单元格的引用。这些数值代表各期的一系列支出（负值）及收入（正值）。参数 values 中必须至少包含一个正值和一个负值，才能计算修正后的内部收益率，否则函数 MIRR 会返回错误值 ♯DIV/0!，即修正内部收益率无效；如果数组或引用参数包含文本、逻辑值或空白单元格，则这些值将被忽略，但包含零值的单元格将计算在内。支付利率（finance_rate）必须输入。现金流再投资收益率（reinvest_rate），必须输入。某一计算结果如后所示。

期数	现金流入	现金流出	现金流净额	备注
0		120000	-120000	投资期净流出
1	40000	1000	39000	第1年净收益
2	32000	2000	30000	第2年净收益
3	26000	2400	23600	第3年净收益
4	40000	2300	37700	第4年净收益
5	50000	2000	48000	第5年净收益
6	55000	1200	53800	第6年净收益
7	64000	1500	62500	第7年净收益
8	70000	2500	67500	第8年净收益
9	60000	2800	57200	第9年净收益
10	65000	2100	62900	第10年净收益
11	51000	1100	50900	第11年净收益
12	45000	1080	43920	第12年净收益
	MIRR	=MIRR(D2:D5,10%,12%)	-4.01%	第3年的修正内部收益率
	MIRR	=MIRR(D2:D8,10%,13%)	16.75%	第6年的修正内部收益率
	MIRR	=MIRR(D2:D14,10%,12%)	20.06%	第12年的修正内部收益率
	MIRR	=MIRR(D2:D8,10%,14%)	17.65%	基于14%再投资率第6年的

和 IRR 一样，MIRR 只是一个相对值，没有准不准的问题，而是假设你在收回到期租金后能马上或当天把这笔资金又投资出去以获取收益，如此，内部收益率又发生了改变，从而通过此计算进行修正。MIRR 比 IRR 大，但实际操作不一定能实现当天收回当天又投资出去，因此，修正内部收益率只是告诉我们真实的内部收益率会更大一些而已。

严格来说，租赁公司直租业务中每期租金收入为含增值税收入，本金、手续费等价外费用合计的增值税按 13% 剔除，利息按 6% 剔除，然后再计算内部收益率。

以上截图最后两期，保证金代偿后，计算出的利息和手续费扣除增值税后，内部收益率减少几个点。为了避免报价错误而影响企业利润，租赁公司应把税点加到租金中，然后测算出来的内部收益率将达到租赁公司的期望值，参考这个内部收益报价才是靠谱的。

当然上面只是减了增值税，还有按增值税额计算的城建税、（地方）教育费附加和围堤防护费等小税种，当前在深圳按增值税的 0.14% 计算，也是可以加到报价中去算的。总之，防止自己发生潜在的收益流失，即便让利给客户也应说明清楚。

下面，我们来讲不定期不定额偿还法租金方案的设计。

这种方法参考承租人使用设备之后的实际还款能力设计租金方案。使用这种方法后，承租人每期还租额不确定，项目最后的租期数也不确定，项目收益率最后可能达不到租赁公司的预期，因此，在签订协议时应约定预期收益率；为防止承租人故意长期少报租金或延期偿还租金，应约定最低还租额和最长租赁期，同时应严格要求承租人每期如实提供各项租金测算统计数据，以便租赁公司试算每期可还租金。在内部收益率不变的前提下，每期租金方案在上期租金方案的基础上做调整，表面利率和租赁期每期必然会随之发生变化。

租金测算统计表区分不同设备所生产产品是终端产品还是中间产品来设计。当然，不同设备所生产产品利润形成的数据结构会有所区别，我们应根据实际需要设计本表。这里我们以终端产品为例，如下所示：

项目	变量或公式	数值
设备数量	a	4.00
单台设备购置价格	b	1 000 000.00
保证金比例	y	10.00%
每台设备保证金	S	100 000.00
承租人净利润率	c	8.00%
设备日产量	d	3 500.00
设备月开工天数	e	22.00
设备月产量	$f = a \times d \times e$	308 000.00
设备所产产品保守售价	g	6.00
测算设备月创净利润	$h = f \times g \times c$	147 840.00
设备折旧总月数	i	40.00
每台设备终值	z	10 000.00
设备月折旧额	$j = (a \times b - a \times z)/i$	99 000.00
含折旧月净利润	$K = h + j$	246 840.00
客户综合货款回款率	m	70.00%
当期可还租金	$x = K \times m$	172 788.00
年化手续费率	p	1.00%
每期手续费（分"分期"和"先付"）	$q = a \times b \times p/12$	3 333.33
期望内部收益率	n	1.80%
实际内部收益率	IRR	1.53%
动态表面利率	R	0.33%
承租人自申报偿还租金	T	140 789.00
期望月收益率	H	1.20%

上表中，根据公式即可知，哪些变量需要在计算前跟踪调整；IRR 和 R 变量需每期动态跟踪调整，调整方法后面详述；含公式单元格对应数值自动计算；x 值是当期可还租金，由上面变量值公式求出，并且这里假设 $K \times m$ 小于 T 值则以变量 T 的数值为准，否则以 $K \times m$ 为准，当然，也可以另外合同约定改变本假设；在电子表格中，IRR 内含公式，配合单变量求解调整末期租金金额；累计本金内含公式，配

合单变量求解每期 R 值。这里我们假定目标内部收益率为 1.8%，每期实际内部内收益率应固化为此目标值。注意：租金方案应考虑税费成本，建议约定目标内部收益率时内含税费。当然，不同租赁业务类型的租金测算表的变量结构会有所不同，如设备生产半成品和成品的测算法就肯定不同，上表假定租赁设备生产的是成品。

　　每期推进调整租金（含手续费）（以下简称租金）为当期可还租金，此后各期租金覆盖默认为当期新调整值。由于各期租金单元格里面有公式，每做完一期方案调整，千万记得将当期租金单元格里的公式去掉，只保留数值，不然下期测算时此数值又变了，模型数值全部都会乱掉。且每期的还款期数也会随当期可还租金的大小而延长或缩短。由上下两表可知，范例中首期租金为先付，融资总额是 400 万元，零期现金流净额为 −3 430 908。到第 6 期时，变量 c 由 9% 调整为 8%，变量 d 由 3 000 调整为 3 500，当期可还租金 x 就由 169 092 变为 172 788，且后面各期均为新值。

不定期不定额租金跟踪测算表

先付模式：			应还本金		3 960 000.00
累计利息	158 425.44	累计租金	4 301 220.00	累计本金	4 059 461.23
期数	剩余本金	当期本金	手续费	利息	租金（含手续费）
0	4 000 000.00	0.00		0.00	−3 430 908.00
1	3 834 241.33	165 758.67	3 333.33	0.00	169 092.00
2	3 681 135.66	153 105.67	3 333.33	12 653.00	169 092.00
3	3 527 524.74	153 610.92	3 333.33	12 147.75	169 092.00
4	3 373 406.91	154 117.84	3 333.33	11 640.83	169 092.00
5	3 218 780.49	154 626.42	3 333.33	11 132.24	169 092.00
6	3 059 947.79	158 832.69	3 333.33	10 621.98	172 788.00
7	2 900 590.96	159 356.84	3 333.33	10 097.83	172 788.00
8	2 740 708.24	159 882.72	3 333.33	9 571.95	172 788.00
9	2 580 297.91	160 410.33	3 333.33	9 044.34	172 788.00
10	2 419 358.23	160 939.68	3 333.33	8 514.98	172 788.00
11	2 257 887.44	161 470.78	3 333.33	7 983.88	172 788.00
12	2 095 883.80	162 003.64	3 333.33	7 451.03	172 788.00
13	1 933 345.55	162 538.25	3 333.33	6 916.42	172 788.00

期数	剩余本金	当期本金	手续费	利息	租金（含手续费）
14	1 770 270.93	163 074.63	3 333.33	6 380.04	172 788.00
15	1 606 658.15	163 612.77	3 333.33	5 841.89	172 788.00
16	1 442 505.46	164 152.69	3 333.33	5 301.97	172 788.00
17	1 277 811.06	164 694.40	3 333.33	4 760.27	172 788.00
18	1 112 573.17	165 237.89	3 333.33	4 216.78	172 788.00
19	946 790.00	165 783.18	3 333.33	3 671.49	172 788.00
20	780 459.74	166 330.26	3 333.33	3 124.41	172 788.00
21	613 580.59	166 879.15	3 333.33	2 575.52	172 788.00
22	446 150.74	167 429.85	3 333.33	2 024.82	172 788.00
23	278 168.37	167 982.37	3 333.33	1 472.30	172 788.00
24	109 631.65	168 536.71	3 333.33	917.96	172 788.00
25	−59 461.23	169 092.88	3 333.33	361.78	172 788.00

　　从调整所在期数的行开始，数值及公式往下拉复制，直到看见剩余本金开始出现负数，剩余本金不可能一直为负，这里从第 25 期开始为负数，因为租金数值的调整必然会影响到剩余本金数值，可能使之转正，所以，除第一次出现负剩余本金的行保留数值外，其后面的行的数值应删除。各期租金和首期现金流净额决定了 IRR 的大小，为了让 IRR 等于目标内部收益率 1.8%，我们先将第 25 期的租金设为可变单元格，此单元格内不得有公式，可设为任意一个数，比如设为 0，然后以单变量求解导出第 25 期的租金，结果如下：

确定后为：

不定期不定额租金跟踪测算表

项目	变量或公式	数值
实际内部收益率	IRR	1.80%
动态表面利率	R	0.33%

先付模式：

				应还本金	3 960 000.00
累计利息	158 425.44	累计租金	4 291 467.71	累计本金	4 049 708.94
期数	剩余本金	当期本金	手续费	利息	租金（含手续费）
0	4 000 000.00	0.00		0.00	−3 430 908.00
1	3 834 241.33	165 758.67	3 333.33	0.00	169 092.00
2	3 681 135.66	153 105.67	3 333.33	12 653.00	169 092.00
3	3 527 524.74	153 610.92	3 333.33	12 147.75	169 092.00
4	3 373 406.91	154 117.84	3 333.33	11 640.83	169 092.00
5	3 218 780.49	154 626.42	3 333.33	11 132.24	169 092.00
6	3 059 947.79	158 832.69	3 333.33	10 621.98	172 788.00
7	2 900 590.96	159 356.84	3 333.33	10 097.83	172 788.00
8	2 740 708.24	159 882.72	3 333.33	9 571.95	172 788.00
9	2 580 297.91	160 410.33	3 333.33	9 044.34	172 788.00
10	2 419 358.23	160 939.68	3 333.33	8 514.98	172 788.00
11	2 257 887.44	161 470.78	3 333.33	7 983.88	172 788.00
12	2 095 883.80	162 003.64	3 333.33	7 451.03	172 788.00
13	1 933 345.55	162 538.25	3 333.33	6 916.42	172 788.00
14	1 770 270.93	163 074.63	3 333.33	6 380.04	172 788.00
15	1 606 658.15	163 612.77	3 333.33	5 841.89	172 788.00
16	1 442 505.46	164 152.69	3 333.33	5 301.97	172 788.00
17	1 277 811.06	164 694.40	3 333.33	4 760.27	172 788.00
18	1 112 573.17	165 237.89	3 333.33	4 216.78	172 788.00
19	946 790.00	165 783.18	3 333.33	3 671.49	172 788.00
20	780 459.74	166.330.26	3 333.33	3 124.41	172 788.00
21	613 580.59	166 879.15	3 333.33	2 575.52	172 788.00
22	446 150.74	167 429.85	3 333.33	2 024.82	172 788.00
23	278 168.37	167 982.37	3 333.33	1 472.30	172 788.00
24	109 631.65	168 536.71	3 333.33	917.96	172 788.00
25	−49 708.94	159 340.59	3 333.33	361.78	163 035.71

这时，累计本金为 4 049 708.94 元，理应调整为 3 960 000 元才对，因为当期本金等于租金－利息－手续费，可见累计本金的公式里包含了利息中的动态表面利率，因此，我们可以把动态表面利率设为可变单元格，并以单变量求解它，结果如下：

	A	B	C	D	E	F	G
1			不定期不定额租金跟踪测算表				
2	项　目	变量或公式	数　值				
22	实际内部收益率	IRR	1.80%				
23	动态表面利率	R	0.33%				
26	先付模式：				应还本金	3,960,000.00	
27	累计利息	158,425.44	累计租金	4,291,467.71	累计本金	4,049,708.94	

单变量求解
目标单元格(E)：F27
目标值(V)：3960000
可变单元格(C)：C23
确定　取消

在使用单变量求解时，我们应注意它只是一种模拟运算，要通过不断地更换数据试算，最后找到完全满足公式函数的答案。我们可能会发现，电子表格未必能一次性给出我们所要的答案，需要我们多次反复操作单变量求解，才能最终如愿。

这里，我们最终的答案是：

不定期不定额租金跟踪测算表

项目	变量或公式	数值
实际内部收益率	IRR	1.80%
动态表面利率	R	0.50%

先付模式：				应还本金	3 960 000.00
累计利息	248 134.38	累计租金	4 291 467.71	累计本金	3 960 000.00
期数	剩余本金	当期本金	手续费	利息	租金（含手续费）
0	4 000 000.00	0.00		0.00	−3 430 908.00
1	3 834 241.33	165 758.67	3 333.33	0.00	169 092.00
2	3 687 765.56	146 475.78	3 333.33	19 282.89	169 092.00
3	3 540 553.13	147 212.42	3 333.33	18 546.24	169 092.00
4	3 392 600.36	147 952.77	3 333.33	17 805.89	169 092.00
5	3 243 903.51	148 696.85	3 333.33	17 061.82	169 092.00
6	3 090 762.85	153 140.66	3 333.33	16 314.01	172 788.00
7	2 936 852.03	153 910.83	3 333.33	15 543.84	172 788.00
8	2 782 167.17	154 684.86	3 333.33	14 769.80	172 788.00

续表

期数	剩余本金	当期本金	手续费	利息	租金（含手续费）
9	2 626 704.37	155 462.79	3 333.33	13 991.87	172 788.00
10	2 470 459.74	156 244.63	3.333.33	13 210.03	172 788.00
11	2 313 429.33	157 030.41	3 333.33	12 424.26	172 788.00
12	2 155 609.19	157 820.14	3 333.33	11 634.53	172 788.00
13	1 996 995.36	158 613.83	3 333.33	10 840.83	172 788.00
14	1 837 583.84	159 411.52	3 333.33	10 043.14	172 788.00
15	1 677 370.62	160 213.22	3 333.33	9 241.44	172 788.00
16	1 516 351.66	161 018.96	3 333.33	8 435.71	172 788.00
17	1 354 522.92	161 828.74	3 333.33	7 625.93	172 788.00
18	1 191 880.32	162 642.60	3 333.33	6 812.07	172 788.00
19	1 028 419.77	163 460.55	3 333.33	5 994.12	172 788.00
20	864 137.16	164 282.61	3 333.33	5 172.05	172 788.00
21	699 028.35	165 108.81	3 333.33	4 345.86	172 788.00
22	533 089.19	165 939.16	3 333.33	3 515.50	172 788.00
23	366 315.50	166 773.69	3 333.33	2 680.97	172 788.00
24	198 703.08	167 612.42	3 333.33	1 842.25	172 788.00
25	40 000.00	158 703.08	3 333.33	999.30	163 035.71

至此，我们看到，第 25 期的剩余本金也自动调整为 4 万元了，与设备终值一致。每一期，我们均以这种方式调整租金方案，到最后一期，我们还要做一件事，那就是调整项目实际收益率，使得它等于承租人与我们当初约定的预期收益率，因为当初约定的目标收益率与到期时考虑了通胀率后的实际收益率是有区别的。这就一定需要调整最后一期利息，我们假设它为 x，则（x＋各期利息费用收入的总现值）/实际融资额＝目标收益率，由于 x 算出来是现值，因此应将它以目标收益率计算出终值才是我们需要调整的利息，如果它是正数，说明承租人应补偿一笔利息；如果是负数，则租赁公司应视协议是否退还这笔金额给承租人。

第八章 供应链金融风控

供应链金融底层逻辑

要掌握供应链金融，我们必先了解供应链综合服务。这里，我们不得不提与贸易有着相同历史地位的"代理商"。不难理解，"代理商"的价值就是降本增效，可以说，整个商业就是制造业的"销售代理"，供应链的业务都是"代理"：代理设计、代理采购、代理制造、代理物流、代理生产、代理仓储、代理销售、代理结算、代理报关、代理付费、代理融资……过去我们把从事代理业务的贸易公司叫"代理商"，今天我们称之为供应链公司，殊不知，"保理商"其实是代理买家提前支付货款给卖家的"信用代理商"；融资租赁公司即代理设备采购商提前支付设备价款给设备供应商的"信用代理商"；与融资租赁不同，狭义上的消费金融则是针对耐用消费品的分期付款方式的贸易金融，消费金融公司也有"信用代理"的性质。因此，保理、融资租赁和消费金融都脱胎于供应链信用代理支付。为什么中小微企业需要供应链公司的代理服务？因为它们太弱小，没有充足的资本，没有商业信用背景，没有判断权，没有完整的商业把控力，没有完整可控的技术和信息，没有更多供应商或客户，没有先进的信用管理，没有高效的系统支持……总之，今天任何一家企业都很难保证自己业务的所有环节都效率高、成本低、有利润，而借助供应链公司代理服务，却可以实现效率最优、成本锁定、利润锁定。随着物联网时代的到来，信息透明使得产品利润空间越来越小，产品生命周期越来越短，市场变化越来越快，没有专业的供应链公司服务，企业产品很难抓住稍纵即逝的市场，提高运营效率，控制运营成本，锁定预期利润。

保理、融资租赁、消费金融既然都源自企业的信用销售，则保理、融资租赁和消费金融都应属于供应链金融大家庭。一直以来，保理和融资租赁与供应链综合服务关系疏远了，但它们的业务都本应从供应链服务中获取，重要的是，借助供应链综合服务，保理商、融资租赁公司可以参与到客户商流、物流、信息流、资金流管理中去，构建"管理型"风控金融体系。

供应链公司是为中小微企业提供综合服务的贸易代理公司，它们凭借丰富的贸易服务资源和专业服务技术，为客户提供采购、销售、物流、快递配送、仓储管理、报关清关、报税退税、交货验货、结算支付、商品估值、商业信息、信用管理、信用担保、融物融资等广泛的综合服务。可见，供应链公司的贸易并非它自己的，而是代理客户的，供应链公司在长期从事某行业或产品代理服务过程中，逐步掌控了一定话语权，能帮助中小微企业提高产、供、销协同效率，提高运作效率，加快资金周转率，节省时间成本，减少交易成本、运作管理成本和资金成本，降低贸易风险，由此，供应链公司与客户共同分享价值增值成果。

供应链公司的综合服务涉及企业经营的方方面面，其中垫资采购、货押、销售融资、税费垫付、信用管理、信用担保、保理、融资租赁等服务均属类金融服务范畴，是供应链综合服务派生的客户金融类金融需求，这些业务与供应链其他综合服务形成天然依存关系。

供应链金融形成于企业信用贸易，而信用贸易形成于企业经营过程中资金在不同时点的分布量与需求量的矛盾，企业业务量波动必然导致某时点上的资金需求量不足，企业赊销余额过大也必然会使得企业有时出现流动性矛盾；企业存量资金波动反映为某一时点应付现金大于可用现金，支付的应付账款大于收到的应收账款，订单需求库存量大于已有库存量，应收账款账期比应付账款账期长，这些都是供应链金融业务的形成逻辑（见图8.1）。

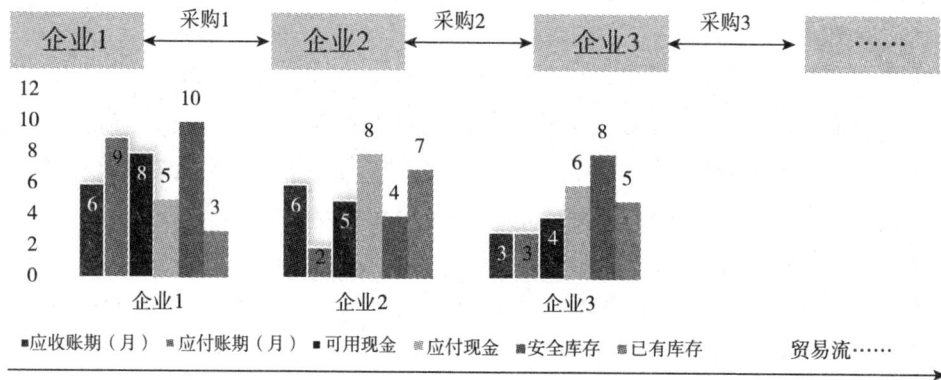

图8.1 供应链金融业务的形成逻辑

供应链金融概述

我们平时说的供应链金融其实是指狭义的银行供应链金融，即金融供应链，而广义的供应链金融包括了银行供应链金融和实体供应链金融，供应链公司、保理商和融资租赁公司的供应链金融即为实体供应链金融。与保理和融资租赁一样，供应链金融也有银行系的，我们平时听到的、网上看到的供应链金融分享基本都是银行系的，导致我们很多人并不知道供应链金融的根在实体供应链金融服务中。

供应链公司作为商品流通的代理服务企业，它们根据客户需要，通过商品信用交易来解决客户资金难题，即通过商品赊购赊销、预付款、可赎回商品交易等信用交易方式来提供金融服务。因此，供应链金融被称为融资性贸易或贸易型融资，从法律上规避了经营风险。在国际贸易中，供应链服务伴随贸易的成长而成长，供应链金融国际化一直不存在行业壁垒和规则共识问题，是各国大企业的共同发展目标。我们看到，原跨国公司大部分已形成了自己完整的供应链服务体系，它们与全球上下游企业形成巨大利益共同体。当然，不可否认，不少大企业把自己的利益建立在牺牲中小微企业利益的基础上，控制技术、信息、环境、市场、资源和定价权。

供应链公司将资金的货币时间价值（利息）植入商品价格中，或并入供应链综合服务费中收取。

银行供应链金融一直是银行重要的资产业务，其产品有基于商品交易的订单融资、仓单质押融资、存货质押贷款、应收账款质押贷款、保理、融通仓融资、出口退税质押贷款等等，主要采用"选择型"＋"担保型"风控模式。由于银行没有为企业提供供应链综合服务的基础和机制，物控只能通过第三方仓、第三方物流、信息服务供应商、保险、信用担保、核心企业合作等间接控制贸易风险、货物风险、信息风险和资金风险。

实体供应链金融和银行供应链金融两大阵营相互补充，相互合作。银行主要从事标准化的大额贸易债权融资，如票据融资、仓单融资、担保融资、进出口押汇、金融保理、金融租赁等货币融资服务；供应链公司则从事非标准货押、垫资、保理和融资租赁等贸易融资服务（见图 8.2）。

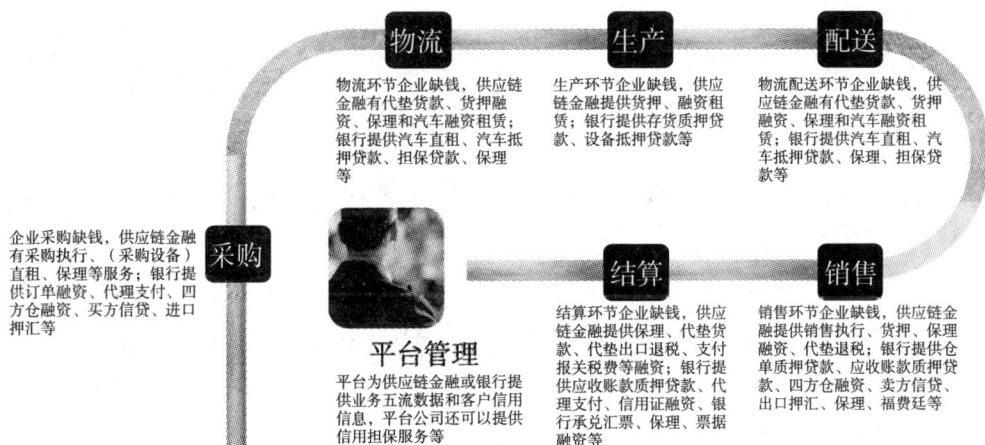

图 8.2　实体供应链金融与银行供应链金融相互补充与合作

解决企业融资难最大的问题是信用信息不对称。随着大数据、智能识别技术、电子签章、智能仓、智能物流配送等物联网技术、区块链技术、大数据技术、机器人技术的发展和应用，供应链服务能力不断加码升级，与之协同所需的信息、数据和风控技术也日趋智能化、人性化、精准化，金融科技已开始带领我们进入一个安全可期的供应链数字金融时代，未来供应链金融的竞争必然会演变成供应链贸易服务和金融科技融合能力的竞争，而物联网技术革命必然推动供应链金融的全面升级，这也是我国将供应链金融纳入发展战略的重要逻辑。

一些大型企业、物流快递公司、仓储公司、港口机场、进出口公司、电商平台、金融科技公司等几乎都成立了供应链金融服务商，为供应链公司客户提供金融服务支持，并通过控制供应链公司的综合服务把控金融风险。当前专业性强的供应链公司规模相对较小，但我们认为它们代表着供应链服务的发展趋势，专业化规模做得大的主要有一些物流供应链公司，基本都得到了风险投资支持。供应链公司的基础金融服务有采购执行、货押和销售执行三种，其业务创新虽然受限于经营范围，但与保理、融资租赁、担保、小贷公司、消费金融公司等类金融企业和核心企业结合，则能灵活演变出多种多样的供应链金融产品模型，真正解决供应链公司上下游中小微企业的融资难问题。

贸易自偿性是供应链金融风控的重心，也是供应链金融服务不能风控融资客户，而应风控贸易的逻辑，风控贸易的最佳方式就是借用供应链公司代理融资客户的贸易业务来实现，而这正是"管理型"风控的逻辑之一。所谓贸易自偿性，是指企业在信用交易中，供应商应收账款的回款来自客户销售回款，而非客户其他资金来源，即客户以销售供应商商品回款偿还供应商所欠的贸易融资。如果客户未能在约定账期内把供应商的商品销售出去，以清偿到期应付账款，则意味着自偿性存在瑕疵，原则上客户履行默认的信用担保，如约以其他资金支付货款。客观原因情况下，供应商与客户也可以约定延期支付货款，其逻辑如前所述，且客户不能挪用供应商商品销售款。

供应链公司的贸易性融资具有极强的债权融资产品转化能力，可以操作出与保理、融资租赁、应收账款质押贷款、存货质押贷款、仓单质押贷款等银行推出的各种企业债权融资产品一样的效果，贸易自偿性适用于所有供应链金融融资。但是，供应链公司贸易性融资税务成本太高，在深圳，其综合税务成本是14.82%，保理是6.84%，前者按毛利计税，后者按利息费用收入计税，相对来说，以保理运作应收账款融资比供应链贸易运作要更节税一些。

供应链金融中的商品特征

商品是供应链金融的对价资产，只有掌握了商品在供应链金融中的特征，我们才可能知道如何做货控，通过货控控制资金风险。

供应链金融中的商品特征有：

（1）市场流通性和价格波动性。作为对价资产的商品应具备充分的市场流通性，而不能被限制。商品价格易受市场供求变动和政策导向影响，导致严重的供过于求或市场效率低下，加大商品变现风险，使价格预警线和平仓线的风控失效。

（2）商品可替代性和竞争性。商品可替代性加剧了市场竞争，竞争有助于提高商品质量和性能，降低成本，抑制无计划生产，减少资源浪费，但它会加大竞争性商品的流通风险，增加供应链金融中商品价值的管理难度。

（3）商品稳定性。商品在实物形态、技术和使用价值等方面应保持一定的稳定性，才有利于保持商品属性，同时有利于贸易融资的自偿控制。此为很多供应链公司偏好大宗原料和普适性强商品的原因。

（4）权属可控性。商品的所有权、占有权、使用权和受益权可以协议分离，但分离后的商品可控性必然弱化，融资商品同质性则会模糊商品权属界定，合同、订单、发票、仓单等单证也很难真正对应商品实物管理。供应链金融通过物流仓储系统实现对商品实物的跟踪管理，提升货权可控性。仓储平台的线上货控具有虚拟性，即便在引用物联网可视化监管的情况下，还应与实物管控相结合，实现虚实平行风险管理。

实体供应链融资服务模式

采购执行

采购执行就是供应链公司为采购商提供垫资代采服务，其融资动机有：（1）采购商在接到大订单时，为降低成本，锁定当前较低采购价格，借助供应链公司规模采购优势，获取最低采购成本，并解决其资金不足困难；（2）采购商有长期商品需求，商品价格波动较大，为控制采购成本，长期借助供应链公司做大业务；（3）采购商当前采购资金不足，无法从银行获得贷款。

采购执行风险控制应注意：（1）供应链公司通过监管仓（可以是自营仓或第三方仓）控货控回款的方式；（2）采购商支付总采购价款20％～30％的保证金，保证金对应最大放货数量，设置商品价格预警线和平仓线，锁定风险敞口；（3）切割采购商大客户的授信额度，控制采购商大客户回款账户；（4）供应链公司在收到采购商货款或采购商的客户货款时向监管仓发送放货指令，如此直到融资结清。代采在大型制造企业、大宗贸易中应用广泛，在里面也能看到融资租赁的身影，即可理解为一种分期付款的设备代采，操作上将分期付款转变为租金支付模式。供应链公司在采购执行中赚取贸易价差和服务费。

采购执行的流程如图 8.3 所示：

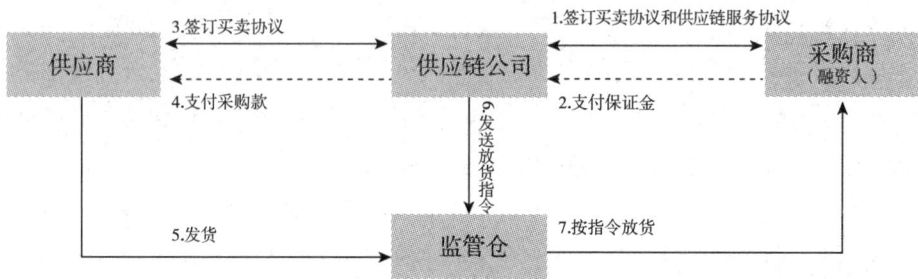

图 8.3　采购执行流程

货押

与银行的货物质押贷款不同，简单地说，货押就是供应链公司的客户急需资金时，将其货物现销给供应链公司获取所需资金，当客户资金周转过来后，再按约定的一个更高价格赎回其货物，这里可以一次性赎回，也可分次赎回，直到全部赎清，这是供应链公司最典型的货控贸易融资。货押融资动机有：（1）持货人生产期长，或销售期长，或市场旺季即将到来需要囤货，导致原材料或商品库存增加，影响了企业资金周转；（2）持货人存货量大，商品流通性好，为增加流动，或投资回报更好的项目，或借助供应链公司销售渠道盘活存货；（3）当前企业季节性流动不足，而存货量过大。

货押融资的风险控制有：（1）供应链公司通过监管仓（可以是自营仓或第三方仓）控货的方式，回款多少放多少货物；（2）保证金对应最大放货数量，或者设置商品价格预警线和平仓线，锁定市场风险敞口；（3）供应链公司通过其分销系统销售回款。通常货押中供应链公司低价赊购，融资人销售赎货，或通过供应链公司分销赎货还款。供应链公司赚取价差和服务费。

货押融资的流程如图 8.4 所示：

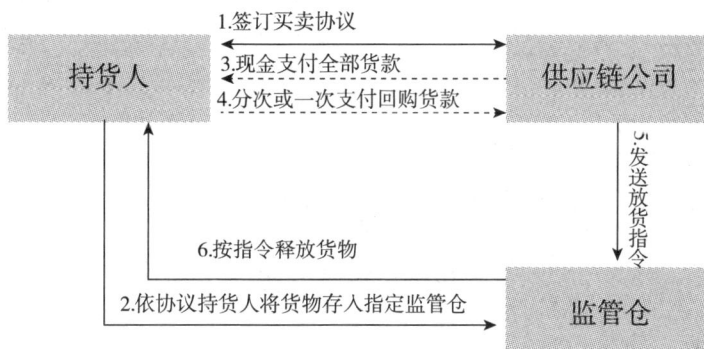

图 8.4 货押融资流程

销售执行

供应商如果不愿意承担赊销账期，可以与供应链公司和目标客户分别签订背靠背买卖协议，然后，供应商把货物低价现销给供应链公司，由此获得贸易融资，供应链公司接着将货物赊销给供应商的目标客户，供应链公司转而成为赊销账期的承担者，这就是销售执行。

销售执行的融资动机有：（1）供应商接到较大订单，采购商信用实力强，但是账期较长，供应商无法承受太长的账期；（2）供应商当前订单在增长，下游客户账期较长，导致其资金流动性不足。

风险控制措施有：（1）供应链公司通过采购商的历史信用表现，评估其授信额度，控制供应商融资额度。（2）供应商提供循环货物质押，约定货款余款担保和主体担保。（3）通过监管仓，供应链公司按批向采购商放货，同时分次向供应商支付货款，最大限度减少对采购商资金支付集中度，减少违约风险。销售执行有利于供应商客户信用风险的转嫁，增加其资金流动性，节省应收账款管理成本。供应链公司赚取价差和服务费。

销售执行其实就是保理在供应链公司的操作方式，它是以贸易方式为供应商提供资金融通，其与保理不同的是，保理商不是贸易商，而供应链公司是，它与供应商的买家或许存在历史交易关系，积累了充分的授信数据，了解了买家信用，供应链公司通过授信额度控制买家贸易规模和供应商融资额度，双向控制风险。因此，保理回归供应链服务体系，一方面有利于获取一手客户资源，另一方面可实现贸易自偿性闭环风险控制。

销售执行的流程如图 8.5 所示：

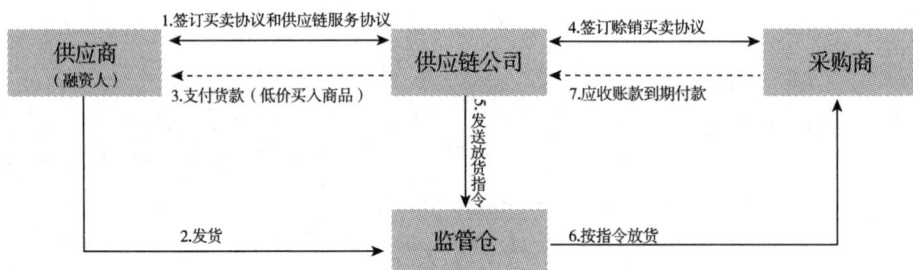

图 8.5　销售执行流程

单保理

单保理就是保理商基于对供应商（供应链公司客户）的应收账款质量的掌握或对供应商的客户的信用的把握，提供的保理融资。这是保理业务回归供应链服务体系的做法，借助供应链服务可以有效控制贸易虚假、确权风险，也可以控制回款。保理商赚取的是利息和服务费。

单保理融资动机有：（1）供应商订单增长，应收账款回款慢，其存量流动资金不支持订单采购；（2）融资人没有抵押房产，无法获得银行流动贷款，应收账款占用较大；（3）大客户存在一定拖欠，应收账款越来越影响企业正常运转。

风险控制措施有：（1）如买方信用实力强，应收账款权属无瑕疵，可以做成买断保理，或做成有追索权的明保理。（2）如买方信用实力强，但卖方怕买方知道它缺钱融资，影响到它未来订单和与客户的正常合作，不愿意配合做明保理确权或通知式明保理，或者买方过于强势，不配合确权，在能核实应收账款真实性，买方信用良好，且回款账户资金可控或货款以商业承兑汇票方式结算的前提下，也可以做成暗保理。（3）如融资人信用实力完全可靠，则也可以做成暗保理。

单保理流程如图 8.6 所示：

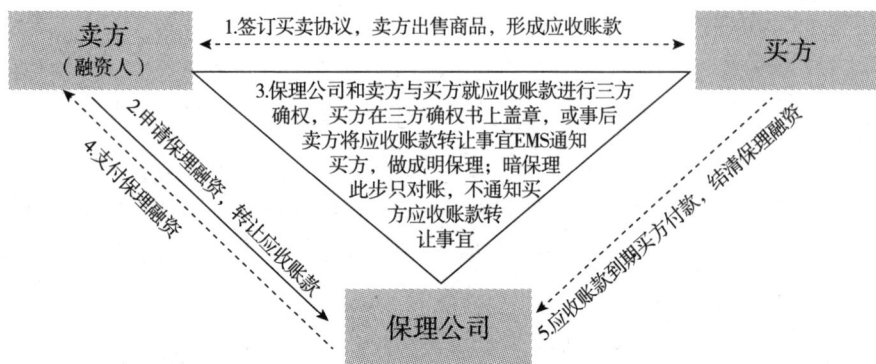

图 8.6　单保理流程

国际双保理模式操作流程如下：进口方保理商配合出口方保理商共同操作，进口方保理商先对买方授信，然后出口方在保理商的授信额度内开展贸易，而后转让应收账款操作保理融资。此外还有联合保理、再保理、池保理、收益权保理、租赁保理等。

融资租赁直租

直租就是融资租赁公司根据设备承租人的需要采购设备，并出租给承租人使用，分期收取租金，最终收回设备本金和利息费用的融资方式。

融资动机主要是融资人（即承租人）处于成长期或发展期，或承租人产品为弱周期行业，订单快速增长，客户质量良好，企业盈利较强，行业前景平稳或向好，但产能不足，设备投资大，企业资金不足。

风险控制措施有：（1）严格评估承租人融资动机，重点关注其未来持续经营能力、行业前景、企业产品技术含量、客户增长趋势和质量、利润和现金流稳定情况，分析设备所创利润的还租能力；（2）寻找并评估未来有回购担保能力的设备供应商或二手设备商签订《设备回购担保协议》，并就租赁设备办理抵押登记，防止设备侵占；（3）转嫁设备意外风险，购买财产保险；（4）收取一定比例担保金，当中途违约时，备以偿还租金；（5）选择有较多优质客户的承租人提供服务，当承租人违约时，可以通过客户应收账款的保理融资抵偿租金。

直租流程如图 8.7 所示：

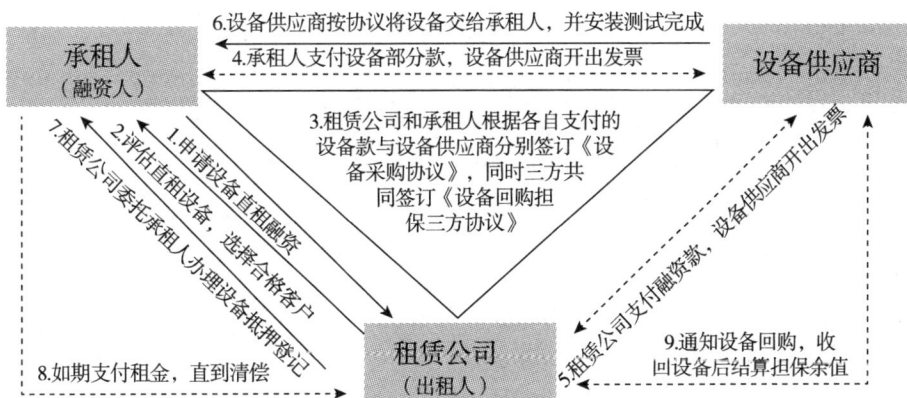

图 8.7　直租流程

融资租赁期限长，受各种周期影响，租赁公司应结合供应链服务，选择自己熟悉的行业和设备，专业深耕，设计具备跨周期风险管理的租赁产品方案，与设备供应商合作，建立二手设备再出租机制，向合格客户提供直租服务，增强公司抗系统风险能力。

融资租赁回租

回租是融资人出于长期流动资金不足，将当前正在使用的自有设备以约定的融资价格现售给融资租赁公司，然后融资租赁公司再将设备出租给融资人，融资人如约分期支付租金，赎回设备的融资方式。

回租的融资动机：融资人（即承租人）处于成长期、发展期或成熟期早期，客户订单保持稳定，企业盈利较好，行业前景平稳或较好，因设备占用资金大，企业流动资金长期不足，计划盘活固定资产，充实流动性，做大业务。

风险控制措施有：（1）评估承租人融资动机，防止恶性融资动机。重点关注其未来持续经营能力、行业前景、企业产品技术含量、客户增长趋势和质量、企业市场竞争力、利润和现金流，分析设备还租能力。（2）控制设备成新率，严格评估设备价值，寻找并评估未来有回购担保能力的二手设备商签订《设备回购担保协议》，并就租赁设备办理抵押登记，防止设备侵占。（3）转嫁设备意外风险，购买财产保险。（4）收取一定比例的担保金，当中途违约时，备以偿还租金。（5）设计灵活的和风险最小的租金偿还方案。（6）选择有较多优质客户的承租人提供服务，为以保理融资抵偿租金提供后期支持。

回租流程如图 8.8 所示：

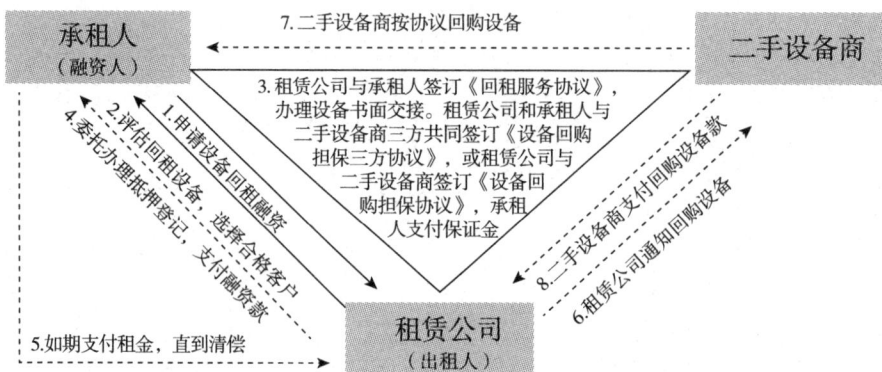

图 8.8　回租流程

因为回租主要解决企业长期流动资金不足，租赁期限长，最易受周期风险影响，未来难免出现违约，租赁公司应结合供应链服务，选择熟悉的行业和设备，专业深耕，设计跨周期租赁产品，与设备商合作，加强设备风控能力，向合格客户提供回租服务。

供应链综合金融服务

供应链公司、保理商和融资租赁公司围绕核心企业，设计供应链服务系统源源不断获取金融需求，通过核心企业控制商流，通过供应链公司物流仓储服务或3PL服务和财产保险控制物流风险，通过核心企业总体授信担保、信用保险服务、货物价格预警线和平仓线、期货套期保值和供应链分销体系控制资金流，通过供应链服务系统的客户信息、货物采购及销售交易信息、物流仓储信息、结算信息、保险信息与第三方的系统动态风控模型分析，以及区块链技术和管理技术控制单证流和信息流风险，从而构成一个完整的供应链金融综合服务生态系统，供应链公司、保理商和融资租赁公司根据客户需求各自对接金融服务业务，供应链公司提供"管理型"风控支持。

供应链综合金融服务业务如图8.9所示：

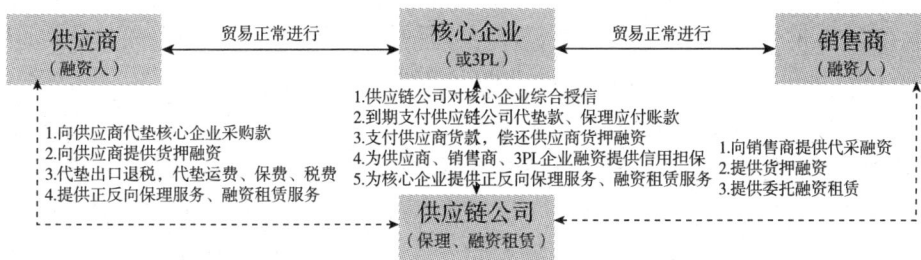

图8.9　供应链综合金融服务业务

金单

金单是当前一些核心企业受商业承兑汇票启发而创新的一种电子票据，是由核心企业向供应商开出的电子付款信用凭证，它可以在供应链服务系统的客户和供应商之间流通转让。一张金单金额可以任意分拆成N张小额金单，以便持票人一张金单同时可支付多笔货款或债务。金单可对接保理融资，保理商或银行通过核心企业的金单系统数据端口可查询金单底层资产信息，这些信息可能使用了区块链技术加密，不可篡改，保理商或银行根据核心企业的信用授信为金单持有人提供融资。持票人只对核心企业追偿债权，不向中间过手人追偿，资金方只需风控核心企业（见图8.10）。作为供应链创新工具，金单在法律上尚有争议，它建立在供应链系统中，使用范围也有限，期限不能拆分，仅适合大型企业内部使用。跨供应链流通难度大，容易被核心企业滥用，甚至核心企业与供应商勾结虚开假金单，变相发行类企业债券，或演变成非法集资。这是我们要注意的风险。

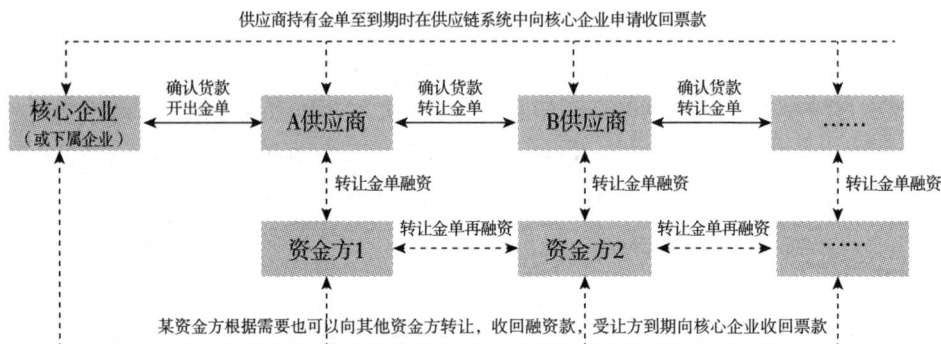

图 8.10　金单流程

银行供应链融资服务模式

银行有低成本的资金来源，有权经营所有信贷业务，包括一些类金融企业能经营的融资业务，但是，它们的供应链创新受制于"选择型"风控，很少直接对中小微企业提供融资服务。银行禁止投资实体企业，机制上不可能像供应链公司那样通过代理客户贸易，灵活地设计金融服务产品，通过控货来控制资金风险，控制客户信用，或通过下游客户销售规模来控制上游采购，通过专业化运作，实现跨链大信用管理和"管理型"风控。为了克服先天不足，银行只能通过第三方仓和第三方物流服务，或直接借助供应链综合服务平台，为核心企业上下游的中小企业提供供应链融资服务。

银行供应链融资产品大多围绕核心企业来设计，其中大多通过银行承兑汇票提供融资，以下为银行主要供应链融资服务模式。

订单融资

银行订单融资与实体供应链的采购执行融资用途一样，也是基于核心企业订单向供应商提供的采购流动资金贷款。

订单融资动机有：供应商在接到信用实力较强客户的大订单时，可能因原材料采购资金不足而导致融资需求。

风险控制措施有：（1）银行订单融资建立在优质的采购商订单基础上，采购商信用实力强，被银行认可且有银行授信余额，供应商在银行通常也有授信，且能提供担保。（2）贷款会严格控制用途，不可挪用，一般仅供企业购买订单所需商品或原材料。（3）供应商在银行有结算账户可作为采购商回款的监管账户，供应商在收到货款后能立即偿还订单融资。（4）供应商信用实力较弱时，实际上切割采购商信用，订单是贸易自偿性风控的核心。

订单融资流程如图 8.11 所示：

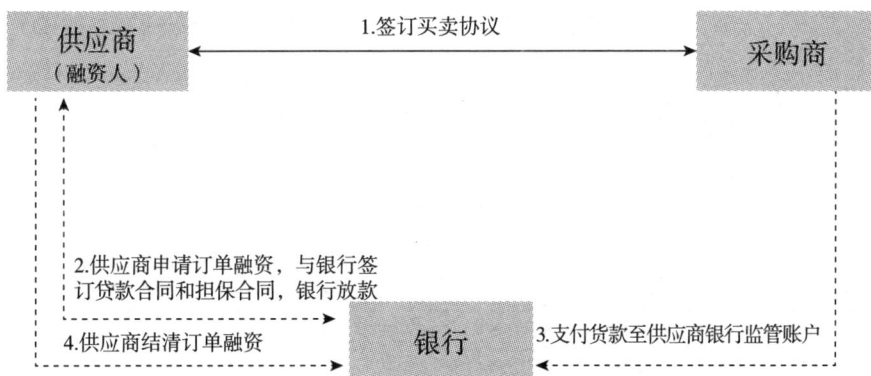

图 8.11　订单融资流程

仓单及仓单质押融资

所谓仓单，是指仓储公司在收到仓储物时向存货人签发的表示已经收到一定数量仓储物，可代表相应的财产所有权利的法律文书。

《合同法》第三百八十五条规定：存货人交付仓储物的，保管人应当给付仓单。仓单是保管人向存货人出具的货物收据，是代表了货物所有权的凭证，也是货权人提取仓储物的凭证，只要签发了仓单，就证明了仓储合同的存在。

仓储公司开具的仓单在格式上并没有严格要求，只是在内容和生效要件上有要求，当前供应链金融中主要指这种仓单。

建立现代仓单融资体系是 IFC（国际金融公司）等国际组织推动的一项计划，国际上有几十个经济体有仓单法，很多是 IFC 帮助建立的。随着智能监管仓、云仓储的出现，加上区块链技术的成熟，电子仓单已经出现。为此，需构建一个规制统一、规范仓储管理和交易运作的全国性仓单体系（NWRS），提高仓单融资的运作效率，保护各方利益。

在大连商品交易所、郑州商品交易所或上海期货交易所等交易所制定的仓单叫标准仓单，由交易所指定交割仓库在完成入库商品验收、确认合格后签发给货主，并可在交易所进行注册、交割、质押、注销等业务操作，可作为在交易所流通交易的实物提货凭证。标准仓单质押授信，是指标准仓单持有人将其持有的标准仓单作为质物提供担保。

　　仓单生效的两个要件：（1）保管人在仓单上签字或者盖章；（2）仓单上具备法定必要记载事项。

　　依《合同法》第三百八十六条的规定，仓单的法定必要记载事项共有八项：（1）存货人的名称或者姓名和住所；（2）仓储物的品种、数量、质量、包装、件数和标记；（3）仓储物的损耗标准；（4）储存场所；（5）储存期间；（6）仓储费；（7）仓储物已经办理保险的，其保险金额、期间以及保险人的名称；（8）填发人、填发地和填发日期。仓单是提取仓储物的凭证（见图8.12）。

深圳市赤湾东方物流有限公司 电子仓单
（正本联）

签发时间：2016-09-05 13:49:33　　　　　　　　　　　　　　　　　　　　NO. QSWR160905000003

存货人（单位全称）：深圳市爱运天贸易有限公司				存货地址：深圳市南山区大道					
保管人（单位全称）：深圳市赤湾东方物流有限公司				保管仓地址：赤湾海运大厦					
货物品类：铜		仓储合同号：				仓储费费率：按仓储协议约定			
仓储物名称	A级电解铜		生产厂商			货物损耗标准			0
商品编码	包装	数量	单位	重量（kg）	仓储物标记				库位
					品牌　规格　型号	生产批号	原产地		
7403111101	捆扎	1.0	件	25.0000	铁锋　Cu-99.99%　Cu-CATH-1	1	云南		B-2
仓单货值（大写）（RMB）	壹拾柒万伍仟元整				仓单货值（小写）（RMB）	亿 千 百 十 万 千 百 十 元 角 分 ¥　1 7 5 0 0 0 0 0			
质检机构					质检报告编号				
仓单有效期	2016-09-05 至 2016-10-31			保险险种：仓单财产险		保险单号：PQYC2015440316006E00440			
备注	纸质仓单不可用于正本提货凭证 仅电子仓单作为唯一提货凭证！			仓单制单人：张一					
				复核记账人：张一					

注：仓单规范遵照 GB/T 30332—2013。

图8.12　仓单

　　从法律上来理解：

　　（1）在供应链融资中，质押仓单中的仓储物相关风险随仓单交付而移转，尽管仓单交付不是货物的直接交付，但具有法律上交付的意义，所有权的转移得到了实现，风险的转移也随之完成。

　　（2）仓单仅有单纯的物权效力，仓单只是低层次的有价证券，它远不及票据，仓单的交付只对那些由仓单而发生的权利以及仓储物上的权利具有物权转移的效力，而不涉及其他权利关系，如票据上对前手背书人的追索权。

（3）仓单具有物权的排他性，在同一仓储物上，不能存在两份或多份内容相同的仓单。这是由一物一权所决定的，如果出现两份或多份仓单请求给付，则以最先签发的仓单为准。

（4）仓储物的非所有人取得的仓单仍然具有物权效力，除盗窃、抢夺、拾得遗失物等违背所有权人本意占有他人之物外，只要是基于合法的占有而将物储存、保管于保管人，则据此取得的仓单同样具有物权效力，即在仓单交付时，被背书人基于仓储物已经交付储存与保管的事实，相信背书人即为仓储物的所有人，在此情形下，被背书人取得仓储物的所有权。

由于纸质仓单、卡式仓单存在容易遗失、伪造等问题，随着数字安全技术的发展，仓单数字化是必然趋势。

银行在贸易融资中，无法直接控制货物风险，为达到控货的风控效果，仓单顺理成为银行供应链金融最重要的风控设计，仓单质押贷款由此成为银行重要的供应链融资产品。但是，并非所有的商品仓单都可以拿来对接银行资金，仓单作为对价资产，仓单中的商品首先具备市场较强的流通性，价值越稳定越好，一般大宗原料级商品才能符合银行风险偏好，才能对接银行信贷资金。

仓单质押融资动机：企业拥有银行认可的流通性较强的商品或仓单，当前急需资金。

银行风控措施有：（1）为控制商品风险，银行委托第三方物流（3PL）仓储公司保管客户存货。3PL 企业有完善的 WMS 系统、TMS 系统，能提供商品估值、信用担保、货物处置等服务。在贷款期间，银行要求客户将融资商品存入监管仓，监管仓开出仓单，客户将仓单质押给银行，3PL 企业在银行指令下提供仓储服务。我们把 3PL 企业存放银行融资质押商品的仓库叫融通仓，它兼有融资、流通和仓储管理综合功能。（2）设置仓单中的货物价格预警线和平仓线，价格波动或客户违约时可通过平仓变现归还融资，但是，商品质押融资规模必须小于市场变现能力，否则容易导致平仓失败。（3）仓单融资主要选择流通变现能力较强的大宗货物，特别是初级原料产品，如有色金属及原料、黑色金属及原料、塑胶原料、石油、钢铁、煤炭、焦炭、橡胶、纸浆以及大豆、玉米等农产品，可在期货市场上套期保值。（4）货物形成的仓单在工商管理机构办理担保登记，大宗商品的标准仓单在期货交易所可以办理质押登记，并且变现结算，清偿融资。仓单大多应用于国内贸易、保税区进出口贸易领域，本质上还是商品单证化后所进行的货权担保融资。仓单质押流程见图 8.13。

仓单质押融资有静态质押和动态质押两种担保方式，静态质押存在于一次性交易的商品仓单融资中；在供应链仓单质押融资中，大部分为动态质押融资，即允许融资人出售已质押的商品用于还款。动态质押会设置商品安全库存，当低于贷款余额一定比例时，融资人应及时补仓，以保证银行资金安全。

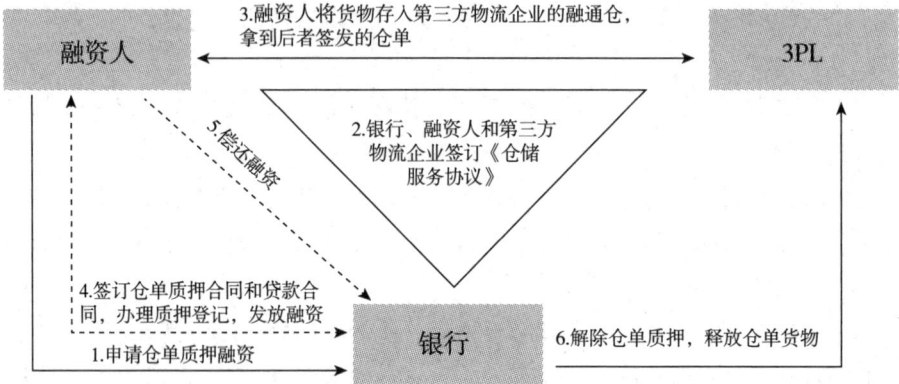

图 8.13　仓单质押流程

四方仓融资

属于保兑仓融资，经销商（采购商）、供应商（制造商）、保兑仓（第三方仓储公司）和银行四方签署"保兑仓"合作协议，即四方仓融资来由，经销商根据与供应商签订的《购销合同》向银行交纳一定比例的保证金，申请开立银行承兑汇票，专项用于支付供应商货款，货物由第三方仓储公司保管，第三方仓储公司提供承兑担保，经销商以货物对第三方仓储公司提供反担保，当经销商违约或其业务不力导致票款到期无力清偿时，则由仓储公司代其清偿（见图 8.14）。注意，这里也可直接由供应商清偿承兑汇票余额与保证金的差额部分，在没有仓储公司的三方保兑仓融资中只能这样操作。

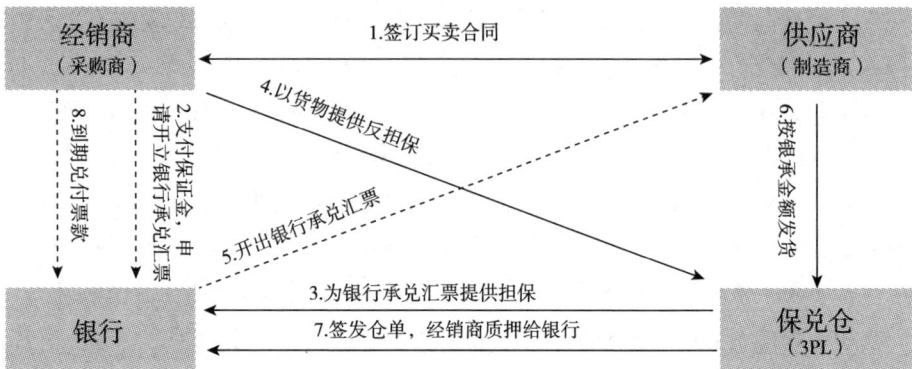

图 8.14　四方仓流程

保兑仓融资的特点是先票后货，即银承先开，贸易在后，银行在经销商交纳一定保证金后开出承兑汇票，收票人为供应商，供应商在收到银行承兑汇票后向银行指定的仓库发货，货到仓库后转为仓单质押给银行。由于仓库里的货物都是银行以承兑汇票采购的，所以这种存放银承采购货物的仓库叫"保兑仓"，经销商通过银行承兑汇票的方式获得融资敞口，四方仓融资通过增减保证金，银行开出银承，指令3PL企业"保兑仓"放货，可以按经销商的贸易需求不断循环操作。经销商出售货物所得业务收入存入银行，当银承到期清偿票款，如遇违约跳票，3PL企业则变卖经销商未售货物清偿银承余额。

在"三方仓融资"中，没有第三方保兑仓，但供应商的货仓划出专门的"融通仓"，使供应商代替四方仓融资中"保兑仓"的所有功能，经销商、供应商和银行签订《保兑仓三方合作协议》，操作上与四方仓融资基本相同，如经销商跳票则供应商回购货物，代偿票款余额，由此实现闭环控制。四方仓融资一般资金成本很低，金额较大，大多为进出口大宗货物贸易。

信用证融资

信用证是银行向供应商担保采购商如约收货付款的一种凭证，即银行对信用证上约定的交货期、交货地点、交货方式、验货单、提单、运单、保单等单据凭证进行形式审核一致后，承担保证付款责任的信用凭证。信用证有国内信用证和国外信用证、即期信用证和远期信用证，其中即期信用证是一种货到后买家先付款才能拿到提单的信用证；远期信用证是一种约定收货后未来指定日期付款的信用证。银行供应链融资主要针对远期信用证。远期信用证的承兑是开证银行在供应商交单相符的情况下，接受单据，开证银行为付款人的远期汇票做出承兑，即开证银行承担的责任由信用证单证一致付款责任转变为对信用证开出的远期汇票承担到期无条件支付票款责任，因为远期承兑汇票有银行信用背书，相当于银行承兑汇票，所以可以贴现融资（见图8.15）。银行通过内部单据传递，要防止商业欺诈，规避票据伪造风险；银行承担第一付款责任，可有效规避买卖双方的信用风险和市场风险，因此，银行对申请开证的采购商要严格审核，评估授信；采购商在开证银行没有历史流水或信用不确定的情形下则需要提交保证金。国外信用证不仅要关注进口商信用风险，也要关注开证银行的实力，信用证软条款，进口商所在国的政治、经济和法律风险等，在不确定时，应咨询大银行专业人员，借用信用保险、保理融资来转嫁信用风险。

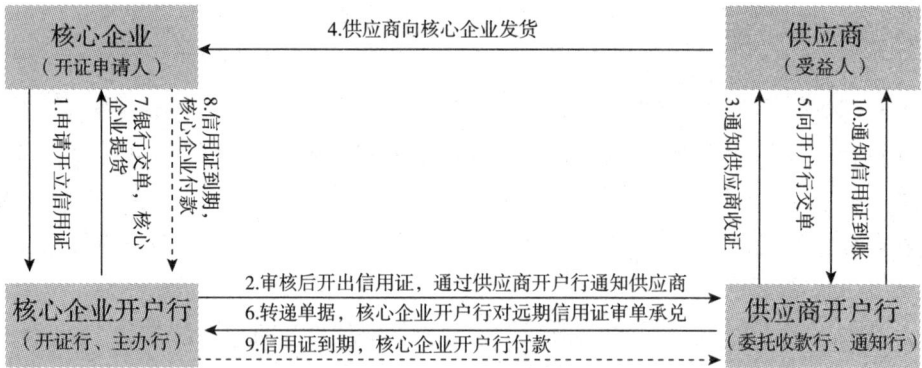

图 8.15　信用证融资流程

国内信用证融资是针对国内采购商提供，在国际贸易中，我国是针对进口商提供信用证贸易融资。

信用担保融资

银行根据 3PL 企业的营业规模、经营业绩、运营现状、资产负债率、资信状况等，核定其信用担保授信额度，把贷款授权给 3PL 企业，由它代表银行对与它长期合作的上下游企业配置债权融资，3PL 企业为融资企业向银行提供信用担保，融资企业以滞留在 3PL 企业融通仓内的货物作为反担保，控制信用担保风险（见图8.16）。这样，银行将仓单融资或货物质押贷款风险转嫁给 3PL 企业，保证了银行信贷资金安全，有利于银行监控贷款，灵活开展质押贷款服务，减少原质押贷款中的烦琐环节，中间省略了银行存货确认、发货通知、补货协调和风险处理等许多环节，缩短了补库和出库操作周期，提高了供应链运作效率。3PL 企业代表银行同融资企业签订质押信贷合同和仓储管理服务协议，对寄存的质物提供仓储配套管理服务，将贷款和质物仓储整合操作，也提高了 3PL 企业的综合收益率。

真正的信用担保建立在长期信用业务信息基础上，是对企业充分信任的表现，反担保的存在只是在没有信用信息或信用信息不充分情况下的操作方式。在供应链服务中，核心企业或 3PL 企业如果没有建立跨链信用管理体系，其对上下游企业信用的了解难免存在缺陷。跨链信用管理有助于核心企业或 3PL 企业充分掌握上下游客户的信用信息，实现可持续的信用担保互助。

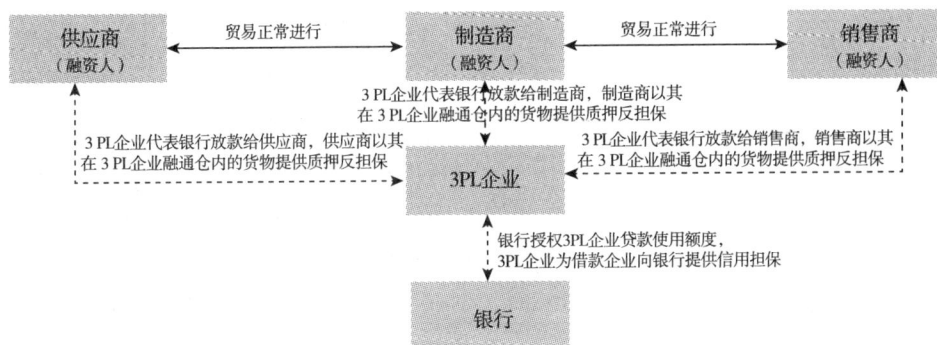

图 8.16　信用担保融资流程

银行其他常见供应链融资产品

（1）金融保理与金融租赁，即银行系的保理和融资租赁。银行保理允许客户将应收账款转让给银行或质押给银行，应收账款债务人到期回款至银行控制下的客户账户，保理操作与商业保理基本相同，只是银行对客户有严格要求，偏向大客户、大额保理业务；金融租赁与商业融资租赁操作上大同小异，但倾向于期限长、金额巨大、回报小的大型设备租赁业务，项目多有政策性补偿。

（2）应收账款质押贷款。企业将赊销产生的应收账款质押给银行办理质押贷款，银行针对信用实力强的客户的应收账款提供质押融资，它与明保理操作类似，需要办理确权和通知质押担保事宜，也在中登网办理公示。

（3）卖方信贷。银行向国内出口商提供的贷款。由于大型机器设备、船舶等商品出口所需的资金量大、时间长，且进口商一般以延期信用结算，出口商为加速资金周转而向银行贷款，但其向银行支付的利息、费用一般加入货价，转移给进口商负担。它属于中长期贷款，有的可长达 10 年，利率一般低于同等条件下的贷款市场利率。

（4）买方信贷。银行直接向进口企业提供的贷款。买方信贷有两种：一种是用于支持本国进口企业从国外引进技术设备而提供的贷款，称为进口买方信贷；另一种是支持本国船舶和机电设备等产品出口而向进口企业提供的贷款，称为出口买方信贷。两种买方信贷的利率、期限、偿期等各不相同。

（5）出口押汇。银行凭出口商提交的信用证或托收项下出口单据，给出口商提供的短期资金融通，期限一般不超过 90 天，贴现不超过 180 天，包括信用证项下即期押汇和远期押汇、贴现和托收押汇。出口押汇是出口企业将全套出口单据交给银行，银行按照票面金额扣除从押汇日到预计收汇日的利息及相关费用，将净额预先支付给出口商的一种短期资金垫付。出口押汇分信用证项下押汇、D/P 项下押汇和 D/A 项下押汇（D/P 是即期信用证付款交单，D/A 是远期信用证承兑交单）。出口押汇类似于票据保理融资。

（6）进口押汇。进口企业在与国外出口商签订买卖合同后，请求其开户银行向出口商开立信用证。然后，银行将开出的信用证寄给出口商，出口商见证后，将货物发送给进口企业，如进口企业因资金临时周转困难等，无法在规定付款日付款赎单，可在收到银行到期付款通知书后向开证行申请叙做进口押汇融资，此为进口押汇，一般期限在 90 天内。进口企业以该信用证项下代表货权的单据为质押，并提供必要的抵押/质押或其他担保。

银行供应链融资由以上模式分离出许多不同的做法，更多是银行与供应链公司和核心企业合作开发的模式，包括银行基于供应链系统数字化的金融对价资产融资等等。

供应链金融系统化

在这个商机转瞬即逝的时代，架构"去经验化"的供应链服务系统已成为现代供应链服务的发展趋势，完全依靠人力推动运作的供应链服务正在渐行渐远，供应链金融作为供应链服务体系的一部分，其系统应分解到供应链服务系统的各个流程环节中去，包括客户信用管理、信用评级、融通仓管理、风控模型等，在金融业务中可以利用网络技术实现智能数据采集、分析、管控和决策。供应链金融与供应链服务密切相关。

第一，供应链金融主要服务中小微企业，融资金额小，笔数多，类型多，风控信息点多面广，单笔风控成本相对较高。系统化有助于提高运作效率，降低运营成本，控制坏账风险，实现风控成本最小化。

第二，供应链金融建立在供应链综合服务基础上，供应链综合服务系统化才能真正实现动态跟踪管理商流、物流、资金流、信息流和单证流，而这正是供应链金融风控的核心。

第三，为了控制债务风险，我们通过系统风控模型和技术对供应链金融资产进行数字化、标准化，满足具有不同风险偏好的资金方，实现外部资金智能精准对接。

第四，以金融科技构建信用信息的金融解决方案，实行无感金融服务，留住优质客户，增强系统客户黏性，不断累积供应链长期客户资源，促进供应链服务做大做强。

泛供应链金融的四种类型

多年来，供应链金融伴随供应链企业的成长，产生了大量大型供应链公司，我们看到一大批泛供应链企业开始意识到泛业务给自己带来的困惑：系统效率不及专业化的供应链公司，规模效益也与专业化供应链公司相去甚远，发展瓶颈一直难以真正突破，长期积累的许多老问题给公司转型专业化运作带来巨大障碍。我们把泛供应链金融分成以下四大类：

（1）最具代表性的供应链就是传统"一站式供应链"。它们服务广泛，不限行业、产业、产品和客户，提供产品设计、采购、生产、物流仓储、分销、对账、代付款、货款结算、信用管理、退货、保险、处置、保理、融资租赁、代采、货押、销售执行等各类一站式供应链综合服务，极大提高了贸易效率，节约了客户资源。其中不少大型供应链公司以做代理进出口贸易服务起家，如利丰供应链、怡亚通供应链、朗华供应链、华富洋供应链、联合利丰供应链等等。

（2）公共 SAAS 云平台。我们看到一些 SAAS 供应链科技金融服务平台，为广大客户提供电子支付、账户管理、电子发票、电子签章等企业标准化社会服务，它们依靠数据资源为企业提供供应链金融服务。由于它们切入金融场景的客户信息缺陷无法克服，贸易自偿性闭环控制无法实现，多头融资风险很难避免。如富基标商、微众税银、蚂蚁借呗等。

（3）票据交易平台。银行电子承兑汇票和商业电子承兑汇票是标准化的金融资产，银承有银行信用背书，很容易流通转让融资。商承的融资性取决于承兑人信用实力，没有供应链服务的支持，很难穿透贸易底层了解承兑人信用，"融资性"票据风险是当前最大的风险。商票平台通常对行业、产业没有严格要求，但对承兑人有准入要求。如上海票交所、各种线上线下的商票融资平台。

（4）银行供应链。银行业服务的社会性决定了银行供应链金融是泛供应链金融。由于银行贷款资金来源于公众和企业存款，其抗风险能力比实体供应链公司强。银行可以为任何企业提供符合其风险偏好和风控要求的供应链融资服务，而不需要直接为企业提供供应链综合服务，其货物风险通过标准化的第三方专业服务来管理控制。在泛供应链金融中，银行因为基本未脱离贸易资产，其风险相对可控。银行最大的风险是贸易欺诈、虚假"融资性"票据、虚假仓单等。

专业供应链金融的四种类型

（1）ERP 供应链平台。核心企业通过 ERP 搭建供应链平台，为企业上下游客户提供采购、生产、仓储、物流、销售、结算、代理进出口、报关、检货、结汇、报税、信用管理、各种贸易融资等综合服务。目前国内金蝶、用友等软件商均提供此类 ERP 供应链系统软件。传统的供应链 ERP 由于没有供应链信用管理、金融产品的风控模型、融通仓管理、仓单管理、大数据分析、电子签章、区块链等软风控和 GPS 导航跟踪、生物识别、人脸识别、电子标签等物联网技术等硬风控，更谈不上金融产品战略层面的设计，大多数供应链 ERP 系统基本上就是传统意义上的 WMS、TMS、OMS、CRM……或它们的组合而已，金融属性失调，风控不专业。

（2）SAAS 专业供应链云平台。ERP 软件通常服务于单个核心企业上下游客户群，而 SAAS 属于云供应链服务系统，是围绕某产业链构建的具有普适性的供应链系统，服务众多企业，相当于 PLUS 级的 ERP 供应链平台。由于 SAAS 存在客户信息安全顾虑，条件尚不成熟，大多做得不成功。

（3）电商平台。各类电商平台都有功能强大的供应链服务系统，为上下游 B 端客户提供丰富的供应链服务，提升效率，节省成本，扩大交易机会和交易成果。如 B2B 电商阿里巴巴一达通、找塑料网、找钢网、飞马等等，B2C 电商淘宝、天猫、京东、苏宁、拼多多等等大型电商平台都有相应的供应链服务系统。

（4）物流平台。物流、仓储、快递统称物流业，物流企业是物联网中的核心节点之一，凭借其专业服务功能在供应链金融风控中起着重要的货控作用。专业物流公司、仓储公司和快递公司为了给上下游客户提供丰富的增值服务，纷纷构建物流供应链服务系统。快递服务系统和仓储服务系统，在提供物流、代理进出口、报税、快递配送、包装、防损、代理收款等业务的同时，也提供垫资、货押融资、仓单融资、保理、融资租赁等金融服务。当前菜鸟、顺丰、申通、圆通、中通、德邦、一达通、海格物流、中冷物流等等均属此类。

科技赋能供应链金融

随着金融科技的发展，金融数据信息从采集到分析，到决策，到后期监管都发生了巨大变化，供应链金融开始渐入智慧时代。伴随物联网时代的到来，大数据和风控模型分析在供应链金融中的应用必将会越来越重要，我们不但要掌握数据采集新技术、分析技术，也要掌握机器学习、决策模型的设计和应用，利用新技术创造出产业和客户所需要的供应链金融新产品或供应链金融新模式。

完整的供应链金融风控有三个层面，即网络配置、服务器（数据中心）、终端芯片、RFID、GPS、融通仓、传感器、智能仓锁等等感知层的硬件风控，集成在 WMS、TMS、OMS、CRM 等系统中的供应链金融应用层的软件风控，包括移动网、互联网、WI-FI、WIMAX、无线城域网、企业专用网等网络层的网络风控，其中感知层和网络层受制于技术发展，属于共性风控范畴，而应用层则是供应链金融企业的核心竞争力，具体可分为模式层、流程层和数据层三大块（见表 8.1）。

表 8.1　供应链金融风控应用层

运用分类		金融科技	风控意义
模式层		管理可视化、产业服务协同、智能仓、智能物流、智能主动风控、无感金融服务、生态循环服务、数字化无纸化、区块链、GPS……	回归服务本质，提升服务质量和客户体验，减少系统风险，实现数字化风控，提高产业效率，节约成本，解放人力劳动
流程层		电子合同订单、电子仓单、电子运单、电子对账单、电子发票、电子商业承兑汇票、金单、电子支付……	风控标准化，有利于供应链金融资产标准化，最大程度减少信用风险
数据层		云计算、雾计算、移动边缘计算、大数据建模、数据挖掘算法及常用算法工具……	实时大数据智能处理，为智能风控提供最大可能，但当前绝大部分供应链公司由于数据不多，尚不具备大数据和建模基础

由于供应链金融"管理型"风控与传统信用评级等"选择型"风控有很大区别，金融科技的应用不可生搬硬套，盲目套用，而在供应链"管理型"风控机制下，数据结构、算法、流程和模型应用要结合业务风控特征和核心企业的信用管理逻辑来设计。

供应链金融风控要点

供应链金融风控的四大特征

（1）项目控制。供应链金融本质上是供应链金融企业与客户合伙做生意，通过供应链公司的综合服务代理贸易服务，管理客户商流、物流、资金流、单证流、信息流，达到风险控制目的。

（2）过程控制。供应链金融通过机器和人的跟单、跟货、跟风险、跟资金，把握每个交易节点的风险点，实现过程全流程闭环控制。

（3）自偿性控制。供应链融资偿还来源于融资用途的贸易回款或风险商品的平仓变现。融资租赁表现为设备创造利润的自偿性，保理表现为应收账款的买家回款。

（4）授信控制。授信核心大企业，切割核心企业信用，评估货值，核定融资额度，并管理核心企业信用，借助核心企业信用保险或信用担保开展融资服务。

供应链金融货物风控措施

（1）"两线一补"。设置融资商品价格预警线和平仓线，当商品价格跌至预警线时，要求融资人补货或补充保证金，以保证货值变化情况下保证金比例不变；当跌至平仓线时，应果断平仓止损。预警线＝预警价格／（质押货物均价×质押率），平仓线＝平仓价格／（质押货物均价×质押率）。如果我们设置预警线＝120%，平仓线＝110%，近三个月的货物日均价为10元，质押率为80%，则预警价格＝1.2×10×0.8＝9.6元，平仓价格＝1.1×10×0.8＝8.8元；如价格降至预警线，可要求融资企业按10－9.6＝0.4元价格进行补仓，以对冲风险。

（2）回购担保。与有担保能力的第三方物流仓储公司或核心企业达成《货物回购担保协议》，融资人到期违约时，担保人以对银行或供应链公司承诺的价格履行回购义务，回购款偿还融资。

（3）动态质押。融资期间，允许融资人出售商品，货款先偿还融资。仓单质押或货物质押办理担保登记，仓单货物存入融通仓保管，融资事项在中登网办理查询登记公示，以防重复融资。仓单要防止一单多融，一货多单。在途货物质押融资中，还应关注留置权大于质权的风险，虽然运费通常远远小于货值。

（4）财产保险。为防止被盗、被偷、失火、运输车祸等意外风险，对融资货物购买财产保险，保险受益人为提供融资的银行或供应链金融公司。

（5）期货套期保值。买入未来看跌期权，当现货跌破期权价时，现货与期货同时平仓，达到现货损失对冲的效果；如果期货价格未跌至平仓线，则可放弃行权，最多损失期权费。

对价格波动较大且流动性较好的货物则可持有，等待机会出手，在赚取商业利润的同时，又可赚取融资收益。

供应链金融贸易风控

供应链融资期限短，单笔融资金额与贸易规模相关，风控围绕贸易流是否可控，货款是否能回流，贸易风险是否可规避、转嫁、化解或控制。供应链融资主要风控贸易，而非融资人。在控货情况下，货款通过供应链公司回款；在控信情况下，核心企业应有信用保证。

放款前，对老客户分析历史交易数据和网银结算流水，判断客户信用；对新客户重点分析其业务是否符合公司准入条件，采集其主要客户历史回款数据、融资人借款明细、企业及实控人的征信报告等；把握新老客户货物的可控性和变现力，以及货物最新市场价格和预期利润；跟踪核心企业最新财务动态和关键风控指标。

在贸易过程中，供应链服务系统为供应链金融提供高效风控数据，采集整合跟单、跟货、跟资金的数据信息，还有智能仓、GPS物流管理系统、电子签约、电子仓单、支付结算系统、智能识别验证系统等现代电子技术，帮助我们实时监控货物变动、信息传输和资金往来情况，为风控提供全面的实时动态决策信息，整体把控贸易风险。

控货情况下，按收到回款释放在押货物，并对在押货值以市场公允价跟踪，跌至预警线时则提示客户补仓或增加保证金，否则平仓，一旦跌至平仓线则变卖在押货物清偿；如有回购担保，则由提供担保的核心企业或第三方物流仓储公司回购货物或代偿赎货。

核心企业信用评分模型设计

与核心企业或3PL企业就供应链融资展开合作时，或者在需要信用风控的供应链融资中，应分析量化核心企业或3PL企业的信用实力，建立综合反映其信用实力的信用评分模型，实时跟踪它们的信用实力变化，指导融资授信和风控决策，核定客户融资风险定价。注意，核心企业信用评分模型与个人信贷"互联网金融风控"的设计不同。

核心企业信用评分模型的建立要满足以下三个条件：

(1) 成立并正常运作三年以上财务成熟企业，有持续稳定的经营收入，客户多而分散；

(2) 能配合提供完整可靠的财务数据；

(3) 企业负债率低于70％。

在供应链融资中，我们主要控制核心企业（包括3PL企业）的信用风险，对它们的上下游中小微企业重点控制供货风险（含生产安全、交期风险、货物风险、产品质量等风险），为此，可构建相对简单的风控模型来解决。

从被评企业及其行业出发，找出入模变量，构成评分指标体系。我们可以采用5C要素分析法（即道德品质、还款能力、资本实力、担保能力和环境条件），找出并确定与被评企业信用实力有关的指标。其中定量指标有运营能力指标（如流动资产周转率、应付账款周转率）、偿债能力指标（如资产负债率、关联企业担保和对外担保总额占净资产比重、利息偿还倍数）、盈利能力指标（如营业利润率、总资产回报率）、发展能力指标（如营业利润增长率、净资产增长率、经营性现金流入增长率）、现金流能力指标（自由现金流占流动负债比率、经营性现金流入与总业务收入之比）等等；定性指标有企业履约能力指标（如历史违约记录、当前未决诉讼、历史行为污点）、行业周期（强周期、弱周期、偏强周期、偏弱周期）、公司法定代表人素质

（如学历、历史信用记录、专业年限）、企业生命期（初创期、成长期、发展期、成熟期、衰退期）等等。

由于没有数据样本，不可能使用大数据风控建模，这里我们使用的是逻辑建模方法。入模评分指标大致要遵循违约相关性、持续性、无交叉重叠性、普适性、易得性、完整性等原则。其实，我们可以很容易从上述定量指标和定性指标中找到符合原则的入模指标，但要确定它们之间是否存在交叉重叠关系。我们可以采集符合客户行业特征的上市公司指标数据作为样本，进行逻辑回归的相关系数分析。当两个指标的相关系数接近1或者-1，则说明其存在相关性，需删除一个指标；接近零为非相关，两个指标均可保留。所有入模指标与企业是否违约应有强相关性，同样可采用相关系数分析法确定。

指标打分实行百分制或其他分制，定量指标总权重至少为60%，定性指标总权重最好不超40%，先定大类分值，然后定二级指标分值，可采用德尔菲法（即专家意见法）。评分有满分、零分、中间分，中间分以公式求出，当零分值为指标最小值时，中间分使用公式（实际值/满分值）×标准分计算；当零分值为指标最大值时，中间分使用公式［（1－实际值）／（1－满分值）］×标准分计算。最后根据总分区间以一定符号对被评客户划分信用等级，并进行风险描述，确定与市场相适应的风险定价。

供应链金融风险负面清单

供应链金融风险负面清单可由以下构成：

A. 核心企业或第三方物流企业不愿提供信用担保的客户；

B. 发生贸易虚假，走单不走货；

C. 融资货物为容易变质货物，或自然减损太大的货物；

D. 滞销或变现能力差的货物，或用量小短时间内无法变现的货物；

E. 已质押融资的货物；

F. 已被司法机关冻结或被查封、被没收货物，或非法货物；

G. 所质押货物为关联企业的货物，或已被人买走暂时存放在仓而非融资人所有的货物；

H. 融资人与仓储公司存在串通劣迹，伪造仓单融资；

I. 融资总货量超过单日市场出货最低量或一定比例，存在交易风险的商品；

J. 产能过剩，淘汰行业、大宗过剩商品；

K. 融资企业有重大诉讼或仲裁未决案，且标的超过净资产的20%；

L. 融资企业对外担保（关联企业除外）超过净资产的20%；

M. 融资企业当前有未还高利贷；

N. 融资企业近一年有不良贷款或相关人员有多笔不良个人信用记录，或有道德风险；

O. 融资企业信用等级未达标，或回款资金无法控制；

P. 融资企业实际控制人或法定代表人被刑拘或有赌博吸毒等不良嗜好；

Q. 融资商品进价大于销价的货物，或综合融资成本大于融资商品净利润。

……

核心企业授信额度测算

核心企业授信额度测算方法包括：

A. 净资产×10％授信。

B. 流动资产×20％授信。

C. 平均销售回款额授信，如回款额授信＝（最近月回款额×6＋…×5＋…×4＋…×3＋…×2＋半年最远月回款额×1）／（6＋5＋4＋3＋2＋1）×标准信用期限（天）/30，或按企业月均销售收入回款额授信。

D. 净流动资产×10％授信，净流动资产＝流动资产－流动负债，仅限有正向差的客户使用，是在第 B 种方法上的谨慎授信法。

E. 货值授信，即根据货值×买家历史的综合回款率－利息费用测算。这种授信额度与融资额度相同。

授信额度应随核心企业的相关数据的变化而调整，并根据客户信用评分或等级，选择采用宽松授信、适中授信或谨慎（保守）授信政策。

实体供应链融资流程

第一步，业务经理接触供应链客户，或老客户线上申请融资，确定融资货物及其价格行情，沟通确定融资方式和业务合作方式，查询工商、司法、税务、中登网等第三方信用信息平台，排除负面清单项目；

第二步，对老客户导出系统分析数据，对新客户安排现场尽调，根据风控要求和资料清单，采集融资人和信用担保人的信用信息资料；

第三步，对信用担保方和融资客户进行信用评分，出具新客户风险评估报告；

第四步，上评审会，对符合条件的客户业务开户并接入服务系统，各方签订《买卖协议》《供应链服务协议》等业务合同，办理增信协议签订和登记手续；

第五步，商品买卖，商品存入仓库或转售给融资方或客户下游企业；

第六步，供应链公司支付货款（即融资放款）；

第七步，后期监管，跟单跟货跟资金，如价格跌至预警线，应跟踪补仓补保证金，按协议平仓；

第八步，融资人赎货，供应链公司按收到货款向仓库发出放货指令，或下游企业回款还款；

第九步，平仓处置或违约处置，或货物回购担保人回购货物，或信用担保人代偿，如货物出现意外损失，则应申请财险赔偿。

以上为标准业务流程，我们应根据供应链融资大小，结合自身商业模式，同时考虑风险控制、成本和效率，区别新老客户，采用相应的流程和操作方式。

供应链融资要素量化

供应链融资期限要充分考虑资金占用的采购期、生产期、销售期和信用账期，确定一个协议期限，由于它未必准确，因此，还应配合加设弹性宽限期（商业票据除外）。当核心企业出现逾期时，应分析导致逾期的原因性质及其对持续性经营能力的影响是否为良性或中性，酌情提供相应宽限期。

尽可能分散融资信用风险。客户融资总额不超过核心企业的总体授信额度，融资额度＝授信余额－货物估值净额－融资利息费用；在没有核心企业信用担保的单纯货控机制下，融资额度＝货物估值×买家历史综合回款率－融资利息费用，即以买家历史综合回款率作为融资折扣率。同时，供应链金融企业对单一客户的融资额度占其净资产的比例不得超过风险偏好的限定，如不超过3％，以控制整体供应链金融企业的运营风险。

保证金。货物价格是波动的，为了避免价格波动风险，融资人的客户历史回款超过平均值的波动率作为保证金比例，或以1－买家历史综合回款率计算。即保证金＝货物估值×（1－买家历史综合回款率），保持适当弹性。它是缓冲供应链融资风险的有效机制。

资金利率和服务费率。资金利率作为风险报价，要坚持风险与收益相匹配的原则，业务谈判中，应尽量避免因信息不对称可能导致利率过高或过低，以培养长期合作客户，营造良好生态环境。随着供应链服务商风险管理能力的提升，资金利率和服务费率应逐步下沉，然而，供应链公司可以凭借优质服务资源、系统数据、高效信息服务和金融配套服务，赚取更高的综合收益。

三种流行的资金解决方案

ABS、内保外贷、外保内贷是当前非常流行的资金解决方案。当供应链金融企业的业务量达到一定规模时，它们都不失为对接低成本机构资金的最佳方法，而且这些再融资方式还没有杠杆风险。随着深圳社会主义特色先行先试改革的推进，相信还会源源不断地带给我们惊喜。

ABS 融资

公司的股权上市交易，我们叫公司上市；公司的资产也可以上市，我们叫 ABS，即资产证券化。公司上市有一整套上市规则，目的是让大家愿意来投资，赋予股权上市的公信力。资产证券化同样如此，它有着公司上市类似的上市规则，如通过资产信用评级，帮助投资人识别资产质量，认可资产定价；通过会计师事务所、律师事务所以及债务人对资产的价值确认，判断其合法性、真实性和公允性；设计内部各种担保和外部增信措施，提升资产信用评级，增强投资人的投资信心；利用托管银行和中证登的公信力，保障 ABS 及其现金流的安全性；通过 SPV 对受让资产进行破产隔离，确保资产及其收益的独立性和安全性。整个 ABS 就是一个结构化、系统化的风控大体系。

ABS（Asset Backed Securities），即资产支持证券，狭义上的 ABS 就是银行贷款、企业应收账款资产打包发行的证券，在银行间发行；广义上的 ABS，包括 ABN、CMBS、REITs 等。ABN（Asset Backed Medium-term Notes），即资产支持票据，本质上与 ABS 相同，但它是非公开定向向投资者募集资金的，期限相对较短，在证券交易所发行。CMBS（Commercial Mortgage Backed Securities），即商业房地产抵押贷款支持证券，它是商业房地产（如商场、写字楼、酒店、会议中心等）的抵押贷款组合资产，以地产未来收入作为还本付息来源。REITs（Real Estate Investment Trusts），它是指房地产投资信托基金，以发行股票或收益凭证募集资金的融资方式，由专门的投资机构经营管理房地产投资，将投资综合收益按比例分配给投资者的一种信托基金。标准的 REITs 为公募方式，但我国目前为私募方式，所以叫类 REITs。

企业 ABS 一般以券商作为计划管理人，而信贷 ABS 和 ABN 一般借助信托。我国首单 ABS 发行于 2005 年，广义 ABS 有证券业监管机构主管的企业 ABS 和银行业监管机构主管的信贷 ABS（也叫 CLO），ABN 是 2012 年中国银行间市场交易商协会推出的创新型 ABS 品种。

ABS 能否发行成功，发起人选择的入池基础资产非常重要，因为入池资产会决定资产信用评级、风险可控力、风险定价、期限长短、是否符合投资人风险偏好等等。项目发起人应根据拟投资人的要求设计入池基础资产标准和规则，并以此收集资料，审核资产，确保入池基础资产符合要求。

入池资产多种多样，但一定都是未来可以给投资人带来预期稳定现金流的资产，说白了就是未来可以变现的应收账款资产、权益资产、信贷资产或租赁资产。ABS要求入池资产要有一定规模，这样才能形成规模效益，保证项目正常运营，使项目管理收益覆盖固定成本，实现理想收益。在房地产、建筑、大宗贸易、电商、供应链金融、银行、大型制造、医药等行业基础资产密集，特别是前两个行业占据了ABS的半壁江山。

基础资产要有同质性，不能品类各异，质量参差不齐，资产金额不能过于集中，金额越分散越好。如京东白条、借呗就是很好的入池资产，总额够大，分散且单笔金额小，置换性强。房地产行业和建筑行业很难做到分散，这是一个风险点，因为一旦发现系统风险，违约就可能在所难免。

ABS期限与入池资产的剩余期限未必一致，通常在一年以上，如果入池资产是应收账款类，则通过循环购买实现期限延续。因此，在选择入池基础资产时，还必须考虑应收账款资产在规模上的可持续性，避免出现中途无基础资产可续的尴尬，导致整个项目失败的风险。

ABS主要入池基础资产细分类型如表8.2所示：

表8.2 ABS主要入池基础资产细分类型

应收账款类	不良贷款债权
贸易应收账款	**资产权益类**
保理应收账款	PPP项目收益权
供应链应收账款	门票收益权
商业票据	基金补贴收益权
购房尾款应收账款	广告经营收益权
保障房应收账款	学费收益权
其他应收账款	停车费收益权
信贷资产类	车辆通行费收益权
银行信用卡	物业租金收益权
消费金融债权	公共事业收费权
小额贷款类	融资租赁债权
住房公积金贷款债权	信托受益权
委托贷款债权	其他权益类资产

SPV（Special Purpose Vehicle），即特殊目的公司或特殊目的载体。设立 SPV 的目的，一是尽可能低成本持有资产。SPV 没有独立经营和业务等职能，只要符合最低注册资本要求即可，一般也无固定办公场所。二是破产隔离。这是 SPV 的主要功能。法律或者企业章程中规定，该经济实体不得主动或被动适用《破产法》。SPV 也被称为不可能破产的公司，即使其母公司破产，SPV 也不受影响。三是获得税收优惠。在国外，投资资产证券化产品通常可获得税收优惠，我国目前只免征印花税。

设立 SPV 模式主要有特殊目的的公司（Special Purpose Company，SPC）、特殊目的的信托（Special Purpose Trust，SPT）以及其他类型的特殊目的的载体（统称 SPE）。其中，SPV 以 SPT 方式居多，破产隔离方面 SPC 最强，SPT 次之，SPE 最弱。

SPT 依《信托法》，发起人以入池基础资产设立信托，其破产隔离的效力是《信托法》赋予的。《信托法》第十五条规定：信托财产与委托人未设立信托的其他财产相区别。第十六条规定：信托财产与属于受托人所有的财产相区别。因此，以信托形式进行资产转让，可实现完全破产隔离，具备最强破产隔离效力。SPT 破产隔离体现在 SPT 和受托人的破产隔离，SPT 和发起人的破产隔离。即发起人和受托人破产，均不会波及受托人持有的信托财产。我国目前银行信贷资产的证券化多采用这种信托模式。

SPC 是指发起人将入池基础资产转让给专门从事证券化运作的特殊目的公司，由它发行资产支持证券。发起人设立 SPC，以真实销售方式，将基础资产所有权完全、真实地转让给 SPC，SPC 再向投资者发行资产支持证券，募集资金购买发起人的基础资产。与基础资产有关的收益和风险全部转移给 SPC，资产转让后 SPC 对基础资产拥有完全所有权，发起人及其债权人不得再对资产行使控制或收益权。资产证券化试点以来，我国尚未真正以 SPC 发行过资产支持证券。

在国内，较常见的是 SPE，即资产支持专项计划，它是证券公司或基金管理公司子公司为开展证券化业务专门设立的 SPE。SPE 资产是独立于原始权益人、管理人、托管人及其他业务参与人的固有财产。原始权益人、管理人、托管人及其他业务参与人因依法解散、被依法撤销或者宣告破产等进行清算的，专项计划资产不属于其清算财产。SPE 和管理人的资产隔离关系依据《证券公司及基金管理公司子公司资产证券化业务管理规定》和《私募投资基金监督管理暂行办法》，和原始权益人的资产隔离关系依据《资产买卖合同》。SPE 发行证券的流程和时间主要依据《证券公司及基金管理公司子公司资产证券化业务管理规定》，主要包括交易所事前审查、上报基金业协会备案、挂牌转让等环节。

实际操作中，ABS 要完全做到风险隔离是很难的。我国的保理业务 80% 以上是有追保理，这就意味着当保理公司破产时，可能难以追索保理公司；融资租赁业务因为设备都抵押在租赁公司名下，实际操作时很难再次改变抵押权人，当租赁公司出现破产时，已抵押的设备有可能被当作破产资产处置。

所有的金融风控都是资金方的风控，ABS 也是如此。如果我们预先不知道拟投资人的风险偏好和他们的风控标准，那么，我们很容易陷入自以为是、孤芳自赏的窘境中。在交易结构中，供应链金融企业可能是项目发起人（已拥有基础资产），也可能只是通道或资产管理者，我们要站在投资人立场上配合其采集资料、审核资产、设计内外部增信措施、管理入池资产等，配合律师、信用评级公司、券商对入池基础资产核实确权，并采集获取完整信息资料。

贯穿整个 ABS 交易结构的都是围绕回款控制所展开的内外部增信、风险清理、制度安排和应对各种假设场景的风控方案设计，我们做过的风控基本会在 ABS 流程中再来一遍，通常更为严谨、规范和标准，因此，在 ABS 之前应达到资金方风控要求。

供应链金融基础资产的信用评级，是对债务人的主体信用评级，同时关注基础资产的贸易真实性、资产确权、资产风险隔离等。在债务人主体信用不够时，可能需要发起人的余额回购担保、超额抵押账户和现金准备金账户担保、应对违约风险和偶发事件的储备基金担保、超额利差账户等内部增信措施；同时还可以增加第三方担保、信用证、信用违约互换（CDS）、信用保险等风险转嫁的外部增信。在后期监管中，依据事前协商的违约事件触发债务加速清偿，停止循环购买；也可依据现金流转付机制、担保履行触发机制、专项计划账户（准备金账户、优先级 A 本金账户等）、资产赎回、保留向发起人或原始权益人的追索权等等，最大限度保护投资人的利益。

内保外贷和外保内贷

对跨境业务较多或存在境外资产的供应链金融企业，为了扩大业务成果，供应链公司、保理公司和融资租赁公司可充分利用自己在境内外资产和银行授信，以内保外贷或外保内贷两种跨境担保方式获取银行信贷资金。

内保外贷是指担保人注册地在境内，而债务人和债权人注册地均在境外的跨境担保。内保外贷是债务人为了获得境外银行低成本资金，比如美国降息后，企业使用内保外贷就可以获取低成本的美元外债，非常适合那些境内有大量资产又需要借款的企业。很多融资租赁公司和保理公司等类金融企业都在使用内保外贷的方式获取外债，降低贷款成本。

外保内贷是指担保人注册地在境外，而债务人和债权人注册地均在境内的跨境担保。外保内贷是债务人借助境外关联公司的担保能力，在境内获取银行贷款支持。

内保外贷和外保内贷都会存在外汇资金跨境收付问题。在我国，对经常项目的外汇交易不受管制，但对资本项目的外汇交易则要接受管制，显然，两种金融担保贷款方式都属于后者，要接受国家外汇管理局（简称外汇局）的监管，外汇局对内保外贷和外保内贷实行登记管理，现在可以在线办理业务申请、登记和注销。

担保人签订内保外贷合同后，如果担保人为银行，一般以保函提供担保，银行通过数据接口在线向外汇局报送内保外贷业务相关数据；如果担保人为企业或类金融企业，则应在签订担保合同后15个工作日内在线上或到外汇局办理内保外贷签约登记手续。担保合同主要条款发生变更的，应当办理内保外贷签约变更登记手续。外汇局按照真实、合规原则对企业或类金融企业担保人的登记申请进行程序性审核。担保人付款责任到期，债务人清偿担保项下债务或发生担保履约后，担保人应办理内保外贷登记注销手续。

如债务人违约，发生内保外贷履约，担保人为银行的，可自行办理担保履约项下对外支付；担保人为企业或类金融企业的，可凭担保登记文件直接到银行办理担保履约项下购汇及对外支付。在境外债务人清偿因担保人履约而对境内担保人承担的债务之前，未经外汇局批准，担保人须暂停签订新的内保外贷合同。内保外贷业务发生担保履约的，成为对外债权人的境内担保人或反担保人应当按规定办理对外债权登记手续。

境内企业或类金融企业从境内银行贷款或获得授信额度，同时满足以下条件，可接受境外机构或个人提供的担保，签订外保内贷合同：（1）债务人为在境内注册经营的企业或类金融企业；（2）债权人为在境内注册经营的银行；（3）担保标的为银行提供的本外币贷款（不包括委托贷款）或有约束力的授信额度；（4）担保形式符合境内和境外法律法规。

境内债务人办理外保内贷业务，由发放贷款或提供授信额度的境内银行向外汇局集中报送外保内贷业务相关数据。外保内贷的债务人和银行都是境内的，银行自行办理与担保履约相关的收款即可；但是，担保履约会涉及外汇交易，境内债务人应按规定要求办理外债登记手续。金融机构为外保内贷项下担保履约款办理结汇或购汇。

在外保内贷业务发生担保履约情况下，境内债务人在清偿境外担保人的债务之前，未经外汇局批准，境内债务人应暂停签订新的外保内贷合同；已经签订外保内贷合同但尚未提款或尚未全部提款的，未经所在地外汇局批准，境内债务人应暂停办理新的提款；境内债务人因担保履约形成的对外负债本金余额不得超过其上年度末经审计的净资产总额。还有，境内债务人应到外汇局办理短期外债签约登记及相关信息备案手续。外汇局在外债签约登记环节对债务人外保内贷业务的合规性进行事后核查。

企业或类金融企业在境内外融资时，由境外机构或个人提供担保或反担保后，要求企业或类金融企业支付担保费的，应经外汇局核准。

外商投资企业办理境内借款接受境外担保的，可直接与境外担保人、债权人签订担保合同。债务人违约，发生境外担保履约的，其担保履约额应纳入外商投资企业外债规模管理；中资企业办理境内借款接受境外担保的，应事前向所在地外汇局申请外保内贷额度，中资企业可在外汇局核定的额度内直接签订担保合同。

境内企业办理外保内贷的审核原则：（1）属于国家鼓励行业；（2）过去三年内连续盈利，或经营趋势良好；（3）具有完善的财务管理制度和内控制度；（4）企业的净资产占总资产的比例不得低于15%；（5）对外借款与对外担保余额之和不得超过其净资产的50%。

美元、欧元一直比我国的资金成本低，近几年来，有境外资源的供应链金融企业，特别是融资租赁公司通过内保外贷为承租企业在境外获取低成本银行贷款。境外银行以境内银行开出的融资性保函为担保条件，向境内注册的外资融资租赁公司发放外债贷款，该公司再与境内承租企业办理直租融资或售后回租融资业务。即承租企业借用外资融资租赁公司的外债额度从境外获得低成本贷款资金。

内保外贷的融资性保函申请人分为境内承租人和租赁公司两种模式。

图8.17为境内承租人模式。境内承租人直接向银行申请开立以境外金融机构为受益人，以境内租赁公司为被担保人的融资性保函。境外银行凭融资性保函向境内租赁公司发放贷款，租赁公司结汇后向境内承租人提供融资租赁款。租赁公司的作用只是协助承租人获取境外低成本贷款，为融资通道业务，租赁公司主要收取服务费，这是当前多数融资租赁内保外贷的操作模式。租赁公司要以租赁应收租金向银行提供反担保，银行对租赁公司有严格准入要求，对租赁公司的承租客户、项目、租赁物都有业务准入和银行风控要求，包括租赁公司在境内银行缴存不低于融资租赁总金额10%的保证金，以弥补汇率、利率及其他不确定风险。

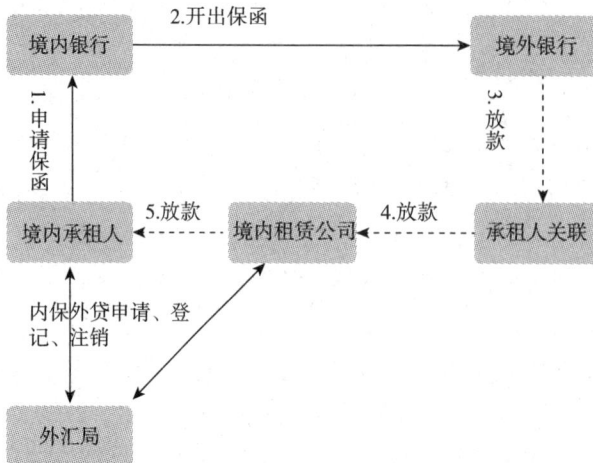

图8.17 境内承租人模式

图 8.18 是租赁公司模式。境内租赁公司直接向境内银行申请开立受益人为境外银行，被担保人为租赁母公司（或保函申请人本身或第三方有外债额度的租赁公司）的融资性保函。境外金融机构向租赁母公司发放贷款后，境内租赁公司结汇向境内承租企业提供融资租赁款。此模式为境内银行为境内租赁公司获得境外低成本资金提供便利。境内租赁公司不是融资通道，而是在境内银行有授信的客户，是保函风险的承担者，主要风险来自其自身的信用风险及租赁项目风险。银行对租赁公司也同样有准入要求，原则上银行要求收取融资租赁总金额 10% 的保证金，备以弥补风险。

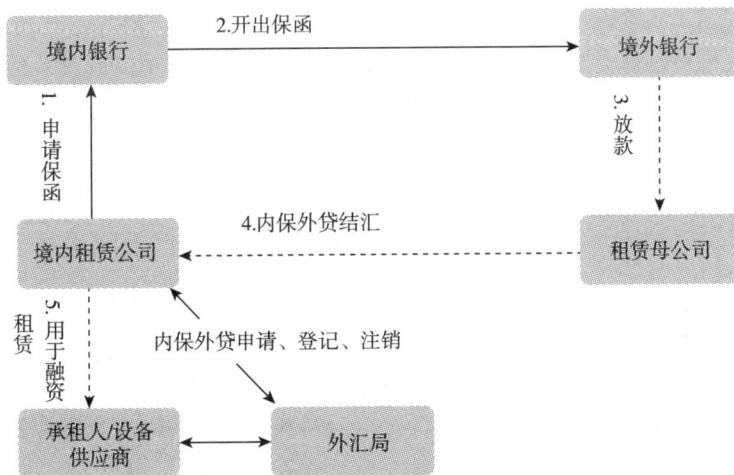

图 8.18 租赁公司模式

承租人、租赁公司、银行三方合作协议约定，承租人与租赁公司之间的租赁合同及其履约独立于融资性保函业务，不影响保函申请人在保函项下对境内银行的反担保责任。同时，租赁公司违反三方合作协议约定以及管理责任导致境内银行融资无法收回的，仍需向境内银行承担责任。作为贸易融资，银行保函期限应匹配融资租赁期限，融资租赁到期日不得超过融资性保函到期日。租赁公司在境内银行开立外债专户，作为境外机构发放的外债融资的唯一收款账户。对收入外债专户的资金，获得外汇局审批同意后才能办理结汇。

最直接的风险是租赁公司无法按期还款，境外金融机构凭保函向境内银行索偿。租赁公司还款资金来源于境内承租人租金，由于是分期回款，融资性保函项下外债借款往往又是一次性还款，两者存在期限错配，导致挪用租金风险。此外，租赁公司还可能因为经营不善或诉讼等因素，导致融资租赁还款被冻结、扣划，产生违约风险。

租赁公司须在境内银行开立监管账户（即保证金账户），作为租赁款唯一收款专户。境内承租人承诺将按照租金方案将租金如期付至境内银行监管账户，由境内银行对账户资金进行监控，专项用于租赁公司到期偿还外债，不得允许他用。此监管账户银行禁止开通网银和电子银行转账等支付功能。

为降低成本，租赁公司一般会借用外币外债，而向境内承租人提供的租赁融资为人民币。同时，租赁公司往往采取外币浮动利率的方式降低借外债的成本，而融资租赁的利率则以分期租金的形式体现。外债贷款和融资租赁两笔融资之间的利率、汇率均会出现错配。如果人民币贬值幅度过大、外币利率持续走高，均会导致境内融资租赁租金不能覆盖租赁公司所借的外债本息。境内银行须防范利率和汇率风险导致租赁公司还款资金不足、自身被索偿的风险，可办理远期外汇交易锁定汇率风险。从外汇局对外担保监管政策来看，内保外贷项下资金不得以股权或债权形式直接或间接回流。

当前供应链金融三大问题

（1）为金融而金融的问题。供应链金融企业的资金有限，为金融而金融的结果很容易使得供应链金融企业负债率越来越高，当杠杆超过 10 倍（或负债率超过90％），财务极易陷入债务陷阱而失控。我国 GDP 增速总体下行，社会风险偏好在下行，负债率敏感度开始增加，很多老供应链公司高负债运转问题日益突出，金融资产流动性减慢，借新还旧能力越来越弱。大部分供应链金融企业从成立那一天开始就直奔金融而去，没有供应链服务主业，盲目为客户提供融资，形成金融掠夺态势。因此，供应链金融企业应回归供应链服务体系，为服务而金融，利用金融科技和人性化服务手段为企业提供贴心金融服务，以非杠杆方式引入外部资金，确保供应链金融企业健康持续发展。

（2）专业化不足的问题。供应链公司、保理商和融资租赁公司都在做与银行一样的业务，且什么业务都接都做，保理和融资租赁有专业意识的公司并不多，而专业化运作的供应链公司规模又普遍偏小。业务完全靠渠道，特别是保理商和融资租赁公司，越来越脱离供应链服务体系，有的甚至没有系统软件或平台，客户根本没有沉淀，大多成为银行的"业务部"，做大做强自然无望，公司普遍迷失方向。专业供应链金融建立在专业供应链服务基础上，专业是供应链金融战略的需要，也是供应链服务发展的必然趋势。

（3）供应链金融风控问题。大部分供应链金融企业一直都习惯性地向银行学习做业务做风控做管理，银行信贷风控是"选择型"＋"资产担保型"，导致目前供应链金融企业专挑大项目，风控只看客户，导致保理和融资租赁乱象丛生，风险频发。

真正属于我们的中小微企业，却没人看得上眼。供应链金融企业不知道供应链金融应主要风控的对象是业务，而非客户，需要我们借助供应链综合服务，采用"管理型"风控，参与到客户贸易管理中去，通过贸易风险的控制达到金融风控目的。

国际供应链金融与代理结汇问题

当前我国境内保理公司、融资租赁公司没有结汇权，导致国际保理和国际融资租赁无法开展，而银行却坐享结汇代理权，可以操作国际保理和国际融资租赁业务。为了解决这个问题，个别保理公司或融资租赁公司只能通过香港的母公司来开展国际业务，增加了保理公司和融资租赁公司的运营成本，也增加了融资人的融资成本，与供应链降本增效的服务宗旨背道而驰，也与我国当前提出的供应链战略意图不相匹配。

前面我们说过，供应链的业务就是"代理"两字，毫无疑问，结汇也可以用"代理"来解决。我们的外汇局应让保理公司和融资租赁公司拥有代理结汇权，比如：(1) A出口公司就100万美元应收账款与某保理公司达成无追明保理融资协议，保理公司在应收账款到账后，可以代理出口企业办理结汇，A出口公司这100万美元的结汇权自动转入保理公司名下，该公司收汇余额自动减记100万美元，从而实现保理公司应收账款闭环控制。(2) 德国的A通信公司想以融资租赁方式购买华为通信设备100万欧元，我国某融资租赁公司与A通信公司达成直租融资租赁协议，以人民币向华为采购A公司所需设备，出租给A公司，然后A公司未来三年每月支付租金给融资租赁公司，融资租赁公司获得100万欧元及其利息和服务费的代理结汇权，银行每月收汇后自动结汇至融资租赁公司的人民币账户，完成融资租赁公司资金闭环控制。

当前我国各地的外汇结算做法尚未完全统一，但基本上都实现了电子化和线上化，海关—海关电子口岸—企业用户端—外汇局—银行之间的数据已经是通的，银行已支持网银线上申请结汇，甚至自动结汇，只要保理公司、融资租赁公司的业务和资金全部在线上走，实现外汇局对结汇风险的闭环控制完全没有问题。我国人民币数字货币已经试行，数字货币可以实现交易追溯，这是移动即时交易结汇的基础，也是人民币走向国际化的重大创新。它将解决困扰我国跨境电子支付的重大难题，为全球物联网时代的到来带夫强大动力。

供应链融资、保理融资、融资租赁融资是供应链的核心金融产品，通畅的贸易金融结汇机制是实现供应链金融走向国际化的基础。所以，国家外汇管理局应顺应金融逻辑，开放代理结汇权给保理公司、融资租赁公司和供应链公司，使它们有能力高效捕捉国际贸易商机，高效对接国际供应链业务，让中国供应链金融服务融入世界经济。

第三部分

信贷风控

第九章　房贷风控

对价资产的金融属性

　　房产包括土地和房屋建筑物及其他土地定着物，房屋建筑物不可能离开土地而存在。房贷即指房产抵押贷款，可谓历史最悠久最传统的银行信贷产品。作为担保品，一般是商品房或有商业性质可供交易的房产。在经济发展时期，房产由于具备高流通性、保值增值性，具备非常强的金融属性，可以直接对接各种债权融资产品，也可以作为其他债权融资的担保增信资产。

　　在房贷中，房产变现并非房贷第一还款来源，它只是确保银行或金融企业资金安全的第二道防线。如果房屋业主是企业，则房贷第一还款来源是企业未来的现金流，应重点风控其现金流；如果房屋业主是个人，则房贷第一还款来源应该是借款人的收入或房屋产生的租金收益或投资收益等。

　　房贷属于银行核心信贷业务，主要有个人按揭贷款、企业或个人房产抵押贷款、公积金贷款、房地产开发贷款（即房地产项目贷款）等等。由于我国一直处于经济发展期，房贷一直是银行信贷的"主菜"，也是其他信贷产品增信资产中极具分量的"配菜"，是所有银行最推崇的信贷业务。如果经济负增长，房产价值下行，在没有稳定现金流支持下，它将给银行信贷资金安全带来致命打击。金融企业应充分理解：房地产市场的繁荣是周期性的，银行已积累了巨额按揭房贷资产，因为期限长，对房地产需求饱和之后衰退期到来所带来的违约风险要有所准备。

房屋的生命周期和估值

　　房屋或房产是企业或居民最大的固定资产，房屋的使用年限视不同建筑材料和结构各不相同，与使用人的保养和所在地环境和气候也有一定关系。房屋使用年限有两个概念：一个是房屋本身的使用年限，另一个是土地使用年限。房屋是恒产，没有使用年限规定，但土地是国家的，有使用期约束。

　　《物权法》规定，房屋产权年限是指住宅土地的使用年限。《中华人民共和国城镇国有土地使用权出让和转让暂行条例》对土地使用权出让的最高年限按不同的土地用途做了规定：居住用地为 70 年；工业用地，教育、科技、文化、卫生、体育用地为 50 年；商业、旅游、娱乐用地为 40 年；综合或其他用地为 50 年。

2016 年政府明确居住土地使用期届满自动续期，相当于说，居住类的房屋产权已经没有使用年限约束了，但这并不等于续期时不需缴纳续期土地出让金，不然就相当于土地私有化了。如果房屋使用权性质不是居住类的，则要看当初土地转让合同是如何约定的，无非三种可能：（1）与住宅一样可以续期，需补交土地使用权出让金；（2）不可续期，土地使用权收回，对土地上建筑物、构筑物予以一定补偿；（3）不可续期，无偿收回土地使用权。

各种结构房屋的经济耐用年限的参考值一般为：

钢结构：生产用房 70 年，受腐蚀的生产用房 50 年，非生产用房 80 年。

钢筋混凝土结构（包括框架结构、剪力墙结构、筒体结构、框架-剪力墙结构等）：生产用房 50 年，受腐蚀的生产用房 35 年，非生产用房 60 年。

砖混结构：生产用房 40 年，受腐蚀的生产用房 30 年，非生产用房 50 年。

砖木结构：生产用房 30 年，受腐蚀的生产用房 20 年，非生产用房 40 年。

简易结构：10 年或 5 年。

通常，各类结构建筑物的使用年限大致如下（见表 9.1）：

表 9.1　各类结构建筑物的使用年限

结构类别		使用年限（年）		
		非生产用房	生产用房	受腐蚀的生产用房
钢结构		80	70	50
框架结构		60	50	35
砖混结构	一等	50	40	30
	二等	50	40	30
砖木结构	一等	40	30	20
	二等	40	30	20
	三等	40	30	20
简易结构	一等	10		
	二等	5		

建筑物的残值率也因不同建筑结构而有所不同，其参考值一般为：

钢筋混凝土结构：0%。

砖混结构：2%。

砖木结构一等：6%。

砖木结构二等：4%。

砖木结构三等：3%。

简易结构：0%。

如果按房屋的法定产权期来计提折旧，往往与实际不相符，因为大部分的房屋用不到70年，随着社会的发展，房屋的更新频率也在加快。我们看到，大多数已用30年的房产基本被拆除重建了。根据我国《企业所得税法实施条例》第六十条规定，房屋、建筑物的最低折旧期不能少于20年（注：法定房屋最长租赁期也是20年），因此，企业应当根据固定资产的性质和消耗方式，合理地确定房屋的预计使用年限。我们认为，房产折旧期设置在20～30年之间是相对客观的。

房屋（建筑物）完损等级成新评定标准，如表9.2所示：

表 9.2　房屋（建筑物）完损等级成新评定标准

完损等级	新旧程度	评定标准
完好房	十成新	新建，完整，坚固，无变形，良好使用，装修粉刷新鲜
	九成新	新建，完整，坚固，无变形，良好使用，装修粉刷微见稍有损坏
	八成新	新建，完整，坚固，无变形，良好使用，装修粉刷色泽略旧
基本完好房	七成新	结构整齐，色泽不鲜，外粉刷少量剥落
	六成新	结构基本完好，少量损坏，部分墙身装修剥落及使用不便
一般损坏房	五成新	房屋完整，结构有损，装修使用不灵，粉刷风化酥松
	四成新	结构较多损坏，强度有减，屋面损坏，装修损坏变形，粉刷剥落
严重损坏房	三成及以下	须大修方能解除危险
说明：建筑物成新评定根据使用年限，维护、保养、使用情况，以及地基的稳定性等因素，并结合上述评定标准综合评判		

会计核算的房屋成新率等于（房屋的购置成本总额－累计折旧）/房屋的购置成本总额，与表9.2中描述的实用感观判断的成新率不同，我们可以将两者结合来判断，即在会计成新率上结合实用感观调整得出。结合不同的成新率和当前的房屋市场价格（包括土地出让价格）评估其净值，以量化房屋抵押担保能力，做实贷款融资第二还款来源。

银行、金融企业根据需要，可以通过第三方资产评估公司对二手房进行估值，也可以内部评估，或两者相结合评估的方式。

同样的房产，不同评估人由于使用的评估方法和对标数据不同，估值结果未必一致，但客观上一定存在一个相对准确的估值区间，它实际上就是当前这个房产在市场上的公允价值，可以通过交易实现的交易净值。从风控角度来说，如果能评估出房屋在融资偿还日的市场公允价值是最好的，但是，由于市场的不确定性，我们当前不可能有未来市场数据，即不可能准确评估出房产未来的市场价值。为保守起见，我们对房屋当前的评估净值进行打折，以此拟合房产未来的估值。一般情况下，成新率越高折扣率越低，房产所在地理位置的商业环境越好折扣率也越低，但最终，折扣率以借款人与资金方谈判博弈结果为准，它可能会脱离未来房产真实的变现力，从而给房贷项目带来潜在风险。

房屋估价方法有重置成本法、市场比较法和现金流量法等，其中最实用的是市场比较法和重置成本法。现金流量法适用于租赁房产，按房产剩余使用年限的每期租金净现金流的现值总额作为估值，如出租用途的写字楼或住宅的估值。在实际操作中，租金波动和出租率的不确定容易影响估值的准确性。

重置成本法：可以以房屋建筑总面积（平方米），按测定的重置单价计算房屋重置完全价值（原值），根据评估的房屋新旧程度，计算房屋现值（净值），也就是房屋当前在市场上的推测变现价值。其计算公式为：房屋重置完全价值（原值）＝房屋建筑总面积×房屋重置单价±房屋的调整价值，房屋价值调整包括按实体性因素、功能性因素、经济性因素等影响进行的价值增减调整。实体性因素就是折旧，经济性因素是指因房产以外因素，如商业经济环境、安全环境、政治环境等产生的房屋价值影响，也是参与市场对标来考量。房屋现值（评估值）＝房屋重置完全价值（原值）×评估的房屋新旧程度（％）。其中，房屋新旧程度＝［房屋重置完全价值（原值）－累计折旧］/房屋重置完全价值（原值），这是理论新旧程度，仍需参考上述物理新旧程度，确定一个相对可靠的值来测算；年折旧额＝房屋重置完全价值（原值）×（1－残值率）/所评估房屋的可使用总年限；累计折旧＝年折旧额×所评估房屋的已使用年限（按平均折旧法计算）。

这里的关键数据是房屋重置单价，需要专业房屋建造估价师来估算，要核算待估房屋当前的土地获取成本，房屋建造所需的原材料、人工、建造费用等成本，办理产权的相关税费成本。估价的准确与否直接影响到房屋评估值的准确性。重置成本法技术性太强，不具有普适性，准确性也不好把握，房贷公司极少使用，常用的方法还是市场比较法。

市场比较法：首先要有一个活跃公开的房地产交易市场，我们可获得大量与待估房屋相关的交易实例和交易数据，房产中介就有很多这种实时交易数据，我们选择与待估房屋类型、所在区位、权益和房屋状况方面相同或相近的多个成交价格进行比较测算。这里，选取对标房屋实例非常重要，可比性要求包括：（1）参照物

（对标）与被评估对象在功能上具有可比性，包括用途、性能上的相同或相似；（2）参照物与被评估对象面临的市场条件具有可比性，包括地理位置、市场供求关系、竞争状况和交易条件等，参照物成交时间与评估基准日间隔时间不能过长。

评估值＝待估房产的总面积×市场可比交易价格±房屋的调整价值，其中房屋价值调整包括按时间因素、功能因素、地域因素等影响进行的价值增减调整，每项调整值不得超过房屋价款的 20％，综合调整不得超过 30％。

市场比较法简单直接，没有太大技术含量，评估出来的价值基本能准确反映房屋当前的市场可变现价值，被从事房贷业务的银行和金融公司所普遍采用。

相对来说，借款期限越短，房产贬值风险越小，估值可以越宽松；相反，贬值风险越大，估值应该越保守。

很多银行直接按房产估值打折放款，小贷公司等类金融企业也是直接按房产估值打折发放抵押贷款融资。在经济下行形势下，房产贬值风险其实很难通过增大折扣率来排除，因为折扣率往往是业务竞争非理性的结果。因此，我们应比较借款人未来现金流净现值与房产估值净额孰小确定融资额度。比如：某借款人房产估值净额为 70 万元，其未来 36 个月每个月可自由支配的个人收入都是 2 万元，贴现率6％，那么其现金流的现值就是 65.74 万元，也就是说我们的融资额度不能超过65.74 万元，再考虑一些可能的意外因素支付，将融资额降至 60 万元，则未来其违约风险会更小；但是如果房产估值净额是 55 万元，那么融资额度最多也只能给到 55万元，而不是 60 万元了。如果是企业，则我们的融资额度应该是企业每月可预期的净利润折现值总额，且企业行业发展不错，当前处于正盈利状态，企业业务订单保持一定的增长势头，否则到期就很可能需要变现房产来还债。

房地产行业分析

2018 年末，我国人民币房地产贷款余额为 38.7 万亿元，同比增长 20％，增速比上年末低 0.9 个百分点，全年增加 6.45 万亿元，占同期各项贷款增量的 39.9％，比上年水平低 1.2 个百分点。我国房价风险已越来越大，从 1998 年《国务院关于进一步深化城镇住房制度改革加快住房建设的通知》（国发〔1998〕23 号）颁布开始，我国房地产业开始持续增长，2008 年随着 4 万亿和相关振兴经济配套政策布局，房地产业掀起一波新高潮，并伴随着国家工业化发展和城镇化建设，房价屡次超出人们想象，可谓一路高歌猛进，各地地王频现，尽管中间国家多次出台各种政策调控，房价还是一路狂飙。

我国当前房价与人们的收入严重脱节。2019 年数据显示，我国居民负债收入比为 99.9％，比 40％红线高出一倍多。有研究表明，我国房地产占家庭资产达到 68％，而北京和上海更是高达 85％；房地产开发不仅挤占良田耕地，还绑架了民生、金融、教育、财政和国家政策，很多城市过度开发，泡沫滋生，实体经济普遍动力不足。

近几年来，全国各大城市已普遍存在去库存问题，投资炒房导致大量房产空置，一方面房地产业还在加快推进，另一方面市场已逐步开始理性回归，历史积累的房价泡沫开始破灭。一线城市房产投资已严重影响到租赁市场的健康发展，当前北上广深城市中心区房产均价超过 8 万一平方米，按 100 平方米来计算，我们不考虑资金成本和通胀因素，一套房产按 30 年的使用期来计算，相当平均每个月直接支付 2 万多元租金，平均每天 700 多元房租，就算是一万元月租估计也没几个工薪族负担得起，更不用谈出租人还要获得投资回报。可见，房价继续抬升，城市居民的收入上不去，就一定会选择离开，某些城市就可能因此失去活力。更可怕的是，房产把大部分买房人直接纳入高负债人群，直接影响市场购买力，购买力下降直接影响所有实体企业的生存和发展。房地产公司大部分高负债经营，A 股和港股半数以上负债率超 70％，全国房地产有息负债早已过 40 万亿元，2019—2021 年房地产企业将迎来债券到期高峰，2018 年我国 GDP 才 90 万亿元，2019 年前三季度 GDP 增速由年初的 6.6％下行到 6.2％，2019 年 8 月，我国各类债券余额已达 93.9 万亿元，突破 2019 年 GDP 总量已成定局，我国债务危机在房地产领域爆发的概率极大。

城市 GDP 和人口净流入量是房地产发展的两个重要风向标，泡沫主要发生在 GDP 增长乏力和人口净流出的城市，而靠房地产业拉动的 GDP 只会使城市呈现短期繁荣。

从历史来看，房贷一直被金融业视为贷款中最安全靠谱的债权融资产品，但是，房价继续涨下去，银行房贷资产成为次级资产的风险就越来越大。政府如不主动解决地价高企问题，靠金融政策被动限制房贷来间接控制房价，效果是短暂不可持续的，而且银行也会因为担心房地产风险引发信贷危机而阶段性地去维护房地产企业的流动性，推动房价继续阶段性大幅上扬，更多资金流入楼市，最终导致市场消费疲软，连累实体经济，直到年轻人失业，房贷无钱可还，一旦出现房产按揭贷款余额低于房价，则必然引发购房者弃供，银行出现大量坏账。因此，政府正在寻求一种能保持房价长期稳定发展的机制，通过平稳发展来解决这些问题，但现在房价已无弹性可言，如继续大涨，危机就在前面，如突然大跌，银行和社会惨叫一片。从趋势来看，国家难免会释放更多流动性，以增加社会债务来换取缓解矛盾的机会，但它必然稀释社会财富，需要出台房产税、严控房地产企业负债规模、全面取消预售制与学区房等组合政策，防止房价继续上扬。

房贷风控基础

老规矩，风控还是一手抓借款人的现金流，另一手抓房产资产。围绕这两个风控焦点，风险就可以找出七八成，控制七八成。

投资性房贷还款来源是租金和其他收入，居住性房贷的还款来源是个人扣除正常开支后的剩余可支配收入；须分析这些还款来源的稳定性和规模大小，然后以现金流净现值测算房产融资规模。

按揭房贷在银行多为 20～30 年的中长期贷款，而在典当或小额贷中，主要在一年以内。按揭房贷期限长，分期偿还符合借款人收入周期性逻辑。但借款人中途失业、健康不佳等意外难免导致收入中断或波动，影响按揭偿还，解决的办法是，银行应建立灵活的期限伸缩调整机制，也就是在借款人现金流不足时允许其跳过 N 期，或减少每期额度，后续现金流充足时允许一次性超方案还款，或直接调整期限和还款方案，只要保证银行预期收益即可。

银行房贷占总贷款比重过高，期限长，必然挤压银行流动性贷款的资金规模，如果存款不足或存贷资金期限错配，可能导致无力偿付客户存款本息，影响新信贷业务的开展。当房价下行时，可能引发地方借款人大面积弃房违约现象，将给银行带来巨大风险。

房地产开发贷和房贷是两种不同性质的贷款，前者是建造房子的开发商缺钱，而后者是住房子的人缺钱；前者还款方式是销售房子时还款，而后者一般在使用过程中产生收入而逐期偿还；前者先以建设用地或在建工程抵押融资，后者以所购房产抵押融资；前者本质上是建设资金贷款，期限覆盖建设期和销售期，后者是固定资产贷款，期限更长；前者贷款需提供《建设用地规划许可证》《建设工程规划许可证》《建筑工程施工许可证》《国有土地使用证》，后者要提供产权明晰的房产证抵押。

新房（一手房或转手房）如市场价格未变则不需估值，其销售价格即为贷款融资对价，首付比例即为对价折扣；旧房需重新评估价值。不管是新房还是旧房，没有商业价值、不能流通变现的房产均不能办理抵押贷款融资。

为防止意外风险，房贷应提供受益人为出借人的财产保险。房屋财产保险，主要保障火灾、爆炸、雷击等自然灾害和意外事故造成的房屋损失。房屋保险一般由屋主或住户投保，保险费率为 0.1％～0.2％，发生损失时，保险公司按房屋的实际价值计算赔偿，但以不超过保险金额为限，大致有以下三种保险：

（1）定值保险。保险金额按双方约定的保险估价来确定，不因房屋市场价值的涨跌而增减。例如：某房屋投保时双方约定的保险估价为 100 万元，遭受意外损坏时，房屋市价涨至 120 万元（或跌为 80 万元）。若房屋全损，按保险额 100 万元赔偿；若部分损失，损失量为七成，按 70 万元（100 万元×70％）赔偿。

（2）不定值保险。保险合同上不约定保险标的实际价格，只列明合同上的保险金额作为最高赔偿金额，被保险的房屋发生意外损坏时按照市价来计算赔偿。例如，最高赔偿金额为 100 万元，若房屋全损：房屋市价涨为 120 万元，赔偿 100 万元；房屋市价跌至 80 万元，赔偿 80 万元。若房屋部分损失，为七成：房屋市价涨为 120 万元，实际损失为 84 万元（120×70％），赔偿 70 万元（84×100/120）；如市价跌至80 万元，实际损失为 56 万元（80×70％），赔偿 56 万元。

（3）重置价格保险。房屋投保人与保险公司双方约定按房屋重置价格确定保险金额。如被保险人申请将一幢旧房屋按相当于重建一幢新房屋的价值来保险，一旦房屋发生事故即可按重置价格获得赔偿。

相关法律法规

房屋产权涉及比较多的法律问题，风控人员需要注意。

（1）房产租赁与买卖的法律关系。《合同法》第二百二十九条规定：租赁物在租赁期间发生所有权变动的，不影响租赁合同的效力，即买卖不破租赁原则。《关于贯彻执行〈中华人民共和国民法通则〉若干问题的意见（试行）》也强调：私有房屋在租赁期内，因买卖、赠与或者继承发生房屋产权转移的，原租赁合同对承租人和新房主继续有效。《合同法》第二百三十条规定：出租人出卖租赁房屋的，应当在出卖之前的合理期间内通知承租人，承租人享有以同等条件优先购买的权利。这条很容易被一些借款人利用，在借款人与银行或非银行机构办理房贷前，将房产长时间出租给自己的亲戚，当借款人出现违约时，抵押权人因这条法律规定无法处置房产受偿。这里需要注意的是，当借款人破产处置房产时，房屋租赁权不适用"买卖不破租赁"，租赁必须让路于破产处置。

（2）租赁权与抵押权的法律关系。租赁权是债权，抵押权是物权。当房产所有人先出租后抵押，出现抵押权人处理房产产权时，租赁权优于抵押权；房产所有人先抵押后出租，适用"先物权后债权，物权优于债权"的原则。《最高人民法院关于适用〈中华人民共和国担保法〉若干问题的解释》第六十六条规定：抵押人将已抵押的财产出租的，抵押权实现后，租赁合同对受让人不具有约束力。抵押人将已抵押的财产出租时，如果抵押人未书面告知承租人该财产已抵押的，抵押人对出租抵押物造成承租人的损失承担赔偿责任；如果抵押人已书面告知承租人该财产已抵押的，抵押权实现造成承租人的损失，由承租人自己承担。

（3）租赁权与保全竞合情况下，租赁权先于保全查封，则在债权人依法定程序取得被查封财产所有权后原租赁协议继续有效。人民法院保全查封先于租赁履行的，债权人依法定程序取得被查封财产所有权后，此租赁契约并不适用于债权人，除非债权人同意。承租人明知承租的房子有可能被变卖，却仍然与出租人订立租赁合同，由此带来的风险承租人自受。若承租人不知道或不应当知道租赁物已被查封的，则损失应当在承租人和出租人之间按照双方过错承担相应责任。

（4）土地使用权与房产权关系问题。根据《物权法》，正在建造的建筑物（即在建工程）可以抵押，虽还没有产权证。在建工程抵押权中的抵押财产是正在建造的建筑物，当然也包括在建工程占用范围的建设用地使用权。给抵押权人提供的不是房屋他项权证书，而是在建工程抵押权证明。

（5）开发商先办理了土地使用权抵押登记，又以在建工程设定抵押权。《物权法》未禁止重复抵押，且废止了《担保法》原禁止超额抵押规定，即使土地使用权抵押后又办理在建工程抵押，超过了抵押财产的价值，在建工程抵押也是有效的。《物权法》第二百条规定：建设用地使用权抵押后，该土地上新增的建筑物不属于抵押财产。该建设用地使用权实现抵押权时，应当将该土地上新增的建筑物与建设用地使用权一并处分，但新增建筑物所得的价款，抵押权人无权优先受偿。

（6）在建工程抵押与商品房预售（注：房产预售制可能要取消）。虽然各地方政府为配合国家宏观房地产调控政策，都出台了相关商品房预售限制政策，但从法律上来说，只要抵押权人同意，就可以进行商品房预售。这里我们注意三个问题：一是抵押权人必须出具同意商品房预售的书面同意文件或者抵押权人与抵押人在抵押合同中明确约定允许商品房预售。二是要加强预售商品房价款的监管。《物权法》第一百九十一条规定：抵押期间，抵押人经抵押权人同意转让抵押财产的，应当将转让所得的价款向抵押权人提前清偿债务或者提存。三是银行要把好注销关。一般是预售一套，解除抵押一套，再备案，再按揭。

对尚未完工商品房按揭出售时，由于尚无房屋产权证，贷款抵押只是办理预告登记，它是为保障银行将来实现物权的一种债权请求权，防止购房者违反债务义务对不动产进行处分。预告登记是物权登记，但登记的是请求权。因此，期房抵押，已经取得的不是抵押权而是请求权，银行拿到的不是他项权证，而是登记证明，即还没有到优先受偿的地步，等到预购商品房办理了初始登记，在三个月以内必须办理抵押登记，不办的话，预告登记效力消灭。《物权法》第二十条规定：预告登记后，债权消灭或者自能够进行不动产登记之日起三个月内未申请登记的，预告登记失效。所谓"能够进行不动产登记之日"，是指不动产登记的条件成熟之日。预购商品房已办理了初始登记，从而办理转移的条件成熟了，初始登记完成之日就是能够进行不动产登记之日。

预售商品房按揭合同属于从合同，是为担保主债权得以实现而订立的。预购商品房贷款抵押合同是商品房预售合同中的购房者与银行签订的借贷合同的担保合同，合同一经成立即对三方当事人具有约束力。预售商品房按揭合同成立后，未经抵押权人的同意，抵押人不得另行再设抵押，抵押权人享有优先受偿权。以预购商品房或者在建工程抵押的，登记机关应当在抵押合同上记载。抵押房地产在抵押期间竣工的，当事人应当在抵押人领取房地产权属证书后，重新办理房地产抵押登记。因此，商品房未建成时，贷款抵押适用预购商品房贷款抵押制度。一旦商品房竣工，当事人领取了房屋产权证书和土地使用权证后，抵押物即成了特定物，此时适用一般的房地产抵押制度。因此，预售商品房按揭贷款是发生在交房之前的。

（7）在建工程抵押权设立登记，违章建筑在建工程肯定不能抵押。在建工程合法性，主要看两个材料，即建设用地使用证书和建设工程规划许可证，建设用地使用权是在国有土地使用权基础上，按照审批的容积率（容积率＝地上建筑总面积÷规划用地总面积。对于开发商来说，容积率决定地价成本在房价中占的比例，越大越好；而对于住户来说，容积率越小，绿地或活动面积越大，居住得越舒适）交纳建设用地使用费以后取得的权利。

（8）房屋是可以重复设定抵押的。根据《物权法》规定，"同一财产向两个以上债权人抵押的"，暗含同一房产可以向两个以上债权人抵押。重复抵押可以做，但须慎重。一是要考虑抵押物的价值。二是要知晓抵押顺位。对重复抵押，登记机构在当事人申请时会进行询问，金融机构对已设立了抵押权的房屋是否可以再设定抵押必须明确，同意抵押的，金融机构应知晓抵押顺位，并对询问结果加盖公章。三是要弄清抵押权清偿顺序。《物权法》第一百九十九条对重复抵押的抵押权清偿顺序做了规定，如果抵押权有的登记了，有的没有登记，则已登记的抵押权先于未登记的受偿；如果抵押权均已登记，则依登记的先后顺序清偿，顺序相同的，按照债权比例清偿；如果抵押权均未登记，则按照债权的比例进行清偿。这点与《担保法》有些不同。《担保法》规定，未登记的，按照合同生效时间的先后顺序清偿，顺序相同的，按照债权比例清偿，不能确保债权的平等受偿。

房贷种类

按揭贷款

一般是银行为个人消费者或投资者提供按揭贷款，企业极少，期限大多在 20～

30年，大部分针对银行办理了房地产开发贷款的房地产项目里的房子（含尚未完工的预售房产），还有少数流动性较好的二手商品房。按揭贷款因为期限长，利率按一年基准利率上下浮动，虽然是分期偿还，但内部收益率与报价利率相同。这里须注意，从2019年10月8日起，新发放商业个人住房贷款利率以最近一个月相应期限的贷款市场报价（即LPR）为定价基准加点形成，借款人申请房贷时，可与银行协商约定利率重定价周期，重定价周期最短为一年，重定价周期和调整方式应在合同中明确。这意味着过去炒房者想利用贷款利率套取房价上涨红利的机会被拿走了。

借款人未来每期扣除正常生活开支后的可支配收入，设计每期按揭款，聚焦借款人收入来源的稳定性和可持续性。对投资用途的房产，其租金收益必须纳入还款来源。为防止系统风险，银行应设置必要的违约缓冲机制，如允许中途调整贷款期限或还款方案。

按揭贷款的增信措施主要就是所购房产的抵押，此外，对所购房产购买财产保险，借款人购买人寿保险，保险要能覆盖整个融资期；如果是预售房或首购新房的按揭，则开发商还需提供连带责任保证，签订回购担保协议。

借款人准入条件有：（1）借款人具有稳定的职业和收入，信用良好，确有偿还贷款本息的能力；（2）所购住房坐落在城镇（包括市区、县城、大集镇）且原则上为借款人现居住地或工作、经商地，限购城市，购房人还要按规定在当地缴纳一定时期的社保，提供首套房或二套房相关证明；（3）已与开发商签订了《商品房买卖合同》，根据个人信用情况，并已支付了银行规定的首付款比例，首套房一般为10％～30％；（4）贷款金额根据借款人的信用情况、收入水平、职业、教育程度、还款能力、所购住房变现能力等情况确定；（5）同意先办理预购商品房抵押登记，并承诺在所购买的住房竣工并取得房地产权证后，以购买的住房作为贷款抵押且重新办理抵押登记手续。

借款人需要提交以下申请资料：（1）申请人和配偶的身份证、户口簿原件及复印件3份（如申请人与配偶不属于同一户口的需另附婚姻关系证明）。（2）购房人与开发商签订的《商品房买卖合同》。（3）房价10％～30％或以上预付款（即首付款）收据原件及复印件1份。（4）购房人收入证明（银行提供）。（5）如果借款人为法人，则要携带有效的《企业法人营业执照》或《事业单位法人证书》，法定代表人身份证明书、财务报表。若是股份制企业，还需提供公司章程、董事会同意抵押证明书。（6）开发商的收款账号。

贷前银行对借款人的收入证明、首付款证明、房产证、房产状况、是否抵押出租、房产价值评估等关键事项要全面核实；贷后管理注重借款人工作单位是否变动、收入水平是否变动、检查房产状况等可变事项，做好跟踪。

银行捆绑借款人个人信用卡或存款账户自动扣款，也有柜台还款方式，通常以前者为主，有利于及时发现风险。按揭贷款还款方案最常见的有等额本息还款、等额本金还款，此外也可设计等额递增还款、等额递减还款、按期付息按期还本（即可自定义还本的隔月频率和还息的隔月频率）、到期还本、本金计划（即自定义还本）。此外，银行允许提前还款，但有违约金。银行风控人员或业务人员帮助借款人选择合适的还款方案非常重要，否则极易给借款人带来还款压力而发生严重违约。

基本办理流程是：购房人咨询 →申请贷款（购房人）→审核（提供资料）→签订借款合同和抵押合同（银行）→ 办理合同公证（公证处）→办理有关保险（保险公司）→办理房屋产权抵押登记（房地产登记处）→发放贷款（收到抵押证明）→借款人还款 →办理抵押房产注销登记（贷款全部还清）。

按揭流程是：

第一步，开发商向贷款行提出按揭贷款合作意向。

第二步，如果银行对所出售楼盘提供了开发贷款，则会直接与开发商合作，提供按揭贷款，否则，银行要对开发商开发项目、建筑资质、资信等级、负责人品行、企业社会声誉、技术力量、经营状况、财务情况进行调查，并与符合条件的开发商签订按揭贷款合作协议。

第三步，购房人与开发商签订《商品房买卖合同》，并根据合同要求，付清所需首付房款。

第四步，自首付款付清之日起七日内购房人提供符合按揭银行要求的资料，直接向开发商合作银行提出申请按揭贷款。具体包括：《商品房买卖合同》（备案登记）、购房首付款收据、身份证、婚姻证明、收入证明及银行认为需要提供的其他资料。

第五步，银行对购房人的各方面情况及手续进行调查、审查，与符合基本条件的购房人（包括购房人配偶）办理初步手续，具体包括借款申请书、共同还款声明、承诺、谈话笔录、借款合同、借据等；随后购房人在贷款行开立存款账户或绑定银行卡，贷款银行报上级银行进行审批。

第六步，申请审批期限一般为 7 日内。对超过该期限的，开发商营销部及时与银行对接，了解情况，解决问题，积极协助购房人办妥贷款，及时与按揭银行签订阶段担保手续。

第七步，协调处理问题客户。

第八步，贷款行批准购房人借款后，房产公司凭进账单给购房人开收款收据和发票。

第九步，借款人以后每月（每季）20 日前在存款账户或银行卡上留足每期按揭款，银行自动从中扣收，到期全部结清。如为预售房则还要在正式交接时，办理正式房产抵押手续，房屋他项权证押在银行。

第十步，贷款归还后，贷款行注销抵押物，房屋他项权证退还给客户。

一些限购城市，按揭贷款有社保要求，非当地户籍购房者，要求申请人在当地至少连续缴纳一定时长的社保才能办理房屋按揭贷款。已经结婚的，配偶已经缴纳满社保的也可以配偶的名义办理房屋按揭贷款。贷款到期日原则上男借款人不超过65岁，女借款人不超过55岁。

银行按揭贷款期限长，笔数和户数多，不可能人工跟踪管理，而是通过管理系统提醒借款人存入还款资金，扣款和催收都基本是系统对接，对逾期比较严重的才会引入人工催收，达到一定时间仍无法解决的则启动房产抵押处置流程，通知房地产开发商回购该房产，所得价款清偿银行剩余按揭款。

公积金贷款

住房公积金贷款是住房公积金管理中心委托商业银行向缴存住房公积金的在职职工和在职期间缴存住房公积金的离退休职工发放的房屋抵押贷款。

住房公积金贷款有：新房贷款、二手房贷款、自建住房贷款、住房装修贷款、商业性住房贷款转公积金贷款等，但不是所有的各地公积金中心都提供以上类别的贷款。

申请住房公积金个人购房贷款有以下基本条件：（1）参加了住房公积金制度的职工。（2）申请贷款前连续缴存住房公积金不少于六个月。（3）夫妻一方申请了住房公积金贷款，在其未还清贷款本息之前，夫妻双方均不能再获得住房公积金贷款，结清后可以贷，首付利率不变。显然，住房公积金贷款是一种住房保障型的金融支持。（4）贷款申请人在提出住房公积金贷款申请时，除必须具有较稳定的经济收入和偿还贷款的能力外，没有尚未还清的数额较大、可能影响住房公积金贷款偿还能力的其他债务。（5）贷款用途必须专款专用，住房公积金贷款用途仅限于购买具有所有权的自住住房，而且所购买的住房应当符合公积金管理中心规定的建筑设计标准。购买以盈利为目的的房屋时，不能使用公积金贷款。（6）按照规定，70年产权的住宅才可以用公积金贷款，其他产权是不可以的。

办理公积金贷款所需材料有：（1）申请人和配偶的身份证原件及复印件各3份（正反两面）、户口簿原件及复印件2份（含首页、户主页、本人页），外地户口还需居住证原件；（2）借款人结婚证原件及复印件2份，未婚者提供未婚证明原件1份；（3）借款人及其配偶收入证明原件2份；（4）购房人与开发商签订的《商品房买卖合同》；（5）总房价20％或以上预付款收据原件及复印件2份；（6）社保卡或住房公积金卡。

按照住房公积金《委托贷款合同》约定，借款人正常还款满 12 期后，可申请提前部分还款，或全部结清剩余贷款本息；提前部分还款时，所还本金最低不少于上一期贷款本金余额的 40%；提前还款只能还 3 次，3 次之内没有还清就无法提前结清；提前结清或正常结清住房公积金贷款后方可办理房产抵押解除手续。

注销抵押时，需要携带的资料：（1）本人身份证；（2）还款存折（卡）；（3）《委托贷款合同》；（4）提前还款时银行出具的《住房公积金贷款提前还款受理单》、扣款凭证；（5）《抵押合同》；（6）担保费发票、房产证或《商品房买卖合同》及《房产信息备案表》。

办理流程：

第一步，申请人本人持购房资料（《商品房买卖合同》、购房首付款收据），夫妻双方身份证、户口簿、结婚证（所有原件及复印件 A4 三份），贷款申请表一式三份到公积金管理中心个贷服务大厅办理贷款申请手续。

第二步，公积金管理机构将审批通过的贷款资料传递到受托银行。

第三步，银行通知借款人及其配偶持双方身份证到银行签约处签订《借款合同》《抵押合同》。

第四步，借款人及其配偶持双方身份证与银行工作人员一起到房管部门领取《房屋他项权证》。

第五步，借款人持《房屋他项权证》原件及复印件一份到公积金管理中心个贷服务大厅开具《放款通知书》。

第六步，借款人持《房屋他项权证》原件及复印件一份、《放款通知书》到受托银行办理贷款发放手续。

住房公积金的融资额度有三种计算方法，各地执行参数不同：（1）按所购房产价值计算。购买家庭首套自住住房，建筑面积在 90 平方米（含）以下的，贷款额度不高于所购房屋总价的 80%；建筑面积在 90 平方米以上的，贷款额度不高于所购房屋总价的 70%。购买家庭第二套自住住房的，公积金贷款额度不高于所购房屋总价的 40%。（2）按公积金个人账户余额和缴存时间测算。贷款额度＝（借款人公积金账户余额＋配偶公积金账户余额）×10×缴存时间系数。缴存时间系数确定为：1～2 年为 1.0；2～3 年为 1.2；3～4 年为 1.5；4 年以上为 2。（3）按借款人还款能力计算。借款人为单身或配偶未缴存公积金的，月还贷能力＝借款人公积金月缴存基数－确定的月生活费；借款人及其配偶均缴存公积金的，月还贷能力＝（借款人公积金月缴存基数－确定的月生活费）＋（借款人配偶公积金月缴存基数－确定的月生活费）。贷款额度＝月还贷能力÷申请贷款年限对应的每万元贷款等额本息月还款额×10 000。

住房公积金贷款一方面有房产抵押作为担保，另一方面有住房公积金授信控制，公积金贷款金额最多不超过公积金账户余额的 14 倍，因此其总体风险相对可控。

房地产开发贷款

银行向有房地产开发经营权的国有、集体、外资或股份制房地产开发企业提供的用于住房、商业用房和其他房地产开发建设的中长期项目贷款，贷款期限不超过 3 年。贷款仅限用于家庭住宅、商业用房工程项目，在完工或预售后以房产销售款偿还贷款本息。

房地产开发商获取开发贷款的前提条件：（1）项目的自有资金必须达到一定比例（根据项目的不同一般至少要高于 20%）；（2）项目符合国家法律法规政策；（3）项目的还款来源充足；（4）开发商目前的财务状况良好；（5）能够提供足额有效的担保；（6）贷款用途合理。

按照开发内容的不同，房地产开发贷款有以下几种类型：（1）住房开发贷，专门用于开发建造向市场销售的住房的贷款。（2）商业用房开发贷，专门用于开发建造向市场销售的非家庭居住的商用楼贷款。（3）土地开发贷，专门用于土地开发的贷款。（4）房地产开发流动资金贷款，房地产开发商因资金周转所需申请的贷款，不与具体项目相联系，由于最终仍然用来支持房地产开发，因此这类贷款仍属房地产开发贷款。

开发贷款流程：银行信贷员获取政府土地拍卖信息 → 跟踪土地中标的房地产开发商 → 建立项目资金合作关系 → 开发商项目公司支付土地出让金 → 办理发改委项目备案 → 取得《国有土地使用证》→ 办理《建设用地规划许可证》、环评手续、《建设工程规划许可证》和《建筑工程施工许可证》→ 开发商项目公司以该项目在建工程抵押给银行 → 办理在建工程抵押手续 → 银行发放项目开发贷款 → 专项用于该项目的投资建设 → 达到国家预售标准或完工现售 → 开发商项目公司在银行开立销售监管账户 → 与房管局系统联网 → 每售出一套，办理商品房按揭贷款，最后如期收回项目贷款。

一旦发生开发商的房产卖不动，房地产开发贷款则大概率会出现违约。但是，由于房地产开发商抵押了在建工程，任何时候，银行都可以启动抵押处置流程，对该房地产项目进行拍卖变现，以所得价款优先受偿。

不过，全面取消商品房预售制已在路上，监管部门为了抑制房地产负债经营，房地产企业已被禁止负债拿地，房地产企业优胜劣汰已然是大势所趋。取消商品房预售制必然给银行开发贷款第一还款来源增加不少安全感。

企业房产抵押贷款

这里是指向有信用实力的非房地产企业提供的房产抵押贷款。在银行，企业房产抵押贷款居多，这些房产有的是企业自有资产，有的是股东个人物业，贷款期限一般在 3 年以内，以企业的销售回款作为第一还款来源，还款方式比较灵活。由于贷款容易被挪用，银行对大额贷款实行专管制度，对重点企业贷款由指定信贷员或信贷组进行专门管理，对大型企业集团且贷款达到一定额度的，建立分理处或支行，加强贷款管理，确保信贷资金安全。

企业运营正常，但因客观因素不能如期还款，到期日前 10 天内，可向贷款行提出借款展期申请。如果有担保，则还应由贷款第三方担保人或保证人出具同意展期并继续担保的书面证明。通常，贷款只能办理一次展期。短期贷款展期不得超过原定期限；中期贷款展期不得超过原定期限的一半；长期贷款展期最长不得超过 3 年。借款人未申请展期或申请展期未得到批准，其贷款从到期日次日起，转入逾期贷款科目账户，由信贷经理和行长负责催收。

个人房产抵押贷款

银行对个人红本房提供的 1～3 年的中期房产抵押贷款。银行要求个人红本在手，房产所在地流通性好，借款人有第一还款来源，可分期还款，也可分期还息到期还本。银行这类贷款给民间带来了大量赎楼过桥贷款，即借款人到期如无法偿还，则通过民间赎楼贷过桥还贷，我国房地产一直处于发展通道，楼市一度上涨，使得银行的个人房产抵押贷款风险可控性良好。

银行一贯有属地风险控制原则，即不承接异地客户项目。因为房地产的地方属性非常强，资金方通常对异地房产状况不熟悉，对房产的控制处于被动地位，所以，我们认为，红本抵押在当地银行做不了的房抵可能存在我们所看不到的风险，需要谨慎对待。

非银行房贷

从事非银行房贷业务的主要是各地小贷公司、典当公司和其他各种民间资金方等，其中最多的就是赎楼贷，即它们提供资金"过桥"帮助银行房贷借款人偿还贷款本息，把借款人押在银行的红本赎出来，借款人再向银行重新办理房贷，成功后偿还过桥资金。这种贷款的风险是银行突然断贷，引发违约纠纷。

小额贷款公司最多的就是小额房贷业务，多为银行溢出项目，金额小，期限短，利率高，为小额贷款公司的主流信贷业务。小贷公司审查政策普遍宽松，放款速度比银行快，但房产比较杂，有红本房、二押房、小产权房等等，通常借款人在银行征信存在不良记录或信用瑕疵，需要小贷公司谨慎识别并控制风险，如果借款人只是急需钱，看中小贷公司放款速度、办事效率或更大的放款额度，则这类动机相对良性。

二押多押房贷的风险比较高，利率也高，房产剩余可抵押价值核实有一定难度。二押大多数只签抵押合同，很少正规办理抵押登记，因为房产押在银行，一旦出现违约，清偿顺序对出借人非常不利。

此外，在红本抵押贷款中，存在位置差、房产质量问题、环境不好、功能配套差等原因导致的房产流动性差，到期变现存在风险，这些银行基本不做，自然而然成为小贷公司、典当公司等类金融企业的业务来源。风险高收益也大，资金方为了控制风险，在操作上应更加细致，其风控更应注重借款人的未来现金流，而不是房产处置，否则就很容易走向暴力催收。就算成功诉讼，律师费、评估费、拍卖费、诉讼费、保全费等各种费用也要去掉收益30％以上，最后仍然难控损失。

房产网签是房屋买卖双方签订合同后，到房地产管理部门做备案，网签前，先要查该房产是否已办理网签，如果已办理，则要先撤再办；然后，应防止"一房多卖"。网签的程序是：交易双方当事人下载网上公示的商品房定金协议或买卖合同文本，协商拟定相关条款→通过网上签约系统，打印经双方确认的协议或合同→双方当事人签字（盖章）→在电子楼盘表上注明该商品房已被预订或签约。每宗交易的网上操作程序应在24小时内完成，已销或已抵押的房产办不了网签，办理网签后业主不能卖给别人，且直到办理正式过户手续结束。正是因为网签有这个特点，一些房地产开发商为了借款，将可售房产通过网签的方式变相"押"给金融企业，金融企业以这种非抵押也非实际买卖的方式控制房产，通过融资方式支付签约定金，如果到期借款人不还款，则债权人可能以协议的极低价格办理过户手续。

细节上应注意：（1）网签的房产地址一定要填写准确，防止被套路，导致行权瑕疵；（2）网签协议中就价格、违约条款协商好，过户条件准备好，而不是出现业主违约时才想到这些；（3）前期要到房管局核查该房有没有出售或办理抵押；（4）这种"借道"风控方式存在政策风险和法律风险，借贷协议和买卖协议为阴阳协议。

最普通的房产抵押融资是借款申请人以可出售和转让的商品房作为抵押品从银行或金融企业借款的方式，这种抵押贷款可用于购房，也可以用作生产经营等用途。因此，借款人可以是个人，也可以是企业或房地产开发商等。

房产担保增信

当借款人信用实力不够，借款人愿意提供与风险敞口相当的房产抵押，以增加借款人的可信任度。目前只有银行、小额贷款公司、财务公司、典当和担保公司可以办理房产抵押登记，保理、融资租赁、供应链公司等供应链金融企业因无法办理房产抵押登记手续，其债权很难实现房产担保增信，虽然相关法律并没有禁止类金融企业进行不动产抵押登记。

国土资源部《关于完善建设用地使用权转让、出租、抵押二级市场的试点方案》（国土资发〔2017〕12号），提出放宽对抵押权人的限制。按照债权平等原则，明确自然人、企业均可作为抵押权人，依法申请以建设用地使用权及其地上房屋等建筑物、构筑物所有权办理不动产抵押登记，并承诺在试点地区推进，大家可跟进关注。

解决类金融企业房产担保增信的有效方法是通过抵押权代持来实现，这是一个不得已才采用的规避法律风险的方案，操作起来或显烦琐，但还是值得我们去尝试。比如抵押权代持在保理中的应用，如图9.1所示：

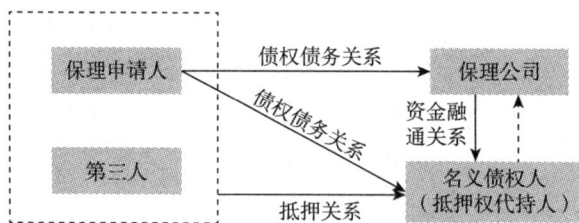

图9.1 资金融通形式的抵押权代持模式

首先，保理商、抵押人、抵押权代持人等相关主体另行签订补充协议，明确真实债权债务关系、实际抵押关系以及抵押权代持法律关系，以书面形式明确各方主体的权利义务和责任。防止抵押人因不知道抵押权代持法律关系，而擅自向抵押权代持人承担抵押权项下义务，导致保理商的交易结构设计目的落空，也防止抵押人提出各种抗辩，影响保理商权益实现。

其次，签订委托付款协议，或设定反担保安排，完善抵押权代持法律关系，规避抵押关系缺少基础交易合同导致抵押权无效的问题。相对而言，反担保形式的抵押权代持模式和资金融通形式的抵押权代持模式中各方主体的权利义务较为清晰，合规风险较低。

再次，抵押担保合同是主债权债务合同的从合同，主债权债务合同无效，抵押担保合同无效，但法律另有规定和抵押担保合同另有约定的除外；抵押担保合同被确认无效后，债务人、担保人、债权人有过错的，应当根据过错各自承担相应的民事责任。因此，建议在抵押担保合同中明确抵押担保合同的独立性，即抵押担保合同并不当然因主合同的无效而影响其效力。

最后，选用值得信赖的抵押权代持人，并明确其违约责任。抵押权代持人通常为债权人的关联公司或法定代表人，或取得《金融许可证》的金融机构等，为防范其道德风险，建议在各法律文本中明确抵押权代持人的违约责任。

对于融资期限在 1 个月以内的，类金融企业无须办理登记手续，因为当前各地办理房产证挂失补办至少要 1 个月（不同地方或有不同），有的公示多达 3 个月才补办，这种补办风险较小。还有针对一些历史无信用不良记录的常规借款户，这个风险也相对会比较低，可作为一种增信措施，只签订抵押担保合同，不办理抵押登记手续也是可以的。

存在瑕疵的房产

（1）小产权房。指在农民集体土地上建设的房屋，未缴纳土地出让金等费用，其产权证不是由国家房管部门颁发，而是由乡政府或村委会颁发，所以叫作"乡产权房"，又叫"小产权房"。小产权房分部分产权（比如只有使用权而无处分权利）或无产权（建造时未办任何手续的违章建筑），法律上没有保障，不真正构成法律意义上的产权。因此，它不可能在银行获得抵押贷款。

（2）绿本房。指全成本商品房和准成本商品房房产证，该类房产的地价是经政府批准，予以减免优惠，其买售为特定的对象。该类房产所有权是受到一定限制的，不得转让和抵押。目前根据有关政策，此类房产经房产局批准并补交差价，办理手续后准予上市，可转为红本房产证。现在已经极少了。

（3）用于教育、医疗、市政等公共福利事业的房地产。如学校、幼儿园、医院等以公益为目的的事业单位、社会团体的教育设施、医疗卫生设施和其他社会公益设施类的房地产不得设定抵押。私立的例外。

（4）所有权、使用权不明或者有争议的房地产。设立抵押权要求抵押人对抵押物享有所有权或依法处分权，如果权属存在争议，那么抵押权的设立和实现都存在问题，从而无法保障债权人的债权，因此禁止权属有争议的房地产作为抵押物。

（5）列入文物保护的建筑物和有重要纪念意义的其他建筑物。这些建筑物与公共利益关系紧密，禁止作为抵押物。

（6）依法被查封、扣押、监管以及其他会影响抵押处置权的房产。处于查封、扣押、监管等限制下的房地产暂时处于不能转让的状态，由于抵押人并没有自由的处分权，因此不得抵押。

（7）已经被依法列入拆迁范围的房地产。因为列入拆迁范围的房地产，其权利处于不确定状态，为保护债权人利益，也不得抵押。

（8）依法可以确认为违法、违章的建筑物，随时面临拆除风险。

（9）处于在建工程状态，如缺少《建设用地规划许可证》《建设工程规划许可证》《建筑工程施工许可证》《国有土地使用证》《商品房预售/销售许可证》五证中的一个或多个证的。

（10）已为危房，或将处于危险状态的房产。

（11）不具备市场流通能力的房产。

（12）房产所在地市场价格出现大幅下跌。

房地产投资信托基金

房地产投资信托基金（Real Estate Investment Trusts，REITs）是一种以发行收益凭证方式汇集特定投资者资金，由专门投资机构（SPV）进行房地产投资经营管理，并将投资收益分配给投资者的信托基金。

有公募和私募两种，前者收益凭证可上市公开交易，也可封闭运行，美国占多数；后者面向特定投资者，如个人资金、险资等资金。我们当前的 REITs 主要是私募发行，且为股权募资，债权募资不能在基金协会备案，投资人主要是机构投资者。按组织形式分为公司型和契约型。美国公司型占多数，它们针对物业类型，已形成零售商业、酒店、写字楼、公寓、物流仓储、医院等各类资产的全覆盖。按投资形式分为权益型、抵押型和混合型。权益型 REITs 投资于房地产并拥有所有权，其底层资产是房地产，收益来源于租金收入、房产增值、资产余值、物业管理等增值服务收入等等，因此，权益型 REITs 的 SPV 大多从事房地产经营活动，比如租赁、物业服务等等。抵押型 REITs 投资的是房地产抵押贷款或房地产抵押支持证券，其底层资产是房抵信贷资产，收益主要来源是房地产贷款的利息收入。混合型则是权益型和抵押型两种的结合。

REITs 典型的运作方式有两种，一种是特殊目的载体（SPV）向投资者发行收益凭证，将所募集资金集中投资于写字楼、商场等商业地产，并将这些经营性物业所产生的现金流向投资者分配收益；另一种是原物业发展商将旗下部分或全部经营性物业资产打包设立 REITs 产品，以其收益如租金、按揭利息等作为标的，分成若干等份出售给投资者，以后定期派发红利，实际上给投资者提供的是一种类似债券的投资方式。相比之下，写字楼、商场、购物中心等商业地产的现金流比传统住宅地产的现金流稳定，因此，REITs 更适用于商业地产。

发行条件有：（1）资金专注投资于可产生定期租金收入的房地产项目；（2）限制销售所投资的房地产，因为买卖房地产可能会导致投资人的收益无法得到保障；（3）收入大部分必须源自房地产项目的租金收入；（4）收入绝大部分必须定期以股息方式分派给持有人；（5）投资的房地产必须是初始资产。

银行打破刚兑后，房地产开发商大多想通过这种资产证券化方式获取项目开发所需资金，但受我国法律、政策、税务等种种因素影响，目前发展并不尽如人意，还没有完全符合国际惯例的 REITs 产品出现。2014 年中信启航（以中信证券办公楼作为标的的 ABS 产品）发行了我国第一单股权类 REITs 产品，其实这个产品遭人们所诟病，主要是标的巨额的资产增值收益投资人基本没有享受到。当前证券交易所的资产证券化逐步成为国内 REITs 类产品的重要运作载体，由于这类产品尚不具备 REITs 的全部特征，被称为"类 REITs"。"类 REITs"在不动产证券产品设计上积累了丰富经验，在会计处理、税务筹划、资产评估、资产评级、法律意见等方面形成了一套可供参考的产品模式。

我国 REITs 发行正逐年增加，从风控角度来看，REITs 还是存在严重水土不服现象，一方面我国房价过高，收益率被严重挤压；另一方面，我们的资产证券化法规不健全，税收制度、信息披露等各项配套制度也存在缺位问题，无法社会化，无法充分保障投资人利益。

房产抵押登记

现售房和二手房登记

登记需要符合：（1）为抵押人合法拥有的不动产；（2）不动产没有查封等限制房地产权利情况；（3）抵押人与抵押权人已签订借贷主合同和抵押合同；（4）法律、法规及规范性文件规定的其他条件。

抵押登记时需提交资料：（1）不动产抵押登记申请表，收原件；（2）申请人身份证明材料，需验证原件；（3）《不动产权证书》（共有房产还须提交共有人同意抵押的证明），收原件；（4）主债权合同，收原件；（5）抵押合同，收原件；（6）抵押权登记的材料；（7）法律、法规、规章及规范性文件规定的其他材料。

预售房登记

登记需要符合：（1）抵押人合法拥有房产；（2）房地产买卖合同（预售）已经房地产主管机关备案；（3）房地产无查封等限制房地产权利情况；（4）抵押人与抵押权人已签订主合同和抵押合同；（5）法律、法规及规范性文件规定的其他条件。

抵押登记时需提交资料：（1）不动产抵押登记申请表，收原件；（2）申请人身份证明材料（产权登记），需验原件；（3）预售房地产买卖合同，收原件；（4）主债权合同，收原件；（5）抵押合同，收原件；（6）抵押权登记的材料；（7）法律、法规、规章及规范性文件规定的其他材料。

办理流程和注销手续

办理的大致流程：申请人在房产所在地房管所递交申请资料→登记机构受理审查核准→登记机构将登记事项记载于登记簿→申请人领取登记结果。

深圳自受理次日起整个流程需 15 个自然日。

注销登记手续：抵押当事人应当在债权清偿终止之日起 15 日内，持下列资料到原登记机关办理注销抵押登记手续。提交的资料有：（1）不动产抵押登记申请表（须有抵押权人公章及受托人签字），收原件；（2）申请人身份证明材料（产权登记），需验原件；（3）《不动产登记证明》，收原件；（4）抵押权注销的证明材料，抵押权人出具的同意注销抵押登记的证明文件，或者法院强制执行注销抵押登记的，提交民事裁定书、协助执行通知书，收原件；（5）法律、法规、规章及规范性文件规定的其他材料。

登记注意事项

（1）抵押当事人为港、澳居民的提交身份证及《港澳居民来往内地通行证》；为台湾居民的提交身份证及《台湾居民来往大陆通行证》；为外国公民的提交当地公证机构公证其身份的中文公证书［须经该国外交部或其授权的机构和中国驻该国使（领）馆认证］。

（2）当事人应亲自到场办理，如当事人不能亲自到场办理，应提交当事人的公证委托书（原件一份）或当场签署的委托书、代理人的身份证明（核对原件，收复印件一份）。

（3）购买的商品房（不包含独立别墅）、经济适用住房、房改房可不提交《国有土地使用证》。

（4）抵押权人为外地金融机构且无法出具工商营业执照原件及《金融许可证》

原件的，应提交加盖公章的工商营业执照及《金融许可证》复印件；抵押权人为非金融机构企业法人的，需提交营业执照原件，核对原件后收加盖公章的复印件一份。

（5）申请办理房地产典当抵押登记的，须提交《典当合同》《房地产典当抵押合同》。

（6）当事人为未成年人的，需提交其与法定监护人的关系证明（如户口簿、出生证等）及法定监护人身份证明；需提交保证书（监护人签名保证其具有监护资格及处分未成年人的房产是为了被监护人的利益）。

"房子是用来住的，而是不用来炒的"，这个政策导向推动了我国租售同权、限购限贷、共有房产、发展城市房屋租赁市场等一系列相关政策的出台，目的是抑制房价泡沫，拉动内需，推动金融供给侧改革，保护我国房地产业健康可持续发展，防止系统性金融风险的发生。

房地产属于强周期行业，有大起也会有大落，房贷业务也必然遵循这个规律，应顺势而为，规避风险。

第十章　车贷风控

车贷市场概况

车贷是热度仅次于房贷的消费金融产品，担保资产是汽车，包括经营型用车和消费型用车的融资，经营型用车需求一般对接 B 端客户，消费型用车需求一般对接 C 端客户。在车贷中，参与的相关主体主要有买方、卖方、资金方和车贷服务方。

买方包括个人消费者和企业，企业有汽车租赁公司、4S 店、汽车贸易公司、工商企业、汽车供应链公司、物流公司、快递公司、公交公司、共享汽车服务公司等以汽车为主要工具的运营企业等。从销售量来看，个人消费者市场最大。卖方包括汽车生产厂家、4S 店、汽车贸易公司、平行进口车贸易公司等等。从事车贷业务的资金方主要有银行、汽车金融公司、小贷公司、网贷公司、供应链公司、保理商、融资租赁公司、典当公司等等。银行个人消费车贷首付 15%，贷款期 3～5 年，分期还款方式，汽车抵押，必须配备车全险。各种车贷只是叫法不同，形式都大同小异，如以车按揭、租代购、先租后买、边租边购等等。个人信用好（收入充足稳定）可以不用提交担保物，资金方根据大数据、个人评分卡在线审批资格，发放贷款，绑定信用卡或借记卡还款。为车贷提供服务的有二手车销售平台、征信公司、保险公司、担保公司、车管所、公证处、催收公司等等，GPS 定位跟踪、数据公司等为车贷提供风控支持。

车贷按购车人分消费型车贷和经营型车贷两大块，其中消费型车贷包括国产车车贷和进口车车贷，国产车有高中低档之分，高档在 20 万元以上，中低档在 20 万元以下。进口车中的中规车是国外汽车厂商根据中国路况、交通规则、驾驶习惯设计生产的销往国内的进口车，即正规进口车，通过中国总代理在 4S 店出售；平行进口车即非中规车，指海外汽车生产厂商面向其他国家和地区（如美国、加拿大、欧洲、中东）生产的车型，是从海外汽车经销商所采购的，由国际进口贸易商进口，由中国总经销商及在各地的零售经销商负责销售。由于非中规车与中规车经销渠道上"平行"，所以叫平行进口车。此类汽车售价较低，有 3C 认证，进入国内市场批量较小，售后服务主要找销售的 4S 店，不能提供原厂质保。依据进口地不同有"美规车""中东版车"等，款型配置丰富，包括特殊车型、豪华跑车、皮卡、房车等。其涉及主体较多，重点关注经营是否合法、进口车车源（防进口旧车法律风险）、质量纠纷、逃税风险、多头融资风险等等。平行进口车主要来自天津、大连、上海、黄埔、钦州等港口。由于进口车以高档越野车为主，且有一定保值性，其融资能力较强。

经营型车贷围绕国产车东风货车、江淮货车、中国重汽、福田货车、解放货车、柳工挖掘机、江铃重卡、长安等等，进口车如康明斯、汉马、奔驰载货车、沃尔沃牵引车、欧马可等等，专用车如集装箱车、工程车、冷藏车、电车、货车、拖车、水泥车、油罐车、公交车等等，特用车如救护车、救火车、环保车等等。经营型车贷中，银行占据大半江山，其他就是汽车金融公司、供应链公司、融资租赁公司、金融租赁公司、小额公司、保理商等等。

伴随 5G 技术和物联网技术的发展，智能汽车将逐步取代传统汽车，智能汽车将引领整个汽车行业的未来。随着特斯拉在我国设立独资公司，比亚迪、蔚来、华晨宝马将面临巨大挑战。当前我国政府已取消新能源汽车的地补，国补也已被腰斩，全面取消新能源汽车补贴政策会成为现实。当前围绕智能汽车的汽车金融创新正在悄悄酝酿中。

在整个车贷市场，基本上银行、汽车金融公司占据绝大部分新车车贷市场，供应链金融企业占据小部分新车资金市场，小额贷款公司、网贷 P2P 公司、典当公司等等占据二手车车贷市场。

车贷风险和风控方法

走失和事故风险及其风控

汽车是动产，容易走失或发生安全事故。为了控制走失风险，在车上安装 GPS，为防止被拆卸，有的还安装两个，一明一暗，在协议中约定行驶区域，随时跟踪行踪。

为防安全事故带来的违约风险，购买汽车全险，即强制险＋车损险＋第三者责任险＋不计免赔＋车上人员险等这几项，有条件还可以附加盗抢险、玻璃险、车身划痕险、自燃险等。平行进口车车商、厂商不提供质保的，车主应另外购买质保险。

车主违约风险及其风控

贷款额度和期限核定

为防止个人汽车消费者违约风险，资金方设计信用评分卡和反欺诈评分卡来选择车贷客户；车贷授信贷款额度和贷款期限根据购车人收入水平来确定，收入高则一般贷款额度高，或贷款期限更短，相反则贷款额度低，或期限更长。购车人每期现金流净额＝借款人（或家庭）每期收入＋其他收入－个人（或家庭）支出－个人（或家庭）其他债务支出，结合汽车价款测算出借款人合理贷款期限。如期限过长，超过汽车折旧期，则通过调整首付比例来控制，或增加相应的担保增信措施。分期偿还要能捆绑银行信用卡分期还款，方便及时发现车主信用风险。

汽车履约保证保险

借款人购买汽车履约保证保险，可以转嫁借款人的信用风险，这是银行和车贷公司应对借款人以后多头借贷的有效避险措施。汽车履约保证保险目前针对三年以内的借款人提供，保险公司通常要求汽车首付在三成以上，人保财险、太平财险、天安、众安、安心、长安、富德等保险公司都有这种保险服务，保险公司通常根据内部个人资信评分来决定车贷险的费率，如个人资信评分为 85 分的费率是 1.3%，75～84 分的费率是 1.8%……50～54 分的费率是 3.2%，50 分以下不予支持。这也可以作为车贷公司和银行的风控参考。保险金额为购车贷款合同中列明的贷款金额及利息，车贷险的保费就是对应的费率乘以保额。部分保险公司采取费率与贷款年限挂钩的办法，即费率与贷款时间长短相关；如果投保人提前还清购车贷款，可申请退保，投保人凭保险单正本、被保险人提供的还清贷款及利息的书面证明和对退保无异议的书面证明、退保申请书向保险公司申请退保，保险公司根据实际贷款期退还剩余保费。保险合同所保险的贷款期限为三年以内（含三年），贷款金额不高于所购车辆净价格 70%，且实际购买或租赁乘用车的行为已经有效发生。

保险人免赔条款：（1）投保人与被保险人及第三方之间的购车借款合同或购车抵（质）押合同存在下列情形之一：被依法确认无效；未经保险人书面同意变更或解除；未实际履行。（2）抵（质）押应当办理法定登记手续而未办理的。（3）投保人提供的抵（质）押物被被保险人以外的机构或个人拍卖、转让。（4）投保人与被保险人及其代表或雇员恶意串通，损害保险人利益的。（5）被保险人违反有关消费贷款管理的法律、法规和行政规章发放贷款。

被保险人请求赔偿时提供下列证明和资料：（1）索赔申请书；（2）本保险保险单正本（复印件）；（3）所购车辆的机动车辆保险相关凭证（复印件）；（4）购车借款合同及相关附件（复印件）；（5）被保险人发出的催款通知书（复印件）及投保人未按期还款的记录清单；（6）投保人欠款记录。

汽车抵押担保

《物权法》规定：以生产设备、交通运输工具等动产抵质押的，实行登记对抗制。可见，汽车抵质押只要签订合同即发生法律效力，登记才能对抗善意第三人。

特别是信用不好的车主贷款还在按揭期就把汽车转手卖掉了，或质押给一些车贷公司，给一手车贷公司带来极大风险。

当前车管所全国有待联网，各地查档管理不尽相同，大多需要车主配合参与，金融企业有的单独可以查，有的地方不让查。由于车管所办理汽车抵（质）押手续会在《机动车登记证书》上注明已抵（质）押字样，没有注明的则说明没有办理抵（质）押，但还不能光凭这个判断车辆的登记状况，因为公检法办理冻结或保全是不需要《机动车登记证书》的。因此，还是要查实才行。查抵（质）押或冻结状态有三个途径：一是车主携带身份证、机动车行驶证、机动车驾驶证去车管所查；二是车贷公司拿着营业执照去车管所查；三是车贷公司可以到当地交警支队网站上查询机动车状态，提供车架号、发动机号查询，有的可以查有的不可以查。

车贷公司和车主在机动车所在地办理车辆牌照的车管所办理申请抵（质）押登记手续，机动车抵（质）押登记日期、解除抵（质）押登记日期开放查询。

抵（质）押人应当填写《机动车抵押登记/质押备案申请表》，由车主和抵（质）押权人共同申请，并提交下列证明和凭证：（1）车主和抵（质）押权人的身份证明；（2）《机动车登记证书》；（3）车主和抵（质）押权人依法订立的主合同和抵（质）押合同。

车管所自受理之日起一个工作日内，审查提交的证明和凭证，在《机动车登记证书》上签注抵（质）押登记的内容和日期。

申请解除抵（质）押登记时，车主应当填写《机动车抵押登记/质押备案申请表》，由车主和抵（质）押权人共同申请，并提交下列证明和凭证：（1）车主和抵（质）押权人的身份证明。（2）《机动车登记证书》。人民法院调解、裁定、判决解除抵（质）押的，车主或者抵（质）押权人应填写《机动车抵押登记/质押备案申请表》，提交《机动车登记证书》，人民法院出具的已经生效的《调解书》、《裁定书》或《判决书》，以及相应的《协助执行通知书》。车管所一个工作日内，审查提交的证明和凭证，在《机动车登记证书》上签注解除抵（质）押登记的内容和日期。

银行的贷款便宜，但要获得并不容易，如果有房产抵押则成功概率高多了，其他汽车金融公司、车贷公司、小贷公司车贷成本高，一般不需要房产抵押增信。

车贷特征

个人车贷绝大多数在百万以下，金额小、笔数多，一般采用评分卡，不适合采用纯线下调查的精细风控。车贷业务以 O2O 获客方式为主，采用系统平台化风控，大数据模型分析，配合反欺诈技术和贷前偿还能力分析，大大提高了效率，实现批量操作,缩短放款时间,分散风险,控制坏账率和风控成本。

经营型用车在采购环节存在大量的资金需求,银行、汽车金融公司、供应链公司为采购商提供资金支持,融资租赁公司为生产企业、运输企业、快递企业、公交公司等提供融资租赁服务,这些债权融资大多金额大,需要采取精细化的人工风控;同时还可以引入第三方车贷信用数据和风控,弥补车贷企业风控数据的不足和风控能力缺陷。

经济和技术贬值风险

全球汽车产业都在面临物联网、新能源和智能化技术的转型冲击,传统汽车产业面临技术贬值风险。此外,车主对汽车使用的频率不同,可能因汽车过度使用而存在经济贬值风险,风控汽车的思维只能局限于价值相对较高的进口车保值,国产车经济和技术贬值风险非常大,即汽车的实际使用期与预计使用期不一致,为了防止汽车后期变现价值低于贷款余额,一方面加强对车主未来现金流获取能力的分析,另一方面控制好贷款额度与汽车价值或估值折扣关系。比如新车贷款额度控制在汽车价值的 60%～80%,二手车在 50%～70%,新车贷款期限控制在2～5年,二手车控制在 3 年以内,汽车融资期小于等于折旧期的 70%。

在以租代购、边租边购、先租后购业务中,租车人属于实质购车人,但由于产权属于车商,抵押人为车商,为了保护好汽车的性能,在协议中应约定好,租车人为汽车保养维修的责任人,应为汽车余值提供担保,这样有助于租车人培养良好用车习惯。

车贷企业运营风险

(1)巧立名目,设计各种套路获客,如高额虚假积分、虚假奖金、免息免手续费,或搞套路贷。

(2)当客户违约时,强制收取高额逾期费用和拖车费。

(3)非法催收,如涉及黑社会催收、暴力催收、恐吓催收、频繁催收、威胁或污辱性语言和借款人朋友短信催收等等(抽查逾期客户即可发现)。

(4)签订了汽车担保合同却未办理担保登记,故意从事二押多押业务,明知已抵押融资还办理质押融资。

(5)风控过于粗放,坏账超过利润。

(6)没有押车处置预案,如没有与二手车车商签订规范的二手车收购协议。

（7）车贷公司参与恶性竞争，故意为历史信用不良的借款人提供车贷。

（8）车贷公司没有经营资质，或超营业范围经营，非法从事车贷业务。

（9）无企业内部风险控制机制，负债率超过 90％，对单一客户放款超过其净资产的 10％，对资金方虚报瞒报数据，虚报坏账率。

（10）侵犯个人隐私，数据采集未征得数据主体同意，使用法律所禁止的涉及个人信仰、血型、疾病等的信息。非法从黑市购买个人隐私信息，对已有的客户信用信息无严格保护机制。

有些汽车经销商、网络公司等没有放贷牌照，擅自非法经营汽车抵押放款业务，甚至与黑社会、非法数据公司勾结，打着科技金融、普惠金融的旗号，大搞高利贷、套路贷、暴力催收等情节严重的非法经营活动，这些都注定会受到法律严惩。

车贷风控硬伤

购车人是个人的风控硬伤

（1）办理抵（质）押的汽车所有人与身份证的信息不一致，存在虚假。

（2）所抵（质）押的汽车达到国家规定的强制报废标准，或是改装车。

（3）所抵（质）押的汽车被人民法院、人民检察院、行政执法部门依法查封、扣押。

（4）所抵（质）押的汽车属于被盗抢的。

（5）购车人个人银行征信存在恶意透支和不良信用记录，或被列入征信黑名单。

（6）购车人在被执行人网列入黑名单。

（7）购车人未达 18 周岁，或超过 60 岁。

（8）购车人未考取机动车驾驶证。

（9）购车人工作和收入均不稳定，或未来现金流获取能力无法判断。

（10）在消费金融系统有历史欺诈行为等道德劣迹。

（11）购车人所开办的企业存在严重逃税行为，被列入企业税务黑名单。

（12）政府机关用车、违章记录过多的车辆、发生重大维修的车辆、不能过户的存在权属问题的车辆。

……

购车人是企业的风控硬伤

（1）上市公司实际资产负债率大于 90％，非上市公司大于 80％（当前情况下）。

（2）提供不了真实完整财务资料。

（3）报税收入占总收入比重小于60％。

（4）借款人存在非法经营行为。

（5）企业有重大诉讼或仲裁未决案，标超过净资产20％。

（6）企业存在不良贷款。

（7）借款人对外担保（关联企业除外）超过净资产的20％，对内担保占净资产比重超过100％。

（8）当前有未还高利贷。

（9）借款人或企业法定代表人有赌博和吸毒不良嗜好。

（10）借款人或其关联企业存在破产风险。

（11）借款人项目净利润显示亏损，或无法承受最低月供额。

……

车贷种类

按揭车贷

主要是银行和汽车金融公司向个人购车者提供的汽车消费贷款，有新车，也有价值较高的二手国产车、二手进口车。

按揭车贷量多金额小，从客户准入到后期按揭通知、收款和催收都是平台智能处理，匹配GPS定位跟踪风控系统，对逾期客户介入人工风控。

按揭车贷流程：

第一步，客户申请。书面填写申请表，提交相关个人信息资料。这一步在汽车经销商或4S店一般是代理申请，也可在线上进行申请。

第二步，签订合同。签订借款合同、担保合同，视情况办理相关公证、购买车贷险和汽车全险等。

第三步，发放贷款。办妥所有手续后，银行按合同约定以转账方式直接划入汽车经销商的账户，办理抵押登记手续。

第四步，按期还款。借款人如约还款。如果要办理展期申请，原则上个人汽车贷款的贷款期限（含展期）不得超过5年，其中二手车贷款的贷款期限（含展期）不得超过3年。

第五步，贷款结清。分三种情况：第一种是正常结清，即在贷款最后一期结清贷款。第二种是提前结清，即借款人提前部分或全部结清贷款，应按借款合同约定，提前向银行提出申请，由银行审批后到指定会计柜台进行还款。提前结清的，车贷险可按规定比例退回多缴纳的保费。第三种是逾期结清，应注意罚息后综合贷款成本不可超过年化 36%。

第六步，贷款结清后，借款人应持本人有效身份证件和银行出具的贷款结清凭证和证明领回由银行收押的法律凭证和有关证明文件，并持贷款结清凭证到原抵押登记部门办理抵押登记注销手续。

银行车贷政策：（1）贷款对象：年龄在 18 周岁（含）至 60 周岁（含），有的要求 22～55 岁，具有完全民事行为能力的自然人。（2）贷款额度方面，自用车贷款金额不超过所购汽车价格的 85%；运营用车贷款金额不超过所购汽车价格的 70%。其中，货车贷款金额不得超过所购汽车价格的 60%，二手车贷款金额不超过借款人所购汽车价格的 50%。（3）贷款期限方面，如果所购车辆为自用车，最长贷款期限不超过 5 年；所购车辆为商用车，贷款期限不超过 3 年。（4）贷款利率方面，依央行基准利率上下微调。有的银行宣传免息或低息提供车贷，实际上收取高额手续费，即名为免息，实为手续费代替；相反如果免手续费，则利息会在银行基准利率上上浮。

申请个人汽车贷款，借款人须提供一定的担保，方案包括纯车辆抵押、车辆抵押＋担保机构（第三方担保）、车辆抵押＋房产抵押、车辆抵押＋自然人担保、车辆抵押＋履约保证保险（即车贷险）等各种风控组合方案。

按揭车款期限在一年以内的，可以采取按月还息任意还本法；贷款期限在一年以上的，可选择采用等额本息、等额本金还款法等还款方案，或参照融资租赁租金方案，设计更灵活的还款方案，具体还款方式由银行与借款人协商并在借款合同中约定。

申请按揭车贷需要提供的材料有：（1）《个人贷款申请书》。（2）个人有效身份证件。包括居民身份证、户口簿、军官证、护照、港澳台居民来往通行证等。借款人已婚的要提供配偶的身份证明，并两人到场面签协议。（3）户籍证明或长期居住证明。（4）个人收入证明，必要时须提供家庭收入或财产证明，有的要求提供近期纳税证明。（5）由汽车经销商出具的购车意向证明。（6）购车首期付款证明。首付款计算方式有两种：a. 基于汽车报价的首付总额＝汽车售价×首付百分比＋购置费用＋保险费用＋牌照费用＋手续费（贷款额的一定比例计算）＋信用险保费，贷款总额＝购车成本费用合计－汽车售价×首付百分比。b. 基于购车总费用合计（俗称捆绑式分期）的首付总额＝购车总费用合计×首付百分比＋管理费＋信用险保费，贷款总额＝购车总费用合计－购车总费用合计×首付百分比。（7）以所购车辆抵押以外担保物提供担保的，需提供担保物的有关权属材料。（8）如借款所购车辆为商用车，还需提供法定运营证明，如车辆挂靠运输车队的挂靠协议、租赁协议等。

分期贷

分期贷其实与银行的按揭车贷没有什么不同，换汤不换药，它只是一些汽车贸易公司、4S 店、二手车交易平台等汽车经营商配合银行、汽车金融公司、融资租赁公司、小贷公司等车贷公司向个人或企业提供的汽车贷款。包括新国产车、进口车、进口平行车和价值高的二手车，以租代购、边租边购、先租后购本质与它类似，都属于分期还款的汽车金融产品。

汽车分期贷存在的欺诈风险和信用风险较大，当前规模较小的车贷公司风控粗放，风控基本全靠 GPS 控车，出险就通过催收部或催收公司解决；规模大的则借助征信数据和互金技术风控，辅助 GPS 和履约保证保险，出险通过保险和法律来解决。

2019 年，我国政府为了推动居民消费升级，已将二手车车贷纳入消费金融范畴，允许消费金融公司积极创新，参与二手车相关的消费金融业务。我相信不久，汽车可能全面纳入消费金融经营范围。

汽车抵（质）押贷

银行、汽车金融公司、小额贷款公司、典当公司、P2P 网贷平台为个人或企业提供的汽车抵（质）押贷款，一般都是针对二手车，特别是向评估价值较高的二手车车主提供，车主信用在银行存在一定瑕疵，或车主要钱急，成本会比较高，期限在一年以内。

为了防范一车多贷，或来历不明，或企业挪用贷款等风险，车贷公司会把车质押过来，完全杜绝车主对车的使用。

如果车主个人信用较好，汽车产权没有问题，则在银行可以申请低成本车贷，其中豪华车担保贷款比较多。大多二手车车行、汽车贸易公司、4S 店等通过银行对接这些优质车主的车贷业务。

融资租赁

融资租赁公司为汽车出租公司、公交公司、物流公司等企业提供汽车融资租赁服务，解决企业长期用车的资金需求。融资租赁因为服务于企业运营用车融资，属于贸易金融模式，可参考融资租赁风控进行精细化风险管理。

供应链融资

银行或供应链公司为汽车贸易公司或个人提供供应链综合服务的同时，也提供采购执行、货押和销售执行、保理等金融服务，供应链公司通过供应链服务实现自偿性闭环控制。

在个人定单代采中，借款人需提供汽车裸车售价的 20％～30％定金，购车人不想要了，则定金约定不退的部分不会退回，以弥补经销商代采所支付的库管费、融资利息、进口报关、保费、进口税费等损失。供应链融资最长一个半月走完手续提车，实现融资回款。

与国产车相比，平行进口车有一定保值特性，银行和汽车金融公司一般与有资质和实力的平行进口车国内总经销商及其加盟经销商合作，上游提供供应链融资，下游提供按揭贷款服务，形成闭环风控机制。

平行进口车要有货物进口证明书（即关单）、随车检验单（商检单）、车辆一致性证书和车辆购置发票。进口车辆电子信息表用于车主缴纳车辆购置税，只有部分省份要求在上牌时出示电子信息表，消费者按需索取。关于中国强制性产品认证（3C认证），由于某些平行进口车车型是通过正常小批量采购进口，所以不是每台车都有 3C 认证书，车辆上牌手续中没有提供 3C 认证书的要求。

进口商在汽车进口纳税环节可能存在资金缺口，进口车已进口，仍在保税区，需交完税方可办理出关和用户交车，其垫税期限一般只有几天，供应链公司可以提供这种融资。但应注意，进口车商都是轻资产企业，它们手里的车可能已控制在别人手里，我们应防止重复融资和虚假贸易，一方面要控制汽车关键产权资料；另一方面要控制流程操作风险，供应链公司对汽车要有绝对控制力。

平行进口车在进口环节要缴纳 25％的关税，13％的增值税，消费税根据汽车排气量征收，越大税率越高，1 升（含）以下税率为 1％，1～1.5 升（含）3％，1.5～2 升（含）5％，2～2.5 升（含）9％，2.5～3 升（含）12％，3～4 升（含）25％，4升以上 40％。关税＝关税完税价格×25％，消费税＝（关税完税价格＋关税）×消费税率/（1－消费税率），增值税＝（关税完税价格＋关税＋消费税）×13％，车辆购置税＝购车价格/1.13×10％。除了关税，其他税的计征同进口车。

购车者全款支付购车款，供应链公司则收回垫资采购款，如银行、汽车金融公司、小贷公司等提供车贷则相当于供应链公司债权转移到它们身上。

汽车网贷风险

我国汽车消费金融是从 1998 年起在银行按揭车贷和财产保险公司的汽车履约保证保险相互配合下快速兴起的，那时汽车消费贷发展太快，客户诈骗、挪用贷款、恶意拖欠，银行和财险公司风控不力，车贷坏账率和保险赔付率高企不下，以至于2004 年 3 月 31 日保监会废止了汽车贷款履约保证保险条款，直到 2012 年保监会发布新的车贷险条款，重新启动车贷险。其间汽车消费金融野蛮成长，有着汽车厂家股东背景的汽车金融公司，经中国银监会批准设立，专业为购车消费者提供金融服务，它们与汽车 4S 店等汽车贸易商共同推动了我国汽车消费金融业的发展，网贷 P2P 和小额贷款公司近些年来在二手车金融领域也发挥了重大作用。除市场和政策助力以外，汽车消费金融的风控技术也在探索中取得了巨大突破。

芝麻信用等大数据风控服务平台的数据已经覆盖了市场上七成以上的信贷客群，服务的银行、互金、消金等信贷机构超过 3 000 家。借助大数据和数据分析技术，银行和网络车贷公司风控能力大大提升，互联网金融企业的反欺诈能力大大提升，汽车消费贷款的道德风险、法律风险和信用风险都得到较好的控制。但是，有些大数据公司和车贷公司，在未征得借款人同意的前提下，私自采集车贷借款人的隐私信息，严重侵犯了个人隐私权，给社会带来了极大的负面影响，具有非法性和不可持续性。

2016 年 8 月银监会发布了《网络借贷信息中介机构业务活动管理暂行办法》，规定 P2P 网贷平台应当以小额为主，明确同一自然人在同一网络借贷平台借款余额上限不超过人民币 20 万元，在不同借贷平台总额不超过人民币 100 万元。这个限制措施非常适合 P2P 网贷行业转型消费金融，该办法强调平台公司是信息中介平台，平台公司不能为投资人提供担保，不能搞资金池，资金必须托管银行。

P2P 网贷平台把额度限制在 20 万元内，意味着网贷资金可对接中小型消费汽车车贷和二手车车贷领域。平台公司及其担保公司不能为投资人提供担保并不意味着非平台关联的担保公司不能为投资人提供专业担保，投资人可以选择有实力的担保公司为自己的债权提供担保，因此，有实力的担保公司可以成为网贷投资人的担保人。

大数法则的前提是客户多、笔数多和金额小，风控要确保收入大于成本和坏账损失，这样，大数法则效应才能显现出来。网贷获客流量成本和 O2O 人工风控成本高，网络车贷风控过于粗放导致坏账太高，大数法则效应就很难显现，这就是当前一些网络车贷公司摆脱不了高利贷的关键原因。

车贷 P2P 平台作为信息平台帮助借款人发布融资信息，帮助投资人更准确地了解借款人的信用实力，控制业务流程，为投资人披露借款人资信动态变化，协助投资人催促借款人正常还款。P2P 车贷业务的运行离不开社会中介的服务，如第三方资金托管银行、担保机构、车辆评估机构、征信机构、保险公司、第三方专业风险评估公司、二手车商等等。要改变过去自顾自的做法，如在放款前通过与二手车商对车辆进行估值，提前签订车辆收购协议，最大程度保障抵押车辆变现的可靠性，利用财产保险转嫁意外风险，保证担保品的安全。金融监管办对充当第三方资金托管的银行、第三方担保机构、保险公司的资质设立准入要求，以保证出借人资金安全和网络车贷的健康发展。

汽车估值

新车不存在估值问题，除非市场价格突变。评估二手车最简单的方法就是市场法，即参考二手车对标当前同类新车最低售价，且二手车没有大改款，第一年折旧率为15%~20%，第二年至第五年，每年递减7%~9%。因此，车主可以根据车辆所属车系，以其现价为准，扣除折旧后，大致确定二手车的行情价格，另外根据配置可以适当加减价。

或采用其他二手车价格评估方法。如果一辆车的寿命大致为30万公里，我们将其分为5段，每段6万公里，每段价值分别是新车价的5/15、4/15、3/15、2/15、1/15。假设新车价格20万元，已行驶18万公里，也就是说该车已经跑过了3段6万公里，还剩下2段6万公里（2/15和1/15），那么该二手车的价格大概是20万元×(2+1)/15＝4万元。

或直接按市场可出售的成交价格来确定。评估二手车需要经过全面分析才能得出更贴近市场的二手车价格。消费者进行交易时，计算二手车价格可以根据自己的实际经验采取合适的二手车价格评估方法进行测算，或者是到二手车鉴定评估机构由专业人士评估定价。

汽车金融公司

2003年，银行业黯然退出汽车贷款领域，给了汽车金融公司和民间车贷市场广阔的发展空间。汽车金融公司是经银监会（现为银保监会）批准设立，为汽车购买者及销售者提供金融服务的非银行金融机构。最低注册资本限额为5亿元人民币或等值的可自由兑换货币。注册资本为一次性实缴，主要出资人必须是生产或销售汽车整车的企业或非银行金融机构。出资人有严格的注册资本、总资产、净资产、盈利、两年内无违法违规等要求。可见，汽车金融公司准入门槛非常高，与房贷一样，不是谁都可以做，毕竟房子和车子是百姓和企业最重要的固定资产。

到2019年12月止，我国有25家汽车金融公司，分别为北京现代、大众、东风标致雪铁龙、东风日产、丰田、福特、华晨东亚、瑞福德、上海东正、上汽通用、沃尔沃、奇瑞徽银、宝马、梅赛德斯-奔驰、广汽汇理、三一、一汽、山东豪沃、比亚迪、菲亚特克莱斯勒、吉致、华泰、天津长城滨银、裕隆、长安。

汽车金融公司资金有限，其主要运营资金来自合作银行及其财务公司等。汽车金融公司要求的首付为 20％～30％，贷款年限不超过 5 年。购车者在车行选定打算购买的车型，即可到所属汽车公司的经销商处申请贷款购买。其门槛低，首付比例低，贷款时间长，审批灵活，速度快，缺点是贷款利率较高，如果提前还款，需要支付违约金。在贷款条件方面，汽车金融公司贷款比较注重购车者的个人信用、学历、收入和工作，不像银行还要房产抵（质）押物，外地户籍不会成为获得贷款的阻碍，通常需要提供一张有额度的银行信用卡，以便每期扣款还款。

申请贷款时需提交的个人资料包括：本人户口本、身份证、房本复印件及居住证明、收入证明原件等。银行是汽车金融公司的主要资金来源，由于有汽车金融公司的担保和车贷险兜底，银行适当地放松了客户准入标准，一直以来，汽车金融公司在风控方面依赖银行，导致汽车金融公司发展较慢。

未来汽车作为物联网的一个节点，必将带动汽车金融的变革，布局正在悄悄地进行，车联网全新的汽车营销和金融服务正在路上，但是，车贷风控仍然是数据、技术和思维的升级，朝着智能、精细风控方向发展。

野蛮车贷市场离我们越来越远，明为借贷实为买卖、一车多贷、以车套现、套路贷、暴力催收的乱象随着这个市场风控的标准化而消失。风控人员在车贷领域未来做的事情或许会越来越少，网络车贷要的不是人工风控，而是数据风控。大数据智能风控，当前还仅仅是开始，我们应主动改变风控思维，学习大数据风控技术，拥抱未来更美好的网络汽车金融时代。

第十一章　信用贷风控

被带偏的信用贷

笔者所听到、看到的信用贷解释大同小异，即指银行或其他有放贷资质的金融企业依据借款人信誉发放的不需要提供担保的贷款。我们仔细思考这个定义，不难发现很多问题。

首先，从风控角度来说，借款人信誉只反映借款人过往的还款意愿，借款人是否具备信用贷资格要看借款人未来的现金支付能力，即未来还款能力，它以个人或企业的收入为限。无论是什么债权融资，还款意愿和还款能力二者都是不可或缺的。我们不能看到有"信用"两个字，就认为可以凭信誉放款，而置还款能力于不顾。

其次，信用贷实际上并非无担保，而是以借款人未来的现金流作为保证担保，本质上是一种个人或企业保证担保贷款。如果借款人的信誉存在瑕疵，可通过第三方担保公司提供担保，即借用别人的信誉来获得信用贷，而有的担保公司可能要求提供房产、汽车、股票、股权作为反担保，这种情况下的信用贷就更不能说是无担保了。

最后，信用贷的用途是什么？信用贷的形成逻辑又是什么？我的观点是，由于个人或企业难免经常性出现资金需求量大于资金存量和资金存量大于资金需求量的现象，为了以资金存量大于资金需求量的差额弥补资金需求量大于资金存量的差额，银行以此差额作为融资额度，在时间上进行调剂，以平衡个人或企业的流动性，这就是信用贷产生的逻辑。信用贷的用途是弥补借款人正常的开支不足；信用贷的期限是弹性的，原则上按周期数（即月数）为期，至少两个月为一个周期，当月借下月还，可随借随还，视资金存量与需求量差额的规律性和稳定性，设置不同月数为一个周期。

因此，我们重新定义的信用贷应该是，银行或其他放贷机构调剂个人或企业日常正常资金需求缺口，允许随借随还，无须实物担保的流动资金贷款。

信用贷调剂的为什么是正常资金需求缺口？因为超常资金需求缺口不是信用贷所能解决的，企业能得到的信用贷规模有限，如果信用贷可满足企业超常资金需求缺口，势必影响企业偿还其他债权人的权益，也影响其随借随还的自由度，超出企业所能承受的流动性压力，给银行及放贷机构带来风险。因此，企业超常资金需求需要企业提供足值的可变现资产作为担保，激活企业整体授信来获得，当企业担保贷自偿性不足或丧失时，可以通过资产处置来受偿。

企业信用贷在什么时候贷，贷多少，什么时候还，还多少，应由借款人自行决定，银行仅对企业的现金流进行跟踪，做授信总额指导和控制而已；企业担保贷则不同，从始至终，主动权都掌握在银行手中，借款人只能全力配合。此外，担保贷有稳定的第二还款来源，结合未来现金流周期，约定固定的贷款期限；信用贷如果约定固定期限或还款日，则肯定无法达到调剂借款人流动缺口的目的，借款人缺钱时你要他还款，而借款人想还款时，你却让他到期了再还。原则上，信用贷融资额度以单月现金流入额为限，担保贷融资额度以贷款期内预期现金流净现值为限。银行的信用贷很少违约的原因是借款人怕违约上银行征信，影响其未来五年的贷款资格，其违约成本太大，所以，未必是银行信用贷产品设计得好。

当前，银行和小额贷款公司的大部分信用贷产品，并非纯粹的信用贷。虽然也叫信用贷，但因为理解逻辑缺陷，整个产品设计不可避免地被扭曲。比如客户准入逻辑不对、期限设计过死、授信额度和融资额度量化与企业整体授信和担保贷融资额度混同、借款人无还款自由度等等。因此，我个人认为，银行有必要重新理顺信用贷逻辑，还信用贷于本源。

信用到底是什么

广义上的信用是指约定未来兑现某种承诺的行为，狭义的信用则是约定未来偿付一定款项的借贷行为。传统的信用观是，借款人在承诺还款日如果还不上钱，就是砸锅卖铁或者借新还旧，也要把债还清。

其实，信用是借款人基于自己未来还款能力的主观预判而做出的还款承诺，当到期日借款人的实际还款能力小于主观预判时，就会出现违约现象。

既然信用建立在主观预判基础上，就有可能会出错。我们对自己未来还款能力的预判通常是以当前数据信息分析的，随着时间往后推移，这些数据信息会因各种原因而变化，如果我们无法主导数据信息向预判方向发展，承诺就有可能落空，这也是我们人类无法预知长远风险的关键原因。

明白了信用的内涵，才可能真正理解信用贷。当借款人出现逾期时，应分析原因，如果是客观原因，如意外支出增加、换工作、收入减少等，则就增加贷款周期，延长贷款期，而不是盲目催收；如果是主观原因，如故意不还或有逃废债倾向，但有还款能力，则启动法律程序，而不是任由放纵，错失良机；如果借款人意外破产、借款人消亡或丧失行为能力等，则作为坏账处理，而不做无用功，增加无谓的风控成本。

信用可以管理，企业通过数据和管理模型、软硬件工具等，开发下游客户，管理下游客户信用，开展信用销售业务，让自己对上游客户的信用承诺建立在对下游客户良好的信用管理基础上；对个人信用，通过对借款人进行大数据分析，推断借款人的收入潜质和收入稳定性，准确核定借款人违约概率最低的授信额度和贷款融资周期。

银行信用贷产品设计

企业信用贷产品设计

在信用评级方面，一般银行对企业提供信用贷以信用等级作为准入门槛，有的要求在 AA-级（含）以上，经银行分行审批才可发放信用贷款。这个信用等级，对于数据不全的中小微企业显然门槛过高。按照我们的逻辑，企业近一年保持盈利（亏损不宜提供贷款），资产负债率在 60% 以内（超过会增加流动波动风险），上年度经营性现金流净额大于等于零或流动比率大于 2，历史未发生过还款意愿风险（无逃废债、欠息等不良信用记录），符合这四个条件即达到信用贷客户准入标准，并在后期监管过程中，要求始终保持符合这些条件，这样，很多中小微企业也可以享受到信用贷了。

信用贷应以企业近 12 个月（月数视期限而定）的平均销售现金流入为授信额度，且实行平均移动跟踪，信用融资＝当月授信额度－信用贷余额－上月银行存款日均余额，实际融资控制在这个额度内。由于每个月的授信额度是动态变化的，如果企业现金流入出现严重下滑，就有可能使得当月的授信额度小于信用贷余额，对经营已恶化的企业，其差额部分应提前收回，否则就列入跨周期观察期，即延期处理。每月在统计上月的现金流入时，有些企业的现金流入可能是以商业汇票方式流入的，其中上月收到的银行承兑汇票和已背书转让出去的商业承兑汇票都应作为企业上月的现金流入统计（见图 11.1）。

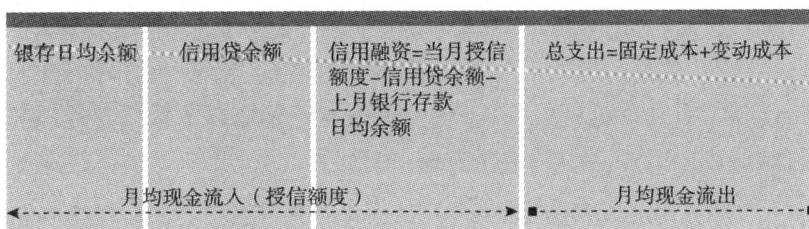

银存日均余额	信用贷余额	信用融资=当月授信额度-信用贷余额-上月银行存款日均余额	总支出=固定成本+变动成本
月均现金流入（授信额度）			月均现金流出

图 11.1　企业信用贷授信、信用融资与现金流净额和货币余额关系图

企业信用贷按现金流入授信，而企业整体授信通常按资产授信（如轻资产企业按净资产10％授信，重资产企业按流动资产20％授信），信用贷授信额度一般小于企业整体授信额度，如果测算的信用贷授信额度大于企业整体授信额度，则信用贷的授信额度就是企业的整体授信额度，且企业贷款总额不得突破企业整体授信额度，即企业信用贷加担保贷不得大于企业整体授信额度。信用贷和担保贷的第一还款来源都是企业的未来现金流，但信用贷还款具有明显的机动性，这期还不了，可以下期还，只要不超过授信额度，甚至可以一直延期下去，期限更多是拿来进行风险定价的，未必是用于还款控制的，这个机动性是担保贷所没有的。

前面说过，信用贷的期限要看资金存量与需求量差额的规律性和稳定性情况，这是粗糙的说法，具体我们按企业近12个月的销售现金流入的波动率来设计期限，波动率越小，信用贷的期限可以设计得越长，即月数越大，但最长不超过12个月，最短不少于2个月，可以设计可循环的形式期限，也可根据客户需要设计固定期限。

企业信用贷与个人信用贷不同的是，企业信用贷具有自偿性，即贷款在未来必然流回企业。它相当于信用贷的自担保。个人信用贷大多属于消费用途，不会回流个人，所以个人信用贷没有自偿性特征。

有的银行会要求企业承诺不以其有效经营资产向他人设定抵（质）押或提供对外担保，或在办理抵（质）押以及提供对外担保之前征得贷款银行同意。这类形式的风控，实际上对有的企业来说可能很难做到，毕竟信用贷是信用贷，担保贷是担保贷。

银行应防止企业同时在多家银行办理信用贷，在协议中应设置排他性条款。一方面，银行信用贷没有用途控制机制，一旦挪用于非经营领域，还款时必然会严重透支现金流，从而引发企业经营风险；另一方面，企业多头信用贷即便用于生产经营，且信用贷虽有自偿性特征，但难免会加大信用信息的复杂性和不对称性，容易导致企业过度授信和过度负债，同时各家银行为了争夺企业还款来源，导致企业丧失信用贷主导权，而无法随借随还。

银行在设计企业信用贷产品时，可能会取各种各样的名称，比如流水贷、随意贷、随心贷、企活贷、想贷就贷、诚信贷等等，不过是为了营销而已。

个人信用贷产品设计

银行对个人信用贷的准入门槛并不高，比如：（1）借款人有正当职业和稳定的收入来源，月工资性收入在2 000元以上；（2）遵纪守法，没有违法行为及不良记录；（3）同意银行从其指定的个人结算账户中扣收贷款本息。银行有个人存款扣款优势，这是小额贷款公司所不具备的，当然，个人多头开户也很普遍，只适用正常借款人。

银行基本把客户锁定在工薪阶层，覆盖几乎所有存在现实创收能力的人群，包括企业老板和员工、政府机关公职人员、教师、医生、律师、自由职业者、职业农民、军人等等。

个人信用贷主要用于消费，它没有自偿性特征，贷款用于调剂个人当期流动缺口，相当于以次月收入来担保，因此，逻辑上信用贷就是借款人平均月收入的一部分，即个人信用贷授信额度应理解为个人月均现金流入，可以借款人近 12 个月的月均收入×（1＋修正率）确定。尽管大多数消费者"带资用卡"，即存款账户里有钱不用，却习惯于用信用卡消费，但他们当月用信总额不能超过自己预期可获得的收入总额，不然会被锁卡。个人信用授信的前提是申请人月均现金流入－月均现金流出≥0，否则为不可授信。个人授信额度相比企业授信稳定，但也要实行可用信用额度动态跟踪管理，并以此跟踪个人收入和支出的变化。因为个人收入是信用贷的唯一还款来源，所以，个人融资额度就是信用融资（见图 11.2）。个人信用贷具备跨周期风险管理的良好基础，个人工薪收入持续性好，这是信用贷无明确期限的原因。

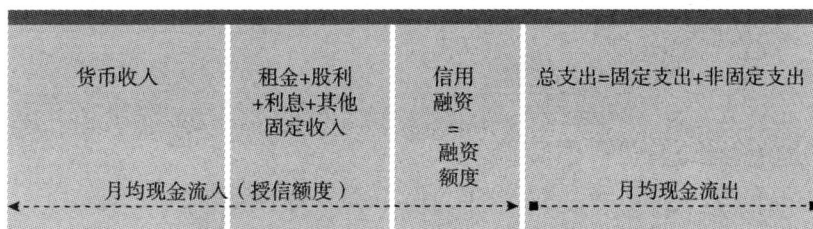

货币收入	租金+股利 +利息+其他 固定收入	信用 融资 = 融资 额度	总支出=固定支出+非固定支出
月均现金流入（授信额度）			月均现金流出

图 11.2 个人信用贷授信、信用融资和收入与现金流净额关系图

很多人的收入水平会随工作环境、个人经验、个人学历、个人技能、管理素质、个人职位等的提升而提升，也可进行量化，对授信额度进行修正。

银行信用卡其实是不折不扣的主流信用贷产品，表面上消费者使用信用卡消费有 50～56 天的免息期，其实，这段时间的贷款利息由商家以手续费的形式代消费者支付了，且折算年化利率可达 6.4％，相当于当前半年期的银行贷款利率上浮 40％多。信用卡的信用消费可谓是极佳的隐蔽型信用贷。消费者在使用信用卡消费时，未必存款账户上没钱，因为对于消费者来说，反正不用支付利息，还有积分和奖品拿，使用信用卡支付可以让自己的收入放大，使得自己的财务有更多自由；而银行不会因为给消费者提供免息期就失去了利息收入，相反，银行从商家那里持续不断地得到回报。因此，隐蔽性是信用卡信用贷的最大特性。个人信用卡信用贷拥有比企业信用贷更大的主导权，真正实现了随借随还，再借不难。

我们当前可能每个人都有很多张信用卡，并且每家银行的信用额度各不相同，毫无疑问，很多人的所有信用卡的信用额度加起来会大大超过他们的月均收入额。他们中很多人利用免息期玩起了信用卡循环套现游戏，给银行带来巨大的风险隐患，导致信用卡坏账率正在稳步增大。可想而知，一人多卡导致的共债问题一天不解决，银行信用卡不良率和坏账率增长可能就不会停止。

银行信用卡的谨慎授信机制，给多家银行为同一客户提供了"补充信用授信"的机会，这是导致一人多卡的重要原因。从银行的信用卡信用额度来看，越是新户，其信用卡信用额度占个人收入的比重就越小。如果持卡人有自我用信控制意识，那么一个人拥有多张信用卡并无大碍，否则，一个人持卡量超过三张，其恶意透支和循环套现就很容易发生。行业所主张的提高利率、提高客户准入门槛等方法，无法从根源上止住越来越大的共债问题。

银行一旦给某个人办了信用卡，如其他银行想增加该客户的信用贷授信，月均收入就应剔除其已获得的其他银行的信用贷总信用额度，否则就相当于超额授信了。因此，银行和小贷公司为个人设计所谓的薪金贷、随薪贷、薪酬贷、收入贷、活期贷等各种个人信用贷产品时，应注意严控信用贷授信额度。

如何分析还款意愿和还款能力

企业还款意愿

我前面有很多关于企业还款能力的分析，而企业还款意愿还没有专门讲，所以，在此作为一个补充。

形成企业还款意愿风险的三个原因：（1）企业自然人股东一贯有拖欠货款、赖账的自私行为。有些企业欺弱怕强，对小企业的货款存在普遍拖欠，而对大企业则不会或很少，其根源不是企业有没有钱，而是股东的信用习性。如果企业对大供应商的账款有习惯性拖欠，表明这种企业连担保贷也不能给，更不用说信用贷了。我们可以通过企业的应付账款周转率和诉讼案件来识别，如果企业的应付账款周转天数远远大于行业账期或其合同账期，表明此企业存在还款意愿风险；另外，企业存在大量合同违约诉讼案件，且大都以撤诉结案，表明企业有故意拖欠习惯。（2）因种种原因，企业还款能力恶化。当一个企业财务捉襟见肘时，企业股东就会想方设法拖欠，甚至赖账。一些企业原本没有还款意愿问题，而是逐渐被财务逼出来的，所以，当企业财务已出现严重亏损、征信出现不良记录、拖欠税款被罚、客户和订单在减少、供应商停止供货或被要求以现金购买、客户回款量在逐步下降、拖欠房租和水电费、严重拖欠员工工资等等这些情形，都暗示企业已现流动性风险，从而形成还款意愿风险。（3）企业多角债。这是我们很多风控人员容易忽略的一个原因，不是企业没有加强信用管理，而是整个行业出现了恶性竞争，行业终端产品市场不畅，导致整个链的企业形成多角债，从而形成整个行业的还款意愿风险，比如早年的钢铁、煤炭就出现了这种行业性的还款意愿风险，只有等系统风险消失或行业终端产品市场重启或洗牌后才有可能重现生机。

企业银行征信报告让我们从企业负债和对外担保等信用信息的角度来分析企业还款意愿，也是一个重要的角度。一般来说，企业很怕自己上银行征信，等到企业上了银行征信，说明企业千方百计也没能筹足还款资金，导致自己"上榜"了，通过这个逻辑，暗示了企业有多缺钱。我们很多风控人员应正确理解征信中的保证担保记录，如果企业对关联企业担保，那很正常，但其总额应以企业净资产总额为限，或控制在净资产30%以内，不得超过90%，因为企业授信通常占了10%；如果企业对非关联企业担保，就要看企业当前是否存在关注和不良信用记录，如果没有，说明企业对自己的信用充满信心，不然就是过度自信的表现了，毕竟，我们对非关联企业担保视同企业自己的负债。

银行依据借款人的实际还款能力将贷款质量分为正常、关注、次级、可疑、损失五类，其中后三种都为不良贷款，由于这些都是企业历史或当前的信用记录表现，因此，我们可以把它们视为分析企业还款意愿的重要依据。但是，估计有不少风控人员对银行征信报告中的贷款五级分类有些误解，以为是将逾期天数作为依据来划分的，其实是按风险程度划分的。

（1）正常。借款人能够履行合同，一直能正常还本付息，不存在任何影响贷款本息及时全额偿还的消极因素，银行对借款人按时足额偿还贷款本息有充分把握。贷款损失的概率为零。

（2）关注。尽管借款人有能力偿还贷款本息，但存在一些可能对偿还能力产生不利影响的因素，如这些因素继续下去，借款人的偿还能力受到影响，但贷款损失的概率不会超过5%。

参考特征：a. 宏观经济、行业、市场、技术、产品、企业内部经营管理或财务状况发生变化，对借款人正常经营产生不利影响，但其偿还贷款的能力尚未出现明显问题。b. 借款人改制（如合并、分立、承包、租赁等）对银行债务可能产生的不利影响。c. 借款人还款意愿差，不与银行积极合作。d. 借款人完全依靠其正常营业收入无法足额偿还贷款本息，但贷款担保合法、有效、足值，银行完全有能力通过追偿担保足额收回贷款本息。e. 担保有效性出现问题，可能影响贷款归还。f. 贷款逾期（含展期后）不超过 90 天（含）。g. 贷款欠息不超过 90 天（含）。h. 贷款抵押物、质押物价格下降，或银行对抵（质）押物失去控制。

（3）次级。借款人的还款能力出现明显问题，完全依靠其正常营业收入无法足额偿还贷款本息，需要通过处分资产或对外融资乃至执行抵押担保来还款付息。贷款损失的概率为 30%～50%。

参考特征：a. 借款人支付出现困难，且难以获得新的资金。b. 借款人正常营业收入和所提供的担保都无法保证银行足额收回贷款本息。c. 因借款人财务状况恶化，或无力还款而需要对该笔贷款借款合同的还款条款做出较大调整。d. 贷款逾期（含展期后）90 天以上至 180 天（含）。e. 本笔贷款欠息 90 天以上至 180 天（含）。f. 借款人净现金流量为负值。

（4）可疑。借款人无法足额偿还贷款本息，即使执行抵押担保，也肯定会造成一部分损失，只是因为存在借款人重组、兼并、合并、抵押物处理和未决诉讼等待定因素，损失金额的多少还不能确定，贷款损失的概率为 50%～75%。

参考特征：a. 因借款人财务状况恶化或无力还款，经银行对借款合同还款条款做出调整后，贷款仍然逾期或借款人仍然无力归还贷款。b. 借款人连续半年以上处于停产、半停产状态，收入来源不稳定，即使执行担保，贷款也肯定会造成较大损失。c. 因资金短缺、经营恶化、诉讼等原因，项目处于停建、缓建状态的贷款。d. 借款人的资产负债率超过 100%，且当年继续亏损。e. 银行已提起诉讼，执行程序尚未终结，贷款不能足额清偿且损失较大。f. 贷款逾期（含展期后）180 天以上。g. 本笔贷款欠息 180 天以上。

（5）损失。借款人已无偿还本息的可能，无论采取什么措施和履行什么程序，贷款都注定要损失了，或者虽然能收回极少部分，但其价值也是微乎其微，从银行的角度看，也没有意义和必要再将其作为银行资产在账目上保留下来，对于这类贷款，在履行了必要的法律程序之后应立即予以注销，其贷款损失的概率为 75%～100%。

参考特征：a. 借款人和担保人依法宣告破产、关闭、解散，并终止法人资格，银行经对借款人和担保人进行追偿后，未能收回的贷款。b. 借款人遭受重大自然灾害或者意外事故，损失巨大且不能获得保险补偿，或者已获得保险补偿，确实无能力偿还部分或全部贷款，银行经对其财产进行清偿和对担保人进行追偿后未能收回的贷款。c. 借款人虽未依法宣告破产、关闭、解散，但已完全停止经营活动，被县级及县级以上工商行政管理部门依法注销、吊销营业执照，终止法人资格，银行经对借款人和担保人进行追偿后，未能收回的贷款。d. 借款人触犯刑律，依法受到制裁，其财产不足归还所借贷款，又无其他贷款承担者，银行经追偿后确实无法收回的贷款。e. 由于借款人和担保人不能偿还到期贷款，银行诉诸法律经法院对借款人和担保人强制执行，均无财产可执行，法院裁定终结执行后，银行仍然无法收回的贷款。f. 由于上述 a 项至 e 项原因，借款人不能偿还到期贷款，银行对依法取得的对价资产，按评估确认的市场公允价值入账后，扣除抵贷资产处置费用，小于贷款差额，经追偿后仍无法收回的贷款。g. 开立信用证、办理承兑汇票、开具保函等发生垫款时，开证申请人和保证人出于上述 a 项至 f 项原因，无法偿还垫款，银行经追偿仍无法收回的垫款。h. 经国务院专案批准核销的贷款。

因为"五级分类"是依据企业还款能力划分的，当企业还款能力出现恶化时，势必形成还款意愿风险，这是我们看企业银行征信报告、分析企业还款意愿的逻辑。但是，它也有偏颇之处，比如贷款一旦逾期便一律标注为关注，其中很多其实并无还款愿意问题，企业也正在偿还到期借款，只是没能全部还清，有的余额已不大，企业经营也没有出现明显异常，甚至可能是银行贷款期限或方案设计上的错误或不合理，才导致企业逾期违约。这些光看征信是看不出来的，需要采集更多信息资料，做进一步分析。

个人还款意愿和还款能力

个人还款意愿

存在还款意愿风险的人有：（1）借款人存在恶习和道德问题，有的甚至因此坐过牢，服过刑，他们大部分存在还款意愿风险。（2）生活奢侈、游手好闲，有暴力倾向、虐待亲人、爱嗜老、好吃懒做等品性的借款人，可能坐吃山空、散尽家财、一夜返贫，或者没有创收能力，出现还款意愿风险是随时或迟早的事。（3）收入低、开支大的人，有的创收能力低，有的已丧失或部分丧失劳动能力，家庭负担大；或没有参保，年纪较大，且无子女的人。他们属于需要社会和政府救助的人群，不适合负债。（4）已经负债过高，且在银行征信或在类金融企业存在不良信用记录的人，个人银行征信报告中出现了"连三累六"（即连续 3 个月逾期，累计逾期 6 次）。（5）已经或将要破产的人，即达到个人破产条件或当前个人基本没有身外财产，且所承担的负债超过了其在剩余预计生命期所能创造的收入。（6）已经列入司法或失信黑名单的人。（7）借款用于投资股票、期货等高风险领域的人等。

对于还款意愿风险的识别，不能光听借款人的还款决心，因为这属于主观愿望；背后要有还款能力的支撑，由还款能力不足导致的意愿丧失也是极为重要的，可能这种情形所占的比例会更大，这就是为什么法律无法解决所有债务问题的原因。因此，分析个人的家庭、收入来源、文化素质、生存技能、职业素养、财产、消费习惯、社会关系、职业职位、身体状况、参保情况、收入规模和消费规模等等这些信息，都非常重要。

在分析个人还款意愿时，我们都会采集个人银行征信报告。2019年5月银行征信系统切换了新版本，新版征信报告汇集了大量上述反映个人还款能力和还款意愿的信息。

过去个人银行征信的信息一个月更新一次，现各银行机构须按T+1向征信中心报送更新数据，所以能非常及时反映个人动态信用信息。现在的征信报告起记时间是2009年的10月份，此前的信息已不再显示，记录消费者最近五年的逾期记录，如欠款一直未还，则不受年限限制。

重要的是，新版银行征信内容比原来增加了很多维度，且更为详细，完整展示了个人学历信息、就业情况、电子邮箱信息、通信地址、户籍地址、所有个人手机号、配偶姓名、证件类型、证件号码、工作单位和联系电话；个人近几年详尽的居住信息都记录在册，除借贷信息之外，更多信息纳入了征信，如电信业务、自来水业务缴费情况，新增了欠税记录、民事裁决、强制执行、行政处罚、低保救助、执业资格和行政奖励等信息，为我们全面了解借款人信用能力，分析还款意愿提供了丰富信息依据。

个人银行征信报告中有个人目前名下的所有信用卡（又叫贷记卡）张数和消费还款明细，有助于我们分析个人信用卡信用贷共债风险，结合个人收入规模，很容易量化共债风险。个人房贷是个人最重要的负债，新版征信报告中，夫妻贷款买房作为共同借款人的，两方征信均会体现此负债，不要误以为夫妻各买了一套房。

信贷交易信息明细中，包括了客户在银行名下的贷款和信用卡的使用情况和记录，能充分反映客户的还款意愿，即借款人在银行的还款是否存在逾期，逾期次数、金额和时间长短。其中：（1）贷款记录。记录了个人在银行名下的所有贷款记录，包括担保贷款和信用贷款，如房贷、生意经营性贷款、小额消费贷款等，每笔贷款记录的是24个月内的还款记录，2年外的还款有逾期记录的也会在每笔贷款中体现。（2）贷记卡，即个人信用卡。信用卡还款记录和贷款还款记录相同，在每一张未销户信用卡的下方显示账户状态、已用额度、最近6个月的平均使用额度、最大使用额度、本月应还款、本月实还款和当前逾期期数/金额。这里我们需要注意的是，很多人出现很多逾期，甚至比"连三累六"更严重，但实际有的逾期金额与其实际收入水平相比太小了，如逾期10元、200元，或逾期2 000元，但其个人收入20万/月，这些情况，基本可断定是忘记了还款，或管卡人工作意外失误所致。对于这种"严重"的信用记录，若有充足理由证明为可理解原因所致，可以不必深究。（3）准贷记卡。为储蓄卡和透支卡合并卡，贷记卡前身，现在很少人使用，一般没有数据。（4）担保信息。个人为他人贷款担保也视为担保人负债。如果个人自有负债加上对外担保金额之和超过个人收入和资产估值之和，则表明个人已无信用可授。新版报告增加了个人为他人贷款担保的统计和明细信息，分类更加清晰、合理、丰富。（5）查询记录。记录个人在银行申请办理贷款和信用卡的查询次数、查看查询日期、查询操作员和查询原因，常见查询原因有贷后管理、信用卡审批和贷款查询，如果查询次数过多，说明借款人在被查询日期内的资金需求很频繁，其间一直缺资金，暗示我们要进一步分析其负债和被拒的原因。

在个人征信报告里面会附注交易记录显示的代码解释，一般代码有 N，1～7，C，G，♯，＊，/等字符，其中：N 表示正常，是指当月的最低还款额已被全部还清或透支后处于免息期内；1 表示未还最低还款额 1 次；2 表示连续未还最低还款额 2 次；3～7 如上累计；C 表示结清销户；G 表示结束（除结清外的，其他任何形态的终止账户）；♯表示账户已开立，但当月状态未知。

对于征信报告有问题的人来说，当然不愿意把自己报告中的不良记录呈现给银行或类金融企业，如果我们看到的是 Word 版和复制版，我们建议客户重新提交原件拍照件或录像资料，或干脆采集原件。现在个人可以上人民银行征信网站，注册登录"个人征信中心"，申请查询自己的个人征信报告，因此，我们可以要求借款人申请后，现场提取转发给我们。当然，最可靠的还是代查征信和带打征信，风控人员陪同借款人本人去人民银行打印征信报告，这是最直接和最有保证的方法。

纸质银行征信报告真伪识别非常重要，一些人在银行申请不了贷款，知道问题症结在征信报告后，就可能会通过 PS 来假造，所以，我们看原件时要注意：（1）纸张质感。纸质版征信报告必须由本人带自己的身份证去人民银行打印。打印征信报告的纸质不同于 A4 纸，质感厚重而且光滑，如果是 A4 纸模仿的，则纸张薄而软。（2）字体。征信报告的首页字体"个人信用报告""征信中心"等标题和栏目名称都是加粗和正楷字体，模仿的征信报告则没有细分。（3）底纹。真的个人征信报告打印出来的纸张底纹会显示"征信中心""中国人民银行"等字样，这一项也是模仿的征信报告所没有的。

个人还款能力

个人还款能力主要体现在创收能力和担保能力两个方面。

个人创收能力，包括个人劳务收入和个人资产收入，其中的个人劳务收入包括薪酬工资收入和兼职劳务收入。薪酬工资收入应注意其稳定性。业务类和项目类等外勤人员，收入大多以底薪加提成组成，底薪不低于地方政府规定的最低工资标准，其收入还是以业务提成为主，总体收入具有一定的不确定性；内勤人员收入相对固定，但也有一定的业绩考核要求，与浮动工资挂钩，但他们的实际所得总体还是比较稳定。兼职收入要看兼职工作种类、合同期、工作要求、收入计算方式、总金额、结算方式等，比如稿费收入、法律服务收入、培训收入、辅导收入、代驾收入、嘀嘀司机收入等等。个人资产收入有房产租金收入、存款利息收入、基金固定收益、股份分红、生物资产孳息收入等等。我们在确定这些收入时，借款人应提供相关资产产权信息资料，比如房产，如果还在按揭中，要考虑租金收入是否能覆盖按揭还款，只能核算超过按揭款部分的收入，且应选择相对稳定的收入纳入授信核算。这两类收入一般都可以通过银行流水来验证其真实性，按银行信用贷产品风控设计把握。

借款人是否有担保能力，一是看借款人自有资产的担保能力，二是看别人资产的担保能力。担保能力看借款人或担保人的资产，而不是名誉担保、地位担保或面子担保之类的担保，这些可以附带，有利于增加借款人违约成本。担保资产要有变现能力或流通性，以实际评估净值作为担保额。值得注意的是，担保更多是为了平衡非对称性风险。

个人信用贷是否需要考虑个人未来的创收潜力？我个人认为，可以适当考虑，债权融资额度对标借款人未来现金流，个人创收潜力可以大大增强银行的信心，比如借款人现在正在读硕士、博士或 MBA，或借款人刚获得稀缺的技术或技术职称，或借款人夺得国家比赛冠军、国际设计大奖，出版了一本畅销书等等，这些都意味着借款人未来会创造出比当前更高的收入。创收潜力可以作为适当增加授信额度的理由，但不可滥用，因为我们的信用贷授信是动态变化的，其本身已具备调节授信功能了。

个人信用贷授信同样要兼顾个人支出，如个人年度总支出远大于总收入，那么不适合向此人提供信用贷服务。通过个人历史银行流水，很容易分析去年个人收支是否平衡。个人总收入等于本年获得的总收入，加上年初的现金、存款和随时可变现的黄金、基金、股票和债券等。个人总支出＝固定支出＋非固定支出，在个人办理了相关社保的前提下，固定支出＝房租＋水电费＋手机通信费＋交通费＋保险费分摊＋固定债务支出＋网络费＋其他；非固定支出＝旅游开支＋探亲开支＋孩子学费＋教育培训费＋未分摊的保险支出＋家庭电器消费＋服装鞋帽消费＋娱乐开支＋社交费＋其他。这个是在有数据情况下的分析方法。

信用贷没有借款人完整的银行流水是否也可以授信呢？当然也可以，只是要用另一套方法论。个人有丰富的样本数据，征信管理条例允许我们在未得到个人允许的前提下，采集我们所需要的部分个人数据，利用大数据分析技术，建立评分卡模型（下一章详细讲述），然后在服务借款人时，在征得借款人书面同意基础上，补充采集其个人数据，进行信用评级和信用贷授信，开展信用贷业务。

如何开发个人信用贷

我们总结了五种开发个人信用贷的方法：

（1）银行思路。银行可开发以下存款客户：1）定期存款客户，大部分定期存款客户都是个人净资产为正的净值人群；2）活期存款客户，主要是针对每月账户有结余的客户；3）理财客户；4）信用卡客户再开发，信用卡活跃的优质客户和无使用信用卡习惯的客户；5）购买保险产品的客户。

（2）电商思路。电商可开发消费信用客户：设计信用评分卡，对不同的信用等级的客户采用不同的信用政策，设计不同的信用贷期限和利率。对存在欺诈风险和低信用等级的客户不予授信。电商有业务数据和个人基础数据，在用户许可情况下，引入外部社交数据，房租、水电、通信、职业、社保等大数据，提升信用评级精准度。电商已有很多信用贷，如花呗、借呗、京东白条、金条等，它们通过信用评分建立白名单，其思路与银行信用卡相似，而且也同样存在多电商重复授信现象，由于未上征信，有很大的隐蔽性，这就不难理解为什么银行拒绝为使用过电商信用贷的个人提供贷款。

（3）借道思路。个人信用贷具有持续性，用他人的资源开发自己的客户，银行和小贷公司都可借道职业学校、大型培训平台、ETC、新能源充电卡、加油卡、物流公司等，借它们的平台和服务资源开发信用贷业务，为其学员、客户提供可持续的信用贷服务。

（4）渠道思路。即中介思路，开发成本比合作思路大，银行和类金融企业的业务人员是重要的中介渠道主力军。个人信用贷渠道机会多，但客户不连续，质量偏低，成功概率也偏低。

（5）合作思路。自己开发不如直接与拥有客户资源的人合作，如小贷公司直接与其他小贷公司、电商平台、公寓租赁公司等资源方在大数据风控和资金批发基础上展开风险共担，分润合作，但这需要银行愿意放下身段，积极配合。

微粒贷属于微众银行的信用贷，是借助金融科技风控机制下的信用贷产品，与高利率以及面向无融资能力人、无风控依据或风控落后、一味玩套路和暴力风控的现金贷、校园贷有极大区别。其资金来源于 42 家银行，近 4 年内发放 1.9 万亿元，2018 年余额超 3 000 亿元。金融科技既是其获客来源也是其风控方式，微众银行其实是通过微粒贷把 42 家银行的信用贷资金通过金融科技手段转移到自己手里，通过其强大的大数据风控，不仅有效控制了业务的运营成本和坏账率，也在一定程度上控制了互联网信用贷的共债风险。42 家银行通过与微众银行的成功合作，既达到了预期收益，也有效控制了坏账风险，实现了理想的双赢局面。我深信，微粒贷将带动更多银行加入到合作中来，打破固有信用贷思维，拥抱金融科技，与拥有大数据风控技术和客户资源的电商、同行展开深度互惠互利合作。

根据风险收益匹配规律，低风险客户已经属于银行，银行不要的或银行不知道如何控制风险的客户属于小贷公司等其他有资格放贷的机构。小额贷款公司要在大数据支持下，对客户行业进行细分和信用分层，通过各种优惠措施，吸引客户，循环使用信用，使客户实现随借随还，否则，很难在市场上生存。

信用贷融资资料

银行采集企业或个人信用贷融资资料的目的是对借款人进行信用评级或分析客户是否符合其准入标准，以及核定信用贷授信额度。如果信息资料用于个人信用评级，则个人借款人应事先书面授权银行，同意其在线采集借款人信用信息、查询银行征信数据和银行流水数据，而线下提交的信息资料主要补充线上信息资料的不足，以满足评分卡模型指标体系的数据需要；企业与个人一样，也需授权银行，以便银行采集企业网上信息、银行征信信息和流水信息等。企业综合性信用信息资料通过合规的数据公司购买，其线下提交的企业信用贷融资资料通常也并不会很多，除非企业的信用贷金额较大，需要实行精细化风控，不然，尽可以开展全线上风控，实现快捷接单、审单和放款，以做大规模，有效控制风控成本。

关于企业融资资料，我们前面详细讲述过，不再重复。个人融资资料，除信息查询采集授权书之外，个人通过线上上传向银行提交补充资料，一般补充的有：（1）个人身份证明，可以是身份证、居住证、户口本、结婚证等信息，属于存证类信息；（2）在有效期内的房屋租赁合同、水电缴费单、物业管理单证等；（3）稳定的收入证明、财产证明、劳动合同等；（4）其他银行要求进一步补充的信息资料。

不同银行有不同的风险偏好，对客户的准入条件也不同，提交的融资资料（含补充）、网上查询和采集的信息资料也肯定各不相同。不管是什么资料，它们都应在法律框架下，在不侵犯个人隐私权和企业商业机密的前提下，合法合理采集，开展信用贷业务。

信用贷风控业态

企业信用贷完全线上化仍然存在困难，一是企业经营内容复杂，深受行业样本数据困扰，无法构建大数据风控模型。为了解决企业信用贷准入问题，目前主要是借助数据分析技术和德尔菲法，建构逻辑评分模型，对企业进行信用分层。二是企业信用贷金额较大，完全线上化条件还不成熟，其收益足以支持线下精细化风控成本。各银行都设计有针对不同业务场景和不同客户受众的信用贷产品，但由于企业信用贷共债问题日益突出，加上企业信用授信和融资额度核算方法又普遍不科学，各行信用贷坏账率正在呈增长趋势。为了控制信用贷风险，银行普遍会给企业设置超高的授信额度，其目的是留住客户，而实际发放的信用贷金额却让企业哭笑不得，而且市场一旦有什么风吹草动，说抽贷就抽贷。可以说，绝大多数中小微企业基本无缘银行信用贷，原来有的小额贷款公司勇敢地给一些中小微企业放了一点信用贷，但尝到苦头后，基本上也偃旗息鼓了，现在小额贷款公司宁可只做企业主的车贷房贷，也不敢提供信用贷了。

业务结算存款流水数据是企业信用贷授信的重要依据，也是回款扣款的对象。可以说，小额贷款公司根本没有做企业信用贷的基础，因为它们没有吸纳企业存款的功能，不像银行掌握着很多企业的业务结算存款数据，银行不会为没有业务结算存款数据的企业提供信用贷。如果银行不改变授信和融资方式方法，企业信用贷共债风险必然走高，企业获取信用贷的难度可能会越来越大。

银行个人信用贷在阿里、腾讯、京东的蚕食下，体味到危机之后，一直在奋起直追，现在银行也推出了各种各样便捷的信用贷产品。其实，银行应该知道，信用卡才是其最佳也是最大的个人信用贷市场，它们针对不同客群和场景设计的信用贷产品，很多是做了无用功的，并且使得整个信用卡市场乱象丛生，风险涌动。加上阿里、腾讯和京东布局虚拟信用产品，个人信用贷市场共债风险越来越大。更麻烦的是，蚂蚁金服投资的现金贷公司"趣店"在纳斯达克上市后，带动了高利贷变种现金贷的兴起，随后还出现了一大批现金贷公司到美国上市，把中国整个个人信用贷市场搞得乌烟瘴气。P2P阵痛尚未结束，新悲剧又纷纷上演，加之校园贷和各种套路贷顶风作案，个人信用贷未来也将迎来一场现金贷大清洗。

个人信用贷离不开大数据信息。我们看到，身份证、家庭住址、行踪信息、通信、社交、网店账户、网店交易信息、银行账户、工作单位、保险……个人所有信息在没有得到人们允许的情况下，被一些数据公司使用几行爬虫代码在网上爬取到，然后使用大数据技术，建立强大的个人信用数据库和信用白名单，源源不断地为包括一些银行在内的金融企业提供风控服务；为了利益，有的数据公司甚至参与地下数据交易，成为数据黑产的帮凶。而在我国现有的征信机制下，大数据信息产业的发展是有路可走的，只是需要借款人的参与和授权，任何绕过借款人的个人数据采集行为都必须接受法律的制裁！

随着我国消费升级，消费金融前景广阔，如何布局市场、定位客户、获取客户信用数据、设计信用贷产品是银行和其他放贷机构要认真思考的大事，也是金融管理当局要认真思考的大事。

第四部分

科技金融风控

第十二章　互联网金融风控

网络技术发展与金融的关系

金融讲究风险管理，风险管理的核心是信用信息，互联网产业就是信息产业，互联网金融（以下有时简称互金）即互联网＋金融，是通过互联网技术手段获取广泛社会金融资源和信息，实现金融互联网系统平台化、平台数据化、数据资产化、资产金融化的金融新生态。它直接打破了传统金融线下运作方式，使得金融风控朝高频、量小且分散的线上化方向发展。随着云计算、大数据分析技术的发展和5G网络的到来，信息数据的采集能力、存储能力、传输能力和分析处理能力不断打破人们对数据的认知，我们的信用管理和风险控制不再拘泥于静止的或切片化的状态，开始进入一个动态多维的、逐渐被智能替代的数据流管理时代。互金通过数据分析建模，实现实时动态风险管理。金融科技正在逐渐改写我们今天的金融业务和风控运作模式，我们曾经只能想而不能做的金融产品创新和风控创新将开始变为现实。然而，互联网金融在带给我们机会的同时，病毒攻击、网络安全、个人隐私泄露、网络欺诈等风险也伴随而来，对互金发展构成重大威胁。我们看到生物识别、人工智能、数字货币、区块链存证及其加密技术、机器学习等新力量正在重构着互金的明天。

在没有云计算之前，互联网出现了SaaS模式，即"软件即服务"模式，企业在互联网上注册为用户，付费后可随时调用定制软件服务，软件和硬件统一由运营商安装、升级、维护，可以帮助用户有效节约软件开发成本、维护管理成本。但是，数据存储在运营商服务器中，软件功能受软件运营商技术限制，个性化定制也相对有限。随着云计算、边缘计算技术的出现和发展，数据的存储和传输局限正在被打破，互联网SaaS模式已经升级至PaaS模式，即"软件即平台"模式，它将软件的开发平台化，以SaaS的方式提供给用户。PaaS的出现加快了SaaS的发展，尤其加快了SaaS应用的开发速度。PaaS是企业提供定制化研发的中间件平台，涵盖数据库和应用服务器等，极大提高了在Web平台上利用的资源数量。例如通过远程Web服务使用数据即服务、使用可视化API等。用户可在PaaS平台上快速定制或开发自己的应用和产品，将现有技术和业务资源整合，包括应用服务器、业务能力接入、业务引擎和业务开放平台。用户购买的是平台模块服务，如计算能力、数据模型、基础数据、储存和消息传送等，如阿里云、腾讯云等都在提供这些服务。在 PaaS 平台支持下，供应链上下游客户不仅可以注册使用供应链平台软件，在网上获取所需的软件功能或资源模块，还可以定制开发自己的应用，接入物联网智能仓管理、业务数据智能集成，导入外部客户 ERP 数据和征信数据，接入电签系统、物联网机器采集数据、智能识别系统、支付工具、分析模型、风评模型、外部风控服务系统、区块链系统，以及外部金融资源等等，为客户提供安全、精准和高质量的金融服务。

应该说，我国互金新风控技术尚处于初期阶段，技术和效率还未达到充分自由状态，个人端应用比较好，企业端基本以 O2O 模式为主，模式粗放，产品和系统存在各种 BUG。企业金融的复杂性，使得产品标准化存在较大难度，且有效样本数据少，难以采用大数据分析技术。目前，大数据风控建模技术仅限在物流、电商等极少数供应链金融企业群体中使用。因此，风控建模有个人互金和企业互金两种不同的方式，前者是基于大数据分析技术的风控建模，后者是基于逻辑风控经验和技术的建模。大数据风控建模和逻辑建模的区别在于，大数据风控建模是变量对违约概率影响的显著性排序，以此定位客户的违约概率，建模样本数据和测试样本数据足够大；逻辑建模不是借助样本数据建模，而是直接分析客户的风险因子，采用专家意见法构建评分卡，定位客户好坏。

笔者大致把风控分为三大类型：

第一类是客户的风险可以通过风控方案和技术来控制、降低和化解，我们称之为"管理型"风控，即对风险形成的根源管控，达到消除风险的目的，当风险变量被改写，风险即被改变。如借款人因订单下降导致租赁设备租金可能违约，租赁公司则可借助其供应链服务资源，向此客户导入一定客户和订单。

第二类是客户的风险只能选择性规避或转嫁，我们称之为"选择型"风控，因为客户已经存在各种大大小小的风险，甚至存在潜在的非对称性风险，我们选择放弃或通过购买保险、增加担保等方式转嫁。比如核心企业开始亏损，要么放弃不做这单业务，要么让核心企业提供房产抵押或购买信用保险增信。

第三类是客户一直接受并使用我们的供应链系统、信用管理工具和数据资源，对自己下游客户进行了良好的信用管理，客户信用习惯呈现良性状态，我们称之为"合作型"风控。这种风控需要我们营造信用管理环境，给客户配置数据、管理软件和方法指引，让客户做最好的自己。互金存在"合作型"风控的平台基础，但要营造这种信用环境并非易事，需要我们借助核心企业力量，且具备一定规模实力和号召力才能形成。阿里、京东、小米、华为等供应链系统就天然具备这种资质。

互联网金融特征

互金有几个传统金融所没有的特征：（1）服务电子化。传统金融的客户从开户到业务操作再到注销都要与银行等服务商面对面完成，而互金的客户则是借助云计算、智能识别、账户捆绑、信息交互、电子交易等方式获取金融服务。（2）信息网络化。传统金融的客户信息相对封闭独立，信息量不大，维度一般不超过 100 个，个人信息隐私权和企业商业机密容易得到保护。但在互金机制下，客户信用信息处于动态变化中，涉及的维度可达 4 000 个，信息量远非传统金融所能及；同时，虚假、冗余和噪音数据需要使用数据技术清理，工商、税务、司法、银行、社会保障、公积金、知识产权、社交平台、网购平台等网络信息孤岛现象严重，且个人隐私和商业机密极易遭受黑客、数据商的非法采集，给个人和企业带来损害。（3）业务机会无限。每一个网络用户终端都可能成为互金的业务入口，其业务不像传统金融受地域商圈、网点数量、服务人员、工作时间等诸多因素的影响，可以说，互金时空无限，商机无限。正因为如此，P2P、现金贷、校园贷借助网络的力量，抓住人性的弱点，能在网上快速获客，在借款人朋友圈散布威胁信息，有效对借款人施加精神暴力。（4）风险网络化。互金高效便捷，它在具备许多传统金融风险的同时，还增加了网络风险，包括网络欺诈风险、用户操作风险、数据安全风险、系统迭代风险、数字财产风险等等。（5）去经验化。传统金融非常注重工作人员的经验积累，而互金都是标准化的金融产品，有的配备机器学习风控模型。在互金公司里面，传统金融风控人员极少，代之以数据分析师、数据挖掘、机器学习、数据库、算法、BI、可视化、模型架构师等与数据相关的岗位人员，风控的使命在这里演变成代码算法和风控模型了。

互金产品场景

互金能否成功，场景起着决定性作用。互金风控技术较容易实现，但场景无法复制。好的互金场景，可以从中清晰看出金融产品的安全性、效益性和流动性的平衡效果。不是有望盈利的场景就是好场景，比如校园贷、培训分期、美容分期、房租分期等，其中校园贷的客户经济未独立，根本没有负债能力；培训分期通常是付不起培训费的人，一般不会有参加培训的愿望；美容分期，整容从有效期来看风险太大，且医患风险不是互金公司所能控制的；房租分期后，租户要承受更高租金成本，在经济不支持的前提下，租户完全可以租租金更低的房子，所以我们不认为长租公寓是好产品。好的互金场景大多是自生的，比如花呗，在淘宝和天猫平台上的消费者都有历史交易数据和行为数据，花呗可以通过消费者的芝麻信用分和历史交易规模分析核定安全授信额度；其用途仅限购物，大部分消费者都是新生代，已有一定超前消费意识，很容易持续获客，信用具备良好流动性；阿里实力雄厚，本身已具备虚拟信用背书能力；花呗如果出现逾期或坏账，金额也不大，且会直接影响消费者的芝麻信用分，所以其总体坏账率比较容易控制；花呗内置在淘宝、天猫支付体系中，供选择使用，没有推广成本。所以，花呗的应用场景有安全性、效益性和流动性平衡基础，是一个非常好的金融应用场景。我们看到，淘宝、天猫后台针对电商的信贷支持，其应用场景也非常不错。在互金场景三性中，安全性，或者说风控是第一位的，没有风控的互金场景很难持续，比如阿里的蚂蚁借呗的安全性就差了很多，也可谓天生不足，受银行信用卡影响，借呗也通过支付宝或银行卡提现，其资金用途无法控制，如借款人用于投资套利、长投、炒股、赌博等高风险事项，其风险就失控了，加上花呗，容易导致借款人信用负债过度，其应用场景与花呗模糊，所以个人认为，借呗的金融场景存在一定缺陷。

坏账损失、催收成本，加上前期的流量成本和征信成本，是导致互金公司风控靠外协、赚钱靠高利贷的关键原因。按道理，网络贷款小额分散，有机会大幅降低运作成本，但在战略和产品场景缺乏的情况下，坏账损失难以控制，催收成本激增，征信成本也增加，最后以贷养贷、进退两难，形成恶性循环。战略的关键是先要找到理想的场景，要知道，大部分好的应用场景都是自携自生的。银行的车贷和房贷、阿里的花呗、京东的白条等等都是自生的，产品怎么设计都行，只要不泛滥；没有信用基础支持的场景意味着安全性无法保障，市场上很多互金产品是泛场景或别人的场景，信用没有黏性，风险可控性差。就比如现金贷，客户虽然多，资金需求旺盛，但它注定获取的是还款能力极不确定的负现金流人群，是被银行信用卡筛剩下的那些人；校园贷的信用场景其实不在学生这边，而在学生父母那边，学生本身经济和信用尚不独立，所以这是伪场景。

相对来说，企业互金的应用场景在供应链平台、物流、仓储、电商平台、快递等领域较多，企业现金流有周期性波动，所以存在天然融资需求；供应链公司和物流企业代理业务、代退税、代垫运费、代交税、代收款都是非常好的金融应用场景，业务持续性好，也有信用信息支持，客户在获取服务时所节约的成本，愿意以享受金融服务的方式再支付出去。

分散风险

小额分散是消费互金的特点，本质上属于信用贷。小额分散可以整体控制非系统风险，小额借贷通常不会给客户带来太大的还款压力，即便客户到期不能如约偿还，我们也可以采用跨周期风险管理，即增加还款周期，同时增加融资成本，帮助客户渡过难关，直到顺利偿还本息。为防止信用实力较低的客户滥用信用，通过小额分散，也可以有效抑制信用违约。当然，金额的大小是相对而言的，通过其征信信息、历史收支情况，很容易找到安全授信融资额度。

"大数定律"或"平均法则"告诉我们，随机现象的大量重复往往形成几乎必然的规律，样本越多，则对样本期望值的偏离就越小。依此逻辑，借助风控，客户数量越多，达到期望坏账率的概率就越大，有利于合理进行风险定价，实现收益。

"分散"可以保证借款主体还款概率的独立性，不会存在关联性违约，借款人分散在不同的地域、职业、年龄段和拥有不同的学历等，这些分散独立的个体之间发生违约的概率能够保持独立性，发生违约的概率就非常小。比如 100 个人独立违约概率为 20%，那么随机挑选出其中 2 个人同时违约的概率为 4%（20%×20%＝4%），3 个人同时违约的概率为 0.8%（20%×20%×20%），4 个人都发生违约的概率为 0.16%（20%×20%×20%×20%）。如果这 100 个人的违约存在关联性，比如在 A 违约的时候，B 也会违约的概率是 50%，那么随机挑两个人同时违约的概率就会上升到 10%（20%×50%＝10%，而不是 4%）。因此，保持不同借款主体之间的独立性也非常重要。

小额控制的重要性，还在于能否避免"小样本偏差"。比如，如果一个平台放了 10 个亿的贷款，如果人均借 3 万，那么有 3.3 万多个借款客户，如果人均 1 000 万，就只有 100 个客户了，统计学意义上的"大数法则"，需要样本量够大（超过几万个以后），才能越来越符合正态分布定律，好客户和坏客户才能看得出来。如果坏账率都是 2%，那么 3.3 万多个客户坏账率为 2% 的可能性要远大于 100 个客户的可能性，因为这 100 个客户有可能存在"小样本偏差"，导致其坏账出一笔就达到 10% 的坏账率，相比之下，其坏账款多了 8%，这就是统计学上的"小样本偏差"的风险，对应到 P2P 网贷上，那些做单笔较大规模借款的风险肯定要大。

我注意到一个非常重要的违约成本定律：违约成本等于借款人的信用实力，融资金额越小，违约成本越大；相反，融资金额越大，违约成本越小。举个例子，你借给一个客户 10 万元，他不赖账或不跑路的原因是，别人还欠着他 15 万元或是今后可赚 N 多个 10 万元；但如果你借给他 1 000 万元，他可能就跑路了，因为他可能要 50 年才能赚到这笔钱，而他现在已 30 岁，而且跑路只需要 10 万元就可以实现。违约定律也暗示着，我们给客户融资应控制在其信用实力范围内，且越小越好，只要他愿意接受。企业越大其违约成本越大，所以越大的企业开出的小额商业承兑汇票风险越小。但是，我们也要注意，大老板不借小钱的逻辑，如果不是建立在真实贸易基础上的商业承兑汇票，或是亿万资产的大老板直接开口向我们借 100 万元，那就要特别小心了！

互金借贷金额小可以有效分散风险，降低互金公司经营风险，同时控制客户杠杆，防范社会信用大面积失控，这也是 2016 年 8 月银监会出台《网络借贷信息中介机构业务活动管理暂行办法》，严格控制网贷借款人平台融资总金额的金融逻辑吧。

互金信贷风控模型搭建基础

互金融资频繁、金额小、笔数多，风控重点主要是违约概率控制、成本控制、客户信用筛选和反欺诈技术等方面。为了高效实现这些风控目的，互金系统平台有必要内置一个完整的风控系统。一直以来，信用评分模型是最有效的综合信用分析方法，如今，美国 FICO 是全球最大的信用评分机构，每年提供上百亿个 FICO 评分，管理着全球半数以上信用卡，已有 60 多年历史，因此，作为一种被实践检验和不断升级完善的信用分析管理工具，它是互金风控人员必须了解和掌握的重要风控技能。

按应用场景分类，有风险评分卡、客户流失评分卡、营销响应评分卡等等。按用途和时间的不同，可分为申请评分卡（Application score card，简称 A 卡）、反欺诈评分卡（简称 F 卡）、行为评分卡（Behavior score card，简称 B 卡）、催收评分卡（Collection score card，简称 C 卡）。其中 A 卡用于贷前审批，大多为客户背景变量；反欺诈评分卡主要透过申请者网络表现行为分析客户是否存在欺诈，用于贷前客户准入；B 卡用于贷中管理，表示申请者已有贷款后，根据借款人消费习惯、还款情况等信用特征，跟踪其信用表现，预测其逾期或违约概率，可以指导再贷续贷决策；C 卡用于贷后催收，即对已逾期客户的催收评分，预测客户 30 天出催的可能性，用于入催客户分组和调整催收策略，如对高意愿高能力客户减缓催收，对低意愿高能力客户提前催收全款、出具律师函、设计诉讼对策，对高意愿低能力客户可以配以减免息费、延期协助度过困难期，对低意愿低能力客户则适当帮扶，提前核销。C 卡包括还款率模型、账龄滚动模型和失联模型。

创建信用评分卡主要方法有逻辑回归模型法、机器学习模型法、组合模型和深度学习等，主要是前两种。逻辑回归模型效果稳定，容易从业务角度解释，但它对数据质量要求较高；机器学习准确度较高，很难从业务角度来解释结果，模型部署有一定难度。

1. 逻辑回归

评分卡入模变量与自变量在逻辑上应呈现一定的拟合线性关系，各自变量之间相互独立，不具有较强相关性，变量 p 值具有显著性，即因变量与自变量在风控逻辑上密切相关，且是正确的（见图 12.1）。

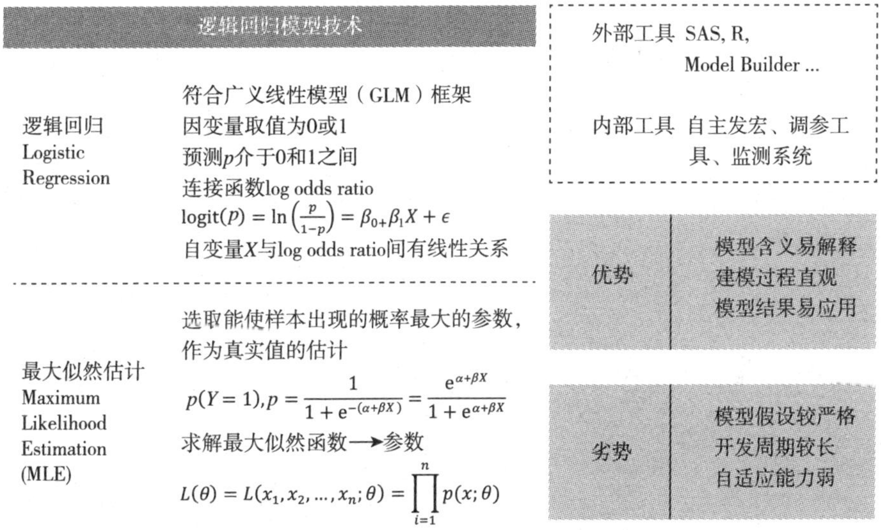

逻辑回归模型技术		外部工具 SAS, R, Model Builder ...
逻辑回归 Logistic Regression	符合广义线性模型（GLM）框架 因变量取值为0或1 预测p介于0和1之间 连接函数log odds ratio $\text{logit}(p) = \ln\left(\frac{p}{1-p}\right) = \beta_0 + \beta_1 X + \epsilon$ 自变量X与log odds ratio间有线性关系	内部工具 自主发宏、调参工具、监测系统
		优势 | 模型含义易解释 建模过程直观 模型结果易应用
最大似然估计 Maximum Likelihood Estimation (MLE)	选取能使样本出现的概率最大的参数，作为真实值的估计 $p(Y=1), p = \dfrac{1}{1+e^{-(\alpha+\beta X)}} = \dfrac{e^{\alpha+\beta X}}{1+e^{\alpha+\beta X}}$ 求解最大似然函数$\longrightarrow$参数 $L(\theta) = L(x_1, x_2, \ldots, x_n; \theta) = \displaystyle\prod_{i=1}^{n} p(x; \theta)$	劣势 | 模型假设较严格 开发周期较长 自适应能力弱

图 12.1 逻辑回归模型技术

2. 机器学习

机器学习技术包括梯度提升决策树（GBDT）、随机森林（Random Forest）、贝叶斯网络、支持向量机（SVM）、神经网络（Neural Networks）等（见图 12.2）。分有监督的机器学习、无监督的机器学习和半监督的机器学习。

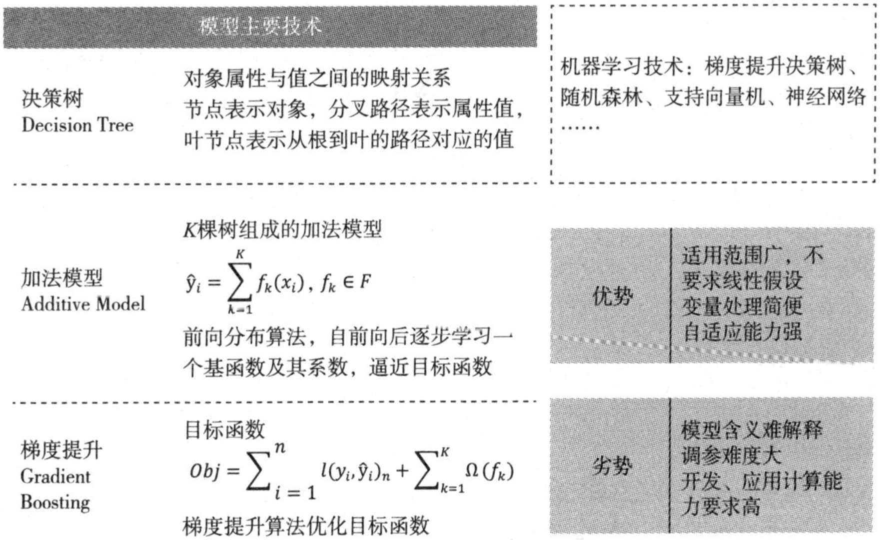

模型主要技术		机器学习技术：梯度提升决策树、随机森林、支持向量机、神经网络……
决策树 Decision Tree	对象属性与值之间的映射关系 节点表示对象，分叉路径表示属性值，叶节点表示从根到叶的路径对应的值	
加法模型 Additive Model	K棵树组成的加法模型 $\hat{y}_i = \displaystyle\sum_{k=1}^{K} f_k(x_i), f_k \in F$ 前向分布算法，自前向后逐步学习一个基函数及其系数，逼近目标函数	优势 | 适用范围广，不要求线性假设 变量处理简便 自适应能力强
梯度提升 Gradient Boosting	目标函数 $Obj = \displaystyle\sum_{i=1}^{n} l(y_i, \hat{y}_i)_n + \sum_{k=1}^{K} \Omega(f_k)$ 梯度提升算法优化目标函数	劣势 | 模型含义难解释 调参难度大 开发、应用计算能力要求高

图 12.2 机器学习模型主要技术

个人信用评分卡离不开个人信用数据，个人信用数据维度成千上万，大致可分为两类：（1）信用特征数据，包括风险特征、职业特征、性格特征、成长特征、背景特征等，数据源有人行征信、税务、学历、就业、公积金数据、水电费数据、司法信息等等。（2）信用行为数据，包括消费行为、社交行为和出行行为等，数据源有芝麻分、通话行为、设备指纹、微信朋友圈、信用卡账单、乘车、住宿、旅游等行为数据（见图12.3）。

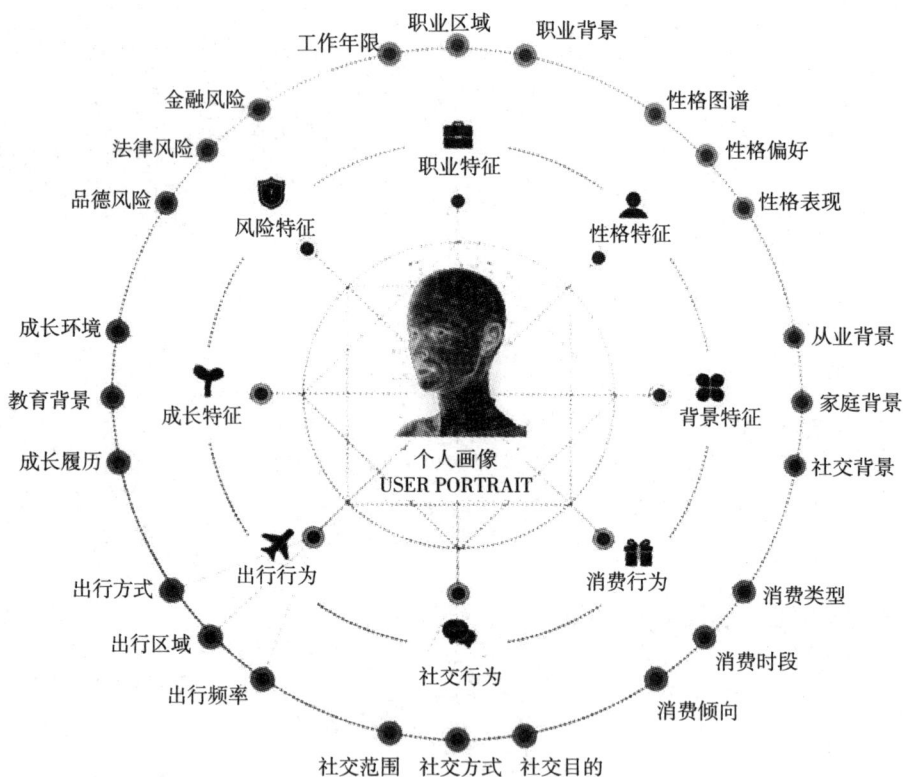

图 12.3 个人信用数据维度

创建信用评分卡

这里，我们简单介绍使用逻辑回归模型法来创建一个信用评分卡，虽然 Excel 作为数据分析工具也可以完成，但是它远不及使用一门计算机语言方便灵活，且很难实现真正的智能化管理和运作。因此，学习掌握 Python 或 R 等数据分析语言工具是互金风控人员必须具备的基础技能。

评分卡开发主要流程如图12.4所示：

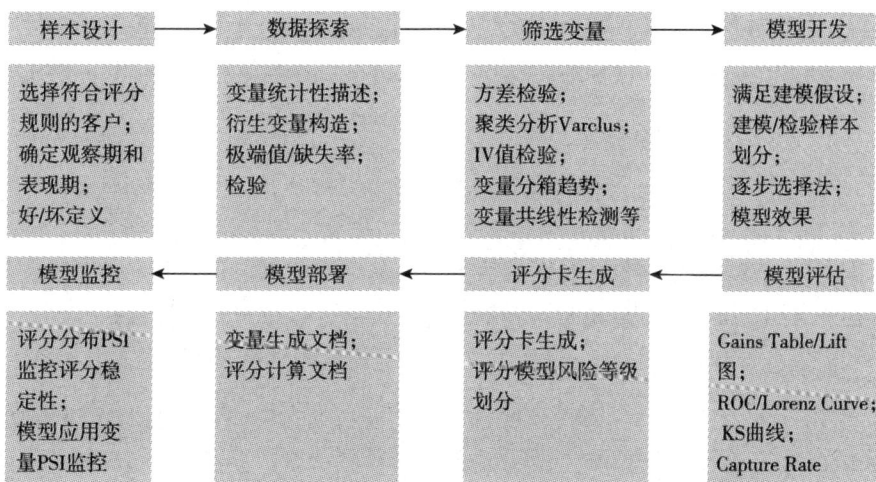

图 12.4　评分卡开发主要流程

样本设计

首先，评分卡一定是针对某一客户群的模型，要求整体客户样本的信用无论好坏，都具备一定的稳定性和持续性，样本数据来自目标客户群体，且所选择的样本表现特征满足正态分布，具有同质性和可相加性。

选取适合建模的客户样本，无疑先要剔除存在欺诈风险的客户，我们运用进件规则、反欺诈规则、强拒规则等规则，排除那些信用行为异常的客户，防止模型效果偏移（见图 12.5）。

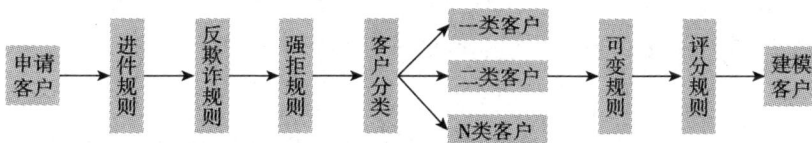

图 12.5　选取适合建模的客户流程

模型收集客户信息在观察期和表现期有明显区别，在观察期我们采集样本客户的信用历史、行为特征等信息，提炼预测客户未来信用表现的预测变量，目的在于训练模型；在表现期采集提前还款、逾期、拖欠等表现信息，以提炼表现变量，目的是预测客户信用。

图 12.6 是关于观察期、观察点和表现期的简单图示：

时间轴

过去 ⟶ 未来

观察期   观察点   表现期

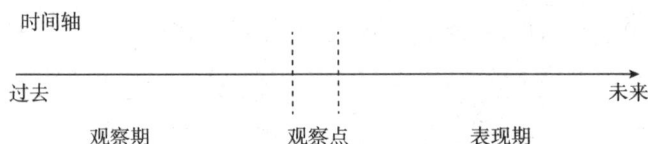

图 12.6 观察期、观察点和表现期

客户样本及其特征变量数据的采集期间会对模型整体效果产生影响，模型创建前期采集客户样本数据，提取客户特征变量，应就搜集客户样本及其数据的期限做出规划和设定。我们把采集客户样本历史信用和行为特征数据的时间段称为观察期，不能太长，也不可太短，申请评分模型一般在 6 个月以上，行为评分模型的观察期一般在 12～24 个月；观察点就是样本客户申请融资的时间段，这个时间段内申请融资的客户即为采集特征数据的对象，是用来建模的客户样本；表现期则是采集样本客户融资后是否出现逾期，以便定义样本客户好与坏的时间窗口，一般在 6 个月到 1 年左右。

以申请评分模型为例，某申请人是在 2019 年 9 月 1 日来申请贷款的，如果此时间在互金公司的观察点内，则对其过去 6 个月以上的信用和行业特征数据进行采集，并针对其本次贷款后的信用表现定义其为好客户还是坏客户。这里我们可以把 2019 年 9 月 1 日视为观察点，把 2018 年 9 月 1 日—2019 年 9 月 1 日的特征数据采集期视为观察期，而把 2019 年 9 月 1 日—2020 年 9 月 1 日的信用履约信息采集期视为表现期。因为要采集成千上万个样本客户数据，延长观察点时段是难免的，有时会长达一年。对本例中的互金公司来说，模型选取样本的观察点可以设在 2019 年 1 月 1 日—2019 年 12 月 31 日，观察期为 2017 年 1 月 1 日—2018 年 12 月 31 日，表现期为 2020 年 1 月 1 日—2020 年 12 月 31 日。互金公司通常提供一年以内的信用贷款，因此，表现期通常为一年。

我们使用评分卡对客户进行评分时，申请人各个特征必须是贷前能完全获得的特征，所有数据源都是围绕还款能力、还款意愿、能力稳定性、多头借贷等方面展开收集的。定义目标客户的"好"与"坏"，根据各互金公司的风险偏好来确定。比如：3 期拖欠及以上的客户定义为"坏"；2 期拖欠的客户定义为"不确定"，可不选入模型；未拖欠或仅拖欠 1 期的客户定义为"好"。一般来说，有效评分模型需要 1 000～2 000 个"坏"客户样本支持，使总样本表现特征呈正态分布，如果互金公司业务历史较短，"坏"样本客户不足，则可把 2 期拖欠的客户纳入"坏"样本。

目标客户可根据业务规则来定，也可以根据"坏"客户的迁移矩阵来定，我们把逾期率趋于稳定的时间窗口定义为表现期。我们平时说的逾期是指客户到了该还款的日子而没有还，根据逾期天数，分为 M0～M7＋八个阶段。没有逾期的是 M0，逾期 1～29 天的是 M1，逾期 30～59 天的定义为 M2，依此类推，逾期超过 180 天的定义为 M7＋。

我们把某个逾期阶段的客户转到下一逾期阶段的客户数量占当前阶段逾期客户数量的比率叫迁移率，迁移率为催收绩效指标，常用来分析客户整体质量，大致预测不同逾期阶段的未来坏账损失（见表 12.1）。比如，M2～M3，说的是从逾期阶段 M2 转到逾期阶段 M3 的客户数占逾期阶段 M2 的客户数比率。需注意的是，我们应该选还款日为同一天的 M2 来作为分子。

表 12.1　迁移率分析

N～N＋1 期	201901	201902	201903	201904	201905	201906	201907	201908
C～M1	1.14％	1.03％	1.04％	1.05％	1.06％	1.08％	1.31％	2.56％
M1～M2	68.90％	70.32％	73.27％	71.52％	76.61％	78.63％	77.50％	79.20％
M2～M3	97.96％	97.66％	95.58％	97.70％	98.83％	97.64％	97.83％	98.38％
M3～M4	98.28％	99.01％	98.06％	98.36％	99.19％	98.60％	98.45％	98.68％
M4～M5	98.77％	98.95％	99.06％	98.92％	99.30％	99.06％	98.28％	98.75％
M5～M6	99.31％	98.61％	99.23％	99.29％	98.74％	99.29％	99.13％	99.46％

注：2019 年 8 月客户由 M1 到 M2 的迁移率为 79.20％，M2 到 M3 的迁移率为 98.38％，可见客户的违约天数可定义为 dpd30＋，即 30 天。

除无监督机器学习模型外，其他模型都建立在历史会重演的基础上，也就是历史没有发生的就一定不会发生。如果建模观察时点的客户信用表现和模型应用时点的客户信用表现差异较大，则意味着模型预测能力失准。数据来源不稳定或政策调整也可能影响模型的准确性和稳定性，因此，在观察期应注意所采集数据的稳定性和质量。

判断客户在表现时点是否逾期显然需要足够的表现期，且经过一段时间才能趋于稳定。利用账龄分析可以确定表现期是否达到要求。如图 12.7 所示，样本客户 9 月份后逾期率不再增长，趋于稳定，那么表现期就可以设为 9～12 个月，在此期间采集客户表现行为数据。

数据探索

成百上千个字段或数据维度，每个维度几十万条数据，如何找出对违约影响最大的变量，构成我们目标客户评分卡的入模变量，这需要我们使用 Python 并结合 Mysql 语言等工具对数据进行变量筛选。

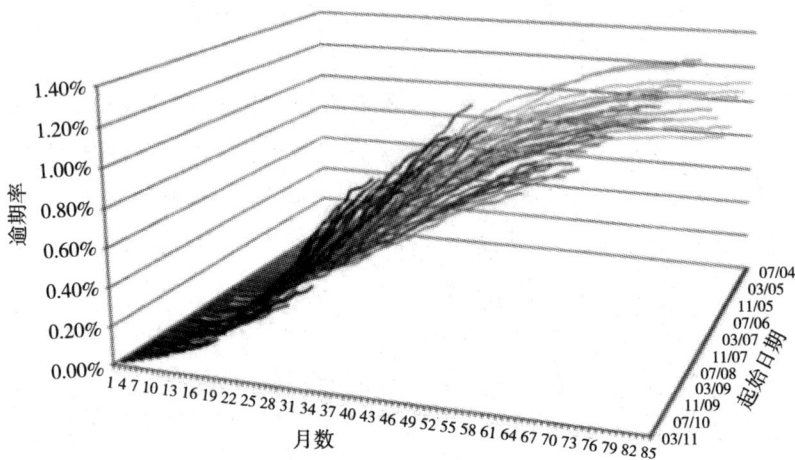

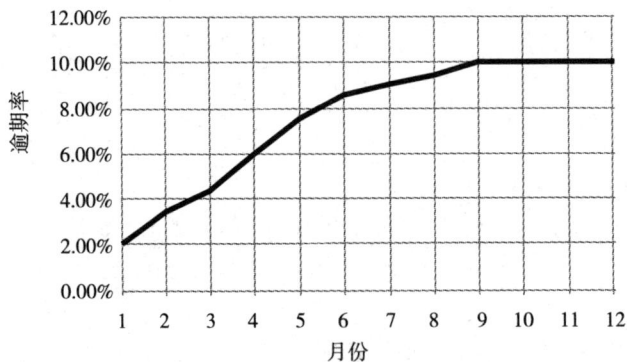

图 12.7　账龄分析

注：上图为不同 vintage 逾期率随账龄的变化曲线。随着账龄增加，逾期率呈现先增大后减缓的趋势。

下图所示，9 个月后逾期率增长减缓，并且维持稳定状态。所以，该样本建立信用模型可使用 9～12 个月作为表现期。

　　我们按变量值是否连续，分为连续变量与离散变量两种。在一定区间内可以任意取值的变量叫连续变量，其数值是连续不间断的，相邻两个数值可作无限分割，即可取无限个数值，比如人们的年龄、工作年限、月收入、月支出、总资产、总负债，它们有最大值、最小值、均值、分位数、方差、中位数等表现方式。

　　离散变量也就是类别变量，它的取值是离散的，比如是否逾期、是否上班、是否有信用卡等。其中有的类别变量有多个离散值，如工作公司性质、住房来源等；有的则只有两个，即所谓二分类变量，非此即彼变量，如是否结婚、是否有车、是否租房等。变量取值分布有助于对样本客户进行合理分类。

一般来说，连续变量的水平种类在 10 种以上，离散变量的水平种类在 10 种以下。

原始变量即初始变量，因原始变量的变化而变化的变量就是衍生变量。衍生变量的类型有趋势变量、占比变量、交叉变量、时间差变量、频率变量、波动率变量、哑变量、PCA、GBDT、聚合变量等。

在采集连续变量时，存在暂时性、无记载、丢失、不重要等原因，导致数据缺失，或有的月份没有，有的人没有。假如缺失率很低，则可进行人工补齐；如缺失率高，人工补齐则效率太低，不重要则可直接舍弃，如重要则以近似值补齐。

在整理变量样本数据时，我们有必要对数据格式进行统一整理，使数据格式统一，便于有效统计或计算。变量数据中，难免存在一些与大多数数据存在巨大差异的观测值或数据因差错导致的极端值，我们可以采用三种方法来检查识别：（1）Boxplot，即箱线图，通过绘制一组数据分散情况资料的统计图，反映原始数据分布的特征，或比较多组数据分布特征，找出异常值。（2）每个变量设定一个正常取值的范围，在简单的统计指标基础上进行验证。如：连续值设定均值偏差在 ±3 倍标准差以内，超出这个标准差的数据可推断为极端值，对异常值予以更正或清除。（3）使用聚类算法将数据分为较小的子集，只包含较少数量观测值的集，认定为极端值。对类别变量的极端值可以替换或变量分箱处理，对连续变量的极端值可替换为平均数、中位数、众数、上四分位数、下四分位数，或采用变量分箱或直接剔除处理（见图 12.8）。

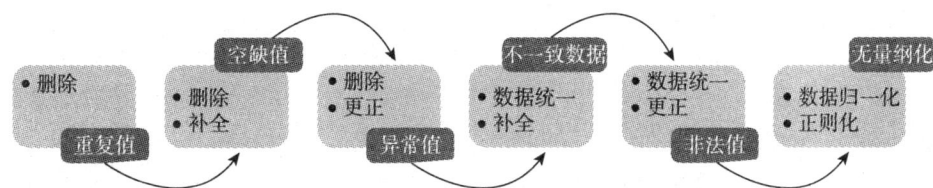

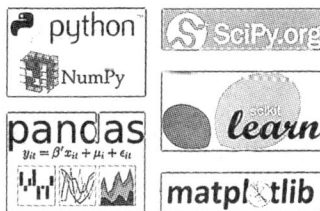

图 12.8　数据清洗和预处理

变量值缺失会造成可用信息减少，变量值缺失率过高会降低模型的预测力，甚至对模型在应用阶段的准确度造成巨大影响。处理方法有：（1）对缺失率高的变量直接删除；（2）增加 Dummy 变量（即哑变量，人为的虚拟变量），标识是否缺失；（3）统计替换，根据样本之间的相似性填补；（4）变量分箱处理；（5）拟合，根据变量之间的相关性填补，如没有年龄，则可以当前日期减身份证号中的出生年月日得出。

然后，使用正态分布检查样本变量数据集中度，舍弃坏样本率无显著差异的数据和有显著差异且少数值的坏样本率低的数据，保留有显著差异且少数值的坏样本率高的数据。

筛选变量

进入变量筛选阶段，可以使用 LightBGM 算法进行重要性排序，然后再对变量进行粗选，层层筛选出入模变量（见表 12.2）。

表 12.2　入模变量的筛选步骤

数据来源	第一步：变量列表清洗	第二步：减少变量	第三步：进一步减少变量	最终入模
采集初始数据集	清洗那些业务关系不可用的变量，比如使原始变量列表中减至 1 300 个自变量	删除方差为零或小于阈值的自变量，删除 IV 值小于某阈值（如 0.1）以及分箱达不到最低要求的变量，比如减至 650 个自变量	根据相关系数，删除相关性太弱的变量；根据 VIF 值，删除分箱解释性差的变量，比如减至 20 个变量	确定最终入模的变量时还应删除对模型效果影响小的变量，比如最后筛选出 15 个有效入模变量

IV 值反映某一变量的信息浓度，或者说信息量，我们用它来判断一个变量或指标的预测能力大小（见图 12.9）。

IV 值的公式为分箱 IV 值的总和，如图 12.9 所示，技术等级作为变量时，共五个箱，其中"good 占比"就是某一等级中好客户（即未逾期客户）的数量/所有等级中好客户的数量，"bad 占比"就是某一等级中坏客户（即逾期客户）的数量/所有等级中坏客户的数量（即逾期总人数），以上 IV 值仅 0.049，说明技术等级具有弱预测能力。

分组 IV 公式中的 ln（good 占比/bad 占比）就是 WOE（Weight of Evidence），它是指当前这个组中响应的客户和未响应客户的比值，以及所有样本中这个比值的差异，取对数。WOE 越大，这种差异越大，这个分组里的样本响应的可能性就越大；相反，差异越小，分组里的样本响应的可能性就越小，但 WOE 的绝对值波动范围为 0.1～3。

IV（information value）衡量的是某一个变量的信息量

$$IV = \sum_{i=1}^{N} \left(good占比 - bad占比 \right) \times \ln \left(\frac{\frac{\#good_i}{\#good_T}}{\frac{\#bad_i}{\#bad_T}} \right)$$

申请技术等级
计算结果IV=0.049
说明变量具有弱预测能力

IV	预测能力
<0.02	无预测能力（Unpredictive）
0.02~0.1	弱预测能力（Weak）
0.1~0.3	中预测能力（Medium）
0.3~0.49	强预测能力（Strong），大于0.5就不太可能了

技术等级	逾期人数	未逾期人数	分组总人数	逾期人数 / 分组总人数	逾期人数 / 逾期总人数	未逾期人数 / 总未逾期人数	IV
一级	150	30 000	30 150	0.50%	6.1%	10.2%	0.021
二级	380	59 742	60 122	0.63%	15.6%	20.3%	0.013
三级	550	63 271	63 821	0.86%	22.5%	21.5%	0
四级	630	59 395	60 025	1.05%	25.8%	20.2%	0.014
五级	734	81 450	82 184	0.89%	30.0%	27.7%	0.002

图 12.9　单因子分析：IV 值分析

在使用 IV 分析变量的预测能力前，我们需要对变量进行分箱。变量分箱其实就是将连续变量离散化，或者将状态多的离散变量合并成少状态，也可以理解为变量归类分层方式。通过图 12.10 我们可以知道变量分箱的原则：（1）组与组之间的差异大；（2）组内各单因子之间的差异小；（3）每组占比不低于 5％；（4）每箱必须有好、坏两种客户，不然就不符合正态分布特征。分箱在变量筛选中的优势是可以消除随机误差，平滑噪声，可以使变量取值范围缩小，有效提高算法的运行速率，对连续变量进行离散化处理。

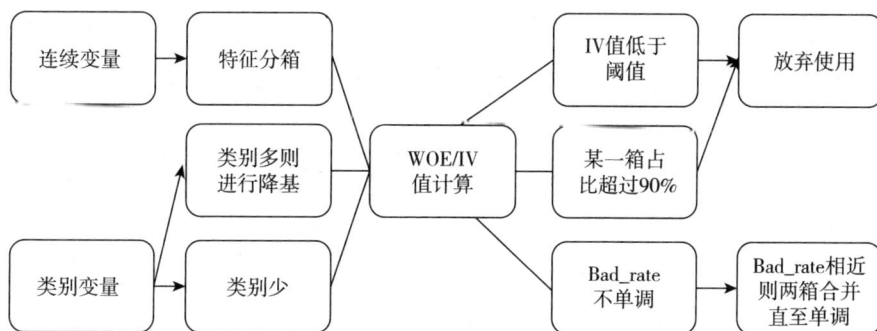

图 12.10　变量分箱原则

图 12.9 中的技术等级变量，就是对专业技术客户群体的五组分箱。我们对连续变量或特征（即类别）都可以做变量分箱。类别分箱就是将含义相同的变量合并，将出现频率小的类别合并为一个新的类别，合并后的类别可以使预测指标最大化。

类别分箱的优势有：（1）稳定性，避免特征中无意义的波动对评分产生影响；（2）缺失值处理，可将缺失作为独立的分箱代入模型；（3）异常值处理，可与其他值合并作为一个分箱；（4）无须归一化，从数值型变为类别型，没有尺度的差异。类别分箱的劣势有：（1）有一定的信息丢失，数值型变量分箱后变为限值有限的几个值；（2）需要编码，分箱后的变量是类别型，不能直接带入逻辑回归模型中，需要进行一次数值编码。

连续变量分箱中典型的有等频分箱、等距分箱和最优分箱等，其中等频分箱区间的边界值要经过选择确定，使每个区间包含大致相等的实例数量，如 10 组分箱，则每个分箱里各有 10％的实例在其中；等距分箱则是从变量最小值到最大值，每个区间的长度为 $W=(B-A)/N$，其中 N 为总组数，B 为最大值，A 为最小值，区间边界值则为 $A+W, A+2W, \cdots, A+(N-1)W$，这里只考虑边界，每个等份里面的实例数量可能不等；最优分箱是根据变量的分布属性，并结合该变量对违约状态变量预测能力的变化，按一定的规则将属性接近的数值合在一起，形成距离不等的若干区间，最终得到对违约状态变量预测能力最强的最优分箱。

经分箱和变量 IV 分析得到很多变量之后，将这些变量放到一起进行共线性分析，即变量聚集分析，也就是将得到的所有变量划分组群，在组群中挑选变量，选择那些 IV 值最大的变量，而组内差异最小的变量，同时也是业务解释性好的变量。

最后，对特征变量进行降维，筛选出对结果影响最大的入模变量。

方法一，向后逐步回归法（Backward Elimination，BE 法），即排除法。所有变量均放入模型，然后剔除其中一个自变量，观察 AIC 值是否有显著变化，将使 AIC 值减小最少的变量剔除；不断重复操作，直到没有自变量符合剔除的条件（见图 12.11）。

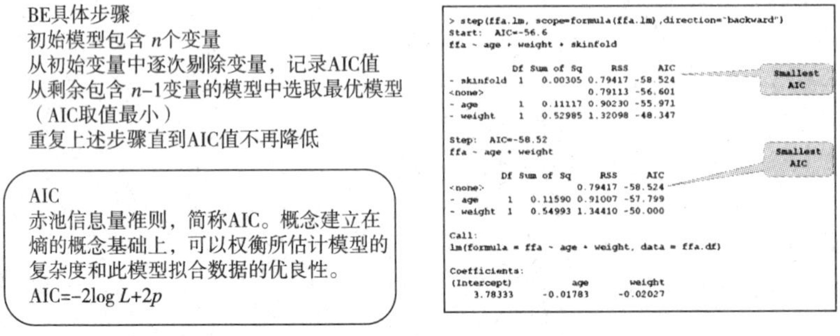

图 12.11 向后逐步回归法

方法二，向前逐步回归法（Forward Selection，FS 法），即测试法。先在模型中放入一个变量，然后再尝试增加另一个变量，观察 AIC 值是否显著增加；这一过程反复迭代，直到没有变量符合加入模型的条件（见图 12.12）。

FS具体步骤
初始模型没有变量
向模型中加入一个变量，在其中选择最优模型
向上一步骤的最优单变量模型中加入一个变量，
选出加入的最佳变量，使得AIC值最小
不断加入变量，重复上述步骤直到AIC值不再降低

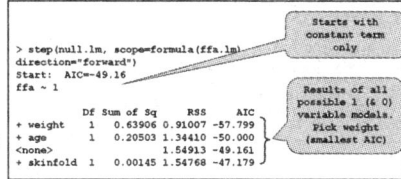

图 12.12　向前逐步回归法

方法三，双向逐步回归法（Stepwise Regression，SP 法），即向后逐步回归法和向前逐步回归法的组合。初始无变量，重复交替进行向后选择和向前选择，增加变量或减少变量，直到 AIC 值不再降低为止（见图 12.13）。

SP操作步骤
该方法是BE和FS的结合
初始模型无变量
重复交替进行向后选择和向前选择
重复上一步骤直到AIC值不再发生变化

优点	可以从大量的变量中快速筛选出最优变量组合，模型效果达到最佳变量的选入选出顺序可以反映变量的信息价值
注意	自变量多重共线性会对变量筛选的结果造成影响　多重共线性的识别：方差膨胀因子VIF（Variance Inflation Factors）

图 12.13　双向逐步回归法

通过以上操作，进一步对拟定的变量进行清洗，把那些对模型分析产生较大影响的多重共线性变量清除出去，在软件中不断导入变量或剔除变量，直到 AIC 值不再降低为止。

检验模型各自变量之间是否存在共线性，可以采用方差膨胀因子（VIF）分析，方差膨胀因子为解释变量之间存在多重共线性时的方差与不存在多重共线性时的方差之比。它等于容忍度的倒数，即 VIF $=1/(1-R^2)$，VIF 越大，显示共线性越严重，一般当 $0<\text{VIF}<10$ 时，不存在多重共线性；当 $10 \leqslant \text{VIF}<100$ 时，存在较强的

多重共线性；当 VIF≥100 时，存在严重的多重共线性。即 VIF 值越接近于 1，多重共线性越轻。入模变量之间的多重共线性应越轻越好，所以，当多重共线性严重时，应保留一个变量，以消除共线性。

模型开发

完成变量筛选后，我们进入模型开发阶段，先进行建模样本抽样。模型训练样本分为训练集（Train）和测试集（Test），训练集样本用于建模，测试集样本用于测试模型效果（见图 12.14）。

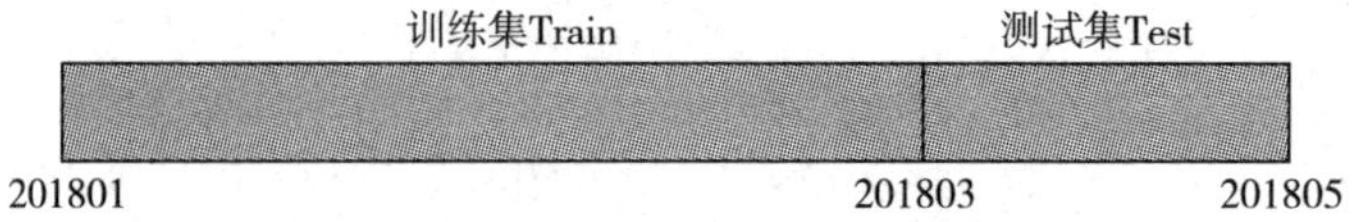

样本参数	总样本	建模样本	测试样本
		201801—201803	201805
样本人数	15 842	9 861	5 981
违约人数	1 684	1 093	591
违约人数占比	10.63%	11.08%	9.88%

图 12.14　建模抽样

注意，测试集一般选择更接近当前时段的客户群，避免训练集样本过于拟合或欠拟合。样本数量要适当，关键是样本客户要有足够的代表性，防止带偏模型。

通过样本数据测试，模型效果要达到几个特性：（1）准确性，显然不可能有100％的准确性，但必须达到互金公司风险偏好所能接受的准确水平；（2）较强的泛化能力，可以适用于广泛的数据集；（3）简洁性，在不影响准确和泛化的基础上，选择数量最少的变量组合，既简单又实用；（4）可解释性，单个业务变量数据值的变化与客户好坏的逻辑分析结果具有可解释性，不能让变量数据值的变化与客户好坏的逻辑发生错乱或无法理解。

模型评估

IV 值可以判断单变量的预测能力，模型的预测能力又如何评估呢？

如果定义违约客户为正例，正常客户则为负例，且定义概率临界值为 0.5，概率大于或等于临界值即为违约，即正例，可计算出违约与正常分类准确率和错误率

（见图 12.15）。

		预测值		
		正例	负例	总计
实际值	正例	True Postive (TP)	False Negative (FN)	Actual Postive (TP+FN)
	负例	False Postive (FP)	True Negative (TN)	Actual Negative (FP+TN)
	总计	Predicted Postive (TP+FP)	Predicted Negative (FN+TN)	

准确率：accuracy rate=(TP+TN)/(TP+FP+TN+FN)
错误率：error rate=1-accuracy rate=(FP+FN)/(TP+FP+TN+FN)
灵敏性（正确识别正例的百分比）：sensitivity=TP/(TP+FN)
特效性（正确识别负例的百分比）：specificity=TN/(TN+FP)
精度（预测为正例实际为正例的百分比）：precision=TP/(TP+FP)
召回率（实际为正例被预测为正例的占比）：recall=TP/(TP+FN)
F=2×精度×召回率/（精度+召回率）

图 12.15 模型的预测能力评估

对于一般的二分类模型来说，准确率和错误率就能体现模型的好坏。但对类别不均衡问题，比如逾期率为 1% 的样本，我们要的正例，也就是逾期客户只有 1%，这时候，准确率就存在误差。为此，可以使用灵敏性（召回率）、特效性、精度、F 来度量模型的好坏，以判断模型的可行性。对于一个评分卡模型，将好客户预测为坏客户的损失比将坏客户预测为好客户的损失要少，因此更加注重的是召回率。

绘制 ROC（Receiver Operating Characteristic）曲线评估模型预测能力，ROC 曲线显示给定模型的真正例率[TPR，TP／（TP＋FN）]和假正例率[FPR,FP/(FP＋TN)]之间的权衡，图 12.16 中所示的 AUC 是 ROC 曲线下的总面积，它越大，模型的预测能力就越强。

我们使用评分卡模型测算当前所有测试样本客户的评分，从等级高到低进行排序，分成 N 个组，分别计算每组实际好样本数、每组实际坏样本数、累计好样本数、累计坏样本数、累计好样本数占总好样本的比重（good%）、累计坏样本数占总坏样本的比重（bad%）、bad%－good% 的差值，N 组差值的绝对值所绘制出的曲线即为 KS 曲线（Kolmogorov‐Smirnov curve），取其最大值即为此评分卡的 KS 值。KS 曲线用来评估哪种评分区间能够将正常客户与逾期客户区分开，KS 值越大，代表两者的差距越大，其排序能力也越强。KS 曲线中的最大值就是鉴别正常客户与逾期客户的最佳点（见图 12.17）。

KS (Kolmogorov–Smirnov)

将样本按分数由低到高排序

X轴：总样本累计占比；Y轴：累计好、坏样本分别占总好、坏样本比例

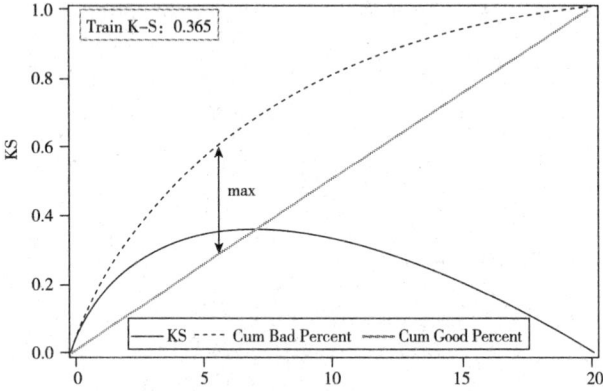

KS：两条曲线在Y轴方向上相差最大值，即：

KS阈值

>0.3	：模型预测性较好
0.2~0.3	：模型可用
0~0.2	：模型预测性较差
<0	：模型错误，评分与好坏相悖

预测	真实	
	好	坏
好	TP	FP
坏	FN	TN

（TP：真正例；FP：假正例；FN：假负例；TN：真负例）

通过设置阈值，计算（TPR,FPR），每个阈值（0~1）对应一个点，绘制ROC曲线

AUC：ROC曲线下面积介于0.5到1之间

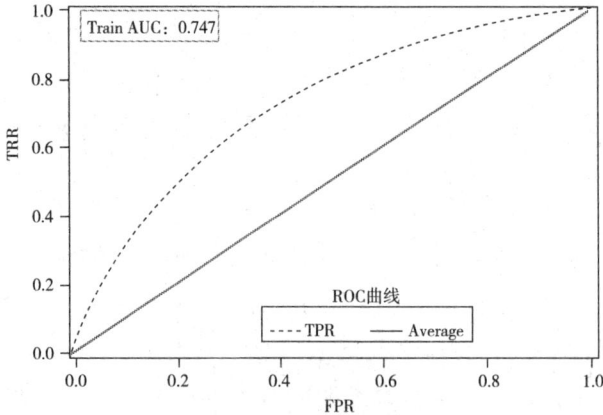

AUC阈值

>0.7	：模型有很强的区分度
0.6~0.7	：模型有一定区分度
0.5~0.6	：模型区分度较弱
<0.5	：模型区分度低于随机猜测

图 12.16　KS 曲线与 ROC 曲线

排序	样本总量	坏样本	好样本	坏样本占总坏样本比重	好样本占总好样本比重	累计坏样本占总坏样本比重	累计好样本占总好样本比重	坏样本占本组总样本比重	KS值
1	691	65	626	34.76%	9.32%	34.76%	9.32%	9.41%	25.44%
2	691	33	658	17.65%	9.80%	52.41%	19.12%	4.78%	33.29%
3	691	27	664	14.44%	9.89%	66.84%	29.01%	3.91%	37.84%
4	691	17	674	9.09%	10.04%	75.94%	39.04%	2.46%	36.89%
5	691	15	676	8.02%	10.07%	83.96%	49.11%	2.17%	34.85%
6	691	11	680	5.88%	10.13%	89.84%	59.23%	1.59%	30.61%
7	691	9	682	4.81%	10.15%	94.65%	69.39%	1.30%	25.27%
8	691	6	685	3.21%	10.20%	97.86%	79.59%	0.87%	18.27%
9	691	3	688	1.60%	10.24%	99.47%	89.83%	0.43%	9.63%
10	684	1	683	0.53%	10.17%	100.00%	100.00%	0.15%	0.00%
合计	6 903	187	6 716	100.00%	100.00%	—	—	2.71%	37.84%

KS=37.84%

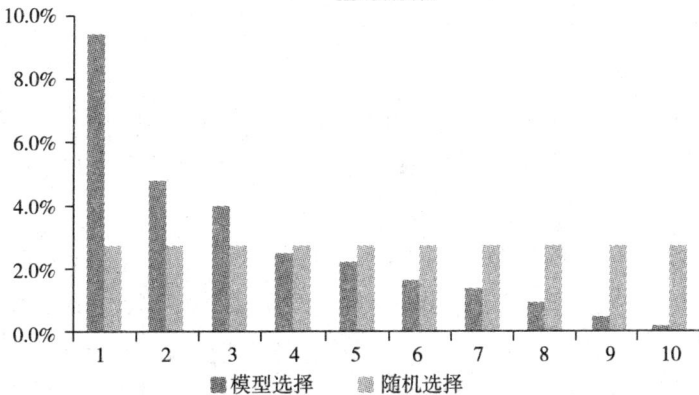

图 12.17　KS 值测算

Lift 图衡量的是与不利用模型相比，模型的预测能力"变强"了多少。不利用模型，我们只能利用"正例的比例是 $(TP+FN)/(TP+FN+TN+FP)$"这个样本信息来估计正例的比例（Baseline Model），而利用模型之后，我们不需要从整个样本中来挑选正例，只需要从我们预测为正例的那个样本的子集（$TP+FN$）中挑选正例，这时预测的准确率为 $TP/(TP+FN)$。Lift $=[TP/(TP+FN)]/[TP+FN/(TP+FN+TN+FP)]$，Depth $=(TP+FP)/(TP+FN+TN+FP)$，可以理解为预测成正例的比例，Lift 图是不同阈值下 Lift 和 Depth 的轨迹。图 12.18 黑色为利用模型后的结果，灰色为不利用模型的结果。

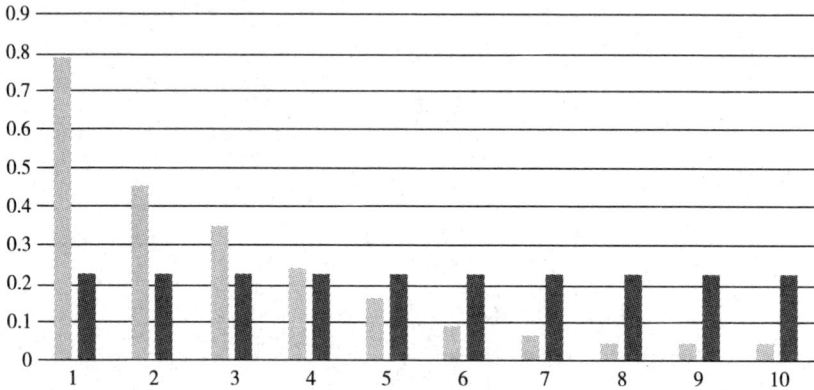

图 12.18　Lift 图

评分卡生成

模型 KS 值和 AUC 达到公司理想水平，即可计算每个入模变量得分和变量不同取值下的得分，最后生成信用评分卡。

我们利用线性变换将逻辑回归计算结果 odds（概率）值映射到评卡分数尺度，通过"尺度化"将概率转化成信用分数，分数越高表明违约概率越低，信用资质越好。

回归模型是对违约概率做回归，而非对是否违约（0，1）做回归。p(违约概率)＝exp(odds)/[1＋exp(odds)]＝1/[1＋exp(-odds)]，exp 即指数函数。根据客户的 odds 值，使用逻辑回归模型可以求出违约概率。信用评分与违约概率成反比。

生成评分卡首先要设定基准评分（Base_Score），也就是总分，可以是 100 分，或 600 分，如 odds 为 50，Based_Score 定为 600 分。Base_odds 即刻度因子，Base_Score 对应的 odds，PDO（Point to Double the Odds）是确定比率翻番的分数，即每降低 PDO，odds（好坏比）翻一倍。

评分（Score）＝A＋B×ln（odds），odds＝好客户占比/坏客户占比＝p/(1-p)。求解 A，B 的值，可以先假设当 odds＝m 时，得分为 n，假设刻度为 s，那么当 odds＝2m 时，则得分应为 n-s，由此可以列出下式：(1) n＝A＋B×ln(m)；(2) n-s＝A＋B×ln(2m)，每组的 m 是可以计算出来的，2m 就是 Based_odds，s 就是 PDO，可以人为设定。把上面的已知数套入以上两个公式，A 和 B 也就可以计算出来了。将计算出来的 A 和 B 代入 Score 公式，就可计算比率和违约概率，得到不同 odds 值下的评分分值。通常将常数 A 称为补偿，常数 B 称为刻度，Score 分值的计算公式表示为：

$$\text{Score}=\text{A}-\text{B}\times[\beta_0+\beta_1 x_1+\cdots+\beta_n x_n] \qquad \text{Score（1）}$$

Score（1）公式中的变量 x_1，…，x_n 为最终出现在模型中的自变量，即为入模变量，此时所有变量都用 WOE 进行转换，可以将这些自变量中的每一个都写成 $(\beta_i\omega_{ij})\delta_{ij}$ 的形式，则评分分值可进一步表达为：

$$\begin{aligned}\text{Score}=\text{A}-\text{B}\times[&\beta_0+(\beta_1\omega_{11})\delta_{11}+(\beta_1\omega_{12})\delta_{12}+\cdots\\&+(\beta_2\omega_{21})\delta_{21}+(\beta_2\omega_{22})\delta_{22}+(\beta_2\omega_{23})\delta_{23}+\cdots\\&+(\beta_x\omega_{x1})\delta_{x1}+(\beta_x\omega_{x2})\delta_{x2}+\cdots]\qquad \text{Score（2）}\end{aligned}$$

如 Score（2），再将刻度 B 套入括号内各项得 Score（3）：

$$\begin{aligned}\text{Score}=(\text{A}-\text{B}\beta_0)-&(\text{B}\beta_1\omega_{11})\delta_{11}-(\text{B}\beta_1\omega_{12})\delta_{12}-\cdots\\-&(\text{B}\beta_x\omega_{x1})\delta_{x1}-(\text{B}\beta_x\omega_{x2})\delta_{x2}-\cdots\qquad \text{Score（3）}\end{aligned}$$

Score（2）和 Score（3）公式中的 ω_{ij} 为第 i 行第 j 个变量的 WOE，为已知变量；β_i 为逻辑回归方程中的系数，为已知变量；δ_{ij} 为二元变量，表示变量 i 是否取第 j 个值。

如果 x_1，…，x_n 变量取不同行，计算其 WOE 值。变量 x_1 有 k_1 行，变量 x_2 有 k_2 行，依此类推。基础分值等于 $(A-B\beta_0)$。由于分值分配公式中的负号，模型参数 β_0，β_1，…，β_n 也应该是负值。变量 x_i 的第 j 行分值取决于三个数值：（1）刻度因子 B；（2）参数 β_i；（3）该行变量 WOE 值 ω_{ij}。

WOE 值如表 12.3 所示：

表 12.3　逻辑回归模型的构建

变量名	估计	标准化估计	P 值	VIF 值	重要性
education_degree_w1_woe	0.963 7	0.135 7	<0.001	1.050 76	8.20%
lst_max_repay_days_woe	0.615 3	0.127 1	<0.001	1.475 46	7.70%
lst_borrow_type_woe	1.059	0.119 4	<0.001	1.162 66	7.20%
gender_woe	0.954 1	0.114 2	<0.001	1.019 54	6.90%
repay_611_times_woe	0.934	0.109 6	<0.001	1.226 38	6.60%
record_3w_times_miss_ratio_woe	0.619 7	0.086 5	<0.001	1.498 61	5.20%
pre_fail_borr_ratio_woe	0.586 1	0.085	<0.001	1.069 22	5.10%
record_times miss_cnt_woe	0.575 6	0.076 4	<0.001	1.424 12	4.60%
card_d_succ_min_diff_woe	0.747 2	0.075 8	<0.001	1.213 47	4.60%
opera_avg_opera_diff_woe	0.496 1	0.075 4	<0.001	1.272 46	4.50%
all_lxr_succ_ratio2_woe	0.821 2	0.074 8	<0.001	1.026 69	4.50%
app_jrlc_num_woe	0.685 2	0.074 1	<0.001	1.111 39	4.50%

变量名	估计	标准化估计	P 值	VIF 值	重要性
pre_late_borr_ratio_woe	0.982 1	0.073 2	<0.001	1.109 2	4.40%
lst_succ_repayyes_gap_woe	0.535 2	0.068 8	<0.001	1.124 77	4.20%
callin_all_times_woe	0.650 8	0.064	<0.001	1.144 4	3.90%
all_contact_reg_num_woe	0.913 3	0.063 6	<0.001	1.051 78	3.80%
lst_succ_max_repay_days_woe	0.515 5	0.061 8	<0.001	1.245 73	3.70%
calamt_min_diff_woe	0.500 4	0.059 1	<0.001	1.451 64	3.60%
opera_login_3m_succ_ratio2_woe	0.578 6	0.056 5	<0.001	1.030 44	3.40%
sms_cus_same_prov_num2_woe	0.478 6	0.056 2	<0.001	1.119 09	3.40%

概率值计算：$logit = \ln[p/(1-p)] = -2.361\ 9 + 0.963\ 7 \times education\_degree\_wl\_woe + 0.615\ 3 \times 1st\_max\_repay\_days\_woe + \cdots + 0.478\ 6 \times sms\_cus\_same\_proc\_num2\_woe$

p：违约概率，即坏客户的概率，$p = 1/[1 + \exp(-odds)]$；$odds = p/(1-p)$，即坏好比。

估计值均大于 0，VIF 值偏小，说明模型变量不存在共线性，以上 P 值均小于 0.001，说明入模变量影响显著。

评分卡分值表（见表 12.4）里面包括不同变量不同取值情况下的分值：

表 12.4 评分卡分值计算表

变量	行数（分箱和降维结果）	分值
基准点	—	$(A - B\beta_0)$
x_1	1	$= - (B\beta_1\omega_{11})$
	2	$= - (B\beta_1\omega_{12})$
	...	...
	k_1	$= - (B\beta_1\omega_{1k_1})$
x_2	1	$= - (B\beta_2\omega_{21})$
	2	$= - (B\beta_2\omega_{22})$
	...	...
	k_2	$= - - (B\beta_2\omega_{2k_2})$
...	...	...
x_n	1	$= - (B\beta_n\omega_{n1})$
	2	$= - (B\beta_n\omega_{n2})$
	...	...
	k_n	$= - (B\beta_n\omega_{nk_n})$

具体如表 12.5 所示：

表 12.5　评分卡分值表具体示例

变量名称	变量描述	评分值	得分
edu_education_degree	文凭	高中以下	10
edu_education_degree	文凭	中专	14
edu_education_degree	文凭	大专	33
edu_education_degree	文凭	本科	38
edu_education_degree	文凭	研究生及以上	44
edu_education_degree	文凭	默认值	10
all_contact_reg_num	联系人注册数	<0	24
all_contact_reg_num	联系人注册数	0~2	36
all_contact_reg_num	联系人注册数	2~4	30
all_contact_reg_num	联系人注册数	4~10	25
all_contact_reg_num	联系人注册数	>10	12
all_contact_reg_num	联系人注册数	默认值	12
gender	性别	0：女	44
gender	性别	1：男	25
gender	性别	默认值	25
…	…	…	…

根据逻辑回归原理，通过违约概率公式 $p=\exp(\text{odds})/[1+\exp(\text{odds})]$ 和评分公式 $\text{Score}=A-B\log(\text{odds})$ 可知道评分与违约概率和 odds 之间的关系，我们可计算出客户得分对应的平均违约概率。

如表 12.6 所示，结合违约概率和评分，评分卡的最高分是 89 分，最低分是 -41 分，我们可以计算出该评分卡所有得分范围对应的违约概率，对相同分数区间的客户标记信用评级符号：AAA，AA+，AA，A+，…。在信用等级确定后，接下来我们需要对模型的区分能力、预测准确度和稳定性等方面进行模型验证。

表 12.6　评分卡信用评级表

odds	Score	违约概率	得分区间	平均违约概率	信用评级
0.003 125	90	0.003 115	[80，90)	0.004 663	AAA
0.00 625	80	0.006 211	[70，80)	0.009 278	AA+

odds	Score	违约概率	得分区间	平均违约概率	信用评级
0.0125	70	0.012 346	[60, 70)	0.018 368	AA
0.025	60	0.02 439	[50, 60)	0.036 005	A+
0.05	50	0.047 619	[40, 50)	0.069 264	A
0.1	40	0.090 909	[30, 40)	0.128 788	A−
0.2	30	0.166 667	[20, 30)	0.22 619	BBB
0.4	20	0.285 714	[10, 20)	0.365 079	BB+
0.8	10	0.444 444	[0, 10)	0.529 915	BB
1.6	0	0.615 385	[−l0, 0)	0.688 645	B
3.2	−10	0.761 905	[−20, −10)	0.813 385	CCC
6.4	−20	0.864 865	[−30, −20)	0.896 201	CC
12.8	−30	0.927 536	[−40, −30)	0.944 971	C
25.6	−40	0.962 406	<−40	0.971 624	D
51.2	−50	0.980 843	无	无	无

模型部署

我们在开发模型时，采用随机抽样的方法将数据分为训练集和测试集，训练集用于开发模型，测试集用于模型验证。评分卡做好后，就要测试效果，导入测试样本客户数据，测算出所有样本客户的评分或评级，比对测试集实际结果，测算分析模型的区分能力和预测准确性，发现问题，及时调整。最后，互金公司正式使用评分卡，做好评分卡数据对接，统一行动统一部署，在信贷决策中，按要求统一使用评分卡结果，业务人员、风控人员和监管人员各自对采集数据的质量负责，保证信息数据的实时获取和后期系统实时更新，业务和决策机构应根据客户信用等级进行风险定价，对不同等级的客户采用不同的授信机制、信用政策和风控策略。通常，在评分卡尚处于观察期间，互金公司不可贸然精减部门和风控人员。在较长时间里，可能还会有10%左右的业务要通过可变规则，进入人工审核，只有90%左右的业务才由系统自动处理。

模型监控

评分卡进入验证模型阶段，公司的客户违约概率一定会明显下降，客户信用整体稳定性也会越来越好。每一个新客户都是一个测试样本，检验着评分卡的效果。

当然，公司可能还会有违约客户，但这些客户是否在我们的合理评分范围内，是否代表着模型变量或参数还需调整，这就需要我们对模型进行持续监测调整，保证模型的稳定性和有效性，及时更新迭代模型。

评分卡的稳定性通过指标 PSI（Population Stability Index）和特征分布指标 VSI 来监测分析，评分的有效性通过 KS 曲线、AUC（ROC 曲线）、Lift 模型排序性、变量有效性指标如 IV 值来监测分析，通过计算这些分析指标，有助于我们对评分卡的有效性进行综合分析判断。

PSI 是衡量整体评分卡在开发样本时点与现行评分时点的客户占比的差异度，当一个变量 PSI 值大于 0.000 1 时，变量就开始不稳定了。一个变量的取值按照分位数来分组，某一组中测试模型的客户数占比减去训练模型的客户数占比再乘以这两者相除的对数，就是这一组的稳定性系数 PSI，整个模型的 PSI 值就是所有入模变量 PSI 值的总和，即：

$$PSI＝（现行客户占比－开发时的客户占比）×ln（现行客户占比/开发时的客户占比）$$

PSI 的大小可指导我们如何执行监控操作，当 PSI≤0.10 时，说明评分卡在开发样本时点与当前评分时点相比客户没有明显变化，需要持续执行监控操作；当 0.10＜PSI＜0.25 时，说明评分卡在开发样本时点与当前评分时点相比客户有部分变化，需密切关注变化是否会扩大；当 PSI≥0.25 时，说明评分卡在开发样本时点与当前评分时点相比客户有显著变化，需对评分模型进行调整（见表 12.7）。

表 12.7　PSI 测算

组号	总人数	2019 年 6 月各组人数	2019 年 6 月各组人数占比	2019 年 5 月各组人数	2019 年 5 月各组人数占比	占比差值	PSI
1	808	299	0.589 7	509	0.626 1	－0.036 3	0.002 2
2	344	146	0.288 0	198	0.243 5	0.044 4	0.007 4
3	168	62	0.122 3	106	0.130 4	－0.008 1	0.000 5
总计	1 320	507	1	813	1		0.010 1

注意，模型的稳定性需要一定时间，变量稳定性可能会受多种因素的影响，变量 1 和变量 2 的 PSI 值都处于调整中，变量 3 还需观察（见表 12.8）。

表 12.8 变量 PSI 测算

变量 1	建模样本	监控样本	分组 PSI	变量 PSI
[0, 1)	19.41%	12.42%	0.031	
[1, 2)	29.04%	17.97%	0.053	
[2, 3)	21.58%	18.45%	0.005	
[3, 4)	13.37%	15.66%	0.004	0.25
[4, 6)	11.38%	20.43%	0.053	
[6, +∞)	5.23%	15.06%	0.104	
变量 2	建模样本	监控样本	分组 PSI	变量 PSI
Type 1	22.46%	28.12%	0.013	
Type 2	22.52%	43.59%	0.139	0.33
Type 3	55.02%	28.28%	0.178	
变量 3	建模样本	监控样本	分组 PSI	变量 PSI
[0, 1)	72.16%	82.00%	0.013	
[1, 2)	21.05%	16.83%	0.009	0.120
[2, +∞)	6.79%	1.17%	0.099	

评分卡模型调整修正的过程也是迭代的过程，客户、行业、产品、市场和社会环境都在变，模型不可能一成不变。入模变量发生重大偏移，当前评分和建模评分分布也必然会变化，模型区分能力和变量区分能力都会变化，需要我们适时引入新变量、新数据和新的强预测变量与模型，不断适应市场环境和客户变化。

显然，这里只主要讲了创建评分卡的思路、方法和完整流程，还需要我们掌握 R 或 Python 编程、Mysql 以及 Excel 等相关数据分析工具后才能真正把创建评分卡的技能学到手。

构建反欺诈体系

互金反欺诈及其特点和原则

互金业务客户和数据大都通过线上获取，借款人为了利益，提供虚假信息和数据，采用非法行为骗取互金公司的资金，已成为互金公司业务中最大的风险。

为了应对客户欺诈风险，互金公司利用互联网技术获取客户网络行为数据，创建反欺诈评分卡，简称 F 卡。由此，互金公司建立大数据＋网络技术＋评分卡＋人控四位一体的反欺诈风控体系。伴随我国消费金融的兴起，欺诈由只出现在贷前阶段，现在已进入贷中和贷后全流程，反欺诈也已贯穿互金公司整个信贷生命周期。用户注册时，要防范身份冒充、团伙攻击、老赖、套现等；在准入为新客户时，防范盗号、恶意套现等；客户还款周期表现良好时，须防范客户刷额度、多头借贷等；结清后复贷续贷时，防范客户潜伏欺诈、账号盗用、刷信用，为下一步欺诈做准备。

线上欺诈具有集中性、异常性和不稳定性的特点，其中集中性特点表现在，欺诈分子一旦发现互金平台漏洞，就会有组织地发动集中性攻击，给互金公司以重创。高明的欺诈攻击一般会尽量伪装成正常申请人，但只要我们从正确角度观察就能发现这种异常。欺诈新手通常在申请贷款时，其身份 ID 会换来换去，填写关键信息资料时，容易表现出企图掩盖真相的不稳定行为特征。

建立反欺诈体系的原则：（1）综合性原则。单纯使用网络技术，或只使用评分卡，或只使用黑名单和灰名单，或只靠人工审核都行不通，需要综合起来。（2）针对性原则。反欺诈策略应符合风控逻辑，有效针对具体欺诈行为。（3）及时性原则。尽可能在损失还小或还未形成时发现并及时部署实施反欺诈措施，并监控落实效果，防范新的欺诈套路。（4）数据化原则。现代反欺诈体系必须建立在数据化基础上，数据采集能力、挖掘能力、分析能力和建模能力决定了互联网反欺诈能力的高低。数据化可以有效克服人工风控经验不足和体制缺陷。（5）系统化原则。反欺诈是一项系统工程，它需要内部管理系统的配合，网络技术的实时控制和外部数据的高效对接，涉及反欺诈规则、流程、策略、模型、监测、迭代等方方面面的配合。（6）兼顾成本原则。测算盈亏平衡点有助于兼顾大局，控制成本，正确指导反欺诈决策，防止机会不成熟、过度超前、意义不大的反欺诈项目投资。

反欺诈体系构建

反欺诈数据化围绕数据采集、数据分析和决策引擎展开。我们的数据采集是在获得客户主体书面同意或授权，保障客户信息隐私前提下，从客户端或网络获取客户数据的技术方法，包括通过设备指纹、网络爬虫、生物识别、地理位置识别、活体检测、行为序列、生物探针等技术获取各种网络数据信息。数据分析是指运用数据分析工具从网络获得的数据中发现风险，识别客户信用的方法，如关系图谱、模型分析、机器学习（包括有监督机器学习、无监督机器学习和半监督机器学习）等方法。决策引擎就是我们反欺诈的大脑，可以将客户动态信用评分、专家规则和模型有效整合，提供一个简单、直接、高效的人机决策交互界面，降低反欺诈运作成本，提高决策响应速度。

反欺诈数据信息源不仅来自互金公司的业务平台，也可以来自各大征信平台、网银账户、信用卡账户、社保、公积金、社交、电商、保险、司法、税务、工商、其他网贷平台等,互金公司采用设备反欺诈、行为反欺诈、地址反欺诈、账单反欺诈、社交关系图谱、机器学习模型、IP反欺诈、实时监控、异常报警等方法,在线上高效实施落地。

反欺诈网络技术

在互金公司平台信贷产品中,均配置网络反欺诈技术措施,保障用户资金安全和平台运营安全,同时保障用户良好服务体验。

客户注册阶段的反欺诈网络技术有:

(1)在产品设计和后台开发时,要事前预设符合反欺诈规则的缜密网络技术解决方案,有效防范用户账户出现病毒植入、密码破解、拖库撞库、虚假注册、短信轰炸、手机信号丢失等事故。

(2)建立注册手机号黑名单,严拒黑名单客户注册,过滤恶意用户。

(3)通过直接实名认证或者银行卡绑定完成实名认证,防止冒名顶替。

(4)防止垃圾注册,抓包短信,调用、干扰破坏短信接口。防范措施有:1)增加图形验证。在用户注册时,为了识别机器人注册,设置输入验证码或者拖动滑动条等行为验证方式。2)IP地址和手机号码地理位置映射。IP地址和手机号码本身携带着地理位置属性,通过建立GEO-IP库和手机号码归属地库映射,从而判断风险。3)请求限制。同一IP请求短信接口达到一定次数(例如5次),则限制该IP请求24小时。单个手机号码60秒内只能请求1次短信接口,1小时内最多请求3次,24小时内最多请求5次。4)短信预警。通过评估平台短信业务量、账号开设日发送上限,限定每天最大发送额度,超出一定限度则提醒相关人员。

(5)登录行为风险防范。1)判定用户是否在常驻地登录。建立地理栅栏,若用户当前登录地与用户号码归属地、常驻地存在差异,通过下发短信通知用户。2)移动端采用Touch ID、图形绘制进入APP。为了让用户获得更高安全保障,在用户完成注册行为后就立马启用Touch ID、图形绘制,也可以在用户完成充值投资后立马提示用户。3)修改密码等场景下,需要输入寻找密码问题提示并进行短信验证。4)常用设备登录。普通用户常用设备为一台,多则两台。每台设备均对应特定的型号,若用户账号与最近登录设备不一致,通过下发短信告知用户。5)登录连续输入密码错误5次,则限制该账号24小时不能登录。

以上注册登录的网络反欺诈技术未必需要全部做,也不是做完这些就一定安全,需要测试和评估,防止与风控逻辑相矛盾。

在理财类平台,在相同的量级下用户往往追捧高收益,高收益理财产品一开标就被秒光的情况很常见,一些有网络技术的用户利用脚本进行作弊,以达到秒标的目的，使这些平台出现一标难求的窘境，占用其他用户资源。为防止这类问题，一是通过程序识别自动投标。自动投标一般都是单个用户的投标操作频繁，对相应页面（接口）的操作在 1 分钟内大于 10 次，且在开标时间点之前就已经频繁请求了，平台可根据情况设定阈值，由程序来自行识别。通过撰写相应的脚本识别出这类投标用户，据规则将涉及自动投标投资的账户交给运营人员处理。二是增加投资过程难度。如机器投标的情形非常猖獗，对平台造成了很大的影响，则应考虑牺牲用户体验而增加投资难度。如与注册行为类似，在投资过程中增加滑动条验证码或其他方式。其实，滑动条验证码目前也有办法自动破解，这也是为什么淘宝在秒杀活动中加入了计算题、四字成语的首字母验证码方式。

建立"黑名单"自动预警机制。首先，识别作弊者的行为特征，然后量化这种行为，再通过撰写特定的脚本来识别这种行为，自动告知运营人员。最后将这些用户加入系统"黑名单"或者"灰名单"，大大提高运营人员对抗羊毛党的反欺诈效率。例如，1 个小时内 5 个或更多用户被同一个人邀请，完成了登录注册和投资，但平均投资额度却很低（<10 元），这些用户可认定有问题。

资金安全可分为两个维度，一是用户个人的资金安全。账号被盗事小，用户资金丢失事大。用户可能因为采用了与其他地方相同的账号密码导致撞库，也可能出现手机遗失等问题。对于个人资金安全，反欺诈网络技术措施包括：

（1）引入交易密码。投资转账提现、修改密码等场景下需要采用二次验证交易密码。但若采用了交易密码功能，当用户在设置交易密码时，要警示用户不能与登录密码一致。"交易密码"＋"短信验证码"可进一步提高安全性。在产品设计过程中，用户的登录行为＋资金操作行为的各项风控措施是有机地结合在一起的。

（2）同卡进出。如平台没有个人统一平台（即充值提现中心），采用绑定银行卡直接投资，资金到期后，只能从该卡提现。另外，当用户更换绑定的银行卡时，需要做严格的人工审核。

（3）提现审核。有的平台提现只采用系统自动审核，有些平台提现需人工审核，或是二者相结合。用户发起提现请求后，经风控系统判断是否有资金风险。提现审核的要点在于与过去的基本行为特征一致。比如用户在常驻地，采用的是常用的设备等等。

二是平台的资金安全。有的平台可能已出现流动性风险，或可能跑路了，导致平台资金链断裂，这主要是由资产和负债的差额及期限的不匹配所引起。某些 P2P 平台将项目拆分为更短期限或更小金额的标的（即拆标错配），平台一旦无力及时偿还或出现突发事件，就可能出现短时间内面临大规模提现请求。提现挤兑将给平台资金和网络带来很大负担。平台解决提现挤兑的措施有：

（1）计提风险准备金。风险准备金指专门用于在一定限额内补偿由于借款人违约而使得出借人遭受本金及利息损失的资金，平台收取借款人借款的一定比例的资金作为风险准备金，此资金不得挪用，由银行托管，清偿后可退回。

（2）提现限制。为了应对短时间内的挤兑风险，平台限制单个用户提现次数与金额上限，从而缓解用户在短时间内大量提现造成的压力，但这容易引起恐慌。当然，某些银行卡本身也存在着投资提现额度。

（3）银行托管。过去很多 P2P 公司吸收了用户的钱，将其整合到一起形成了自有的资金池。按照监管要求，从 2016 年起，所有的 P2P 平台的定位是信息中介，不能存钱，更不能变相搞非法集资。所有的钱必须由银行存管，存管银行对于平台资金进行全程监管。用户投资完成后，信息平台为每个用户在银行开具一个独立存管账户。用户与平台的每一笔交易资金进出均通过银行审核，平台无法触碰资金，以防资金挪用，平台跑路。

互金平台技术安全和数据安全也是资金安全的基础，信息传输采用 https 加密传输，对敏感数据采取全加密存储、异地多份存储等措施，从而保障用户信息和交易数据真实、安全和私密。

互金平台用户信息需要借助网络技术，在用户允许的前提下对接采集，这些信息包括：

（1）身份数据。实名认证信息（姓名、身份证号、手机号、银行卡号、单位、职位）、行业、家庭住址、单位地址、关系圈等等，通过系统交叉验核，模型分析，判断真假。

（2）用户的交易数据／支付数据。例如 B2C/B2B/C2C 电商平台的交易数据，这些都是第三方原始数据，真实性非常高。

（3）信用数据。例如 P2P 平台借款、还款等行为累积形成的信用数据，电商平台根据交易行为形成的信用数据及信用分（京东白条、支付宝花呗），SNS 平台的信用数据等。第三方平台数据非常多，包括工商、税务、司法、知识产权等方面，像企查查、天眼查、百融、同盾、百行征信都可对接，这些第三方信用分析数据可有效弥补互金平台数据的严重不足，提高对客户的识别能力。

（4）行为数据。例如电商的购买行为、互动行为、实名认证行为、注册时修改资料。比如在芝麻信用中，一个人五年都使用同一个号码，相比于一个人每年都换号码，前者更可靠。

（5）黑名单。信用卡黑名单和法院的黑名单等。为了独占优质客户，或防止客户多头借贷，也有互金平台利用严拒规则，在互金平台交换的黑名单中掺杂一些自己平台上优质的客户，使得其他平台不敢接单。因此在交换时应关注参与交换平台的社会声誉。

（6）用户提交。为了鼓励用户提交更多的个人资料，绑定社交账号，必须通过反欺诈规则，搭载人脸识别、指纹识别、图像识别、声音识别等技术应用，增强平台反欺诈能力。

（7）批量购买和 API 接口对接。比如通信数据，电商平台交易数据，都是独特的，无法从其他渠道获取，可向数据主购买此类数据。当前很多 API 聚合网站提交多种数据 API，如百度 APIStore 和数据堂等，这些非限制性数据有助于提升平台的反欺诈技术。

（8）网络爬虫获取。这种信息获取方式未经信息主体允许不得采用，否则就会侵犯个人隐私权，触碰法律红线。

反欺诈风控大数据

何谓大数据？从结构上来看，整个世界就是一个由树形网状结构组成的巨大数据体，而人是整个数据体的核心，人的每一种需求都会延伸出一个巨大的供应链体系，而在这个供应链体系中每时每刻都在产生各种海量数据，每个供应链体系之间又相互交错，相互联接，由此形成人、家庭、企业组织、国家和社会庞大复杂的关系数据网。通过大数据分析，我们有如站在数据全貌的位点上认识一个人、一家企业的生存状态和发展特征，从而获得更为客观准确的判断。对于风控来说，大数据代表信息的对称，更少的不确定性，风险识别边界的最小化。在互联网向物联网发展过程中，借助信息技术手段获取和开发大数据将变得越来越重要。

大数据云计算平台贮存着海量数据，使用模型算法可对客户信用画像、提供关键风险信息检索，为互金平台的信贷业务构建用户评级、借款审批和贷后风控管理。互金平台通过大数据云平台接入各路原始数据，按评分卡模型要求对数据进行清洗，构建变量中间表，目标数据自动与变量关联，筛选出所需要的变量组合，训练评分模型，输出客户评分，指导风险定价和信贷决策。

在设计反欺诈评分卡或架构网络反欺诈系统时，最关键的是反欺诈规则（如异常行为、防虚假材料、社交关系图谱、关联关系、设备指纹）、严禁规则（如黑名单）、可变规则、评分规则等规则的构建。规则的严宽和维度增减都会给互金平台带来不一样的机会和风险。

但是，个人大数据的获取并非可以随心所欲。近些年来，我们看到，一些不法数据公司与黑社会势力沆瀣一气，提供技术、人才和定制服务，非法采集个人隐私数据，建立所谓的白名单和灰名单，同时进行黑产分工合作，形成产供销和售后链条式服务，在黑市上大量贩卖，给一些不良商家和购买者提供了破解互金反欺诈的密钥，给社会带来损失和伤害。中国国家标准化管理委员会和国家市场监督管理局出台的《信息安全技术移动互联网应用程序（App）收集个人信息基本规范（征求意见稿）》规定了各类平台的最小必要信息采集权限范围，对银行、消费金融公司、小贷公司等提供网络借贷服务的机构的授信、借款、还款与交易记录等功能做出了详细规范。

有矛就有盾，大数据的发展同时伴随着欺诈技术的不断升级，各种假身份证、假社保、假账单、假流水、假电子邮箱、假信用卡、假短信、假手机、假通讯录……我们所有关注的个人信用信息几乎都出现了造假，迫使互金反欺诈技术也不断升级更新。

当前，互金反欺诈技术已经升级到机器学习，通过机器学习训练模型，将客户各维度数据和特征，与欺诈建立关联关系。机器学习反欺诈包括有监督的机器学习反欺诈、无监督的机器学习反欺诈和半监督的机器学习反欺诈三种，当前主要以前两种为主。

有监督的机器学习反欺诈是目前机器学习反欺诈中较为成熟的一种，它是通过对历史上出现的欺诈行为进行标记，利用逻辑回归、随机森林、XGBOOST 等机器学习算法，在海量的用户行为特征、标签中进行分类，发现欺诈行为所共有的用户行为特征，输出分值、概率等。

由于互联网欺诈行为的多样性（见图 12.19），很难百分之百地将欺诈行为与正常行为完全进行区分，有监督的机器学习要有历史记录欺诈标记，其最大难点在于如何准确获取大量欺诈行为标记。

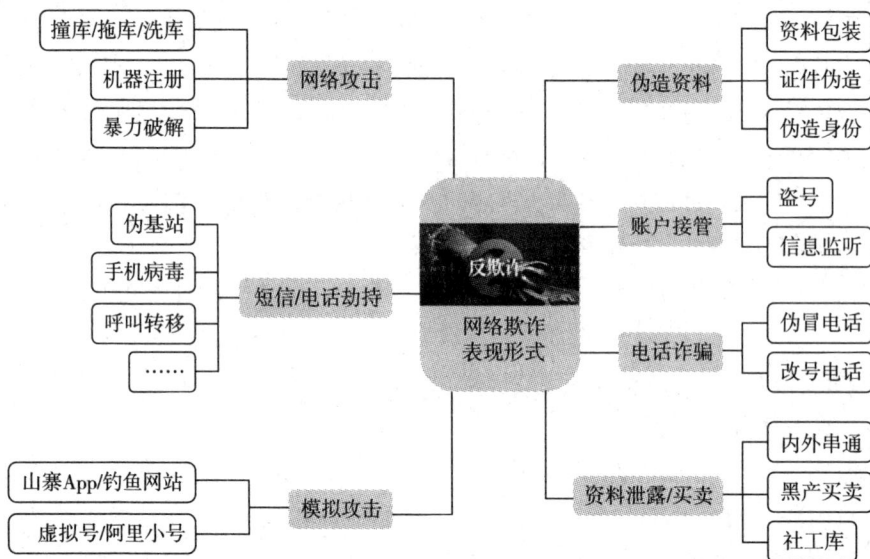

图 12.19　网络欺诈表现形式

无监督的机器学习反欺诈方法克服了前者的弱点，不需要预先标记欺诈行为，而是通过对所有用户和所有操作行为各维度数据和标签的聚类，找出与大多数用户和行为差异较大的用户和操作请求，并予以拦截。常用 KMEANS、DBSCAN 等机器学习算法。理论上，基于无监督的机器学习的反欺诈方法可以使得反欺诈人员摆脱被动防守的局面。但是由于无监督的机器学习算法对于数据的广度、数据使用的深度都有着极高的要求，与有监督的机器学习不同，无监督的机器学习输出的结果解释性较差，甚至无法解释，因此其算法的效果仍需实践检验。

个人隐私保护

互金个人信息安全如何得到保障？这个问题无疑非常重要。2013 年 3 月 15 日我国开始实施《征信业管理条例》，我国个人隐私保护一直沿用此条例相关规定。其中第十三条规定：采集个人信息应当经信息主体本人同意，未经本人同意不得采集。但是，依照法律、行政法规规定公开的信息除外。企业的董事、监事、高级管理人员与其履行职务相关的信息，不作为个人信息。第十四条规定：禁止征信机构采集个人的宗教信仰、基因、指纹（当前指纹识别属于应用，不属于信用信息范围）、血型、疾病和病史信息以及法律、行政法规规定禁止采集的其他个人信息。征信机构不得采集个人的收入、存款、有价证券、商业保险、不动产的信息和纳税数额信息。但是，征信机构明确告知信息主体提供该信息可能产生的不利后果，并取得其书面同意的除外。

为了应对越来越突出的个人信息安全问题，《民法总则》专门规定，自然人的个人信息受法律保护。任何组织和个人不得非法收集、使用、加工、传输个人信息，不得非法买卖、提供或者公开个人信息，实际上是将个人信息保护完全法治化了。所有个人信息均为隐私信息，互金公司采集个人信用信息时，应禁止采集、使用、加工、传输《征信业管理条例》中明文禁止的个人信息，不能把禁止信息列入采集范围，数据公司也是如此。

可以说，任何人或企业通过网上抓爬个人数据，建立信用白名单或现成个人数据产品，买卖未经清洗的个人数据等行为都属非法。正规数据公司对数据内容要进行清洗脱敏方可输出，存储数据的主机和终端应安装防漏洞、防病毒等软件，对用户隐藏个人详细隐私信息，最大限度地保护个人隐私权。

个人数据应遵循以下原则：（1）个人信息保护权原则。采集信息时，征信机构应当说明自己的身份、征集信息的目的等，禁止采取欺骗、窃取、贿赂、利诱、胁迫、利用计算机网络侵扰或其他不正当的方式收集信用信息。个人不良信用信息保留期限为 5 年。(2) 个人信息决定权原则。个人有权自主使用自己的个人信息,决定是否许可他人使用自己的个人信息,采集个人信息应当经信息主体本人同意,未经本人同意不得采集。因此,借款人提供给类金融企业的《征信查询授权书》是必备法律文书,目的是防止滥查滥用个人信息。(3) 个人信息知情权原则。如使用他人信息时征得信息主体明确同意在逻辑上有一定难度,这必然增加征信机构的信息采集成本,严重损害信息的完整性。这里我国应借鉴美国的做法,由"明确同意"改为"知情同意"。个人有权对不正确的信息提出更正。(4) 避免或减少信用风险原则。金融企业基于预防信用风险的需要,可以在征得客户同意的前提下调查其提供的个人信用信息,以判断其信用实力,防止欺诈信用和道德风险的发生。

在美国征信市场有一类特殊的征信机构,与传统征信机构主要从放贷机构、公共部门等各类机构采集消费者信息不同,它们奉行一种全新的征信理念,即"消费者可以主动参与到自身信用档案的建立中来",由信息主体本人提供信息,征信机构对信息进行验证核实,最终出具信用报告并提供给信用信息使用方。通过这种做法帮助消费者建立信用档案,从正规金融体系获得信贷服务,促进普惠金融的发展。在当前互联网、大数据蓬勃发展的背景下,个人信息的高可得性和保护个人对自身数据的"可携带权",为新征信模式的发展助添动力。这种理念符合个人信息的隐私权保护原则,值得我们借鉴。

由于我国 70% 以上的人仍属于没信用信息的征信白户,个人征信发展空间可谓非常巨大,这也是互金业务有待开发的"新大陆"。芝麻征信、腾讯征信、考拉征信等等所谓的征信信息都只是以个人某些方面的数据为主,存在较大片面性,且它们都已直接涉猎金融业务,客观上难以保证征信执业的独立性。为了提供相对客观全面而非片面的征信报告,同时又能保护个人隐私信息,中国互联网金融协会牵头,与芝麻信用、腾讯征信、深圳前海征信中心、鹏元征信、中诚信征信、考拉征信、中智诚征信、北京华道征信八家个人征信试点单位合资设立了个人信用信息平台"百行征信",获得人行唯一授予的首张个人征信牌照。当前百行征信已上线,数据为类金融企业共建模式,即数据来源于用户,与早期银行征信的模式类似,显然,这种模式发展需要时间和各位股东的努力配合。

网络小贷、消费金融和 P2P 网贷

与提供借贷信息的 P2P 网贷平台不同,网络小贷使用自有资金向个人和中小微企业提供网络借贷服务,它们通过网络平台获取借款客户,借助评分卡,识别借款客户风险,核定授信和融资额度、风险定价,线上办理担保手续,并在线完成贷款

申请、审批、发放和回收等全流程。

设立网络小贷公司所需条件由各地金融监管部门自行制定，各地要求各异，主要有注册资本或实缴资本、发起人资质、持股比例等方面要求。如广州市要求设立的网络小贷公司注册资本不得低于 1 亿元，应一次性实缴货币资本，主要发起人为境内实力强、有特色、有品牌、拥有大数据基础的互联网企业，拥有较强的会员、客户网络，并要求主发起人满足申请前一个会计年度总资产不低于 10 亿元等财务指标，另外还要求主发起人与其关联方合计持股比例不得低于 35％等。网络小贷牌照的工商注册时间集中于 2016 年，第一家获得网络小贷资质的公司是浙江阿里巴巴小额贷款股份有限公司，其注册时间为 2010 年 3 月 25 日。很多传统的小贷公司 2016 年才获得网络小贷资质。从注册地来看，网络小贷牌照的分布非常分散。互联网消费金融公司拥有的网络小贷牌照，在网络小贷牌照总数中只占 5％的比例，远非主流，但其前景广阔。

我国网络小贷公司的主要发起方，多为传统实力企业，且半数以上为上市公司所有，它们希望给法人股东所在行业的上下游企业提供融资支持，促进其供应链合作黏性，增强产业链流动性。

近年来，消费金融发展迅猛，部分上市公司开始着手布局消费金融，不愿错过这一机会。但是，目前已获消费金融牌照的公司 80％以上是由银行主导或参股设立，注册资本要求 600 亿元人民币，对股东有严格要求。它只提供小额分散的消费性贷款，不能开展房贷业务。消费金融牌照门槛太高，上市公司只能绕道通过网络小贷涉足消费金融领域。

互联网技术加速了我国消费金融市场转型，线上授信的方式和出款速度为消费者提供了良好的消费体验。行业呈现银行系、产业系、电商系、P2P 系等多线系网络链条的扩张和发展格局。汽车消费分期、家装分期、旅游分期等个人消费分期也正在加速成长，其中校园分期、美容分期、现金贷涉及不正当经营而正被整治取缔。互联网消费金融参与主体不断多样化，正成为市场发展的重要催化剂。

物联网和跨境电子商务蓄势待发，暗流涌动，在电商和供应链体系出现了大批资本进驻，涌现出许多创业企业。但跨境支付已成一大掣肘，亟待我国数字货币解决。

2016 年 8 月 17 日银监会发布了《网络借贷信息中介机构业务活动管理暂行办法》，提出了双负责监管安排，明确了网络借贷机构定位以及小额分散的经营模式，明确了中国互金协会履行网贷行业自律组织职能，并成立"网贷"专业委员会。监管细则明确了 P2P 网贷小额、分散定位，特别在资产端明确了单一个体的借款上限：同一自然人在同一平台的借款余额上限不超过人民币 20 万元；同一法人或其他组织在同一平台的借款余额上限不超过人民币 100 万元；同一自然人在不同平台借款总余额不超过人民币 100 万元；同一法人或其他组织在不同平台借款总余额不超过人民币 500 万元。各网贷平台必须实行资金存管，给予平台 12 个月过渡期。

互金网贷平台 13 项负面清单：（1）为自身或变相为自身融资；（2）直接或间接接受、归集出借人的资金；（3）向出借人提供担保或者承诺保本保息；（4）自行或委托、授权第三方在互联网、固定电话、移动电话等电子渠道以外的物理场所进行宣传或推介融资项目；（5）发放贷款，但法律法规另有规定的除外；（6）将融资项目的期限进行拆分；（7）发售银行理财、券商资管、基金、保险或信托产品等金融产品；（8）开展资产证券化业务或实现以打包资产、证券化资产、信托资产、基金份额等形式的债权转让行为；（9）除法律法规和网络借贷有关监管规定允许外，与其他机构投资、代理销售、经纪等业务进行任何形式的混合、捆绑、代理；（10）故意虚构、夸大融资项目的真实性、收益前景，隐瞒融资项目的瑕疵及风险，以歧义性语言或其他欺骗性手段进行虚假片面宣传或促销等，捏造、散布虚假信息或不完整信息损害他人商业信誉，误导出借人或借款人；（11）向借款用途为股票投资、场外配资、期货合约、结构化产品及其他衍生品等高风险的融资提供信息中介服务；（12）从事股权众筹、实物众筹等业务；（13）法律法规、网络借贷有关监管规定禁止的其他活动。

2018 年 8 月网贷整治办向全国下发《关于开展 P2P 网络借贷机构合规检查工作的通知》，同月，中国互金协会下发《P2P 网络借贷会员机构自查自纠问题清单》，共 119 条。这次 P2P 平台合规检查要求统一标准，全面覆盖，真实准确，查改结合，合规检查包括机构自查、行业协会自律检查和地方整治办的行政核查三大部分。合规检查重点分为十个方面：（1）是否严格定位为信息中介，有没有从事信用中介业务；（2）是否有资金池，有没有为客户垫付资金；（3）是否为自身或变相为自身融资；（4）是否直接或变相为出借人提供担保或承诺保本付息；（5）是否对出借人实行了刚性兑付；（6）是否对出借人进行风险评估并进行分级管理；（7）是否向出借人充分披露借款人的风险信息；（8）是否坚持了小额分散的网络借贷原则；（9）是否发售理财产品募集资金（或剥离到关联机构发售理财产品）；（10）是否以高额利诱等方式吸引出借人或投资者加入。

我国互联网金融，特别是 P2P 网贷走过了一段放任自流的野蛮发展阶段，滋生了校园贷、现金贷、套路贷等金融极端主义和机会主义伪金融现象，它们打着科技金融和金融创新的旗号，非法掠夺他人财产，大肆搞资金池、高利贷、自融、发假产品、非法集资、洗钱、套利……背后与黑恶势力相互勾结，暴力催收，践踏人权，给社会带来重大伤害。2019 年央视 315 曝光 "714 高炮" 后，网贷公司投诉量急剧飙升，各种变相收费、砍头息、暴力催收现象被曝光，一大批大型违规黑平台内幕真相被层层披露。有道是出来混总是要还的！潮水退去，谁在裸泳，不辩自明。当前，整个 P2P 网贷和各种伪互联网金融正在正本清源，加速出清，黑平台终将被彻底挤出，大浪淘沙，科技金融创新将在国家政策的指引下，回归金融逻辑，顺应科学规律，我们预言，互金终将踏上正途。

互联网银行

互联网银行是借助现代数字通信、互联网、移动通信及物联网技术，通过云计算、大数据等方式在线实现为客户提供存款、贷款、支付、结算、汇转、电子票证、电子信用、账户管理、货币互换、P2P 金融、投资理财、金融信息等全方位无缝、快捷、安全和高效互联网金融服务的机构，它几乎具备线下传统银行所有的业务和服务。

近年来，腾讯成立了微众银行，阿里的蚂蚁金服成立了网商银行，百度与中信发起成立了百信银行。三家银行都依托智能科技，以发展普惠金融为使命，紧追人工智能、区块链、云计算和大数据技术，全面推进布局互联网金融。它们当前纷纷发力主攻消费金融业务，微众银行有"微车贷""微路贷"等系列小额信贷产品；网商银行主要服务于阿里体系内的小微经营者和小微商户，产品主要有网商贷、旺农贷、借呗和花呗等，网商银行成立时宣布不做"二八法则"里 20% 的头部客户，不做 500 万元以上的贷款，立足于服务小微，充分发挥其淘宝商户、支付宝用户和线下扫码商户的资源优势。

在这种你追我赶、弯道超车的压力下，各家银行也早已改变思维，对接金融科技，对线下传统业务进行全面升级改造。近些年来，银行网络金融发展得非常快，各家网络银行营业额和利润一路攀升。2018 年建行开通首个无人银行网点，开启了互联网金融智能化时代。

在网络金融大道上，未必有钱就一定能冲在前面，绕过弯道，最后冲在前面的一定是占领大量战略客户资源，拥有战略风控技术和战略科技思维的那个。

如何成为金融数据分析师

在当今大数据时代，我们风控人员除掌握 Excel 以外，还应掌握大数据分析技术，学会驾驭 Python、R、C＋＋等至少一门计算机语言以及 Mysql 等数据库语言，运用统计学、概率学、逻辑学等思维去构建高级算法模型，为金融决策提供高效的数据依据。

Excel 当前有强大的 Power Pivot、Power Query、Power View 和 Power Map 等一系列完全不用编程的数据分析工具，是我们风控人员不可不学的技能。Power Pivot 脱胎于 Power BI（需编程），里面有大量的数据建模功能，是 Excel 中最强大的一款数据分析工具。如果我们直接使用 Excel 同时处理上万条数据，必定占用大量内存，导致电脑卡顿，Power Query 具备强大的数据获取和数据预处理能力。Power Pivot 结合 Power View 可编辑绘制数据互动互联的数据透视表和透视图，生成可视化交互式数据图表；Power Pivot 再结合 Power Map 则可以编辑数据可视化地图，生成生动的数据视频。对感觉学习编程有难度的风控人员来说，"Excel 全家桶"确实是不错的选择。

在所有程序语言中，Python 可谓当前最佳的数据分析语言，略懂英语即可学。Python 数据分析流程大致可概括为六步：第一步，获取数据，在不侵犯个人隐私和企业商业机密的前提下，使用 Python 程序爬取网络数据或数据库数据。第二步，数据存取，包括 SQL 数据存储、查询和提取，SQL 数据库分组聚合，SQL 建立多表连接等。第三步，进行数据清洗，以 Python 工具处理缺失、重复、冗余和异常数据，解决数据的各种不一致问题。第四步，进行数据分析，需要掌握 Numpy、Pandas 和 Matplotlib 等使用方法，同时掌握基本的统计学知识，包括概率论与数据分布，采用数据分类、回归等算法模型，对数据进行描述性统计和推断性统计，进行数据特征处理等，最终获取数据分析结果。第五步，对数据进行可视化描述，采用 Matplotlib 把数据分析结果以图表等方式呈现出来。第六步，出具报告，即将数据分析结果与数据可视化效果组合成完整的项目分析报告。

风控数据分析师面对错综复杂的海量数据，想实现自由驾驭数据，除掌握 Python、Mysql 等语言编程，完成评分卡等预测型模型，还少不了掌握逻辑回归、朴素贝叶斯方法、决策树等数据模型算法，而这些在 Python 库里可以直接调用，对于入门者，先学习如何调用，待有兴趣后再深入学习原理。

如何通过数据分析方法创建一个高价值的风评报告，甚至是一套适用于公司所有业务的可视的风控分析或者项目决策系统，应是我们风控人梦寐以求的。

互金的发展，启示着我们风控职业技术的升级方向。要想适应金融未来发展，我们唯有不断探索，不断学习，不断进步。在未来海量数据中，挖掘数据价值，提炼金色收获，造福社会，成就自己！

供应链金融（第 2 版）

宋华　著

荣获北京市哲学社会科学优秀成果奖一等奖，物华图书奖一等奖。

产业与金融结合的跨界风口，有机会弯道超车的创新领域，阿里、京东等案例深度解析。

近年来，供应链金融引起理论界和实业界的高度关注，成为全社会探讨的热点话题。本书作者敏锐地发现：供应链金融的发展具有其深刻的产业基础，并对生产与运营领域、贸易与流通领域、物流领域、商业银行、电子商务等领域目前的供应链金融发展状况做了广泛深入的调研。

本书在讲述供应链金融时，结合多个实例，紧密结合目前供应链金融领域的真实情况，大量运用图表等形式，无论是对金融部门的决策者，还是商贸、银行、互联网企业等产业链条上的参与者，以及相关研究者来说，都具有极大的启发作用。

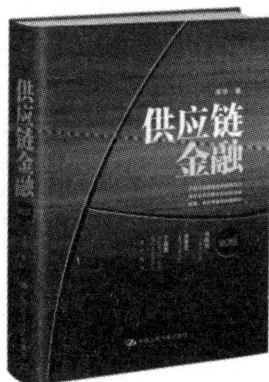

读懂供应链金融

张钟允　著

说得简单明白，讲得生动清楚。

一看就懂、懂了就能用的供应链金融读本。

本书首先讲述了供应链金融的基础理论、来龙去脉，以及当下三种主要的业务模式——应收账款融资、库存融资和预付账款融资的基本业务框架。在此基础上结合大量案例，介绍了生产服务、物流、商贸、电商和金融机构等领域，在开展供应链金融活动方面的创新理念及业务模式。

本书语言浅显易懂，帮助读者迅速了解供应链金融，进而运用在实践中。本书也可作为高等院校学生的参考教材和普及性读物，吸引更多有识之士去关注和了解这门新兴学科。

人工智能

国家人工智能战略行动抓手

腾讯研究院　中国信息通信研究院互联网法律研究中心　著

腾讯 AILab　腾讯开放平台

政府与企业人工智能推荐读本。

人工智能入门，这一本就够。

2017 年中国出版协会"精品阅读年度好书"，中国社会科学网 2017 年度好书，江苏省全民阅读领导小组 2018 年推荐好书。

本书由腾讯一流团队与工信部高端智库倾力创作。本书从人工智能这一颠覆性技术的前世今生说起，对人工智能产业全貌、目前进展、发展趋势进行了清晰的梳理，对各国的竞争态势做了深入研究，还对人工智能给个人、企业、社会带来的机遇与挑战进行了深入分析。对于想全面了解人工智能的读者，本书提供了重要参考，是一本必备书籍。

5G 时代

什么是 5G，它将如何改变世界

项立刚　著

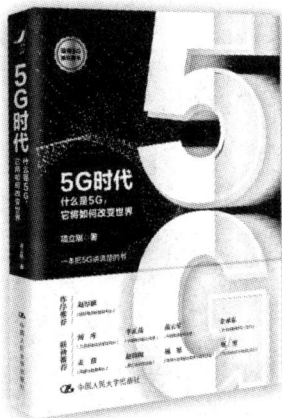

一本把 5G 讲清楚的书。

看懂科技新趋势，发现未来新机遇。

国际电信联盟秘书长赵厚麟作序推荐，工信部、中国移动、中国联通、华为、高通中国、爱立信、英特尔、GSMA 等机构的领导专家联袂推荐。

本书指出，第七次信息革命是智能互联网，5G 是第七次信息革命的基础。本书对 5G 的三大场景、六大特点、核心技术、全球格局等做了清晰的介绍，回答了"什么是真正的 5G"。本书还对 5G 赋能传统产业做了深入阐释，为读者勾勒了交通、医疗、工业、农业等因 5G 而将产生的深刻变革。最后，对于后 5G 时代人类社会面临的机遇与挑战，作者进行了大胆的设想。